厚德博學
經濟匡時

匡时 财政学系列

比较财政教程

李　森　编著

上海财经大学出版社

图书在版编目(CIP)数据

比较财政教程 / 李森编著. —上海:上海财经大学出版社,2020.1
(匡时·财政学系列)
ISBN 978-7-5642-3424-9/F·3424

Ⅰ. ①比…　Ⅱ. ①李…　Ⅲ. ①比较财政学-教材　Ⅳ. ①F810

中国版本图书馆 CIP 数据核字(2019)第 269363 号

责任编辑:朱静怡
封面设计:张克瑶
版式设计:朱静怡

比较财政教程

著 作 者:李森　编著
出版发行:上海财经大学出版社有限公司
地　　址:上海市中山北一路 369 号(邮编 200083)
网　　址:http://www.sufep.com
经　　销:全国新华书店
印刷装订:上海华教印务有限公司
开　　本:787mm×1092mm　1/16
印　　张:18.25
字　　数:357 千字
版　　次:2020 年 1 月第 1 版
印　　次:2020 年 1 月第 1 次印刷
定　　价:49.00 元

本书提供配套教学课件及练习题答案,请将姓名、学校、院系等订购信息发送至电子邮箱 273005832@qq.com 联系索取。

前　言

比较方法是一种基本研究方法。所谓比较财政学顾名思义，可以界定为采用比较方法研究财政现象，揭示为现象所遮掩的财政规律的学问。显然，比较财政学作为财政学的分支，其是按照研究方法或者说研究思路不同而对财政学体系进行分类的结果。从这个意义上讲，其与按照研究内容、研究侧重点、研究层次、研究视角等对财政学体系进行分类而划分出的财政学分支学科明显不同。换言之，比较财政学与按照其他分类标准进行分类而形成的财政学分支必然是一种交叉关系。

比较方法不仅在财政学研究中得到足够重视和运用，其他学科对比较方法也较为推崇，一般都已形成以“比较”命名或具有比较性质的分支学科。这是因为作为理论体系基本构成要素的概念本身就是比较的结果。没有比较，我们就无法把研究对象的共性概括、归纳、总结出来，也就无法形成概念。没有概念，也就无法进行判断、推理，进而也就无法形成理论体系。从这个意义上讲，财政学事实上长期以来一直都在使用着比较方法，因此所谓的比较财政学与非比较财政学的区分严格说是相对的，其只不过更加强调比较方法的运用而已。

在财政学专业课程体系中，比较财政学的地位不可替代。无论对本科生还是研究生都是如此。不过二者学习比较财政学的目的或说侧重点存在明显区别。对本科生来说，学习比较财政学更多地是强调掌握知识，要把书本上的知识转化成自己头脑中的知识，使之成为自己固有知识体系的一个组成部分。众所周知，这是一个潜移默化的过程，需要学生对教师在课堂上所讲授的书本知识予以消化、理解、吸收。比较财政学作为本科高年级学生开设的专业课，在这个过程中发挥着其他课程所无法替代的重要作用。就比较财政学所涵盖的知识点或研究内容而言，应该说其他财政学专业课程基本都有涉及，但这些课程可能囿于授课时数及低年级本科生所能掌握的知识体系，对这些知识点在当时条件下不可能从横向、纵向予以系统比较，这正是比较财政学要完成的任务。从这个意义上讲，比较财政学作为财政学专业主干课程带有一定的归纳、总结性质，其要通过对所学专业知识的比较，使之条理化、系统化，进而形成完整的专业知识体系；比较财政学还带有“反思”性质，要通过对所学专业知识的比较，要求学生做到“见异同、分优劣、出真知”，不仅“知其然”而且“知其所以然”，从而使学生能真正把握财政学理论体系的精髓，实现认识层次的飞跃。对财政专业研究生来说，学习比较财政学更多地应突出"研究"色彩,强调知识向能力的转化。应该说作为财政专业研究生所需具备的能力当然是多方面的,但最为重要的一项能力就是创新能力。而创新能力的集中体现则是高水平学位论文、学术论文的撰写、发表。毫不夸张地说,比较财政学所强调和推崇的比较方法在研究生创新能力的培养及具体实现过程中居于不可或缺的重要地位。作为一名财政专业的研究生,若不能熟练掌握比较的方法,没有扎实的从事比较研究的功底,确定具体的研究方向一般说都会比较困难,因为确定研究方向的过程就是根据研究所面临的主客观约束条件发现自己的比较优势的过程;确定了研究方向通过阅读大量中外文献确定研究题目,则是通过细致比较,发现已有文献到底存在哪些局限和不足,进而确定自己所要弥补的局限和不足的过程;确定了研究题目展开具体研究、撰写研究成果也离不开比较方法的运用,这体现为对不同观点、材料、方法进行系统比较并择优选择的过程。总之,对于财政专业的学生而言,学好比较财政学,对于知识的掌握和能力的培养都极为重要。

比较财政学课程当然需要一本合适的教材。自 1987 年邓子基教授主编大陆第一本《比较财政学》教科书以来,比较财政学教材建设工作取得了巨大进展。对此做出突出贡献的是厦门大学张馨教授,其撰写的《比较财政学教程》1997 年由中国人民大学出版社作为"九五"国家教委重点教材出版。该教材共分十二章,立足计划体制和市场体制下财政实践的巨大差异,按照我国传统财政学的框架体系,对我国传统财政学与西方财政学理论体系予以系统比较,每一章节都包括异同分析、差异析源和借鉴意义三部分,整体看结构严谨、条理清晰、论证充分,真正建立了我国比较财政学的理论体系。考虑到我国体制转轨的特定背景,作为一本专著式的财政专业主干课程教材,其意义已超出为专业课程教学提供教材的范围,事实上为我国社会主义市场经济体制下构建、完善财政理论体系应如何吸取、借鉴西方财政理论体系的精华指明了方向,做出的贡献有目共睹。

但自 1992 年我国明确改革的目标是建立社会主义市场经济体制以来,时间已过去二三十年,我国由计划体制向市场体制的转轨已基本完成,社会主义市场经济体制框架已基本构建起来,虽然还有待完善,但就经济体制的性质而言,我国与西方国家已没有本质区别。在这样的背景下,若比较财政学还仅仅局限于对计划体制与市场体制下的财政和财政学进行比较,在内容上难免显得陈旧。正是在这个意义上,有的学者提出要构建新比较财政学并撰写出新的教材。但新比较财政学的构建毕竟是复杂系统工程,难以一蹴而就。新比较财政学到底应包括哪些内容?应如何展开比较?应如何形成新的框架体系?目前还没有统一的认识,还处于改革探索的过程中。

任何事物的发展都有一个从不完善到完善的过程。新比较财政学的构建也是如此。笔者认为,国内从事比较财政学教学的教师可以结合自己的教学内容先尝试编写自己的教材。当然,作为构建新比较财政学内容体系的改革探索,这样的教材肯定是不完善的，但作为工作在教学第一线的任课教师讲授比较财政学教学内容的总结多少总会有可取之处。在有了多个版本的新比较财政学教材之后，就可以本着“集众家之长”原则，最终统编出体系完整、结构严谨、表述清晰的新比较财政学。正是基于这种考虑，笔者不揣浅薄，把有关教学内容予以总结表述，一方面便于学生掌握有关知识点，另一方面也为研究者提供理论参考资料。笔者在写作过程中时常感觉力不从心、勉为其难、自讨苦吃，事实上是本着“愚者千虑必有一得”的信念才得以坚持。受水平、精力所限，书中的局限、不足、错误在所难免，恳请各位同仁和广大同学批评指正。

本书把比较的范围拓宽，从大的方面讲包括财政实践的比较和财政理论的比较两部分，无论是实践比较还是理论比较都根据具体内容予以展开，有的选择横向比较，有的选择纵向比较，也有的是从纵横两个维度都进行比较。当然，计划体制与市场体制财政的比较仍然是本书内容的重要组成部分，但读者可以发现，除此之外，本书还包括了更为宽泛的内容。本书的看法是，只要运用比较方法揭示财政规律的内容都可以纳入比较财政学的框架体系当中。比较财政学的体系应是开放的而不是封闭的。

本书的出版得到山东财经大学教务处的大力支持，山东财经大学财政税务学院的各位领导和同事对本书的写作给予了无微不至的关怀和帮助，授课过程中与同学们的交流也使本人受益匪浅，在此一并致谢。

目录

第一章　导　论

学习比较财政学，首先要在明确何谓财政、何谓财政学的基础上来把握比较财政学的概念，然后理解财政学体系的构成，再对财政学的研究所运用的比较方法及如何运用比较方法有正确的认识和理解，最后要注意运用比较方法需处理、协调好的几个关系。

重点问题

- 比较财政学的概念
- 财政学体系的构成
- 比较财政学所运用的比较方法
- 比较财政学研究应处理、协调好的几个关系

第一节　财政学和比较财政学

回答什么是比较财政学，就是要界定比较财政学的概念。根据属加种差的定义方法，首先要明确什么是财政学。

一、财政学

要明确什么是财政学，就要先明确何谓财政。我国传统的占主导地位的国家分配论认为，财政是国家为了满足实现其职能的需要，主要凭借国家权力，对社会产品主要是剩余产品，主要采用价值形式所进行的分配活动。简而言之，财政是以国家为主体的分配活动。按照西方财政理论的观点，财政是满足公共需要，生产提供公共产品的资源配置活动。虽然财政学界对财政概念有不同的界定和理解，但对财政学概念的界定从形式上看相对统一。因为所有的学科都是研究规律的。规律是事物发展过程中内在的、本质的、必然的联系。其与本质是同等层次的概念，通常为现象所遮掩并以纷

繁复杂的现象作为表现形式。揭示规律往往需要通过现象认清本质。简单来说,财政学就是研究财政现象,揭示财政规律的学问。按照国家分配论的观点,财政学是研究以国家为主体的分配的规律性的学问,本质是要揭示以国家为主体的分配关系的规律性,通常被视作政治经济学的分支;按照西方财政理论的观点,财政学要揭示满足公共需要、生产提供公共产品的资源配置活动的规律性,因为经济学就是研究如何用稀缺资源来满足人们生活需要的学问,所以西方财政理论视财政学为经济学的分支。财政学通常又被称为公共部门经济学。无论是作为政治经济学分支的财政学,还是作为经济学分支的财政学,受财政主体、目的等多种因素的制约,其事实上与政治学、社会学、管理学等多个学科相交叉,在发展过程中日益明显地表现为严格意义上的交叉学科,其本身已构成一个庞大的学科体系。

二、比较财政学

比较财政学可以视作财政学的重要分支,是专门采用比较方法研究财政现象、揭示财政规律的学问。从这个意义上讲,其与按照研究内容、研究侧重点、研究层次、研究视角等对财政学体系进行分类而划分出的财政学分支学科明显不同。换言之,比较财政学与按照其他分类标准进行分类而形成的财政学分支必然是一种交叉关系。比较财政学还可视作比较经济学[①]的分支。"比较财政学在很大程度上是作为比较经济学的一个分支发展起来的",[②]作为比较经济学的分支,比较财政学与其他分支的相同点体现在都注重运用比较方法,不同点体现在研究的具体对象和内容不同。因此,一般认为,比较财政学与比较经济学的其他分支在研究内容上并不存在交叉关系。

第二节　财政学体系构成的比较

一、实证财政学与规范财政学

实证财政学是采用回答"是什么""为什么"研究方法的财政学。规范财政学是采用回答"应该是什么""应该怎么样"研究方法的财政学。财政学体系之所以分成这两大部分,是基于物质与意识的辩证关系原理。因为物质决定意识,所以研究财政现象、揭示财政规律必须从财政客观实际出发,而不能从主观臆想出发。这要求财政学的研

---

① 关于比较经济学的发展过程的论述,可参见姚先国,罗卫东．比较经济体制分析[M]．杭州:浙江大学出版社,1999;何自力．比较制度经济学[M]．北京:高等教育出版社,2007.

② 杨志勇．比较财政学[M]．上海:复旦大学出版社,2005:2.

究首先要包括实证分析的内容，这构成财政学研究的唯物主义基础。辩证唯物主义在强调物质对意识的决定作用的同时，也承认意识的能动作用，毕竟人们认识世界的目的在于改造世界。这意味着财政学的研究在搞清楚财政现象“是什么”“为什么”的基础上，还要依据特定的价值标准对其“应该是什么”“应该怎么样”做出判断。这构成财政学规范研究的内容。一般来说，实证财政学和规范财政学有着紧密联系。财政学实证的研究构成规范研究的基础，人们之所以能够根据一定的价值标准提出财政现象“应该是什么”“应该怎么样”，归根结底是因为长期的实践活动证明，只有保持这种状态才有助于实现我们的目的，其结果才是理想的。当然，财政学规范的研究是实证研究的升华，实证的研究归根结底要为主观能动性的发挥提供基础和支持，实证的结论归根结底要转化为规范性的对策建议才能体现其实践意义①。

二、定性财政学与定量财政学

财政学研究分为定性研究和定量研究两大部分是基于任何事物都是质和量的统一这一基本规律。没有无质的量，也没有无量的质。仅仅研究财政现象质的规定和量的规定都不能全面把握和理解财政现象。虽然定性研究和定量研究具有相对独立性，但单纯的定性研究并不能给出保持质的规定所需要的量的界限，也就是说会缺少“度”的把握，这会使定性研究的结论难以具有可操作性。同样，单纯的定量研究若脱离了对质的规定的基本认识，只能沦为数字游戏而没有实践价值。在强调二者的研究具有相对独立性的同时，也必须认识到二者之间的内在联系。质变以量变为基础，量变积累到一定程度会引起质变。定性的研究和定量的研究相结合，一方面有助于对事物规定性有全面的认识和理解，另一方面也有助于明确保持质的规定所需要的量的界限。一般来说，定性的研究是定量研究的基础，对研究对象首先需要把握其质的规定，进而在此基础上把握其保持质的规定所需要的量的界限。

三、具体财政学与抽象财政学

财政学的研究可以采用具体分析方法，也可以采取抽象分析方法，与之相对应的财政学分别体现为具体财政学和抽象财政学。研究财政现象、揭示财政规律之所以要用抽象分析方法，是因为财政现象纷繁复杂、无限多样，构成要素众多。在这样的条件下，必须去粗取精、去伪存真、由此及彼、由表及里，舍象掉外在因素，抓住内在因素；舍象掉次要因素，抓住主要因素；舍象掉对其发展不起主要制约作用的因素，抓住对其发

① 关于财政学的实证研究和规范研究的详细论证，参见蒋洪等．财政学教程[M]．上海：上海三联书店，1996：48－103；张馨，杨志勇，郝联峰，袁东．当代财政与财政学主流[M]．大连：东北财经大学出版社，2000：720－726.

展起基本制约作用的因素，即“分析经济形式，既不能用显微镜，也不能用化学试剂，二者都必须用抽象力来代替”①，由此才能够对研究对象有基本的认识和理解。事实上，作为财政学理论体系基本构成要素的概念的界定就离不开抽象分析方法的运用。因为概念作为事物共性在头脑中的反映本身就是通过运用抽象分析法进行概括、归纳、总结的结果。有了概念，才能进行判断和推理，才能形成所谓的理论体系。但是，采用抽象法所舍象掉的因素只是假定其不存在而已，但其事实上是客观存在的，而且在体系中居于一定地位、发挥一定作用。因此，为了使主观认识尽可能逼近客观现实，还必须在抽象法运用的基础上进行具体分析，把在抽象分析过程中舍象掉的因素考虑进来，考察其在整体中居于什么地位、发挥什么作用，从而有助于做到使研究对象及其发展演化过程在理论上完美再现。具体分析方法和抽象分析方法的结合在马克思主义政治经济学中的运用体现为在分析过程中从具体到抽象，在表述过程中从抽象到具体。这被认为是作为自然科学和社会科学研究所必须遵循的唯一科学方法论的唯物辩证法的基本要求。②

四、静态财政学与动态财政学

财政学的研究可以采用静态分析方法，也可以采用动态分析方法，与之相对应的财政学分别为静态财政学和动态财政学。财政学的研究之所以采用这两种方法是基于运动的绝对性和静止的相对性的辩证关系原理。辩证唯物主义认为，任何事物都处于动态的变化发展过程中，绝对静止的东西是不存在的。财政学要研究的财政现象也处于动态的变化发展过程中，这体现了运动的绝对性。由此所带来的问题是，一旦我们确定要研究某一财政现象，其就会变化发展，这就意味着研究对象似乎变成了飘忽不定、难以捉摸的东西。这要求财政学的研究需要采用静态分析的方法，把时间因素抽象掉，也就是从财政连续的发展链条中选取一横切面。通过考察这一横切面，搞清楚其到底由哪些要素构成并明确要素之间的相互关系，看看这些要素中到底哪些是主要要素、内在要素、本质要素、对其发展起决定作用的要素；哪些是次要要素、外在要素、现象层面的要素、对其发展不起决定作用的要素，从而能够对研究对象有一基本的认识和理解。但是单纯的静态分析因为抽象掉了时间因素，所以必定会使主观认识跟不上事物客观的变化发展，因此还需要由静态分析通过比较静态分析逐步过渡到动态分析。这就需要在另外一个时点选择一个横切面，通过两个不同时点横切面的比较，

---

① 马克思恩格斯全集[M]．中文 1 版．北京：人民出版社，1972，(23)：8.

② “唯物辩证法体现在社会科学的研究上，就形成了一套从现象到本质、从具体到抽象地研究事物，再由本质到现象、由抽象到具体地描述事物的方法论体系。”参见陈共．财政学[M]．第 9 版．北京：中国人民大学出版社，2017：4.

可以看出研究对象的变化发展:原来没有的要素可能出现;原来有的要素可能消失;原来主要的要素可能变成次要要素;次要的要素可能变为主要要素,相互之间的关系也会发生变化。比如,考察财政收入体系的构成要素就不难发现:随着财政的发展,新的收入要素会出现,比如公债收入,一般认为其出现于封建社会末期;而通货膨胀税收入在现代纸币流通制度条件下才成为财政收入的重要来源。与之相反,随着财政的发展,有的收入要素会逐渐消亡,比如掠夺收入,一度曾是财政收入的重要组成部分,但在当今世界,掠夺收入在多数国家都已销声匿迹。显然,通过比较静态分析可以把握财政的变化发展,但其毕竟不是动态分析。进行动态分析需要无限增加横切面,通过积分形式描述其完整的发展变化过程,从而使主观认识能够与研究对象的变化发展保持一致。

五、比较财政学与采用其他研究方法的财政学

比较的方法是一种基本的研究方法,比较见异同、比较分优劣、比较出真知。作为一种研究方法,其具有相对独立性,同时又从属于实证研究与规范研究、定性研究与定量研究、具体分析与抽象分析以及静态分析与动态分析等研究方法。因此,比较财政学与按上述研究方法进行分类所形成的财政学分支实际上是交叉关系。

第三节　比较方法在财政学中的运用

一、财政学的研究为什么要运用比较方法

(一)可能性

运用比较的方法研究财政问题,归根结底是要吸取、借鉴合理成分,丰富、完善已有的认识,尽可能全面、透彻揭示财政规律,完善财政理论,推动财政实践发展。这要求比较的对象应具有一定的共性,否则会因为比较对象性质差别过于明显而使得比较没有实际意义,吸取借鉴工作没有开展余地。值得庆幸的是,无论财政实践还是财政理论都是共性与个性的统一。比如我国的财政实践和财政理论与西方国家的财政实践和财政理论都建立在市场经济基础之上,都遵循着市场经济条件下财政运作的一般规律。这种在实践基础方面所具有的共性为通过比较吸取借鉴成功的实践经验和理论体系中的合理成分提供了可能。

(二)必要性

财政实践和财政理论所具有的共性为开展比较财政研究提供可能,而二者瑕瑜互

见的性质决定了开展比较研究也完全有必要。从理论上讲，即便特定的财政实践和财政理论存在明显的不足或局限，但总是会在某个环节或方面存在可取之处。本着取长补短、择善而从的原则，总是能通过比较找到值得吸取借鉴的合理成分。结合我国的具体国情考察，这种必要性就体现得更为明显和突出。毕竟，我国虽然初步完成了市场体制的构建任务，市场已在资源配置中发挥基础性、决定性作用，但是我国市场体制改革只进行了四十余年，而西方国家市场经济发展的历史已有数百年时间。在这漫长的发展过程中，西方国家已积累不少成功的经验和失败的教训，通过比较予以吸取借鉴，对指导我国的财政实践活动、完善我国的财政理论体系具有重要意义。

二、财政学的研究如何运用比较的方法

(一)从比较的目的看

财政学的研究运用比较方法的根本目的是通过对财政实践和财政理论的比较，吸取、借鉴失败的教训和成功的经验，以优化财政理论和制度，推进财政实践、改革活动的顺利进行，从而提高资源配置效率，增进社会福利。从具体目的而言，借鉴樊纲教授对经济理论体系进行比较研究所进行的概括，可以把比较财政研究的目的界定为三条。[①] 一是“立异”。“立异”的本质是找到差别，这本身就是比较的结果，同时也是进一步展开深入比较的基础。只有先找到差别，才可能通过进一步的比较分清优劣并搞清楚存在优劣之别的原因及制约因素。比如把我国传统的财政理论与西方市场经济条件下的财政理论加以比较，会发现差别非常明显，用理论来指导实践所取得的经济绩效也有显著差异，搞清楚这种差别可以明确吸取借鉴西方财政理论的必要性。二是“求同”。“求同”的本质是找到共性，这是对通过比较找到差异的必要补充，可为实现比较研究的最终目的奠定基础。如果通过比较找不到共性，即便通过比较分清优劣，也不具备吸取借鉴的可能性。比如把我国的财政理论和财政实践与西方国家加以比较，可以发现：二者虽然在经济发展水平、经济制度基础等方面存在质的区别，但都建立在市场经济的基础之上，因此二者都要反映、体现市场经济条件下财政运作所需遵循的共性规律。这就为吸取借鉴西方财政理论和实践中的合理成分提供了可能。三是“综合”，即“标异而求补”。通过比较财政研究，找出不同，分清优劣，最终是为了吸取借鉴先进财政实践和财政理论的合理成分，使之成为自身体系的一个组成部分。这意味着所谓的吸取借鉴不能是盲目的照抄照搬，需要结合自身情况进行取舍，甚至进

---

① 参见樊纲．现代三大经济理论体系的比较与综合[M]．北京：三联书店，1994：2－4.

行必要的改造、调整。也就是说，所谓的综合应是实现“有机结合”而不是“板块结合”，①对先进财政实践和财政理论的合理成分要有一个消化吸收的过程，需要抓住其精髓，需要吸取、借鉴其内在的、本质的东西，而不是从表面的现象层次予以简单模仿。

（二）从比较的思路看

运用比较方法的基本思路有二：一是所谓的横向比较，即从空间角度，对同一时间的不同国家、不同地区的财政实践、制度选择、不同范式的财政理论、不同财政学流派、不同财政学者的理论观点进行横向对比，以找异同、分优劣，进而明确值得吸取、借鉴的合理成分；二是所谓的纵向比较，即从时间角度，对同一国家、同一地区的财政实践活动所呈现的不同状态，对同一范式的财政理论、同一财政学流派、同一财政学者在不同历史发展阶段所进行的理论阐释进行比较，从而能在其变化发展的过程中探索财政规律，进而指导财政实践活动、协调完善财政关系。“横向比较研究和纵向比较研究往往可以结合在一起”②，这有助于加深对财政实践和财政理论的理解，有助于清楚揭示财政运作所遵循的客观规律。

（三）从比较的内容看

比较财政学的研究内容相当丰富，可以涵盖财政活动的方方面面，构成一个复杂的整体。如果要阐明比较的内容，需要对这一整体进行分类。这就需要采用一定的分类标准。不同的分类标准会对应不同的分类结果。从理论上讲，采用的分类标准越多，对比较财政研究内容的认识和理解就越深刻。但是在表述上，采用不同分类标准进行分类的结果不能并列，否则会导致逻辑混乱。为清晰说明比较财政研究的内容，可将其分为财政实践的比较和财政理论的比较两大组成部分。

对于财政实践的比较，首先可以从横向即空间角度进行比较，这体现在：一是可以对不同类型国家的财政实践进行比较。为提高比较研究的实践意义，通常把国家划分为计划经济国家、市场经济国家、体制转轨国家三种类型。这三种类型国家的财政实践存在明显的质的区别，但作为财政实践活动的具体表现形式它们也具有共性。二是对同一类型的不同国家进行比较，比如苏联和我国曾经同为计划经济国家，都曾推行集权的计划体制，但二者所推行的计划体制的具体实现形式仍然存在明显差别。一般认为苏联采用了比较典型的“U”型经济组织形式，决策权高度集中于中央，属于典型的“条条经济”，集权的弊端在苏联表现得最为充分和明显；而我国则采用了“M”型经

---

① “各种经济理论可以相互补充，却并不意味着将各自独立的理论机械地拼凑到一起，就可以得到对事物的更进一步的、新的、全面的认识，形成新的、具有本身内在逻辑的理论体系。各种经济理论向更高级阶段发展，所要求的是建立在各种理论的互补性基础之上的有机综合。”参见樊纲．现代三大经济理论体系的比较与综合[M]．北京：三联书店，1994：152.

② 平新乔．财政原理与比较财政制度[M]．北京：三联书店，1997：10.

济组织形式,决策权虽然也集中于中央,但地方政府在一定范围内和一定程度上还掌握一定的资源配置权,属于"条条经济"和"块块经济"相结合的实现形式。因此,集权的弊端在我国的表现远不如苏联那么明显和充分。这是我国能有机会采取"渐进式改革",而苏联只能采用"休克疗法"的重要原因。再如,同为市场经济国家,美国和英法就有着明显差别,美国更推崇市场机制的作用,经济私有化程度相当高,而英法则相对重视计划机制的调节作用,经济国有化程度相对要高。同为市场经济国家,后起的日本、韩国和老牌资本主义国家也有明显差别,其更强调政府在经济发展中的推动作用。日本的财政投融资世界闻名,成效卓著,其通过加大政府投资的规模有效促进了基础设施投资和基础产业发展,进而为私人资本的投资创造了有利条件;而老牌资本主义国家则更强调市场主导,通过私人资本加大一般性产业投资,导致基础性产品价格上涨,进而吸引私人资本加大基础设施和基础产业投资,事实上二者选择了不同的发展路径。三是对同一国家不同地区财政实践的比较。一般来说,地域相对辽阔的国家都会存在一定的地区差异,如我国的东部、中部和西部在经济、社会、地理、历史、文化等多个方面存在差别,因此不同地区的财政实践活动也不可能完全相同,其在遵循共性规律的同时,也呈现一定的个性特征,通过不同地区财政实践的比较研究,有助于揭示不同地区财政实践所遵循的个性规律,有助于缩小地区经济发展差距,实现地区经济协调发展。其次,是从时间角度对同一类型国家或同一国家不同历史发展阶段的财政实践进行比较。例如,市场国家的财政实践在其古典、现代和当代发展阶段处理市场与政府关系就呈现了不同的特点:古典发展阶段强调政府对经济"自由放任";现代阶段强调"政府干预";在当代阶段则强调"自由放任"与"政府干预"相结合。我国则经历了从计划体制下的财政实践向市场体制下的财政实践的转轨过程。直到目前,我国的财政实践在一定程度上还残留着传统体制下财政实践的痕迹。通过对同一类型、同一国家在不同历史发展阶段财政实践的比较,便于掌握财政发展演化所遵循的规律,从而有助于改进财政实践活动、提高资源配置效率、增进社会福利水平。

对于财政理论的比较,首先可以从横向即空间角度进行比较。这体现为:一是对不同范式的财政理论进行比较。比如我国传统财政理论与西方财政理论在理论基础、分析重点、分析思路、分析方法等方面都存在明显差异,但在财政理论体系的某些侧面或某些环节二者还是通过不同的形式表达了相同的内容,从而在一定程度上呈现了理论的共性。二是在对不同范式财政理论进行比较的基础上,也可以对同一范式的不同学派①或同一学派的不同学者进行比较。比如西方新自由主义的产权学派、货币学

① 两位西方财政学名家布坎南和马斯格雷夫于 1998 年在德国慕尼黑 Ludwig-Maximilians 大学进行了为期一周的激烈辩论,分别阐述了各自不同的学术观点。参见布坎南,马斯格雷夫．公共财政与公共选择:两种截然不同的国家观[M]. 类承曜译．北京:中国财政经济出版社,2000.

派、供给学派、理性预期学派的观点和主张就有着明显区别，同样都是产权学派，不同研究者的观点也存在明显区别。其次，在进行横向比较的同时，也可以从纵向即时间角度对同一范式、同一学派、同一研究者在不同历史发展阶段的理论观点进行比较，从而把握财政理论发展的脉络和趋势。

第四节 比较财政学研究应注意的问题

一、处理好批判与借鉴的关系

批判并不是贬义词，而是个中性词。批从手从比，判从半从刀，从字面上看，所谓的“批判”要求将研究对象一分为二，需要动手比较，以便找出利弊得失。从理论上讲，任何财政实践和财政理论都是瑕瑜互见的，一无是处的财政实践和财政理论是不存在的。某种财政实践和财政理论之所以能产生、发展，至少说明考虑特定背景，其有存在的必然性、合理性。从这个意义上讲，其在某个方面和环节总是有可取之处，即具有所谓的“片面真理性”。因此，从事比较财政研究，不是为批判而批判，而是为了取其精华、弃其糟粕。这意味着批判总是要和借鉴结合起来。只有批判而没有借鉴，批判的实际意义就难以体现；只有借鉴而没有批判，借鉴就成为盲目的、非理性的“拿来主义”，取其精华、弃其糟粕的目的就难以实现，最终甚至可能陷入取其糟粕、弃其精华的尴尬境地。

二、处理好继承与发展的关系

财政实践和财政理论的发展是一个连续的过程。发展体现为新事物对旧事物的辩证否定，是“扬弃”，是否定中有肯定，肯定中有否定。这表明从事比较财政研究，对我国的财政实践和财政理论要采用辩证否定观，要通过比较充分认识其精华及合理成分，这构成新时期财政实践和财政理论的重要组成部分；同时通过比较也要认清其存在的局限和不足，对存在明显局限甚至是错误的、过时的不适应形势发展要求的成分要舍弃。在此基础上，通过总结经验、吸取教训对财政实践和财政理论予以发展完善。继承与发展要充分结合起来，只强调继承而不注重发展，财政实践和财政理论就会停滞不前，最终必然趋于僵化而失去生机、活力；只强调发展而不注重继承，财政实践和财政理论就会丧失根基和出发点、割裂连续的发展过程并最终难以实现发展目标。

三、处理好共性内容比较与个性特征比较的关系

无论财政实践还是财政理论都是共性与个性的统一。因此，从事比较财政研究必然涉及共性内容比较与个性特征比较关系的处理和协调。严格说来，这两方面的比较都不可或缺。共性内容的比较有利于认识和把握比较对象所遵循的共同规律，从而奠定吸取借鉴合理成分的基础条件，便于扬长避短，取精华弃糟粕；个性特征的比较有利于在吸取借鉴时避免生搬硬套、照抄照搬，便于掌握特定实践和理论赖以存在发展的现实约束条件。共性内容比较与个性特征比较要紧密结合起来，只注重共性内容比较容易忽视值得吸取、借鉴的合理成分；只注重个性特征的比较容易因强调个性差别而拒绝吸取、借鉴合理成分，这两种倾向都不利于做到"择善而从"，不利于圆满实现比较财政研究的目标。

四、处理好基础理论比较与政策主张比较的关系

基础理论虽然相对稳定，但横向上的差别及纵向的变化发展是客观存在的，通过基础理论的横向和纵向比较，便于完善基础理论体系。政策主张受客观环境变化的影响，相对基础理论更易变化发展，对不同发展阶段政策主张进行比较，可以揭示其所遵循的特殊规律。从事比较财政研究，基础理论比较与政策主张比较不可偏废，若过于强调政策主张的比较而忽视基础理论比较是舍本求末，毕竟，在不少情况下，之所以政策主张存在明显区别，甚至截然对立，在很大程度上是因为其所依据的基础理论有本质区别，从这个意义上讲，基础理论比较相对政策主张比较应处于更为基础的地位；若过于强调基础理论的比较而忽视政策主张的比较，会使基础理论的实践价值难以体现，毕竟，基础理论不能等同于政策主张，科学的基础理论并不意味着政策主张正确无误，由科学的理论基础上升为正确的政策主张是质的飞跃。从这个角度讲，政策主张比较具有独立存在的意义。

五、处理好我国传统财政理论与西方财政理论的关系

我国传统财政理论植根于计划体制下的财政实践，因而必然带有传统计划体制的烙印。西方财政理论随着市场经济的发展而不断丰富、完善和发展，因而更能反映市场经济条件下财政发展所应遵循的基本规律。因此，从适应市场经济发展要求、完善市场经济条件下财政理论体系的角度出发，把我国传统财政理论与西方财政理论加以比较，会更多地发现我国传统财政理论存在的局限和不足，会更多地强调西方财政理论的长处和优点。但是，这并不意味着我国传统财政理论一无是处，因为任何财政理论作为严肃思考的成果总是包含或多或少的真理性成分。虽然市场经济条件下的财

政和计划体制下的财政有着本质区别，但作为现代经济条件下财政实践的具体存在形式，事实上都要遵循现代经济条件下财政的共性规律。这表明对我国传统财政理论不能完全否定，其所包含的科学成分需要继承。对西方财政理论也需要采取批判眼光予以审视，做到取其精华、弃其糟粕，不可盲目采取“拿来主义”、照抄照搬[①]。

本章小结

● 比较财政学是财政学的重要分支，是专门采用比较方法研究财政现象、揭示财政规律的学问。

● 财政学作为一个完整的体系，按照研究方法不同，其可以划分为实证财政学与规范财政学、定性财政学与定量财政学、具体财政学与抽象财政学、静态财政学与动态财政学等不同类别。

● 财政学的研究采用比较方法既有必要性，又有可能性。比较方法的运用从目的看：根本目的是为了通过对财政实践和财政理论的比较，吸取、借鉴失败的教训和成功的经验，以优化财政理论和财政制度，推进财政实践活动的顺利进行；具体目的一是立异、二是求同、三是综合。从运用比较方法的思路看，一是横向比较，二是纵向比较。从比较的内容看，一是财政实践的比较，二是财政理论的比较。

● 比较财政学的研究需要处理好批判与借鉴的关系、继承与发展的关系、共性内容比较与个性特征比较的关系、基础理论比较与政策主张比较的关系以及我国传统财政理论与西方财政理论的关系。

重要概念

财政　财政学　比较财政学　实证财政学　规范财政学　定性财政学　定量财政学　静态财政学　动态财政学　立异　求同　综合

思考题

1. 按照研究方法的不同，如何划分财政学的体系构成？
2. 财政学的研究为什么需要运用比较方法？
3. 比较财政学包括哪些研究内容？
4. 比较财政学的研究目的是什么？

---

① “抛弃财政建设的一般性而单纯强调所谓中国自己的财政学，或者忽视中国追求现代化国家建设进程中财政发展的实践特点而寻求按照西方财政学主流理论来臧否中国的财政实践和理论探索，都是失之偏颇的。”（参见吕炜，靳继东．始终服从和服务于社会主义现代化强国建设——新中国财政70年发展的历史逻辑、实践逻辑与理论逻辑[J]．管理世界，2019(9)．）这是处理、协调我国财政理论与西方财政理论关系较为辩证的观点。

5. 比较财政研究应注意哪些问题?

材料分析

1. 张馨教授的比较财政研究

张馨于1993年出版的《财政·计划·市场——中西财政比较与借鉴》一书,着重分析了中国与西方财政的差异,既涉及了理论,又涉及了具体制度的比较,其深度已大大超过以往的比较财政学论著。该书在深入分析中西财政差异原因的基础上,指出西方财政学对中国财政经济实践的若干借鉴意义。张馨于1997年出版的《比较财政学教程》一书,无论在体系上,还是在论述深度上,都是一本较为成熟的比较财政学专著。该书比较计划型财政与市场型财政,指出了市场型财政对从计划转向市场的财政改革的借鉴意义,还比较了计划经济财政理论和市场经济财政理论。2004年该书第二版补充了公共财政理论和实践的内容。张馨(1997,2004)将计划型财政与市场型财政的差异归因于生产力、所有制、经济体制、政治制度、历史文化传统等因素,并在此基础上展开各个具体问题的分析。张馨(2004)仍然维持了其过去(张馨,1993,1997)主要比较中西方财政的做法,强调了比较财政学所应包括的三个方面的内容:指出双方同异之处;详细分析和探究中西方差异的根源;对西方财政的可资借鉴之处提出看法。

(资料来源:杨志勇．比较财政学[M]. 上海:复旦大学出版社,2005:2.)

根据上述材料,全面评价张馨教授开创的《比较财政学》框架体系的学术贡献。

2. 新比较财政学所包括的研究内容

比较财政学不能仅仅是对历史的比较研究,它需要新的研究空间。新时期的比较财政学何去何从?新比较财政学应该包括哪些内容?基于现实和理论发展的综合考虑,笔者认为,新比较财政学的发展趋势可以包括以下五个方面:一是计划经济国家与市场经济国家不同财政制度的比较,即计划型财政与市场型财政的比较;二是计划经济与市场经济财政理论的比较,或社会主义与资本主义财政理论的比较;三是沿用比较制度分析方法,对不同国家财政制度进行研究;四是对不同的财政理论的比较研究;五是对苏联、东欧国家、中国等向市场经济转型国家的财政制度转型的研究。

(资料来源:杨志勇．比较财政学[M]. 上海:复旦大学出版社,2005:9—12.)

结合上述材料对新比较财政学发展趋势五个方面的概括,运用比较方法对比较财政学的研究内容及分类阐述自己的认识和理解。

本章阅读文献

1. 陈共．财政学[M]. 第9版．北京:中国人民大学出版社,2017.
2. 张馨．比较财政学教程[M]. 第2版．北京:中国人民大学出版社,2004.
3. 樊纲．现代三大经济理论体系的比较与综合[M]. 北京:三联书店,1994.
4. 蒋洪．财政学教程[M]. 北京:三联书店,1996.
5. 杨志勇．比较财政学[M]. 上海:复旦大学出版社,2005.

6. 张馨,杨志勇,郝联峰,袁东．当代财政与财政学主流[M]．大连:东北财经大学出版社,2000.

7. 林毅夫．论经济学方法[M]. 北京:北京大学出版社,2005.

8. 何自力．比较制度经济学[M]. 北京:高等教育出版社,2007.

第二章　中西财政学理论体系[①]的比较

我国植根于计划体制的传统财政学与植根于市场体制的西方财政学存在明显区别，但无论计划体制还是市场体制都是现代经济组织形式，因此，抽象掉经济体制这一影响因素，我国传统财政学与西方财政学仍然具有适应现代经济发展要求的共性内容。比较我国传统财政学与西方财政学的相同和不同之处，便于吸取、借鉴西方财政理论体系的合理成分，完善我国适应市场体制发展要求的具有中国特色的财政理论体系。

重点问题

- 中西财政学理论体系的相同点和区别
- 中西财政学理论体系差别的成因
- 西方财政学理论体系值得借鉴之处

第一节　中西财政学理论体系的联系

一、都强调国家或政府在体系中的地位

我国传统财政学理论体系中，国家分配论一直占主导地位。按照国家分配论的观点，财政简而言之就是以国家为主体的分配。财政分配的主体是国家，财政分配的目的是满足国家实现其职能的需要，财政分配的依据主要是国家权力。财政随着国家的

① 这里所指的我国财政学体系侧重强调的是我国传统的财政学体系，自 1992 年我国明确改革的目标是建立社会主义市场经济体制后，我国财政学界大力引进西方财政理论，我国财政学理论体系与西方国家体系逐渐趋同，但仍然存在明显区别。这表明我国对西方财政理论体系的吸取借鉴是一个长期的渐进过程。在相当长的时间内，我国财政学理论体系还会呈现一定的过渡性特征。从这个意义上讲，把我国传统财政学理论体系与西方财政学理论体系进行一番细致比较，对健全完善我国财政学理论体系具有一定的现实意义。

产生而产生，随着国家的发展而发展，随着国家的消亡而消亡。在财政分配活动中，国家居于主导的、决定的地位，由此不难看出国家概念在我国传统财政学理论体系中的地位、作用。按照国家分配论的观点，整个财政活动实际是围绕国家而展开的。西方财政学理论体系并不经常使用国家（State）这个概念，其使用比较多的是政府（Government）这个概念。按照其逻辑，财政概念的引入是通过分析二部门经济的作用机制来完成的。在典型的二部门经济中，企业在产品市场上销售产品和服务给家庭，家庭按照产品和服务价格付费给企业；在要素市场上，家庭销售生产要素给企业，企业按照要素价格把要素报酬支付给家庭。按照西方财政理论的观点，由此可以很好地满足私人需要，解决私人产品的生产提供问题。但是一旦涉及公共产品的生产提供和公共需要的满足，就需要引入政府概念。政府一方面向企业、家庭主要以税收形式筹集收入，另一方面向企业、家庭提供公共产品和服务。由于国家概念与政府概念紧密联系，政府实际是国家这一抽象概念的具体体现形式，从这个意义上讲，中西财政学理论体系实际都是在强调国家或政府在财政学理论体系中的地位、作用。

二、都主要对政府收支进行研究

无论是我国传统的财政学，还是西方财政学，政府收入和支出都占重要篇幅。这是由财政范畴的特殊性所决定的。我国传统的国家分配论把财政界定为一种特殊的分配（这种以国家为主体的分配主要体现为收入筹集和支出安排两个方面），形成了“收支平管”的体系，所谓的“平”指的是收支平衡，所谓的“管”主要是指收支管理，因此传统的财政理论体系实际是围绕政府收支而展开的。西方财政理论早期对财政的理解与我国传统财政理论近似，视之为政府收支及其管理。边际革命后，随着效用价值论和公共产品理论的形成，对财政的理解不再仅仅局限于分配，在内涵上有所拓宽，认为财政也在从事生产，即生产公共产品；也在从事交换，税收成为私人为了消费公共产品和服务而向政府支付的特殊价格。既然财政在从事生产，事实上也就在消费，不消费就无法从事生产。即西方财政理论越来越把财政理解为公共经济，公共经济观逐渐取代政府收支观。尽管西方财政学界对财政内涵的理解有所变化发展，但政府收支仍然是财政活动最为重要的组成部分和集中体现。因此，西方财政学的理论体系，特别是基础理论部分虽然发生了明显变化，但其主要仍然是围绕政府收支及其管理而展开的，这与我国传统财政理论体系并无明显区别。

三、都留下了深刻的时代烙印

我国传统财政理论体系在计划体制下形成发展，本质上是适应计划体制发展要求的。国家分配论强调国家的主体地位，一方面的确在一定条件下揭示了财政的共性，另一方面也的确适应了计划体制的要求。强调财政的国家主体性具体体现为，强调财政分配的目的是满足国家职能实现的需要，强调财政活动的依据主要是国家权力，强调国家在财政活动中的主导的决定的地位，这些显然与集权计划体制的推行是相适应的。再如传统财政理论体系对财政职能的界定明显也是适应计划体制要求的。传统的财政三职能理论认为，财政具有分配、调节、监督三大职能。这种职能概括高度抽象：三者都是名词化的动词，后面没有宾语，分配什么、调节什么、监督什么没有明确界定；怎么分配、怎么调节、怎么监督也没有明确说明，这为财政服务于计划体制的推行，为“无处不在、无所不包”的政府职能的实现提供了有利条件。西方财政理论体系随着市场经济的发展而逐步完善起来，其时代烙印也非常明显。就如何处理市场与政府的关系来看，在其古典阶段，市场失灵还没有明显表现出来，其推崇“自由放任”；在其现代阶段，特别是1929—1933年大危机之后，随着凯恩斯理论的兴起，其推崇“政府干预”；在当代阶段，随着滞涨的出现和新自由主义经济学派的兴起，其推崇协调市场与政府的关系，强调“自由放任”与“政府干预”相结合。在西方财政理论每一发展阶段，都留下了较为深刻的时代烙印。这与我国传统财政理论体系并没有明显区别。

四、都认识到财政对宏观经济运行的影响

我国传统财政理论体系中，财政、信贷、物资、外汇综合平衡理论（简称“四平理论”）占有重要地位。《社会主义财政学》[①]的第五章“财政与信贷、物资、外汇的综合平衡”，从第227页到第276页有整整50页的篇幅，占全书1/7，由此可以看出“四平理论”在传统财政理论体系中的地位。传统四平理论认为，财政平衡是综合平衡的关键，信贷平衡是综合平衡的反映，物资平衡是综合平衡的实质，外汇平衡是综合平衡的调剂和补充。这就充分肯定和强调了财政对宏观经济运行所产生的重要影响。西方财政理论形成了财政货币政策协调配合理论，并对开放经济条件下财政货币政策的作用机理进行了深入分析，形成了IS-LM-BP模型，提出了经济总量平衡公式：$C+S+T+M=C+I+G+X$。虽然在具体表达形式方面中西财政学确实存在区别，但其却体现了共同的精神实质：财政对宏观经济运行有重要影响，需要通过协调财政收支关系并通过财政与银行信贷、进出口保持平衡关系来实现宏观经济的持续、稳定、协调发展。

五、都认识到需协调政府间利益分配关系

在一个比较大的国家，政府一般都实行级次化管理，这就必然涉及不同级次政府间关系的协调处理问题。在我国传统财政学理论体系中，财政体制理论占有重要地

① 该书为第3版，由中国财政经济出版社于1987年出版。

位。虽然传统财政学理论体系中没有公共产品概念，但还是对政府间财政管理权限划分所涵盖的基本内容进行了系统的理论分析，所提出的构建财政体制所应遵循的原则以及对财政体制实践经验的总结，在某种程度上揭示了财政体制运作所应遵循的共性规律。比如传统体制理论所提出的统一领导与分级管理相结合、财权与事权相结合、责权利相结合、公平与效率相结合的原则，与西方财政联邦制理论对财政体制问题的分析在基本目标选择和政策主张方面并无本质区别。西方财政理论依据公共产品概念，并结合对不同级次政府性质的分析所形成的系统的财政联邦制理论，在其早期发展阶段即第一代财政联邦制理论阶段，依据公共产品类型的划分和对不同级次政府性质的理解，对政府间财政管理权限的划分给出了规范性的对策建议。在 20 世纪 80 年代发展起来的第二代财政联邦制理论则依据信息经济学、委托代理和机制设计理论对如何解释和优化现实的财政体制进行了深入分析。因此，我国传统的财政体制理论与西方的财政联邦制理论，都是围绕如何协调处理不同级次政府间的利益分配关系而展开。

六、都追求效率和公平两大目标

所有的经济活动归根结底要处理两个方面的关系：一是人与物的关系，需要配置稀缺的资源来满足人们无限的需要，这就必须强调效率；二是人与人的关系，需要协调、处理不同社会成员的利益分配关系，这就必须强调公平。财政活动作为经济活动一个重要组成部分，也需要处理协调这两个方面的关系，遵循效率和公平两大原则。我国传统财政理论与西方财政理论，虽然对效率和公平的理解及所强调的实现方式有明显区别，但所追求的行为目标，都可以概括为效率和公平两个方面。二者对所有的财政问题的分析及所提出的政策主张，事实上都是围绕效率和公平两大原则展开的。

七、都强调政府财政的预算管理

预算管理是现代财政管理的重要手段和制度形式。我国传统计划体制下的财政与西方市场经济条件下的财政同属现代财政。[①] 因此，我国在传统体制下形成的财政理论体系也强调预算范畴在财政体系中的地位、作用，对预算概念的界定、预算体系的构成以及预算管理所应遵循的年度性、统一性、真实性、公开性、完整性等原则的理解，

---

① “双方财政都建立在或基本上建立在现代经济基础之上。不仅西方国家，而且中国，除了农业之外，其经济的主要部分大体上也脱离自然经济状态，建立了相当规模的工商业，大致形成了有机统一的经济体。这是双方都建立起现代财政的根本条件。”参见张馨．比较财政学教程[M]．第 2 版．北京：中国人民大学出版社，2004：11.

在形式上与西方财政理论并无明显区别。[①] 预算制度和预算管理作为在封建社会末期新兴资产者与封建势力做斗争的工具而产生，虽然是适应市场经济发展的要求而出现，但其体现了现代财政经济管理的基本要求。因此，虽然传统计划体制与市场体制有着本质区别，但作为现代经济组织形式，也需要强调预算管理的地位、作用的差别，这是规范财政管理，提高其权威性、严肃性、法制性的必然要求。从这个角度讲，传统体制下的财政理论也在一定程度上吸取了西方在市场经济基础上发展起来的财政理论和实践的合理成分。

第二节　中西财政学理论体系的区别

一、对核心基础概念及构建思路的选择不同

任何理论体系都要在核心概念的基础上判断推理形成。我国传统财政理论，事实上选择了国家概念作为核心基础概念。这从其对财政概念的界定、对财政产生发展过程的分析以及对国家在财政活动中的地位和作用的描述中不难看出。国家分配论认为，财政活动的主体是国家、财政活动的依据是国家权力、财政活动的目的是满足国家实现其职能的需要。其对财政产生过程的论证实际也就是对国家产生过程的论证，然后由国家所包含的内在矛盾引出财政：国家是一非物质生产部门，但其存在又需要消费物质资料，因此就需要财政保证国家在经济上的存在。这要求财政需要筹集财政收入、需要安排财政支出、需要协调收支关系、需要进行收支管理，进而形成“收支平管”的理论体系。虽然国家分配论自身极力否定自己的理论是国家决定财政，其强调国家与财政在同时同地，在同等历史条件下产生，但其论证过程还是比较鲜明地表明了国家概念在其理论体系中的核心基础地位。[②]

西方财政理论以公共产品为核心基础概念来构建理论体系。公共产品概念成为西方财政理论体系的基石。其事实上是通过公共产品概念所包含的内在矛盾的展开来构建理论体系。公共产品所具有的基本属性决定通过市场渠道难以有效解决公共产品的资源配置和生产提供问题。因为生产提供者难以通过排他的办法来弥补公共产品的生产成本，但其生产提供又的确需要耗费成本。这就需要一种不同于市场机制

① “双方财政都以国家预算或政府预算为基本的财政制度、形式和内容。”参见张馨．比较财政学教程[M]．第2版．北京：中国人民大学出版社，2004：11．

② 关于我国传统财政理论如何以国家概念为核心基础概念构建理论体系，参见编写组．社会主义财政学[M]．第3版．北京：中国财政经济出版社，1987．

的成本弥补方式：通过政府强制收税来掌握一定数量资源的配置权，然后通过安排财政支出来抵补公共产品的生产成本。市场失灵在西方财政理论体系中的地位也非常重要，但相对公共产品概念，市场失灵并不居于核心基础地位。因为各种市场失灵都需要发挥政府职能来予以弥补和纠正，而政府弥补纠正市场失灵就是在向社会提供公共产品和服务，是公共产品的固有属性决定了政府财政的存在。因此，公共产品在西方财政理论体系中居于更为核心和基础的地位。

二、对研究侧重点及所处地位的认识不同

我国传统财政学一直强调马克思主义政治经济学的基础地位，侧重人与人之间关系的研究，其"所遵循的'苏联范式'，一再强调揭示人与物背后的人与人的关系的理论才是科学的；而只描述人与物的关系的学说，反映的只是现象，是不科学的。作为经济学各分支学科共同基础的政治经济学对各分支学科的影响是深刻的，这在财政学上就表现为对'财政本质问题'的集中讨论。"①我国传统财政理论中占主导地位的国家分配论认为财政从现象上看是以国家为主体的分配活动，内在于社会再生产过程的分配环节，其本质则体现为以国家为主体的分配关系。因为分配关系从属于生产关系，是生产关系的一个重要组成部分，因此传统财政理论认为财政学属于政治经济学的分支。

西方财政学以新古典经济学及凯恩斯主义经济学为理论基础，侧重人与物的关系研究。其把财政活动看作与私人经济部门的企业家庭资源配置活动相并列的政府资源配置活动，政府、企业、家庭通常被视作经济地位平等的三大主体。因此，西方财政理论尽可能采用分析私人部门经济活动的方式、方法来研究财政现象，揭示满足公共需要、生产提供公共产品的资源配置活动的规律性。显然，按照西方财政理论的观点，财政学就是公共部门经济学，其与研究私人产品资源配置和私人需要满足的规律性的私人部门经济学并列，二者共同构成完整的经济学体系。因此，财政学就成为经济学的分支。

三、对财政活动目的及实现机制的理解不同

我国传统财政理论把财政活动目的界定为满足国家实现其职能的需要。这意味着所有的财政活动要围绕国家职能实现的需要而展开。国家职能范围就是财政活动的范围，国家职能实现的重点就是财政活动的重点。"从公有制导出国家、企业和个人根本利益的一致性，这在财政理论上的反映，就是国家利益可以完全取代企业和个人

---

① 张馨，杨志勇，郝联峰，袁东．当代财政与财政学主流[M]．大连：东北财经大学出版社，1999：678.

利益。中国传统财政理论中所隐含的有机体国家观[1]与此相一致。忽略了个人、企业利益的研究方法，在理论上留下的印记，就是传统的财政理论从来不正面强调个人的利益，而主张财政活动中国家应处于主动地位。”[2]当国家利益与集体利益、个人利益出现矛盾和冲突时，要求个人利益服从集体利益，集体利益服从国家利益。

西方财政学把财政的目的界定为满足公共需要，要实现公共利益，但强调在满足私人利益的基础上来实现公共利益，强调民众在财政活动中的基础地位，把政府看作是民众为了解决他们自己解决不了或解决不好的问题而创设的制度安排或可以选择的手段，机械论国家观[3]占主导地位。西方财政理论强调个人对自身利益的追逐对实现公共利益具有重要意义，保护、鼓励个人对利益的追求，认为在市场的自发调节下，利己和利他可以结合起来。比如企业追求利润最大化，必须多生产适销对路的产品，必须尽可能降低成本，这在提高自身效率、增加利润的同时，也可为政府提供更多的财政收入；个人为实现自身效用满足程度最大化，必须多提供生产要素、提高高质量的生产要素，这既为企业优化资源配置提供基础条件，同时也可实现自身收入最大化，还会尽可能多地为政府提供收入，这都为政府财政配置资源、生产提供公共产品，满足公共需要，实现公共利益奠定了基础条件。而各种公共产品和服务的供给及公共利益目标的实现反过来也为企业、家庭实现收入最大化提供了有利条件。

四、对财政与国有企业的关系理解不同

我国传统财政理论强调财政与国有企业关系的重要性，一度视国有企业财务为财政体系的基础环节。[4] 一般来说，财务是私人收支及其管理，财政是政府收支及其管理，二者之间的界限划分应比较明确，但对国有企业而言则具有特殊性。因为国有企业的所有者是国家，从本质上讲国有企业的收支应是国家或政府收支的一个重要组成部分。传统财政理论对财政概念的界定强调国家分配论，认为财政是以国家为主体的分配，基于这种认识很容易把国有企业财务视作财政体系的基础环节。另外，传统财政理论基于对社会主义制度的传统理解，也倾向于视国有企业为“目的”而不是“手段”。公有制、计划经济、按劳分配长期被认为是社会主义的三大基本特征。公有制的

---

① 有机体国家观认为，国家是一个自然的有机体，每个社会成员是这个有机体的一个组成部分。“个人只有作为社会的一部分才有意义，个人利益要服从整体利益。因此，社会凌驾于个人之上。”参见哈维・S. 罗森，特德・盖亚．财政学[M]. 中译本第 10 版．北京：中国人民大学出版社，2015：4.

② 张馨，杨志勇，郝联峰，袁东．当代财政与财政学主流[M]. 大连：东北财经大学出版社，2000：679.

③ 机械论的国家观认为，“政府不是社会的一个有机组成部分。相反地，它是人们为了更好地实现其个人目标而人为创立的。”参见哈维・S. 罗森，特德・盖亚．财政学[M]. 中译本第 10 版．北京：中国人民大学出版社，2015：5.

④ 参见邓子基．财政学原理[M]. 北京：经济科学出版社，1989：43.

现实体现形式就是国有企业，国有企业在经济体系中的地位至关重要。传统财政理论强调财政与国有企业关系的重要性，在某种程度上与传统理论对社会主义制度基本特征的界定和理解有关。

西方财政理论也涉及国有企业问题研究，但在其理论体系中国有企业只与弥补和纠正市场失灵有内在联系，国有企业更多地被视作一种手段而不是目的，而且作为一种调节手段，只有和其他手段相比具有比较优势的时候，这种手段才需要得以运用。有些市场经济国家，如英国、法国及一些福利国家，国有经济所占比重虽然相对比较高，但其所处的领域基本是市场失效或部分失效的领域，在市场完全有效作用的领域，国有企业发挥作用的余地和空间并不大。这与西方财政赖以建立的经济基础有直接关系。西方财政大部分收入来自私营经济，收入筹集主要依靠私营经济缴纳的税收，而不是国有企业上缴的利润，其国家体现为比较典型的税收国家，而不是利润国家。

五、对财政收入和财政支出地位的认识不同

我国传统财政理论更加强调财政活动中收入的地位和作用，这与传统体制下财政所要完成的资源配置任务及所承受的筹资压力有直接关系。在传统体制下，政府财政既要配置资源、生产提供公共产品，满足公共需要，还要配置资源、生产提供私人产品，满足私人需要，即在市场体制下需要通过市场与政府两种不同资源配置手段和方式所完成的资源配置任务，在传统体制下几乎要完全通过政府财政这一种资源手段和方式来完成。政府财政面临的巨大筹资压力，迫使其必须把尽可能多的资源掌握在自己手中。由于市场机制在资源配置中的地位和作用被否定，财源的培植和收入的筹集难以发挥市场机制的自发调节作用，客观上需要政府投资建立国有企业，借助政府与国有企业之间统收统支的关系来实现，于是发展经济、提高效益、广开财源成为收入筹集的首要原则。[①]

西方财政理论更强调支出的地位和作用，即便在早期阶段，虽然强调量入为出，但政府并不亲自充当财源建设主体，并不通过政府投资建立国有企业、集中企业利润的方式筹集收入，而是主要依靠市场引导私人投资建立非国有企业，主要以税收形式筹集收入，因此，西方建立的是税收国家而不是利润国家。随着经济的发展，生产社会化程度的提高，社会对公共产品的需求总量加大，支出的地位和重要性更是被强调。因为支出是政府财政配置资源的实现环节，而收入筹集仅是准备环节。支出规模对公共产品供给规模有实质性决定作用，支出规模大了意味着公共产品供给规模偏大，支出规模小了意味着公共产品供给规模偏小，这都会导致资源宏观配置比例失衡、效率低

---

① 编写组．社会主义财政学[M]．北京：中国财政经济出版社，1987：118.

下。收入规模小了，只要支出规模合理，还可以通过公债等形式从私人经济部门再集中收入；收入规模大了，通过财政信贷把这部分收入对应的资源再配置到私人部门即可，回旋余地较大。从结构分析，支出结构不合理，意味着公共产品供给结构与需求结果脱节；而收入结构虽然也很重要，但对公共产品供给的影响相对要小。因此，在市场经济条件下发展起来的西方财政理论相对更强调支出的地位和作用。

六、对财政收支关系处理方式不同

我国传统财政理论历来重视收支平衡的重要性，强调“量入为出”原则，认为财政平衡是综合平衡的关键。这是由当时财政所处环境及财政在经济生活中的地位所决定的。传统体制下，国民收入分配呈高度集中格局，政府在收入分配中居于主导的、决定的地位。财政收不抵支出现赤字，几乎没有回旋余地。首先，发行内债不具备条件，在收入分配格局已高度集中的条件下，企业掌握的收入基本为流动资金，若用于认购公债会影响到简单再生产；个人收入只能满足基本生活需要，若认购公债会影响到基本生活需要的满足，也没有认购能力。其次，当时的国际环境也不具备发行外债的条件。20 世纪 50 年代我国曾向苏联举债，后来中苏关系破裂，向苏联借债的渠道被封死，西方国家对中国又持敌视封锁态度，也没有发行外债的空间和余地。因此，在传统体制下，财政运作一旦出现赤字，通常只能依靠增发货币弥补，这会导致通货膨胀。所以，我国传统财政理论一直较为强调量入为出，认为财政平衡是实现综合平衡的关键。

西方财政理论在早期也强调收支平衡，主张量入为出，因为当时处于经济的上升时期，资本一般会有优良的投资场所，社会上并没有多少闲置资本。如果财政收不抵支而举债，会影响资本积累和经济增长。但随着需求不足问题的出现，特别是 1929—1933 年大危机之后，凯恩斯赤字财政理论逐渐被接受，量出为入逐渐成为基本的理财原则。财政收支关系的处理转变为首先要根据需求不足的缺口来确定支出规模，正常的收入不能满足支出需求就举借债务。西方财政理论政策主张发生如此巨大的转变是因为财政所处的客观经济环境已发生深刻变化。需求不足开始成为制约经济发展的主要因素，客观上需要加大支出规模拉动需求、推动经济增长。社会上大量闲置资本的存在也为公债发行提供了便利条件。所以西方财政理论较为强调量出为入，实际是通过财政收支的失衡来实现经济总量平衡，这也可理解为是实现了财政的综合平衡。

七、对政府间财政关系的处理、协调思路不同

我国传统财政理论处理政府间财政关系虽然一直强调统一领导与分级管理相结合，但是统一领导原则的地位要高于分级管理，分级管理的基础是统一领导，而不是在

分级管理基础上实现统一领导。财政管理体制的构建一直采取“自上而下”分权的思路。按照这一思路，财政权力首先掌握于中央政府，中央政府认为有必要，才将权力下放，以什么方式下放、下放到什么程度、下放的权力何时收回都取决于中央政府的意图、愿望和要求。由此带来的问题是，如果假定政府是利己的经济人，那么中央政府在体制设计的初始环节，权力下放将是不充分的，即其希望将更多的权力掌握在自己手中，会使体制偏于集权。但是，偏于集权的体制并不符合处理政府间财政分配关系所应遵循的基本规律，由此会产生严重的负面影响。当这种负面影响严重到一定程度，超出政府承受能力，中央政府迫于各方面压力，会被迫对体制进行调整，使偏于集权的体制趋向分权。但体制制定、调整权一直掌握在中央政府手中，一旦促使其进行分权改革的压力缓解，其会使体制重新走向集权。因此，在“自上而下”分权思路下，体制在集权与分权之间会不断震荡而难以在二者之间实现稳定均衡，整个社会要遭受福利损失。

西方财政理论形成了系统的财政联邦制理论，其基于对公共产品及不同级次政府性质的认识，对政府间财政管理权限的划分进行了系统分析，基本思路是发挥不同级次政府的比较优势，旨在集权与分权之间实现均衡，做到该集权的集权，该分权的分权。财政管理体制的构建比较能体现“自下而上”授权的思路。按照这一思路，权力首先属于民众。民众为了解决自己解决不了或解决不好的问题通过授权成立了基层政府。基层政府可以有效解决受益范围在其辖区之内的公共产品的资源配置问题，但是超出其辖区范围的公共产品的生产提供，就需要不同的基层政府相互协商谈判，这就需要付出交易成本。为降低交易成本，基层政府会通过授权成立更高层次的政府，政府间权力划分关系呈现“自下而上”授权格局。在该思路下，该集权的会集权，因为这对基层政府来说所得大于所失。不该集权的权力会保留在民众或基层政府手中，因为这样做对他们来说所得大于所失，这就比较容易在集权与分权之间实现稳定均衡。

八、对财政法制建设的重视程度不同

我国传统财政理论对法制建设重视程度不够。在传统体制下，给国家财政提供收入的主要是国有企业。国家从国有企业集中收入并不涉及所有权的改变，因为国有企业所有权属于国家，从理论上讲，国家甚至可以不采用税收形式而直接通过利润上缴从国有企业集中收入。这解决的实际是收入由企业分散使用还是由国家集中使用的问题。不加强法制建设不仅不影响收入筹集，而且还便于政府灵活处理与国有企业的分配关系。另外从支出安排的角度看，在传统体制下，货币并不体现为一般等价物，票证比货币更为重要，不加强法制建设，财政支出活动也能相对顺利进行。与财政法制建设相联系的财政监督也主要体现为财政去监督行政事业单位及企业、家庭等微观经济主体的行为,以维护正常的财经纪律。

西方财政理论对法制建设重视程度高。因为在市场体制下,给国家财政提供收入的主要是非国有企业。政府从非国有企业集中收入必然涉及所有权的改变,其不掌握企业所有权,不能以利润上缴的形式集中收入,必须主要依靠税收的形式从非国有企业集中收入。这本质是政府凭借政治权力限制、否定私人的经济权利。如果不加强法制建设,难以保证收入及时足额入库。另外从支出安排的角度看,在市场经济条件下,货币表现为一般等价物,不加强法制建设,财政支出所涉及的部门、单位、个人极易利用手中权力攫取部门、单位及个人私利,从而对公共利益的实现造成负面影响。与财政法制建设相联系的财政监督也主要体现为监督财政,强调权力机关、审计机关、新闻媒体、社会公众等对财政运作过程的监督。

九、对市场在经济活动中地位的认识不同

我国传统财政理论,事实上否定了市场在资源配置中的基础性地位和作用,片面夸大了政府财政的地位和作用,不仅强调财政活动的主体国家在财政分配活动中居于主导的、决定的地位,而且事实上赋予国家在整个经济活动中居于主导的、决定的地位,本来属于市场机制有效作用领域的私人产品的生产提供和私人需要的满足,也要通过政府财政配置资源予以解决,从而由政府财政无限制替代市场,既配置资源生产提供私人产品、满足私人需要,又配置资源生产提供公共产品、满足公共需要,从而把市场体制下通过政府与市场相互协调、相互配合来共同完成的社会总的资源配置任务,要通过政府财政"独木撑天"单独完成。

西方财政理论首先肯定市场的基础性地位和作用,其虽然强调市场失效,并把市场失效视作整个财政理论体系进行逻辑推演的基础,但其首先强调市场有效,认为市场在完全竞争条件下是有效的,其可以实现资源配置的帕累托最优。在西方财政理论看来,市场失效总是与市场有效相伴随,并不夸大市场失效。虽然在西方财政理论发展进程中也一度强调政府干预,对市场在资源配置中的基础性、决定性地位有所削弱,但并没有出现政府无限制地替代市场,几乎要配置全部社会资源的局面。整体上看,西方财政理论在处理市场与政府关系时总是朝着协调二者关系,促进二者向相互协调、相互配合的方向发展。

十、对理论分析范式和方法的选择不同

分析范式是指研究主体对客体进行分析研究所形成、运用的基本概念体系、研究思路模式及基本方法。我国传统财政理论认为财政学是政治经济学的分支,所形成的研究范式建立在政治经济学的基础上,更多的是进行生产力与生产关系、经济基础与

上层建筑式的分析[①]，带有浓厚的政治经济学色彩。理论体系所赖以建立的基本假设前提来自经典作家对未来理想社会描绘的抽象归纳，更多地是以理想、信念作为理论推导的基础，很少采用内省的分析方法，由此导致理论与实践在某种程度上存在脱节。

西方财政理论认为财政是经济学的分支，一般把财政学视作公共部门经济学，因此财政学在西方同经济学的其他分支学科一样，都强调经济人假设[②]，并以此作为逻辑推导的基础，这样的基本假设前提就不是来自所谓的理想、信念及对未来理想社会描绘的归纳抽象，而是来自对客观现实的归纳。西方财政理论更多地运用经济学的研究方法，特别强调内省的分析方法，理论对现实的解释力较强。

第三节　中西财政学理论体系区别的原因

一、经济体制差异

我国传统财政理论是在传统计划体制下形成发展起来的，与计划体制下的财政实践相适应，是对计划体制下财政运作规律的体现和反映，自然带有鲜明的传统计划体制的烙印；西方财政理论植根于西方市场经济，是对市场体制下财政运作规律的体现和反映，自然带有浓厚的市场体制色彩。我国传统财政理论与西方财政理论之所以存在明显区别，在很大程度上是由财政所赖以存在的体制基础差异所造成的。

二、理论基础不同

我国传统财政理论以马克思主义政治经济学为理论基础，强调劳动价值论的基础地位，其对财政概念和本质的界定，对财政客体及财政在社会再生产过程中的地位和作用的分析，无不体现了马克思主义政治学的影响并在分析范式和研究方法上遵循其传统；西方财政理论以新古典经济学和凯恩斯主义为理论基础，强调效用价值论的基础地位，其对财政概念的界定和理解，对财政与市场关系的处理、协调，无不体现了新古典经济学的影响并在分析范式和研究方法上遵循其传统。

---

① 杨志勇．比较财政学[M]．上海：复旦大学出版社，2005：43.

② “将政府视为机械体，与经济学中的个人主义方法论相结合，推动了财政学中个人主义方法论的发展。这就是‘经济人’假设在财政学中的应用。”张馨等．当代财政与财政学主流[M]．大连：东北财经大学出版社，2000：722—723.

第四节　中西财政学理论体系比较的启示

一、选择核心基础概念，构建严谨的理论体系

我国传统财政理论以国家为核心概念，财政理论体系的构建以此为基础展开，形成了国家分配论，极易在理论和实践上导致国家决定论。如果以公共产品概念为核心基础概念，则有助于弥补这一局限和不足。因为公共产品根源于人们的公共需要；公共需要根源于人本质上所具有的社会性。以公共产品概念为核心基础概念来构建财政理论体系，追根溯源是从分析考察人的本质属性着手，由此可以避开以国家为核心基础概念所难以回避的国家决定财政的悖论。[①] 人在本质上是个体性与社会性的统一。作为个体的人必须满足个体需要(私人需要)，作为群体的人必须满足公共需要。满足个体需要(私人需要)需消费私人产品；满足公共需要需消费公共产品。而公共产品和私人产品性质上的差别决定其必须通过一种特殊的途径、手段和方式来解决其资源配置问题，并形成相应的制度安排，这就是财政。

二、科学把握财政本质，摆正财政学学科地位

传统财政理论把财政界定为以国家为主体的分配，把财政本质界定为以国家为主体的分配关系，存在一定局限。[②] 尽管马克思主义政治经济学的传统的确是把经济范畴的本质界定为一定的经济关系，但是其在得出结论之前，总是要揭示经济范畴所包含的内在矛盾及其运作所遵循的基本规律。在矛盾和规律揭示清楚之前，并不贸然界

---

① “如何令人信服地说明自己的理论不是‘上层建筑决定经济基础’，则是国家分配论至今尚未完全做到的。”参见张馨，杨志勇，郝联峰，袁东．当代财政与财政学主流[M]．大连：东北财经大学出版社，2000.

② 这种局限集中体现为把财政本质与财政概念等同。财政概念是对财政现象共性的概括、归纳、总结和抽象。虽然其属于理性认识范畴，但就认识的深度而言仍然处于现象层次。而财政的本质则为财政现象所遮掩，其要说明财政存在的依据，揭示制约财政发展演化过程的基本矛盾以及所应遵循的基本规律。财政本质属于“形而上者”。传统财政本质理论把财政本质的界定过程理解为“最终将财政与其他事物区分开来”，体现为如何对“分配关系”进行限定以区别财政与非财政(具体表现为依次用社会再生产、价值、社会产品、剩余产品、国家职能实现需要或社会公共需要、国家来限定分配关系，并最终认为国家与财政本质有内在联系，从而把财政本质界定为以国家为主体的分配关系。关于传统财政理论对财政本质的界定，参见编写组．社会主义财政学[M]．第3版．北京：中国财政经济出版社，1987：33－39.)，这就把财政本质问题简单化了，把反思降低到了反映的水平。关于财政本质与财政概念的区别及国家分配论对财政本质界定的局限，参见李森．现代财政制度视阈下财政理论的比较与综合[M]．北京：经济科学出版社，2017：151－154.

定经济范畴的本质。[①] 而传统财政理论体系中占主导地位的国家分配论并没有分析财政范畴所包含的内在矛盾，也没有揭示制约财政发展演化过程的一般规律，只是模仿了马克思主义政治经济学界定经济范畴本质所采用的形式而没有抓住其精髓。这意味着仅仅把财政学理解为政治经济学的分支也是有局限的。按照西方财政理论的观点来理解财政本质，其更应视作协调私人需要与公共需要、私人利益与公共利益、人的个体性与社会性矛盾的手段和方式。从这个意义上讲，财政学应是公共部门经济学，侧重揭示公共经济部门资源配置的规律性，与侧重揭示私人经济部门资源配置规律性的私人部门经济学，共同构成完整的经济学体系。

三、正确认识财政目的，立足满足社会公共需要

传统财政理论把财政活动的目的界定为满足国家职能实现的需要，容易在实践中导致政策偏差。因为国家毕竟是一抽象概念，其现实存在形式是政府，而政府职能实现又依赖政府部门从业人员的行为选择。这些政府部门的从业人员，上到政治家下到一般公务人员，按照公共选择学派的观点都是利己的经济人，其在做出公共决策时不能说完全不考虑如何实现社会公共利益，但通常会夹杂个人私利，由此导致国家职能的实现往往与公共需要的满足和公共利益的实现脱节。可能经常会出现的局面是：国家职能虽然可以顺利实现，但社会公共需要却不能很好满足，社会公共利益难以实现最大化。把财政活动的目的界定为满足社会公共需要，就会要求国家职能的实现必须围绕公共需要的满足而展开，公共需要的范围就是国家政府职能实现的范围，公共需要的重点就是国家政府职能实现的重点，从而使财政活动目的的实现方式和实现程度有了更为合适的判定标准，尽可能避免出现国家职能尽管能顺利实现，但公共需要却得不到很好满足、公共利益难以顺利实现的情况。

四、发挥公有产权比较优势，深化国有企业改革

国有企业的本质是企业，是生产经营组织形式，而效率是企业的生命。相对资源配置效率的提高和民众生活需要的满足而言，国有企业和非国有企业一样都是一种手段而不是目的。在市场经济条件下，不顾及效率和公平原则盲目提高国有企业比重是

---

① 比较典型的例子是马克思主义政治经济学对货币本质的分析，其从考察价值形式的发展入手，通过分析简单的、个别的、偶然的价值形式如何发展到扩大的、总和的价值形式再到一般价值形式并最后发展演进到货币形式，从而清楚揭示了货币的产生如何使商品生产所包含的内在矛盾最终外化为商品与货币的矛盾。商品一旦交换为货币，商品的使用价值就转化为价值、具体劳动就转化为抽象劳动、私人劳动就转化为社会劳动，商品生产的内在矛盾就得以化解。正是在这个意义上才可以说货币的本质不是物，其体现商品生产者之间相互交换劳动的关系。

不合适的。正确的做法应是吸取借鉴西方财政理论的观点，发挥公有产权和国有企业的比较优势，使之主要为满足社会公共需要发挥作用，主要服务于公共产品的提供，[①] 由此也有助于理顺国有企业与非国有企业的关系以及政府与市场的关系。

五、摆正财政收支地位，选择合适财源培植思路

传统体制下，政府限制乃至否定了市场在资源配置中的地位和作用，因此如何培植财源获取收入是传统体制下政府财政活动的一项重要任务，其地位的重要性远超支出安排。没有财源培植，没有收入来源，财政活动就成无源之水、无本之木。从这个意义上讲，传统财政理论强调收入的地位和政府主导财源培植的思路有其必要性、合理性，但是随着经济体制转轨，市场机制在资源配置过程中的基础性、决定性地位逐渐得到体现，收入和支出在财政活动中的地位也需要转换——由收入主导转向支出主导。毕竟，通过市场引导私人部门的资源配置、利用私人对个人私利的追求就可以为财政提供较为充裕的财源，"税收国家"比"利润国家"拥有更为坚实的经济基础。[②] 就财政资源配置过程而言，收入筹集仅是准备环节，而支出安排才是实现环节。

六、调整财政收支关系，转向强调"量出为入"

传统财政理论强调"量入为出"，是受传统体制下一旦出现赤字财政即无发行公债余地的制约，但向市场体制转轨后，随着市场机制作用的发挥、私人经济部门力量的发展壮大以及收入分配由政府向私人部门的倾斜，政府发债的空间和余地增大，经常性财政收入对财政支出的制约作用弱化，而"量出为入"的必要性则体现得日益明显和突出。因为不强调"量出为入"，政府财政筹集收入必然带有一定程度的盲目性，其并不知道筹集多大规模的收入是合理的。在这样的情况下，无论收入筹集规模过大或过小，都会对资源宏观配置产生不利影响。收入筹集规模过大，则从资源配置的结果考察就是公共产品过多，与之对应则是私人产品过少，根据边际效用递减规律，这会降低社会福利水平；若收入筹集规模过小，则会出现相反的情况，但同样会降低社会福利水平。因此，在市场经济条件下，吸取借鉴西方财政理论"量出为入"的理财思路，对于优

---

① 关于公有产权和国有企业的比较优势分析，参见杨灿明．产权特性与产业定位——关于国有企业的另一个分析框架[J]．经济研究，2001(9)．

② 关于"税收国家"和"利润国家"的解释，参见刘云龙．民主机制与民主财政——政府间财政分工及分工方式[M]．北京：中国城市出版社，2001：239、270．

化社会宏观资源配置①,增进社会福利水平,具有重要意义。

七、协调政府间财政关系,强调基层政府的地位

传统财政理论处理政府间财政关系,强调统一领导与分级管理相结合②,但在处理协调统一领导与分级管理关系时,首先强调统一领导的地位和作用。与之对应的财政体制构建思路是"自上而下"分权。西方财政理论处理政府间财政关系,强调基层政府的地位和作用,视高层政府为解决基层政府解决不了或解决不好问题而创设的手段和制度安排。与之对应的财政体制构建思路是"自下而上"授权。假定政府是利己的经济人,"自上而下"分权意味着体制的初始设计会偏于集权;"自下而上"授权体制则会偏于分权。无论体制偏于集权还是偏于分权都不是理想的制度安排,都会导致效率损失。理想的制度安排是在集权与分权之间实现恰当的均衡,做到二者的边际收益相等。既然"自上而下"分权与"自下而上"授权都不能达到理想状态,那么合适的选择应是本着"两害相权取其轻"的原则选择一种效率损失相对小的体制构建思路。一般来说,吸取、借鉴西方财政理论的观点,重视"自下而上"授权思路,强调基层政府的地位和作用是必要的。其基本逻辑是权力首先是属于民众,民众为了解决自己解决不了或解决不好的问题,通过授权成立基层政府。基层政府在配置资源,生产提供小受益范围的公共产品方面具有比较优势,但在配置资源,生产提供大受益范围的公共产品方面则是其比较劣势,为了解决自己解决不了或解决不好的问题,其会授权给高层政府。虽然基层政府作为代理人,其倾向于把更多的权力掌握在自己手中,这意味着"自下而上"授权,权力的上授一般是不充分的,但是由于民众监督约束基层政府链条比较短、信息不对称程度相对比较轻,所以"自下而上"授权虽然会使体制偏于分权,但其距离集权与分权的最佳均衡点的位置会比较近,因而效率损失相对较小。而"自上而下"分权在使体制偏于集权时,会距离集权与分权的最佳均衡点位置较远,因而效率损失相对较大。毕竟,此时民众监督约束中央政府或高层政府的链条比较长,信息不对称程度比较重。为提高财政体制运作效率,正确处理、协调政府间财政关系,强调基层政府的地位和作用是必要的,由此可以真正做到统一领导与分级管理相结合,一方面坚决维护中央政府的集中统一领导地位;另一方面也充分调动地方政府的积极性、主动性,

---

① 通常所理解的资源宏观配置往往是指资源在不同部门、不同地区、不同产业、不同所有制之间的分配和使用,这实际仍局限于私人经济部门对资源宏观配置的理解。真正意义上的资源宏观配置应是指资源在私人经济部门与公共经济部门之间的分配和使用。关于资源宏观配置的理解,参见李森．试论财政支出效率的三个层次[J]．西安财经学院学报,2005(3),人大报刊复印资料．财政与税务,2005(11).

② 关于统一领导、分级管理作为传统体制下财政管理体制基本原则的论证,参见编写组．社会主义财政学[M]．第3版．北京:中国财政经济出版社,1987:287－290.

发挥二者的比较优势，做到相互协调、相互配合、取长补短，共同完成政府公共经济部门所担负的资源配置任务。

八、健全财政法制观念，强化财政运作过程监督

基于传统体制下政府财政收入筹集机制的特殊性和非商品货币经济对人们价值观念的影响，传统财政理论对财政法制建设没有给予足够重视有其合理性、必然性。但随着经济体制的转轨，政府财政收入筹集机制及人们的价值观念都已发生深刻变化。在这样的背景下，吸取、借鉴西方财政理论注重财政法制建设，就是财政实践发展对财政理论必须予以丰富完善的必然要求。与之相联系，对财政监督的理解和实现形式也需要有新的转变。传统财政理论所理解的财政监督视财政为监督主体，强调"财政部门通过筹集和运用资金的活动，对国民经济各部门、各企业和事业单位的经济活动，以及对国民经济和社会发展计划实施过程进行全面监督"①，以使之符合国家财经法律及各项制度的规定。严格说来，这实际只是财政监督一个方面的内容，仅仅把财政视作财政监督的主体是对财政监督的片面理解。吸取借鉴西方财政理论的合理成分，应从另一个方面来理解财政监督，即需要把财政监督理解为监督财政，财政由监督主体变为监督客体。毕竟，财政归根结底是"聚天下之财，谋天下之利"，其实质身份是代理人，而广大民众才是委托人，为使财政运作过程真正能实现社会公共利益最大化，需要借助各种实现形式强化对财政运作过程的监督。

九、理顺政府市场关系，发挥政府拾遗补阙作用

传统财政理论在处理政府与市场关系时事实上采取了用政府无限制替代市场的做法。这种做法虽然可以做到用政府的比较优势替代市场的比较劣势，但同时也用政府的比较劣势替代了市场的比较优势。这对资源配置格局所造成的影响是：政府既要配置资源，生产提供公共产品，满足公共需要，还要配置资源，生产提供私人产品，满足私人需要。虽然政府对前者的资源配置相对有效，但对后者的资源配置却相对失效。因此，协调政府财政与市场的关系，需要摒弃用政府无限制替代市场的极端做法，吸取借鉴西方财政理论的观点和政策主张，实现政府财政与市场相互协调、相互配合、相辅相成，发挥二者的比较优势，共同完成社会总的资源配置任务，以提高资源配置效率。一方面，通过发挥市场机制的基础性、决定性作用，提高私人产品资源配置效率，实现私人利益；另一方面，积极发挥政府财政的拾遗补阙作用，提高公共产品资源配置效

---

① 编写组．社会主义财政学[M]．第3版，北京：中国财政经济出版社，1987：338.

率，实现公共利益。[①]

十、采用规范分析方法，从现实中归纳假设前提

财政学不仅是政治经济学的分支，还是经济学的分支，其是严格意义上的交叉学科。研究财政问题仅仅采用生产力与生产关系、经济基础与上层建筑式的分析无助于全面揭示财政运作规律。另外，我国传统财政理论由经典作家对未来理想社会的描绘抽象理论前提的做法，极易导致由此所构建的理论体系缺乏对现实的解释力。吸取借鉴西方财政理论视财政学为经济学分支的观点，从现实中抽象出基本假设前提作为理论推导的基础，强调经济人假设[②]的重要性是完全必要的，充分运用内省及边际分析等经济学分析方法，有助于增强财政理论对现实的解释力，并有助于充分发挥财政理论对财政实践的积极推动作用。

本章小结

● 我国传统财政学理论体系与西方财政学都强调国家或政府在财政学理论体系中的地位、作用；都主要对政府收支进行研究，研究对象基本是相同的；都留下了深刻的时代烙印；都认识到财政对宏观经济是否能够持续稳定协调发展有重要影响；都认识到财政涉及不同级次政府间财政关系的处理，需协调政府间利益分配关系；都追求效率和公平两大目标。

● 我国传统财政学与西方财政学在理论体系方面的区别体现在：前者以国家为理论体系的核心基础概念，后者以公共产品为理论体系的核心基础概念。前者把财政活动目的界定为满足国家职能实现的需要；后者把财政目的界定为满足社会公共需要。前者否定市场在资源配置中的地位和作用，强调政府在资源配置中的主导作用；后者强调市场在资源配置中的基础性、决定性作用，强调政府在资源配置中的拾遗补阙作用。前者侧重揭示财政活动中人与人的关系；后者侧重揭示人与物的关系。前者强调国有企业在经济活动中的地位和作用，视国有企业财务为财政体系的基础环节；后者认为国有企业是政府弥补、纠正市场失灵的手段。前者强调财政收入的基础性地位；后者更强调支出安排的重要性。前者重视通过量入为出来协调收支关系；后者重视通过量出为入来协调收支关系。前者协调政府间财政关系强调“自上而下”分权；后者则强调“自下而上”授权。前者对财政法制建设没有给予足够重视，强调财政是财政监督的主体；后者重视财政法制建设，强调

---

① 美国著名财政学家马斯格雷夫指出，在满足各种各样的需求、完成各种各样的任务时，通过预算程序的模式解决某些问题效率较高，市场模式在解决另一些问题时则更胜一筹。在两种模式中都存在失灵以及满足一些需要，这两种模式对于社会秩序是必不可少而且是相互补充的。参见布坎南，马斯格雷夫．公共财政与公共选择：两种截然不同的国家观[M]．类承曜译．北京：中国财政经济出版社，2000：24.

② 一般来说，经济人假设是经得起实践检验的。“当研究者发现了所谓‘不可理喻’的行为时，通常不是行为者的不理性，而是研究者对行为者的限制条件不了解。……经济学家之所以坚持理性人的假设，实际是从这个假设为基本点出发可以更深入地探索我们所观察到的社会经济现象，而不能简单把我们所难以了解的现象贴上不理性的标签。”参见林毅夫．论经济学方法[M]．北京：北京大学出版社，2005：113－114.

财政是财政监督的客体。前者强调财政学是政治经济学的分支，采用“苏联范式”研究财政现象；后者强调财政学是经济学的分支，注重内省和边际分析等经济学方法的运用。

● 构建财政理论体系，应选择合适的核心基础概念，强调公共产品概念在理论体系构建中的地位；应强调财政活动的目的是满足社会公共需要、实现公共利益；应明确市场在资源配置过程中的基础性、决定性地位和政府财政的拾遗补阙作用；应明确财政学的研究不仅要协调人与人的关系，也需要重视协调人与物的关系；应理顺政府财政与国有企业的关系，发挥国有企业作为弥补和纠正市场失效重要手段的作用；应重视财政支出安排在财政活动中的重要性；应强调量出为入是市场经济条件下更为重要的处理收支关系的准则；应强调“自下而上”授权在处理政府间财政关系时的重要作用；应重视财政法制建设，明确财政不仅是财政监督的主体而且也应是财政监督的客体；应重视财政学的经济学属性，按照经济学的基本假设和分析方法研究财政问题。

重要概念

公共产品　国家　社会公共需要　国家职能实现需要　量入为出　量出为入　自上而下分权　自下而上授权　财政监督　监督财政

思考题

1. 我国传统财政学理论体系与西方财政学有何不同？
2. 简述我国传统财政学理论体系与西方财政学的相同点。
3. 比较我国传统财政学与西方财政学理论体系的启示。

材料分析

1. 传统财政理论对财政监督的论证

财政监督是财政部门通过筹集和运用资金的活动，对国民经济各部门、各企业和事业单位的经济活动，以及对国民经济和社会发展计划实施过程进行全面监督。财政监督是社会主义财政的基本职能之一，也是社会主义国家监督的一个重要组成部分。财政监督的作用主要有：反映经济，促进国民经济与社会发展计划的实现；监督微观经济活动，促进企业改善经营管理，加强经济核算，提高经济效益；严肃财经纪律，促进党风和社会风气的进一步好转。

（资料来源：编写组．社会主义财政学[M]．第3版．北京：中国财政经济出版社，1987：338—340．）

根据上述材料分析传统财政理论对财政监督认识的局限，并论述在市场经济条件下应如何加强财政监督。

2. 传统财政理论和西方财政理论对财政学的认识

(1)在财政对社会产品进行分配的背后,体现为人与人之间的关系,即一种分配关系。作为政治经济学分支的社会主义财政学,必须透过财政现象来揭示财政的本质。为此,必须通过对社会主义财政现象的层层分析,由表及里、由浅入深,才能最后把握社会主义财政本质。

(资料来源:编写组 . 社会主义财政学[M]. 第 3 版 . 北京:中国财政经济出版社,1987:33.)

(2)This book deals with the economics of the public sector as that sector operates in a mixed system. Its operation includes not only financing but has broad bearing on the level and allocation of resource use, the distribution of income, and the level of economic activity. Although our subject matter is traditionally referred to as public finance, the book thus deals with the real as well as the financial aspects of the problem. Moreover, we cannot deal with "public" economics only. Since the public sector operates in interaction with the private, both sectors enter the analysis.

(Richard A. Musgrave, Peggy B. Musgrave. Public Finance in Theory and Practice. Fifth Edition. Mcgraw-Hill Book Company, 1989: p. 4)

根据上述材料,分析我国传统财政理论和西方财政理论对财政学地位认识的差异。

本章阅读文献

1. 编写组 . 社会主义财政学[M]. 第 3 版 . 北京:中国财政经济出版社,1987.

2. Richard A. Musgrave, Peggy B. Musgrave. Public Finance in Theory and Practice. Fifth Edition. Mcgraw-Hill Book Company, 1989.

3. 布坎南,马斯格雷夫 . 公共财政与公共选择:两种截然不同的国家观[M]. 类承曜译 . 北京:中国财政经济出版社,2000.

4. 林毅夫 . 论经济学方法[M]. 北京:北京大学出版社,2005.

5. 杨志勇 . 比较财政学[M]. 上海:复旦大学出版社 2005 年版 .

6. 张馨,杨志勇,郝联峰,袁东 . 当代财政与财政学主流[M]. 大连:东北财经大学出版社,2000.

7. 张馨 . 比较财政学教程[M]. 第 2 版 . 北京:中国人民大学出版社,2004.

8. 马斯格雷夫,皮考克 . 财政理论史上的经典文献[M]. 刘守刚,王晓丹译 . 上海:上海财经大学出版社,2015.

第三章　我国财政学发展演变的比较

我国财政学本身处于变化发展过程中，了解我国财政学发展所经历的阶段，把握不同阶段的总体状况，比较具有代表性的理论观点，对于理解我国财政学发展的阶段性特征、把握制约财政学发展演变的因素具有重要意义。

重点问题

- 我国财政学的发展所经历的阶段
- 我国财政理论界界定财政含义的代表性观点
- 比较我国财政理论发展得到的启示

第一节　我国财政学发展演变所经历的几个阶段

一、1949年以前我国财政学的发展

1949年以前，我国占主导地位的经济组织形式是自给自足的自然经济，商品生产、商品交换的范围和程度都很有限。与之对应，政府提供的公共产品规模相对小、结构相对简单，供给方式也不复杂。在这样的背景下，政府财政活动在整个社会经济生活中的地位和作用还没有充分展示出来，这对财政规律的认识和揭示有着根本性的影响。因此，在这一阶段，中国的财政学主要以编译西方财政学为主，出版的财政学书籍侧重引进、介绍、表述西方财政学的体系、框架和内容。① 但是，也有些研究者能把西方财政理论与中国财政实践相结合写出具有我国特色的财政学，比较有代表性的著作

① 据北京图书馆1993年出版的《民国时期总书目1911—1949经济》统计，民国时期财政类出版物有2 181种，著作类出版物为1 090种。著作类出版物主要集中在财政基础理论和租税，占比分别为27%和43%；期刊类出版物包容性较强，前期较为集中于财政基础理论，后期专门讨论租税的期刊出版物成为办刊热点，参见敖涛，付志宇．民国时期财政类出版物与财政理论体系构建[J]．东北财经大学学报，2019(4).

是马寅初的《财政学与中国财政:理论与现实》(上、下)(该书1948年由商务印书馆出版,2005年再版)。总体来看,1949年之前我国财政学的发展大致经历了两个阶段:“从最初的单纯借鉴西方财政理论到后期逐渐针对中国财政问题而进行的思想,财政基础理论类出版物经历了由完全的舶来品转化为结合中国国情的特色财政学理论,贯穿其中的是实业界、学界始终探寻适合中国财政路径的实践。”[①]

二、1949年以后我国财政学的发展

1949年以后我国财政学的发展大致可以划分为三个阶段:

第一阶段是20世纪50年代引入苏联财政学理论体系的阶段。1949年中华人民共和国成立后,经过1949—1952年的经济恢复,从1953年开始进行“一五计划”,模仿苏联建立计划体制。财政实践也转向计划体制下的财政实践。引入苏联的财政理论体系就成为必然选择。苏联的“货币关系论”财政观在我国开始居于主导地位。苏联学者亚历山大洛夫认为,国家财政是属于货币关系以内的,在货币关系外是不存在财政的;吉雅琴科认为,“财政与价值及其货币表现有不可分割的联系,与货币的职能也有不可分割的联系,它是一定的货币关系体系”“财政理论的对象不是财政资源本身,也不是人们对物的关系,而是社会关系,也就是在社会产品的生产、分配、交换和消费过程中形成的人与人之间的关系,这种关系决定这种或那种形成、分配和使用财政资源的方式”[②]。回过头来看,苏联货币关系论财政观存在明显局限,仅凭货币收支关系无法把财政与非财政区分开,但考虑到苏联当时特定的经济条件,这种财政观的提出也有其必然性。在高度集权的计划体制下,整个社会的货币收支和财政收支高度重合,要么体现为财政收支本身,要么体现为财政收支的延伸或转换形式,因此,在财政收支和货币收支几乎可以等同的条件下,说财政的本质是货币收支关系也并非不可理解。

第二阶段是20世纪60年代中苏关系破裂后,国家分配论占主导地位的发展阶段。国家分配论的形成及其占据主导地位,标志着具有我国特色的财政理论体系的形成。这个过程深受政治因素的影响,若无中苏关系的破裂或许货币关系论财政观仍然会占据主导地位。中苏关系的破裂迫切要求构建具有我国自己特色的财政理论体系。国家分配论在这样的背景下应运而生,虽然也受到了其他观点的挑战,但国家分配论的主导地位一直没被撼动。

第三阶段是20世纪90年代以后,引入西方财政理论体系的发展阶段。1992年

---

① 敖涛,付志宇.民国时期财政类出版物与财政理论体系构建[J].东北财经大学学报,2019(4).

② 吉雅琴科.财政理论问题[M].北京:北京财政出版社,1958.转引自:张馨.当代财政与财政学主流[M].大连:东北财经大学出版社,2000:393.

邓小平同志南方讲话后，我国明确改革的目标是建立社会主义市场经济体制。这样一来，我国在经济体制的选择上与西方市场经济国家就没有质的区别。虽然我国的市场经济在发展的制度基础、发展水平方面与西方国家有质的差别，但市场体制要在资源配置中发挥基础性作用则是相同的。由此不难推出，我国市场经济条件下的财政实践自然也需要遵循市场经济条件下财政运作所应遵循的共性规律。这表明吸取借鉴西方财政理论体系的科学合理成分是完全有可能的。另外，西方财政理论体系伴随着市场经济的发展已经历较为漫长的发展阶段，通过不断总结经验教训已形成了相对完备的体系，而我国市场经济条件下的财政实践还只是"摸着石头过河"，市场经济条件下的财政理论体系还处于初创阶段。从这个意义上讲，引进、吸取、借鉴西方财政理论体系又是完全必要的。正是在这样的背景下，我国财政学界自 20 世纪 90 年代开始，大量吸取借鉴西方财政理论体系的合理成分，甚至对某些理论成果直接采取"拿来主义"。

第二节 我国财政理论界对财政含义界定的代表性观点及其比较

一、我国财政理论界对财政含义界定的代表性观点

(一)国家分配论的观点

国家分配论对财政概念的界定，简而言之就是以国家为主体的分配活动。代表性的表述为："社会主义财政的本质是以建立在社会主义生产资料公有制基础上的社会主义国家为主体的，处于社会再生产过程中，为满足实现其职能的需要，主要利用价值形式强制地、无偿地参与社会产品或国民收入分配所形成的'取之于民、用之于民'的分配关系。"[①]国家分配论强调财政活动的主体是国家，财政活动的目的是满足国家职能实现的需要。财政随着国家的产生而产生，随着国家的发展而发展，随着国家的消亡而消亡。国家分配论强调国家概念在财政概念界定中的地位。

国家分配论的代表人物有西南财经大学教授许廷星、厦门大学教授邓子基、中国人民大学教授王传伦、财政部财政科学研究所研究员许毅和中央财经大学教授姜维状等。一般认为，许廷星教授最早把财政的本质界定为以国家为主体的分配关系。"财政学的对象是国家关于社会产品或国民收入分配与再分配过程中的分配关系，也就是

① 邓子基．财政学原理[M]．北京：经济科学出版社，1989.

人类社会各个发展阶段中国家对社会的物质资料的分配关系……自从人类社会出现了阶级和国家，也就出现了财政。阶级和国家不存在，财政也就随之而不存在。”[①] 1987年的《社会主义财政学》明确界定，“所谓财政的本质，就是以国家为主体的分配关系”[②]。“社会主义财政本质是以建立在社会主义公有制基础上的社会主义国家为主体的，为满足实现其职能的需要，主要利用价值形式强制地、无偿地参与社会产品或国民收入分配所形成的，取之于民、用之于民的分配关系。”[③]

(二)剩余产品论的观点

剩余产品论认为，财政是社会组织对剩余产品进行的分配活动。“财政关系是剩余产品分配的经济形式，财政是社会分配剩余产品的经济过程。”[④]剩余产品论认为财政随着剩余产品的出现而产生，剩余产品决定了财政分配的最高限度，若财政分配的对象超出了剩余产品的界限，就会影响到简单再生产。剩余产品论强调财政分配的客体在财政概念界定中的作用。

剩余产品论的代表人物是中国社科院研究员王绍飞。他在1984年中国财政经济出版社出版的《财政学新论》中系统阐述了剩余产品论的观点。

(三)价值分配论的观点

价值分配论认为，财政是国家采用价值形式所进行的分配活动。“国家分配价值所发生的分配关系，就是财政现象的本质。”“不能把所有国家直接分配实物的现象都划入财政范围……因为这样一来，就势必不能划清国家财政活动同国家的一般经济活动或物资分配活动的界限，势必不能划清物力与财力的界限……如果把力役征用也算作财政收入，那么，国家或君主掠夺来的奴隶、战争中的俘虏等也成了财政收入了。”[⑤]价值分配论强调财政分配活动所采取的形式，把实物形式的财政分配活动排除在财政范畴之外。

价值分配论的代表人物为天津财经大学王亘坚教授。

(四)共同需要论的观点

社会共同需要论认为：“所谓‘社会共同需要’，全称应该是‘社会共同事务消费的需要’。它区别于生产单位、集团和个人的需要，但不是这些需要的简单加总，而是马克思所说的一般需要。”“社会再生产过程中为满足社会共同需要而形成的社会集中化的分配关系，这就是财政范畴的一般本质或内涵……凡是以社会代表占支配地位的主

---

① 许廷星．关于财政学的对象问题[M]．重庆：重庆大学出版社，1957.

② 编写组．社会主义财政学[M]．北京：中国财政经济出版社，1987:39.

③ 编写组．社会主义财政学[M]．北京：中国财政经济出版社，1987:43.

④ 王绍飞．财政学新论[M]．北京：中国财政经济出版社，1984:11.

⑤ 转引自：张馨．当代财政与财政学主流[M]．大连：东北财经大学出版社，2000:402.

体的分配，又是以满足社会公共需要为目的的分配，都属于财政范围。”①

社会共同需要论的代表人物是中国社科院的何振一研究员。其在1987年由中国财政经济出版社出版的《理论财政学》中系统表达了社会共同需要论的观点。

（五）社会再生产决定论的观点

社会再生产决定论认为，财政是社会再生产过程内在的不可缺少的重要环节。“要从以国家为前提转到以再生产为前提来建立社会主义财政理论体系。”“社会主义财政分配就它的主要内容来看，并不是以作为专政工具的国家的存在为本质前提，而是以生产资料全民所有的社会主义再生产的客观存在为本质前提。”②

社会再生产决定论的代表人物为中国人民大学侯梦蟾教授。

二、我国财政理论界关于财政概念界定的几种观点的比较

（一）相同点

1. 都认为财政是一种分配活动，本质是分配关系

不同的观点虽然对财政概念的界定强调的着重点不同，但定义的落脚点是相同的，都认为财政是一种分配活动，只不过在对这种分配活动进行限定，使之与其他分配活动区分开来所强调的着重点不同。另外，对财政的本质的界定采取了相同的形式，都认为财政本质是分配关系，遵循了马克思主义政治经济学界定经济范畴本质所采取的形式。

2. 都认为国家存在的条件下，财政活动的主体是国家

国家分配论强调财政活动的国家主体性，认为没有国家自然也就没有财政。其他的观点如剩余产品论和社会共同需要论虽然认为财政与国家并没有必然联系，在国家不存在的条件下也会有财政，但是他们一致的看法是，在国家存在的条件下，财政活动的主体就是国家。

3. 都把财政概念的界定与财政本质的界定等同起来

财政的概念是财政现象的共性在头脑中的反映。财政本质则是财政的终极存在、终极解释和终极价值，其需要追根溯源，阐明财政最原始、最简单的存在形式，需要阐明财政运作所遵循的最一般的规律，需要对财政工作的得失给出最一般的判定标准。财政的概念与财政的本质不是同一层次的概念。财政的概念虽然属于对财政的理性认识，但就认识的深度来讲，财政的概念仍然属于现象层次。而财政的本质则为现象

---

①　何振一．理论财政学[M]．北京：中国财经出版社，1987：3－13.

②　侯梦蟾．必须把社会主义财政放到再生产中来研究[A]//财政部科研所．第三次全国财政理论讨论会文选[C]．北京：中国财经出版社，1980：232－236.

所遮掩，是财政现象内在的必然联系，揭示财政最一般的存在形式、最一般的规律以及财政工作得失的一般评价标准。财政概念属于形而下的研究；财政本质属于形而上的研究。二者显然是不能等同的。将财政本质的研究等同于财政概念的研究，很明显是把财政本质研究简单化了，把反思降低到反映的水平。在这方面，我国财政理论界对财政概念界定的不同观点实际上存在共同的局限。

（二）不同点

1. 不同的观点界定财政的概念所强调的着重点不同

从理论上讲，界定财政的概念可以强调不同的着重点，只要界定的概念能把研究对象与非研究对象区分开，概念的界定就可以说是准确的。在这方面，财政理论界关于财政概念的界定事实上强调了不同的着重点：国家分配论强调财政的主体；剩余产品论强调财政的客体；价值分配论强调财政分配的形式；社会共同需要论强调财政的目的；社会再生产决定论强调财政活动与社会再生产的关系。就各种观点所强调的着重点而言，都有其科学性、合理性成分，但在把财政范畴与非财政范畴区分开方面，各种不同观点就有明显差别，有的可以把财政与非财政区分开，从而完成了财政概念界定的任务；有的则不能把财政与非财政区分开，但这并不妨碍在其强调的着重点方面所具有的意义。

2. 不同观点所具有的优缺点不同

（1）国家分配论的优缺点

国家分配论的优点体现在：一是从财政活动的主体来界定财政的概念比较准确地抓住了财政范畴的特殊性，依据国家分配论对财政概念的界定，可以明确判定现实经济生活中某种现象到底是否属于财政范畴。说没有任何以国家为主体的分配不是财政分配，也没有任何财政分配不是以国家为主体的，至少与当前的财政活动的客观实际吻合。二是国家分配论把财政的本质界定为以国家为主体的分配关系遵循了马克思主义政治经济学的传统。马克思主义政治经济学把经济范畴的本质都界定为一种经济关系，认为只有揭示了人与物的关系背后所遮掩的人与人之间的关系才是把握了经济范畴的本质。国家分配论对财政本质的界定遵循了这一传统。

但是国家分配论的缺点也是显而易见的：一是国家分配论事实上推出了国家决定财政的悖论。按照国家分配论的观点，财政作为以国家为主体的分配，其随着国家的产生而产生，随着国家的发展而发展，随着国家的消亡而消亡。财政活动的目的是满足国家实现其职能的需要，财政活动的依据主要是国家权力。国家在财政活动中居于主导的决定的地位。国家分配论对财政与国家关系的阐释，很容易推出国家决定财政的结论。但这样的结论，国家分配论本身也无法解释和接受。因为国家属于上层建筑，而财政本质作为一种分配关系属于经济基础，说国家决定财政等于说上层建筑决定经济基础，这违背马克思主义基本原理。“有些同志解释国家决定财政不违反经济基础决定上层建筑，不论他们如何绕弯，将其中间环节抽掉，仍然是国家权力决定财政，上层建筑决定经济基础（王绍飞）。”“如何令人信服地说明自己的理论不是‘上层建筑决定经济基础’，则是国家分配论至今尚未完全做到的。”①二是强调国家在财政活动中的地位容易导致政策偏差。财政活动的主体是国家，财政活动的目的是满足国家实现其职能的需要，财政活动的依据是国家权力。这意味着国家的意志要在财政运作过程中得到充分体现，但国家毕竟是抽象概念，其现实存在形式是政府，政府总是由特定的人所掌控，当其判断失误时，财政运作的结果就可能是保证了国家或政府职能的顺利实现，但却不能很好地满足社会公共需要，实现公共利益。尤其是当政府的行为得不到有效监督和制约时，政府职能实现与公共需要满足之间存在对立或冲突的可能性更大。

（2）剩余产品论的优缺点

剩余产品的优点体现在：一是为合理界定财政分配的度提供了参照。剩余产品论强调财政分配的客体是纯收入，政府财政获取收入不能超过纯收入占总收入的比重，否则会影响到社会简单再生产。这为合理确定财政分配的度提供了理论参照。二是剩余产品论不存在国家决定财政的悖论。因为剩余产品的出现早于国家的产生。原始社会在大部分时期没有剩余产品。剩余产品的出现是生产力发展水平达到一定高度的产物。一般认为，有了剩余产品才开始出现贫富分化，才最终导致阶级以及阶级矛盾不可调和的产物——国家的出现。人类社会历史发展的史实是先有剩余产品出现，后有国家的产生。由于剩余产品论认为财政与剩余产品有必然联系，与国家并无必然联系，因此剩余产品论不存在国家决定财政的悖论。

但是剩余产品论也存在明显局限：仅仅强调财政分配的客体很难把财政与非财政区分开。虽然财政分配的客体主要是剩余产品，但并不是所有的对剩余产品的分配都是财政分配。只要对纯收入的分配，如利息分配、地租分配等都是对纯收入的分配，但如果其主体不是国家，其就不属于财政分配。另外，剩余产品论事实上是结合其他因素来完成财政概念界定的，如把“社会”“社会公共需要”等概念与对剩余产品的分配相联系来界定财政的概念，这实际上已是在强调财政的主体和目的来完成对财政概念的界定，这已经在某种程度上带有国家分配论和社会共同需要论的特征。另外，剩余产品论所认为的没有剩余产品就没有社会公共需要的观点也是值得商榷的。

（3）价值分配论的优缺点

价值分配论的优点集中体现在其强调了财政分配所采用的形式。在商品货币经

① 张馨．当代财政与财政学主流[M]．大连：东北财经大学出版社，2000：403．

济条件下,财政分配无论收入筹集还是支出安排,的确都采用价值形式。仅就其所强调的财政分配的形式而言,这无疑是对财政正确的认识和理解。

但其缺点是显而易见的:并不是所有的采用价值形式的分配都是财政分配。事实上,在商品货币经济条件下,几乎所有的分配都采用价值形式。因此,仅仅强调财政分配的形式并不足以把财政与非财政区分开。

(4)社会共同需要论的优缺点

其优点体现在:一是抓住了与财政有内在的、本质的、必然的联系的概念——社会共同需要。从理论上讲,如果人们的生活需要只有私人需要,只需要消费私人产品,那么政府财政的确就没有存在的必要。从这个意义上讲,财政的确与社会公共需要有内在的、本质的、必然的联系。社会共同需要论强调财政活动的目的来界定财政,的确在一定程度上抓住了财政范畴的本质,因而包含了更多的真理性认识。二是强调财政活动的目的是满足社会公共需要,有助于在实践中合理界定财政的职能范围。相对于国家分配论把财政的目的界定为满足国家职能实现的需要,社会共同需要论把财政活动的目的界定为满足社会公共需要显然更为直接地触及问题的本质。虽然国家职能从应然意义上实现时,满足国家职能实现的需要与满足社会公共需要具有同等程度的含义,但是由于国家职能的实现总是与特定的人的行为选择相联系,受主客观条件的制约,应然意义上与实然意义上国家职能的实现出现对立冲突的例子并不鲜见,于是在实践中经常可以观察到的现象是,虽然国家职能能够顺利实现,但是社会公共需要却不能得到很好地满足、公共利益难以顺利实现。而社会共同需要论强调财政活动的目的直接就是满足社会公共需要,所有的财政活动要围绕公共需要的满足和公共利益的实现而展开,这就使财政活动的目的的实现程度有了明确而直接的判定标准,对于合理界定财政的职能范围,避免财政活动的"越位"和"缺位"无疑具有重要意义。

社会共同需要论虽然包含了更多的真理性认识成分,近年来也深受财政学界推崇,但其并非完美无缺,仍然存在需要加以完善的地方:一是没有协调好公共性与阶级性的关系。社会共同需要论认为,统治阶级的共同需要为阶级社会的共同需要的观点被认为只是强调了财政的社会性而抹杀了财政的阶级性。其实财政的公共性与阶级性并不矛盾。在阶级社会中,统治阶级的共同需要与被统治阶级的共同需要显然有着本质区别,但抽象掉这种区别,仍然可以概括出统治者和被统治者的共同需要。例如,不管一个国家的统治者还是被统治者,都需要维护国家主权和领土完整,都需要防御外敌入侵,这就是二者的共同需要。统治者会把自己的共同需要视作社会共同需要,而被统治者的共同需要也不是完全被否定,至少其与统治者共同需要重合的部分会被视作社会共同需要的组成部分。二是没有对共同需要出现的时间给出合理解释。社会共同需要论认为,社会共同需要出现于原始社会末期,大致与剩余产品出现的时间相同。这实际上把社会共同需要出现的时间与社会共同需要与私人需要满足分离的时间混同了。在没有剩余产品的时候,社会公共需要的满足与私人需要的满足在时间上、空间上都是合二为一的,满足私人需要的过程也就是满足公共需要的过程;反过来,满足公共需要的过程也就是满足私人需要的过程。但是公共需要和私人需要满足手段方式的统一并不意味着人们的需要不能划分为公共需要和私人需要这两种不同性质的需要。事实上,社会公共需要根源于人在本质上所具有的社会性。作为社会性的人就必须满足公共需要;作为个体的人就必须满足个体需要(私人需要)。从人类诞生开始,人就具有社会性,因此,社会公共需要出现的时间并不是在原始社会末期才出现,而是与人类社会历史的发展进程相始终。

(5)社会再生产决定论的优缺点

社会再生产决定论的优点集中体现为其深刻地揭示了财政与社会再生产的关系。社会再生产决定论认为财政是内在于社会再生产分配环节的一种特殊分配形式,是保证社会再生产过程顺利进行必不可少的重要分配形式,要以国家为前提转到以再生产为前提建立社会主义财政理论体系。从这个意义上讲,其强调财政与社会再生产的内在联系,也避开了国家决定财政的悖论。

但其局限也很明显,其只是分析了财政在社会再生产过程中的地位和作用,事实上并没有完成对财政概念的界定,就其对财政概念的理解来看,仍然从属于国家分配论。

第三节 国家分配论主导地位的确立及其所构建的财政理论体系

一、国家分配论主导地位的确立

20 世纪 60 年代国家分配论在我国财政学界居于主导地位,并且迄今仍有举足轻重的影响。这不是偶然的,而是多方面因素综合作用的结果:第一,国家分配论对财政概念的界定相对其他观点能更为清晰地界定财政的外延。国家分配论把财政界定为以国家为主体的分配,内涵明确、外延清晰,凭借国家分配论对财政的定义,可以很容易地判断一种现象到底是否属于财政范畴。这是其他一些观点所没有做到的。例如,剩余产品论强调财政分配的客体、价值分配论强调财政分配的形式、社会再生产决定论强调财政与社会再生产的关系,虽然都具有一定的理论和实践意义,但是仅就概念界定来说,都没有完成其所应该完成的基本任务:把财政范畴与非财政范畴区分开。

毕竟,财政分配的对象虽然主要是剩余产品,但并非剩余产品分配就是财政分配,利息、利润、地租分配都是对剩余产品的分配,但如果其主体不是国家,就不属于财政范畴;在商品货币经济条件下,财政分配的确主要体现为价值分配,但并不能把非商品货币经济条件下实物形态的财政分配视作非财政分配,另外在商品货币经济条件下,几乎所有分配都体现为价值分配,若主体不是国家,一般也不能视作财政分配。财政的确内在于社会再生产过程的分配环节,但所有的经济范畴都内在于社会再生产过程,仅仅强调财政与社会再生产的关系,并不能把财政与非财政区分开。当然,国家分配论对财政概念的界定并不完美,但是,这种不完美的界定,并不妨碍其在判定一种现象是否属于财政范畴方面能给出明确答案。这是国家分配论相对其他观点所具有的明显优势。第二,国家分配论尽可能吸取借鉴了其他观点的合理成分。这从国家分配论对财政概念的完整表述不难看出,其不是简单地把财政界定为以国家为主体的分配,而是强调财政是国家或者政府为了满足实现其职能的需要,或说为了满足社会公共需要,主要采用价值形式,对社会产品主要是剩余产品所进行的分配和再分配,其内在于社会再生产过程的分配环节,本质是以国家为主体的分配关系。显然,国家分配论把社会共同需要论、价值分配论、剩余产品论、社会再生产决定论的合理成分都吸纳进来,成为自己所界定的财政概念的有机组成部分。这使得国家分配论能相对更容易地被持有不同观点的人所理解和接受,这对于维护国家分配论主导地位的确立起了重要作用。第三,国家分配论强调国家在财政活动中的主导地位,显然与国家在传统体制下所处的地位相吻合,更能得到来自政府层面的支持。国家分配论强调财政随着国家的产生而产生,随着国家的发展而发展,随着国家的消亡而消亡,所有的财政活动围绕国家职能的实现而展开,财政活动要充分体现国家的意图,国家在财政活动中居于主导的、决定的地位,这显然与传统体制下国家在资源配置中居于主导的、决定的地位相适应。因此,从这个角度说,国家分配论主导地位的确立在某种程度上受到了政治因素的影响。

二、国家分配论所构建的财政学体系

在基础理论部分,国家分配论所构建的财政学体系以对财政概念的界定和对财政的产生、发展所做的分析为基础,探讨财政的本质、财政的职能,分析财政在社会再生产过程中的地位,阐明财政与生产、分配、交换、消费的关系。

在具体理论部分,形成收入、支出、平衡、管理的框架体系。在收入方面,主要阐述收入形式、收入原则、收入规模、收入结构。在支出方面,主要阐述支出的分类、支出的规模、支出的结构。在平衡方面,形成了系统的财政、信贷、物资、外汇的综合平衡理论。在管理方面,主要阐述两个方面的内容:一是财政对自身的管理即财政预算管理和财政管理体制，二是财政对国民经济运行各个部门及机关、企事业单位的管理即财政监督。

第四节 如何理解我国财政理论的发展

一、我国财政理论发展演化过程体现了实践和理论的互动关系

财政实践决定财政理论，财政理论对财政实践具有反作用。1949 年之前，我国占主导地位的自然经济决定了我国生产的社会化程度很低，社会成员的联系相对松散，公共需要在总需要中所占比例份额较低，由此决定了当时的财政在社会经济生活中的地位还相对较弱，公共产品供给的规模、结构及供给方式都远不能与市场体制国家相比。在这样的条件下，财政理论的研究必然相对落后，要构建财政学理论体系往往就需要借鉴随着市场经济的发展而逐步发展完善起来的西方财政理论，引入西方财政学的理论框架体系。我国在 20 世纪 50 年代引入苏联的财政理论为传统体制下财政实践的开展发挥了推动作用，这体现了理论对实践的反作用。由于苏联的财政理论更多的是对计划体制下财政实践经验和规律的总结，我国选择计划体制，引入苏联的财政理论体系具有必然性。20 世纪 60 年代中苏关系破裂后，我国形成了自己的财政本质理论，但在理论的具体内容和框架安排上实际上并没有实质性的变化和调整，这是计划体制下的财政实践并不随着中苏关系破裂而发生质变的结果。20 世纪 90 年代我国明确改革的目标是建立社会主义市场经济体制后，财政实践的转换必然要求财政理论进行调整和完善。于是为适应市场经济发展的要求，我国又重新引入了西方财政理论。总体上看，我国财政理论的发展演化经过了“之”字形的发展路线，大致经历了三个大的阶段，从早期的与市场经济发展相适应的财政理论发展演进到与计划经济发展相适应的财政理论，最后再发展到与市场经济相适应的财政理论。这表明我国的财政理论经历了相对曲折的发展历程。在这个曲折的历程中，我国财政学对财政运作的基本规律，特别是对市场与政府关系的协调和处理有了更为深刻的认识和理解。1949 年以前引进翻译西方财政学理论体系，是推崇市场作用的；20 世纪 50 年代引入苏联体系则推崇计划体制否定市场作用；20 世纪 90 年代重新引进西方财政理论体系，市场在资源配置中的基础性地位和作用重新得到重视。我国财政学理论体系经过了这样一个曲折的发展历程，是由财政实践所经历的曲折发展历程所决定的，通过对财政理论和财政实践曲折发展历程的比较和反思，可以使我们对财政运作规律有更为深刻的理解和体会。

二、我国财政理论发展演化过程表明理论具有相对独立性

财政实践决定财政理论，但是财政理论具有相对独立性。同样都是实行集权的计划体制，苏联形成了“货币关系论”，我国则形成了“国家分配论”，二者之间的差别表明了理论的相对独立性。同样都是植根于我国传统计划体制，我国除了占主导地位的国家分配论，还有剩余产品论、价值分配论、社会共同需要论和社会再生产决定论等不同的理论观点。这表明不同的研究者由于观察问题的角度不同、强调的着重点不同，即便是基于同样的理论基础、分析范式和分析方法，也可以提出不同的观点、得出不同的结论，而这些观点、结论往往瑕瑜互见，可以相互补充。

三、我国财政理论发展演化过程表明理论是共性与个性的统一

从我国财政理论自身来看，把国家分配论与剩余产品论、价值分配论、社会共同需要论、社会再生产决定论进行比较可以看出，相互之间的共同点非常明显，比如都认为财政是一分配范畴，其本质是分配关系，都认为在国家存在的条件下财政活动的主体就是国家。它们彼此之间的差别也是非常明显，从而呈现出鲜明的个性特征：国家分配论强调财政的主体；剩余产品论强调财政分配的客体；价值分配论强调财政分配的形式；社会共同需要论强调财政分配的目的；社会再生产决定论强调财政与社会再生产的关系。

从我国财政理论与西方财政理论的比较也可以发现，即便赖以建立的经济体制基础、经济制度基础及经济发展水平有着本质区别，从而在理论体系的诸多方面存在明显差异，但仍然可以找到它们的共同点。通过纵向比较可以发现，从1949年前引进翻译的西方财政学到20世纪50年代以后引进的苏联财政学，到60年代形成具有自己特色的财政学理论体系，再到90年代重新引进西方财政学的体系，尽管它们彼此之间在理论基础、基本思路、分析范式和分析方法方面有着明显区别，但是，在具体内容框架设计方面，共性还是表现得非常明显，收入、支出、平衡、管理都是理论体系不可或缺的组成部分。也正是因为财政理论是共性与个性的统一，对财政学理论进行比较，包括中西财政学理论体系的比较、我国财政理论发展演变的比较以及西方财政理论发展演变的比较，才能一方面找到共性，从而为吸取、借鉴合理成分提供基础和可能；另一方面找出个性差异，进而见异同、分优劣、出真知，通过揭示共性的规律，充分展示吸取借鉴不同财政理论体系合理成分的必要。

本章小结

● 1949年以前我国的财政学处于以编译西方财政学为主的阶段。1949年以后我国财政学的发展大致可以划分为三个阶段：一是20世纪50年代引入苏联财政学理论体系的阶段；二是20世纪60年代中苏关系破裂后，国家分配论占主导地位的发展阶段；三是20世纪90年代以后，引入西方财政理论体系的发展阶段。

● 我国财政理论界对财政概念的界定代表性观点有国家分配论、剩余产品论、社会共同需要论、价值分配论、社会再生产决定论等。这些观点各有优缺点。国家分配论吸取其他观点的优点，完成了对财政概念的界定：财政是国家为了满足实现其职能的需要，主要凭借国家权力，对社会产品主要是剩余产品，主要采用价值形式所进行的分配和再分配活动，其内在于社会再生产过程的分配环节。直到目前国家分配论仍然在我国居于主导地位。

● 我国财政理论发展演化过程体现了财政实践和财政理论的互动关系，财政实践决定财政理论，财政理论对财政实践具有反作用。我国财政理论发展演化过程表明理论具有相对独立性，同时也表明财政理论是共性与个性的统一。

重要概念

国家分配论　剩余产品论　社会共同需要论　价值分配论　社会再生产决定论

思考题

1. 如何认识国家分配论的优缺点？
2. 如何认识剩余产品论的优缺点？
3. 如何认识社会共同需要论的优缺点？
4. 如何认识价值分配论的优缺点？
5. 如何认识社会再生产决定论的优缺点？
6. 国家分配论为何能成为我国财政理论界占主导地位的观点？

材料分析

1. 社会共同需要论对社会共同需要的理论表述

在没有出现阶级之前的历史阶段中，社会的再生产过程中，人们之间是为了共同利益而分工合作的，社会的存在和发展是与个人利益和集团利益相一致的，社会共同需要反映的是社会总体利益与个人利益相一致的关系，在这个意义上才可以说，社会共同需要也就是全体人民的需要。当人类社会分裂为阶级之后，生产方式性质改变了，剥削阶级占据生产关系的支配地位，剥削阶级是社会的主人，是社会的代表，被剥削阶级成了奴隶，在社会中失去了地位，剥削阶级与被剥削阶级之间的利益是对立的，剥削阶级社会的存在和发展与被剥削阶级的利益发生了分裂和冲突，从而社会共同需要的性质也就发生了根本变化。社会共同需要只是维持剥削阶级社会的存在和发展的需要，反映的是统治阶级利益与被统治阶级利益的对抗关系。……因而，从本质上说，社会共同需要，就是剥削阶级总体的需要，是与被剥削者的需要不相干的。

（资料来源：何振一．理论财政学[M]．北京：中国财政经济出版社，1987：6—7.）

根据上述理论材料，分析社会共同需要论对社会共同需要内涵界定所存在的局限，并通过合理界定社会共同需要的内涵，说明社会共同需要论在构建财政理论体系方面相对国家分配论所具有的科学性、合理性。

2. 剩余产品论对财政产生的理论表述

财政是一种物质关系即经济关系，是随着社会生产力的不断发展，在剩余产品出现以后逐渐形成的社会对剩余产品的分配过程，是整个社会经济关系的一个组成部分，它和整个社会的生产关系一样，是由社会生产力的发展水平决定的。离开社会生产力的发展水平，离开与社会生产力发展水平相适应的分配过程，特别是离开剩余劳动和剩余产品的产生和发展的历史过程，不可能正确地揭示财政关系的起源。……不是国家权力的强制作用创立财政关系，而是财政关系的萌芽为氏族社会的职能组织到国家机器的转变提供了经济条件，使国家这种权力机构获得存在和发展的物质基础。……随着剩余产品的产生而发生的社会职能组织占有剩余产品的过程，也就是财政关系的萌芽和发展的过程。

（资料来源：王绍飞．财政学新论[M]．北京：中国财政经济出版社，1984：21—22.）

根据上述材料分析剩余产品论解释财政起源的优缺点。

本章阅读文献

1. 编写组．社会主义财政学[M]．北京：中国财政经济出版社，1987.

2. 何振一．理论财政学[M]．北京：中国财政经济出版社，1987.

3. 王绍飞．财政学新论[M]．北京：中国财政经济出版社，1984.

4. 张馨，杨志勇，郝联峰、袁东．当代财政与财政学主流[M]．大连：东北财经大学出版社，2000.

5. 张馨．公共财政论纲[M]．北京：经济科学出版社，1999.

6. 吕炜，靳继东．始终服从和服务于社会主义现代化强国建设——新中国财政 70 年发展的历史逻辑、实践逻辑与理论逻辑[J]．管理世界，2019(9).

第四章　西方财政学发展演变的比较

西方财政学的发展按照如何处理协调市场与政府的关系及其所依据的理论基础可划分为若干阶段，对不同发展阶段的西方财政学进行比较研究，有助于把握西方财政学的总体发展脉络，揭示西方财政学发展所遵循和体现的基本财政规律。

重点问题

- 西方财政学处理市场与政府关系所经历的三个发展阶段
- 按照理论基础不同西方财政学发展所经历的三个阶段
- 西方财政学不同发展阶段比较的启示

第一节　按照如何协调市场与政府的关系所进行的比较[①]

一、按照如何处理协调市场与政府的关系西方财政学所经历的三个阶段

（一）古典财政学发展阶段

古典财政学一般以亚当·斯密1776年发表《国民财富的性质和原因的研究》（下称《国富论》）为标志。斯密本人不仅被称为政治经济学之父，也被认为是财政学之父。在该书第五篇，斯密专门论证了财政问题，初步构建了财政学的理论体系。因此，理论界一般以该书的出版作为古典财政学诞生的标志。

（二）现代财政学发展阶段

现代财政学一般以凯恩斯1936年发表《就业、利息和货币通论》（下称《通论》）为

---

① 西方财政学的发展演变阶段的划分可以采用不同标准。按照如何处理市场与政府的关系所进行的划分是一个基本标准。按照这一标准来对西方财政学不同发展演变阶段进行比较，需要对市场与政府、市场有效与市场失效、政府有效与政府失效等概念有基本的认识和理解。

标志。《通论》的出版不仅奠定了西方宏观经济学的理论基础，而且还被认为是财政学的发展进入现代阶段的标志。虽然凯恩斯的《通论》是宏观经济学著作，并不是财政学专著，但却对西方财政学界如何处理市场与政府的关系产生了深刻影响，并使之与古典阶段财政学的理论观点形成鲜明对比。因此，理论界一般以该书的出版作为现代财政学诞生的标志。

（三）当代财政学发展阶段

当代财政学一般以“滞胀”的出现、新自由主义学派的兴起为标志。“滞胀”的出现使西方学界改变了对凯恩斯赤字财政政策的认识和评价，对如何处理协调市场与政府的关系，西方财政学界当代阶段的政策主张既不同于古典阶段，也不同于现代阶段。

二、西方财政学三个发展阶段的比较

（一）基本特征的比较

古典阶段财政学的基本特征是主张政府对经济应“自由放任”。古典财政学这一基本特征，深受斯密在《国富论》中阐述的“看不见的手”作用原理的影响。在斯密看来，市场经济条件下，每个经济主体都在追求个人私利最大化，但其在追求个人私利的过程中，有一只“看不见的手”在发挥着调节作用，使其实现个人私利最大化的过程也是在最大程度上为社会做出贡献的过程，即市场的自发调节可以使利己客观上产生利他的效果。既然利己和利他可以完美地统一起来，那么政府对经济就应“自由放任”。古典阶段财政学认为，管得最少的政府就是最好的政府。古典财政学在政策主张上的这一基本特征有其深刻的实践基础。因为当时正处于资本主义上升时期，市场机制的缺陷和不足还没有明显暴露出来，经济还可以自发和谐运行，客观上还不需要政府加大对经济的调节力度。

现代阶段财政学的基本特征是主张“政府干预”。现代财政学的这一基本特征，深受凯恩斯在《通论》中所论证的“看得见的手”作用原理的影响。在凯恩斯看来，供给创造自己的需求，供求在充分就业条件下实现均衡只是偶然的、个别的情况，通常情况下则会出现所谓的需求不足。凯恩斯非常高明地运用三条主观心理规律论证了市场机制自发调节出现需求不足的必然性及为何货币政策调节会失效。他认为：第一，边际消费倾向递减规律会导致消费不足；第二，投资的边际效率递减规律会导致投资不足（既然总需求按照需求对象的性质不同，可以分为消费需求和投资需求两大组成部分，两大部分都出现所谓不足，总需求自然也就不足，而且这种需求不足是经济运行中的通常状态）；第三，货币灵活偏好规律决定单纯通过扩张性的货币政策增加货币供给降低利率来促进消费和投资存在很大局限。按照凯恩斯的看法，影响货币需求的因素主要包括三种动机：一是交易动机；二是谨慎动机；三是投机动机。由前两种动机所引起的货币需求是收入的函数,而由投机动机引起的货币需求,主要受利率的影响,其制约着投机的机会成本的大小。这使得中央银行通过增加货币供给的方式实现需求扩张存在很大局限。因为随着央行货币供给量的增加,虽然可以在一定程度上下调利率,但若利率低到一定程度,对货币的投机需求就会无限制增加,此时中央政府无论如何增加货币供给,利率也无法继续下降,此时若投资的预期收益率低于利率,那么私人将没有意愿投资。在货币政策失效的情况下,只能通过财政政策来扩张需求,推动经济增长。这构成现代财政学主张"政府干预"的基本理由。

当代财政学的基本特征是主张"政府干预"与"自由放任"相结合。当代财政学的这一基本特征,与 20 世纪 70 年代西方国家出现"滞胀"有直接关系。按照凯恩斯学派的观点,单纯的经济停滞或单纯的通货膨胀都是容易理解和对付的。单纯的经济停滞那是因为需求不足,在需求不足的情况下不可能出现严重的通货膨胀。此时只要扩张需求,拉动经济增长,就可以解决经济停滞问题。单纯的通货膨胀那是因为需求过旺,在需求过旺的情况下不可能出现严重的经济停滞。此时只要紧缩需求,就可以解决通货膨胀问题。但是经济停滞和通货膨胀同时出现,凯恩斯学派认为是不可理解的,也拿不出解决的对策,进退两难,治疗一种疾病的药方成为加重另一种疾病的手段。因为要对付经济停滞就需要财政减收增支扩张需求,但这会使已经存在的通货膨胀更加严重;要对付通货膨胀,就需要财政增收减支,但这会使已经衰退的经济更加衰退。在凯恩斯学派对滞胀无法做出解释并拿不出解决对策的情况下,新自由主义经济学派(如供给学派、货币学派、理性预期学派、产权学派等)兴起,虽然他们对滞胀的成因和解释不尽相同,但基本都认为滞胀的出现与长期推行凯恩斯的赤字财政政策有关。政府过于夸大需求调节的作用,大规模公债的发行增加了货币需求,提高了利率,从而抑制了企业的投资和个人的消费,忽视了推动经济增长的供给方面的因素,抑制了市场在资源配置中的基础性作用。在他们的理论和政策主张影响下,当代财政学开始重新重视市场在资源配置中的基础性地位。从形式上看,当代财政学的基本特征有向古典财政学回归的色彩,但是绝对不是简单回归,而是进到了高一级阶段。当代财政学在处理市场与政府的关系时,实际上走的是一条更为中间型的道路,既不像古典财政学那样一味推崇市场的自发调节作用,主张政府对经济"自由放任",也不像现代财政学那样一味强调"政府干预",而是倾向于主张自由放任与政府干预相结合,该自由放任的时候自由放任,该政府干预的时候政府干预;该自由放任的领域自由放任,该政府干预的领域政府干预。

(二)具体特征的比较

第一,关于财政支出的规模。古典财政学主张支出规模越小越好,因为支出规模越小,说明政府配置的资源在社会资源总量中所占比重越小,政府对经济的干预力度越小，就越能发挥市场的基础性作用。考虑到当时市场失效还没有充分表现出来，公共需要在社会总的需要中占的比例还比较小，换言之，在社会成员所需要消费的产品中，公共产品占的比例和份额还比较小，在这样的背景下，强调财政支出的规模要小自然有其必然性、合理性。现代财政学主张支出规模越大越好，因为支出规模越大，越能拉动需求推动经济增长。现代财政学提出这样的政策主张也有深刻的时代背景。随着市场经济的发展，需求不足已经越来越明显地表现出来，特别是1929—1933年的大危机更是表明经济总量矛盾的解决已迫在眉睫，在这样的背景下，强调扩张支出的规模，对于缓解总量矛盾无疑具有重要意义。当代财政学对财政支出规模的看法就比较中性，既不像古典财政学那样主张支出规模越小越好，也不像现代财政学那样主张支出规模越大越好，而是认为在特定国家、特定地区的特定发展阶段，客观上存在最佳的支出规模。无论支出规模过大或过小，都会对经济增长和社会发展产生负面影响。

第二，关于财政收支关系的处理。古典财政学强调“量入为出”，即根据财政收入的规模来确定财政支出的规模。这明显是基于一旦财政收不抵支，政府发行公债的余地和空间极小来考虑；现代财政学强调“量出为入”，即根据财政支出的规模来确定财政收入的规模。在正常收入不能满足支出需求的条件下，政府可以发行公债。这明显是因为政府在收不抵支的情况下还可以通过发债来弥补赤字，有足够回旋余地；当代财政学强调“量入为出”和“量出为入”相结合。毕竟，单纯的“量入为出”，过于保守，不利于发挥财政对经济的调节作用；单纯的“量出为入”，过于冒进，极易夸大财政的调节功能。而“量入为出”和“量出为入”相结合，有助于做到财政调节经济运行要量力而行、适可而止，既充分发挥财政对经济的调节作用，又防止片面夸大财政功能，让财政去做超出财政功能范围的事。

第三，关于公债的态度。古典财政学对公债持否定态度①，基本认为公债对经济有“百害而无一利”。政府最好不要发行公债，如果不得不发，也应尽可能压缩公债发行规模。这主要是因为在古典财政学发展阶段，西方国家基本没有多大发债余地。1776年斯密的《国富论》出版时，蒸汽机还没有发明，资本主义还处于工场手工业发展阶段，属于经济的上升时期，资本都有优良的投资场所，并不存在多少闲置资本。同时，工人收入比较低，没有能力认购公债，若发债，会把资本由生产性用途转变为非生产性用途，会影响到资本积累和经济增长，因此古典财政学反对举债是有一定道理的。

① 古典学派经济学家弗朗斯·魁奈、亚当·斯密、大卫·李嘉图、让·巴蒂斯特·萨伊、约翰·斯图亚特·穆勒等人对公债持否定态度的观点简述，参见高培勇，崔军．公共部门经济学[M]．北京：中国人民大学出版社，2001：312－313.

现代财政学对公债持赞成态度[①]，基本认为公债对经济有“百利而无一害”，甚至认为公债特别是内债，债权人和债务人都在国内，总体上看可以抵消，因此公债非债，政府可以大量举债。现代财政学的这一政策主张也有深刻的时代背景。因为随着西方国家市场经济的发展，社会上已出现大量的闲置资本，此时政府举债不仅不会影响到资本积累和经济增长，而且可以为私人解决资本闲置问题，公债对私人而言已不是负担，而是一种投资手段。公债由于有政府信誉做担保，被称为金边债券，私人乐意购买，这为政府大规模举债提供了有利条件。当代财政学对公债的态度已克服了极端观点，而采取了较为辩证的态度。他们认为，公债并非有百害而无一利，也并非有百利而无一害，公债是利弊得失兼具。如果公债发行规模合理、结构合理，资金有正确的使用方向，资金使用效益较好，有稳定的偿债资金来源，公债可以对社会经济发展发挥积极推动作用，但若举债规模不合理、结构不合理、资金不能保证正确的使用方向，缺少偿债资金来源，以致政府陷入债务泥潭不能自拔，公债就可能对社会经济发展起负面作用。相比较而言，当代财政学对公债的态度较为辩证客观。

第四，关于税收原则。古典财政学强调税收的横向公平和行政效率原则。在古典财政学的诞生地英国，当时贵族享有免税权，斯密提出的平等原则强调所有臣民都要按照在国家保护下取得的收入的一定比例缴税，不应有人享有免税权，这被概括为税收公平的一个重要方面：同等情况、同等对待。另外，在效率原则方面，古典财政学强调税收的行政效率，即政府为收税而付出的代价要尽可能地小，比如斯密提出的确实、便利和最小征收费用三原则，实际就是强调的税收行政效率。现代财政学强调税收的纵向公平和税收经济效率原则。所谓纵向公平是指政府征税应不同情况、不同对待。纳税能力强的要多纳税、纳税能力弱的要少纳税，没有纳税能力的不纳税。之所以强调税收的纵向公平，是基于当时收入差距拉大的背景。随着市场经济发展，在经济效率提高，国民收入总量增加的同时，收入分配差距也在拉大，这是市场经济条件下要素分配原则发挥作用的结果。在边际消费倾向递减规律作用下，高收入者收入中用于消费的部分所占比例低；低收入者虽然边际消费倾向高，但可支配收入少，由此导致需求不足。通过税收，特别是累进的所得税把高收入者的收入集中起来一部分，进而通过转移支付增加低收入者的收入，这对于满足低收入者基本的生存、生活需要，对于保证社会的和谐稳定具有重要意义。因此，现代财政学主张税收纵向公平，考虑到其所处的特定时代背景有其不可忽视的积极意义。现代财政学在强调税收纵向公平的同时，也强调税收的经济效率原则。其不再仅仅局限于税收的行政效率，就税收论税收，而

① 20世纪30年代大危机后，凯恩斯、汉森、哈里斯、克莱因、勒纳等经济学家对公债持充分肯定态度的观点，参见高培勇，崔军．公共部门经济学[M]．北京：中国人民大学出版社，2001：312－313．

是强调把税收置于整个经济运行的大背景下。在市场有效作用领域，保持税收中性，而在市场失效领域，则发挥税收的调节作用，什么时候增税、什么时候减税，需要考虑社会总供求对比关系而相机抉择，税收作为经济调节手段的作用得以充分发挥出来。当代财政学继承古典财政学和现代财政学的理论成果，对税收原则的理解趋于全面，认为税收公平不仅包括横向公平，还包括纵向公平；税收效率原则不仅包括行政效率还包括经济效率，单纯强调税收公平和效率的一个方面而忽视另一方面都是对税收原则的片面理解。而且，税收公平与效率作为一对矛盾，到底应该如何处理、协调二者的关系，需要具体问题具体分析，根据二者何为矛盾的主要方面而相机抉择。在效率是矛盾的主要方面时，应强调税收效率；在公平是矛盾主要方面时则强调税收公平；在二者何为矛盾的主要方面不好明确区分时，则税收公平与效率兼顾。

三、比较西方财政学三个发展阶段的启示

第一，市场与政府都不是完美无缺，而是瑕瑜互见，因此需要相互协调、相互配合来完成总的资源配置任务。西方财政学在如何处理市场与政府的关系方面经历了三个发展阶段，通过这三个阶段的比较，可以加深我们对市场与政府关系的理解：市场作为一种资源配置手段，在完全竞争条件下是有效的，但是市场有效总是与市场失效相伴随。市场失效需要通过政府干预来加以弥补和纠正，这是因为政府作为资源配置手段有其相对有效的一面，但是政府在弥补和纠正市场失效，生产提供公共产品，满足公共需要的过程中，也会存在不符合效率和公平原则的现象，此之谓政府失效。① 因此，作为资源配置手段的市场和政府，二者都不是完美无缺的，市场有效、政府有效总是与市场失效、政府失效相伴随。过于强调市场有效，要求政府对经济自由放任，虽然可以充分发挥市场的基础性、决定性作用，充分发挥市场的比较优势，但同时也以市场的比较劣势替代了政府的比较优势；过于强调政府干预的作用，忽视市场在资源配置中的基础性、决定性地位，虽然可以充分发挥政府的比较优势，但同时也以政府的比较劣势替代了市场的比较优势。因此，正确处理、协调市场与政府的关系，不宜强调二者之间相互替代，而应强调二者之间应相互协调、相互配合、相辅相成、取长补短，通过发挥二者的比较优势，弥补二者的比较劣势，来共同完成社会总的资源配置任务②，做到既能高效率地配置资源，生产提供私人产品，满足私人需要；又能高效率地配置资源，生产

① “市场失灵并不意味着政府的成功。政府作为一个机构，当与一些已提出的理想相比，或许同样是不会令人满意的。”（布坎南．赵锡军等译．公共财政[M]．北京：中国财政经济出版社，1991：10.）

② 现代市场经济都是“混合经济”，从资源配置手段的选择看就是政府计划与市场的混合。“经济体制的差异反映的是国家（也可以指政府——引者注）和市场结合方式上的差异，即哪部分经济活动由国家负责，哪部分经济活动留给市场，国家的行政组织即政府对市场活动进行多强和多宽的控制。这通常是个程度问题。”（速水佑次郎．发展经济学——从贫困到富裕[M]．北京：社会科学文献出版社，2003：233.）

提供公共产品，满足公共需要。既要追求效率，又要追求公平，进而提高社会福利水平。考虑我国特定国情背景，更应强调“社会主义市场经济本质要求是实现社会主义制度与一般市场机制的有机统一，不仅要求充分发挥市场在资源配置中的决定性作用，通过市场机制作用解放和发展社会生产力，更加要求有效发挥政府作用，通过宏观调控使市场经济发展始终服务于社会主义强国建设”①。

第二，在不同历史时期，市场与政府的关系会呈现不同特点。西方财政学在如何处理市场与政府关系方面所经历的三个发展阶段表明，市场与政府的关系处于一个动态的变化发展过程中。在市场经济发展的早期，各种市场失效还没有明显表现出来。市场更多地表现出有效的一面，此时市场与政府关系的处理、协调应更多地强调发挥市场的基础性作用。随着市场经济的发展，各种市场失效越来越明显地呈现出来，如果不加以弥补和纠正，效率和公平原则就难以体现，市场经济的发展、社会的稳定都无法实现，此时市场与政府关系的处理、协调就应更多地强调政府干预。总之，市场有效、市场失效以及与之对应的政府有效、政府失效在不同历史发展阶段会呈现不同的内容和表现形式，事实上也要求在财政实践中处理市场与政府的关系应有不同的实现方式。

第三，财政实践决定财政理论和政策主张，但后者对前者具有反作用。按照如何处理市场与政府的关系，西方财政理论经历的三个大的发展阶段，归根结底是由西方市场经济发展及财政实践所经历的三个大的发展阶段所决定的。在市场经济发展的早期，在市场失效还没有明显表现出来的时候，强调政府对经济的自由放任显然是必要的、合理的，这种要求政府尽可能减少对经济运行干预的政策主张，在当时的历史条件下，有效地促进了资本积累和经济增长。但在市场失效明显表现出来，特别是需求不足的总量矛盾已经是制约经济发展的关键因素时，仍然强调政府对经济自由放任，听任经济自由波动的政策主张，就开始对社会经济发展产生日益明显的负面影响。当这种理论与实践的脱节所产生的负面影响严重到一定程度，超出社会容忍度时，理论就会得到修正和完善。事实上，如果没有 1929—1933 年的大危机，凯恩斯的赤字财政理论和政策主张就难以占据主导地位。但是矫枉往往过正，通过推行凯恩斯的赤字政策加大政府支出，累积政府债务，虽然的确可以在一定程度上扩张需求，拉动经济增长，但是在需求不足并非由于财政原因所导致的情况下，赤字财政政策只能救弊于一时，而不可能从根本上解决问题。在赤字财政政策所产生的负面影响严重到一定程度时（这集中体现为 20 世纪 70 年代出现“滞胀”），就需要由新的理论对此予以解释并拿

---

① 吕炜，靳继东．始终服从和服务于社会主义现代化强国建设——新中国财政 70 年发展的历史逻辑、实践逻辑与理论逻辑[J]．管理世界，2019(9)．

出解决对策，这充分体现了实践对理论的决定作用以及理论对实践的反作用。

第四，对财政规律的认识总是在不断总结教训的过程中逐步深入，理论总是从肤浅到深刻，从片面到全面。财政的发展是一客观历史过程，有其内在的规律。财政学作为解释财政运作规律的学问，其对规律的认识总是在不断总结经验、教训的过程中逐步深入。西方财政学发展的三个阶段表明，在其特定发展阶段，其理论和政策主张往往会走极端。例如，在古典阶段所主张的自由放任，管得最少的政府就是最好的政府；财政支出规模越小越好；严格遵循量入为出；公债有百害而无一利等，都是比较极端的做法。再如，在现代阶段所主张的政府应全方位、立体化、多层次加大对经济干预力度；财政支出规模越大越好；严格遵循量出为入；公债有百利而无一害等，则是在反方向走上极端的做法。虽然考虑到当时特定的背景，古典阶段和现代阶段的做法确实有其必然性、合理性，但若从一般意义上来理解，则失之于肤浅和片面。虽然这些政策主张在特定历史阶段都曾发挥过积极作用，但随着市场经济的发展，无不表现出很大的局限。而当代西方财政学的政策主张显然是对历史上的经验教训予以系统总结的结果，如强调政府干预与自由放任相结合、财政支出规模适度、量入为出与量出为入相结合等，都避免了忽左忽右走极端的做法，通过自觉或不自觉地遵循我国传统的"执两而用中"的"中庸之道"而使理论从肤浅走向深刻，从片面走向全面。

第二节　按照财政学建立的理论基础不同所进行的比较

一、按照理论基础不同西方财政学发展所经历的三个阶段

（一）建立在古典经济学基础上的财政学

英国的古典政治经济学是马克思主义的三大理论来源之一，代表着当时西方经济学发展的最高水平。财政作为重要的经济范畴，也为多位古典经济学大师所关注，形成了西方古典财政学理论体系。

1776 年斯密《国富论》的出版标志着西方财政学理论体系的形成，该书的第五篇《论君主或国家的收入》专门研究了财政问题，涉及了支出、收入和公债问题研究，确立了财政学的理论体系和基本分析框架。《国富论》并不是专门的财政学著作，而是政治经济学著作，这本身就充分说明了古典经济学对财政学所产生的深刻影响。斯密之后，约翰·穆勒在《政治经济学原理》的第五篇专门研究了财政问题。他用大量篇幅探讨了政府与市场的关系问题，论证了政府的职能；重点研究了税收问题，对税收原则、直接税和间接税进行了深入比较；也分析了公债问题。英国古典政治经济学的集大成

者李嘉图在其名著《政治经济学及赋税原理》中讨论了税收和公债问题，对税收转嫁和归宿理论做出了比较重要的贡献。

通过对建立在古典经济学基础上的西方财政学进行比较，可以发现其所具有的共同属性。一是都强调政府活动的非生产性，无法说明政府活动与市场的内在联系。这与古典财政学所坚持的古典劳动价值论有直接关系。古典劳动价值论认为，只有物质资料生产部门才创造价值。政府部门作为非物质生产部门并不创造任何价值。政府部门从业人员获取的收入来自对从事物质资料生产部门所创造价值的再分配。“这样一种不将政府的活动视为价值创造活动的理论，很难对政府的活动进行具体的经济学分析”①。事实上，建立在古典经济学基础上的西方古典财政学基于对政府非生产性的基本认识，对政府财政活动持抑制态度，主张压缩财政支出规模，坚持严格的量入为出。二是强调市场的作用，对政府采取了排斥态度。古典财政学对政府之所以存在并发挥着“小”的作用，处于一种无可奈何的心理状态，斯密指出政府要履行三大职能，即对外防御外敌入侵；对内维持正常社会秩序；进行必要的市政工程建设，但不能解释为什么政府要履行这些职能。② 三是侧重财政现象描述，理性认识程度有待深入。古典财政学家一般同时是古典经济学家，其具有敏锐的洞察力、深刻的感悟能力以及熟练的语言表达能力，善于把自己的所见、所闻、所思、所想用精妙的文字表述出来，但归纳、概括、总结、抽象程度不够，没能形成核心的基础概念，因此其“理论更多的是罗列财政现象……由于缺少有力的经济理论支撑，财政理论显得较为肤浅，缺少深入的考察”。③

（二）建立在新古典经济学基础上的西方财政学

1. 建立在新古典经济学基础上的西方财政学的两大传统

19 世纪 70 年代，以英国的杰文斯、法国的瓦尔拉斯、奥地利的门格尔为代表的西方经济学界发起了“边际革命”，创立了边际效用价值论和边际分析方法，西方经济学的发展进入新古典经济学时代，建立在新古典经济学基础上的财政学一般可称为新古典财政学。按照研究侧重点不同，分为两大传统。

(1)盎格鲁·萨克森传统的新古典财政学

盎格鲁·萨克森传统的新古典财政学以马歇尔和庇古为代表，他们把新古典经济学中的价格理论和供求分析应用到财政学研究中，对政府收入特别是税收进行了较为深入的研究。马歇尔运用局部均衡分析研究了税收的转嫁与归宿。庇古则专门研究了外部性问题，论证了经济的外部性对资源配置效率的影响，并阐明了纠正的方法，其

① 杨志勇．财政理论发展纲要：比较视角研究[M]．北京：中国财政经济出版社，2005．

② 张馨．当代财政与财政学主流[M]．大连：东北财经大学出版社，2000：72—73．

③ 杨志勇．财政理论发展纲要：比较视角研究[M]．北京：中国财政经济出版社，2005：25．

所强调的使负的外部效应内部化的税收手段被后人称为“庇古税”。另外，庇古作为福利经济学的创始人，对个人之间如何分配税收负担也进行了功利主义视角的研究。庇古认为在收入分配结构一定的条件下，社会福利水平取决于收入总量，收入总量越大，社会福利水平越高；在收入总量一定的条件下，社会福利水平则取决于收入分配结构，由于边际效用递减，因此收入分配平均化有助于提高社会福利水平。因此，庇古在税收负担的分配上主张加大高收入者的税收负担而减轻低收入者的税收负担。盎格鲁·萨克森传统的新古典财政学虽然对收入特别是税收进行了较为深入的研究，但是对支出问题特别是支出的公共决策过程没有给予足够重视。庇古的《财政学研究》(*A Study in Public Finance*)全书 285 页，有 200 页论及税收，仅 20 页讨论支出。

(2)斯堪的纳维亚传统的新古典财政学

斯堪的纳维亚传统的新古典财政学发轫于 19 世纪 80 年代以来意大利财政学者和瑞典学者对公共产品问题的研究。“边际学派一经建立，几乎所有的资产阶级经济学家都倾向于接受它。这种倾向如此强烈和深刻，以至于经济学的每个角落都留下稀缺性和边际效益递减规律的回声。这必然引起了财政理论的新变化。”①这种新变化在英国体现为马歇尔和庇古对税收问题的研究，在欧洲大陆则主要体现为意大利财政学者对财政支出问题研究所形成的公共产品理论以及瑞典学者对公共决策过程的研究。意大利学者利用边际效用理论和边际分析方法，借助公共产品概念研究了财政支出问题，形成了早期的公共产品理论。潘塔莱奥尼、马尔科、马佐拉等财政学家为早期公共产品理论的形成做出了突出贡献。经济学家熊彼特对 19 世纪 70 年代以后意大利经济学发展所取得的成就给予了很高评价：“就是最有善心的观察家也不会怎样恭维 19 世纪 70 年代初期的意大利经济学；就是最有恶意的观察家也不会否认到 1914 年它不逊于其他国家的经济学。”②意大利学者把边际效用价值论和边际分析方法引入财政学领域，使财政学理论体系有了核心基础概念——公共产品，从此扭转了对政府活动的非生产性的认识。政府活动所具有的生产性被越来越多的研究者认识和理解，其生产公共产品，公共产品和私人产品共同构成人们所需要消费的产品的全部，由此带来财政学学科地位及分析范式和方法的转变。财政学日益摆脱古典政治经济学的影响而建立在新古典经济学的基础之上，由政治经济学的分支转变为经济学的分支，相应地标准的经济学分析方法也开始用来研究财政问题。“公共产品理论运用当时新发展起来的边际效用价值理论，来分析政府提供的公共产品，赋予公共产品以价值，从而促进了财政学与经济学的融合。”③以维克赛尔和林达尔为代表的瑞典学者对

① 王传伦．西方财政金融思想发展[M]．成都：西南财经大学出版社，1991.
② 熊彼特．经济分析史[M]．第三卷．北京：商务印书馆，1996：158.
③ 杨志勇．财政理论发展纲要：比较视角研究[M]．北京：中国财政经济出版社，2005：30.

公共产品供给的政治过程进行了奠基性研究。他们指出意大利学者只是简单地模拟市场，把分析私人产品的方法移植过来分析公共产品，忽视了政治程序在公共产品供给中的作用，或者说他们认为意大利学者的研究更多地带有规范分析的色彩，而实证分析的意味并不浓厚。

2. 建立在新古典经济学基础上的西方财政学两大传统的比较

(1)两大传统的异同

新古典财政学的两大传统的相同点体现在：一是都建立在新古典经济学的基础之上。这与建立在古典经济学基础之上的财政学有着根本区别。边际效用价值论的理论基础的确立和边际分析方法的运用是二者的共同的立足点、出发点。二是都在进行微观财政研究。两大传统虽然研究的侧重点不同，但二者都是在对微观领域的财政现象予以研究，对财政与物价、就业、经济增长的关系等宏观问题基本没有涉及。新古典财政学两大传统的区别也很明显：一是盎格鲁·萨克森传统(前者)主要研究了收入特别是税收问题，而斯堪的纳维亚传统(后者)更多地研究了支出及公共产品提供问题。二是后者更多地把财政活动看作是一种生产活动：配置资源生产提供公共产品；而前者似乎更多地具有古典财政学的痕迹，更多地把财政理解为是一种分配活动。三是后者更多地把财政活动看作是满足公众需要的手段，强调集体决策过程分析和公众在财政活动中的主导作用，前者更多地强调国家、政府在财政活动中的地位。四是后者以公共产品作为分析财政问题的核心基础概念，前者对此几乎没有涉及，国家或政府概念在分析中占据重要地位。五是后者更多地认识到税收筹集与支出安排是公共产品生产、提供要经历的两大环节，继承发扬了 17 世纪霍布斯"利益交换说"[①]的传统；前者对税收问题的研究并没有与支出紧密结合，"就税收论税收"的特点比较明显。

(2)差异的原因分析

一是历史因素。古典财政学与古典政治经济学都诞生于英国，亚当·斯密在英国的影响是根深蒂固的。这不能不使盎格鲁·萨克森传统带有更多的古典政治经济学的痕迹。这类似于制度变迁理论中所讲述的"路径依赖"。二是主观因素。边际革命后，马歇尔总结了新的理论研究成果，建立了新古典经济学的理论体系。庇古是马歇尔的学生。二人首先是经济学家，其次才是财政学家，他们把主要的精力用于研究经济活动的主流——私人产品资源配置的规律，对当时经济活动的支流——公共产品资源配置的规律没有给予足够的重视。三是客观因素。意大利的具体国情要求其必须提高支出效率。意大利虽然是古罗马帝国的核心，文艺复兴运动的发源地，欧洲资本

① "人们为公共事业的交款，无非是为了换取和平而付出的代价""间接税和直接税就是为不受外敌入侵，人们以自己的劳动向拿起武器监视敌人的人们提供的报酬。"霍布斯．利维坦[M]．北京：商务印书馆，1936：96.

主义的摇篮，但是自中世纪以来，曾长期陷入四分五裂、内乱不息的局面。从16世纪起，西班牙、奥地利和法国先后入侵意大利。意大利人民争取民族独立和国家统一的过程长期、艰苦而又曲折，经过1848—1870年的独立战争（三次）最终获得胜利，使意大利摆脱长期受外族压迫和分裂割据的局面，但财政压力很大，迫切需要提高财政支出效率，而“边际主义关于有限资源合理配置的思想提供了解决这一问题的工具”①。与意大利形成鲜明对比的是，19世纪的英国正是国力最强盛的时期，遍布全球的殖民地使其成为“日不落帝国”，财政压力小，提高财政支出效率的要求不是那么迫切。另外，维克塞尔能开创公共选择理论的先河，与瑞典古老的民主传统有直接关系。

（三）20世纪50年代两大传统对接后的西方财政学

19世纪70年代边际革命后西方财政学的两大传统平行发展，彼此之间缺少沟通交流。这估计与语言阻隔及信息交流渠道不畅、手段落后有关。1936年马尔科的《财政学基本原理》（*First Principles of Public Finance*）一书在美国翻译出版，由此斯堪的纳维亚传统影响到美国，但真正发挥影响是20世纪50年代以后。② 在此之前，美国与英国因为在语言、文化传统、历史渊源等方面存在紧密联系，美国财政学一直遵循盎格鲁·萨克森传统。两大传统在美国的对接对财政学的发展发挥了积极促进作用，财政学研究的重心也逐渐由欧洲转向美国，这与美国经济的崛起有直接关系。随着凯恩斯学派的兴起和宏观经济学体系的创立，财政学的发展在两大传统对接后划分为微观和宏观两大部分。

1. 两大传统对接后微观财政学的发展

两大传统对接后微观财政学的发展日趋精细，在各个分支或研究方向都取得了长足进步。

（1）公共产品理论

自20世纪50年代以后，公共产品理论大大丰富了西方财政学的基本理论，居于核心基础地位。自此公共支出被看作是为公共产品供应提供费用，而税收则是人们为消费公共产品而支付的价格，整个财政学的收支部分从根本上围绕公共产品供应而展开。③ 关于公共产品性质（非竞争性和非排他性以及俱乐部产品和公共资源型产品类型划分）、公共产品资源配置效率的局部均衡分析和一般均衡分析、公共产品供给制度（政府供给制度、市场供给制度、平等协商谈判供给制度、自愿供给制度）等方面的研究，都取得了长足进步。

（2）最优税制理论

---

① 杨志勇．财政理论发展纲要：比较视角研究[M]．北京：中国财政经济出版社，2005：40.

② 杨志勇．比较财政学[M]．上海：复旦大学出版社，2005：23.

③ 杨志勇．比较财政学[M]．上海：复旦大学出版社，2005：24.

拉姆齐(1927)开创了最优税收理论先河(主要是讨论了最优商品课税),认为最优商品课税应使课税后各种商品消费的比例保持不变。最优税制理论包括最优商品课税、最优所得课税及商品税和所得税关系的协调三方面内容。英国的米尔利斯和加拿大的维克里因对此做出巨大贡献而得到诺贝尔经济学奖。最优商品课税要求商品税税收负担的轻重应与商品的需求弹性大小成反比,此之谓逆弹性命题,又称"拉姆齐法则"。这有助于减轻税收超额负担,从而体现效率原则。但是,需求弹性小的商品多为生活必需品,对其课以重税会加大低收入者负担,从而不能体现公平原则。因此,最优商品课税也要求课征一些扭曲性税种;最优所得课税要求所得税边际税率不可过高,否则易产生替代效应,劳动力供给者会以闲暇替代劳动,投资者以消费替代储蓄和投资,进而影响效率;对不同收入水平,所得税税率应合理确定,总体呈"倒 U 形"分布,低收入者和高收入者适用低税率,只有中等收入者使用较高税率。关于商品税和所得税关系的协调则没有确定的结论。商品税较能体现效率原则,但不公平;所得税较能体现公平原则,但效率水平较低。因此,协调二者的关系不能相互替代,而应相互协调、相互配合,赋予二者合适的权重。如果更多地强调效率原则,就应加大商品税所占比重;如果更多地强调公平原则,就应加大所得税所占比重。

(3)寻租理论

寻租是在市场经济制度下由于政府干预而产生的一类经济现象,租金是政府干预的结果。[①] 寻租理论是政府失灵理论的一个重要组成部分。寻租和寻利有相同点:二者都是经济人为实现自身利益最大化而做出的理性选择;都存在激烈的竞争;从最终结果看,寻租和寻利者都难以得到超额利益。但二者也存在明显区别:寻租者在实现自身利益最大化的过程中会损害他人或公共利益,寻利者在实现自身利益最大化的同时可产生利他效果;寻利者的竞争是在市场有效作用领域,受市场的调节和引导,寻租者的竞争则从市场有效作用领域延伸到市场失效领域,依靠政府干预来实现;政府应保护、支持寻利行为,而对寻租行为政府则应打击和惩治;寻利的本质是创新、是生产、是效率的提高,而寻租的本质是权力与金钱的交换、是社会的浪费、是腐败的滋生和蔓延。

(4)财政联邦制理论

20 世纪 50 年代发展起来的第一代财政联邦制理论以公共产品受益范围及不同级次政府的属性差别为分析前提,依据效率和公平原则,对政府间权力应该如何划分提出了规范性建议。蒂博特、奥茨和马斯格雷夫对此做出了贡献,因此第一代财政联邦制理论也被称为"TOM 模型"。在第一代财政联邦制理论看来,既然公共产品的受

---

① 钱颖一. 克鲁格模型与寻租理论[J]. 经济社会体制比较,1988(5).

益范围和政府的辖区范围都有大有小，划分政府间的财政管理权限最好能保证公共产品的受益范围与政府辖区范围重合，这既符合效率原则，又符合公平原则。这被奥茨称为“公共产品供给的完美对应”，阿尔波特·布雷顿将这种政府辖区范围与公共产品消费群体范围的对称称为“完美映射”。曼库尔·奥尔森则概括为“财政对等原则”[①]。对政府间财权即收入划分、财政三项职能在政府间的划分，第一代财政联邦制理论都给出了规范性建议。

第一代财政联邦制理论侧重于政府间财政分权的技术性研究，规范分析色彩浓厚。似乎政府间财政管理权限划分的技术性问题解决了，他们所提出的建议主张在实践中被采纳应用就不成问题。但是，很多国家的财政实践表明，政府间财政管理权限的划分并不仅仅是技术性问题，规范性的对策建议在具体推行过程中会遇到各种各样的具体问题。80 年代以后发展起来的第二代财政联邦制理论弥补了第一代财政联邦制理论的局限和不足，依据信息经济学、委托代理理论和机制设计理论，从实证角度对现实中的财政分权进行了深入研究，强调了制度安排对政府间实现合理财政分权的重要性。

(5)政府间竞争理论

西方对地方政府竞争问题的研究一般追溯到蒂博特(1956)发表的一篇经典论文《地方支出的纯理论》，他提出了著名的“用脚投票”原理。消费者在产品市场上可以“用货币投票”，在政治市场上可以“用手投票”，在居住生活和工作地域选择方面可以“用脚投票”。蒂波特认为，消费者作为理性的经济人，会把自己从地方政府提供的公共产品和服务中得到的效用和满足与地方政府让其承受的税收负担加以对照，如果自己得到的净收益(净损失)小于(大于)在其他地方政府辖区内所得到(遭受)的净收益(净损失)，且差额大于在不同地方政府辖区间的迁移成本，那么作为理性的经济人，其会通过迁移来实现自身利益最大化。这就迫使地方政府之间处于竞争状态，为防止辖区民众迁走，其必须提高公共产品和服务的供给效率，尽可能在公共产品和服务的供给规模、结构及供给方式方面满足辖区民众需求，同时要尽可能减轻纳税人的税收负担。

对政府间竞争的效果到底是好还是不好，有两种观点。一种观点给予负面评价：奥茨(1972，1999)指出，地方政府为吸引资本流入，会竞相减税，使地方政府难以筹集足够的资金来提供最优数量的公共服务，从而使地方支出水平难以实现边际收益等于边际成本。Keen 和 Marchand(1997)也持同样的观点，认为只要有资本流动，财政竞争会导致政府提供过多的基础设施，而对社会服务提供偏少，从而降低消费者的福利

① 奥茨．财政联邦主义[M]. 南京：译林出版社，2012：38.

水平。另一种观点则对政府间竞争给予正面评价,认为地方政府间的竞争为经济发展提供了良好的经济基础。诺斯(1990)、温格斯特(1993)、温格斯特和钱颖一(1996,1997)认为市场维护型的联邦主义为经济发展提供了良好的政治前提。他们认为,在人类历史进程中,18 世纪的英国、19 世纪的美国以及 20 世纪 80 年代以后的中国之所以能取得引人注目的经济发展成就,与地方政府之间的竞争有直接关系。

(6)政府规制理论

政府规制(Government Regulation),通常是指政府利用国家强制力对微观经济主体行为进行直接的控制和干预,以克服市场失灵,实现公共利益。在 20 世纪 50 年代两大传统对接后,政府规制理论也发展起来。政府规制不同于政府宏观调控,二者既存在相同点,又有明显区别。二者的相同点体现在:都是政府的经济行为;目的都是为了创造有利于国民经济发展的良好环境,都追求效率和公平目标;往往都需要采用必要的财政手段;都是市场经济发展到一定阶段的产物。二者的区别体现在:规制直接作用于市场主体,属于微观调节,而宏观调控一般是要影响社会总需求,属于宏观调节;从本质上讲,宏观调控是总量调控,而政府规制属于结构调节;规制是直接的调节,宏观调控一般是间接调节;规制手段比较多,经济、法律、行政手段都可使用,而宏观调控一般采用经济手段。①

2. 宏观财政学的发展

新古典经济学实际是微观经济学,核心是价格理论,以马歇尔 1890 年出版的《经济学原理》为代表。新古典经济学的体系对宏观经济运行的解释和经济现实有巨大出入。按照新古典经济学的解释,市场价格信号的波动能保证社会总供求在充分就业条件下实现均衡。供给必然创造需求。供求总量失衡可能会出现,但不是常态。在社会总供给大于总需求时,价格水平会下降,由此抑制供给而刺激需求,从而促使供求实现均衡;在社会总供给小于总需求时,价格水平会提高,由此刺激供给而抑制需求,也可促使供求实现均衡。同样的道理,工资水平的波动会保证劳动力市场实现供求均衡;地租的波动会保证土地市场供求均衡;利息的波动会保证资本市场供求均衡。总之,市场价格信号体系作用的发挥,使得充分就业条件下社会总供求的均衡是完全可以实现的,经济总量问题并不构成新古典经济学的研究内容。

1929—1933 年的大危机表明新古典经济学对宏观经济运行的解释与实践严重脱节。在这样的背景下,凯恩斯 1936 年出版的《通论》,以三条主观心理规律对危机的成因做出解释,奠定了西方宏观经济学理论体系的基础。随着凯恩斯主义经济学主流地位的确立,经过希克斯、汉森的综合,最终形成了以 IS-LM 模型为基础的财政政策理

---

① 陈富良. 放松规制与强化规制[M]. 上海:上海三联书店,2001:6-7.

论体系。财政政策理论旨在稳定经济，在经济增长理论方面，则先后出现强调资本作用的哈罗德—多马模型、强调技术进步作用的新古典增长模型以及视技术进步为内生变量的新增长模型，于是以财政政策理论和经济增长理论为主要体现形式的宏观财政学得以形成和发展。

二、西方财政学三个发展阶段的比较

（一）相同点

按照理论基础不同，西方财政学的发展经过了建立在古典经济学基础上的财政学、建立在新古典经济学基础上的财政学和 50 年代两大传统对接以后的财政学三个发展阶段。对西方财政学这三个发展阶段予以比较，其相同点至少体现在：第一，始终坚持了“经济人”基本假设。理性经济人假设是西方经济学的基本假设，其整个理论体系的构建是借助理性经济人假设进行逻辑推导完成的。虽然西方经济学的发展经历了古典经济学、新古典经济学、凯恩斯主义经济学、后凯恩斯主流经济学等发展阶段，但经济人假设作为理论推导的基础是一脉相承的。因此，作为西方经济学分支的财政学，虽然随着理论基础的更替也经历了三个发展阶段，但经济人假设作为基本假设，其地位根深蒂固，并没有随着财政学的发展而改变。第二，始终以政府部门的经济活动作为研究对象。“财政学是研究国民经济中政府部门经济活动的一门科学。”[①]虽然随着社会经济发展水平的提高，生产的社会化程度和人的社会性体现得日益明显，社会公共需要在总需要中所占比例和份额加大，政府部门的经济活动日趋复杂，在整个经济活动中的地位日趋重要，政府部门所涵盖的范围事实上也在拓宽，但西方财政学的研究对象始终没有超出政府部门经济活动的范围，从而保持了研究对象的稳定性。第三，始终以效率和公平作为财政学的基本价值标准。所有的经济活动都需要处理人与物和人与人两个方面的关系，前者强调效率，后者强调公平。效率和公平是西方经济学的两大基本价值判断。西方财政学作为经济学的分支在其三个发展阶段，所选择的基本价值标准和不同发展阶段的西方经济学一样，并没有发生任何改变，只不过相对西方经济学的其他组成部分，其追求和实现效率和公平目标的方式和手段具有特殊性。概言之，其是“政府如何借诸收入及支出的预算活动，进而对国民经济有所调配，俾达成资源之最适配置即有效性，与乎借诸赋税和支出政策，俾达成所得之最佳分配即公平性的经济学”[②]。第四，始终坚持了统一的研究范式。西方财政学三个发展阶段虽然研究的深度和精细化程度差别明显，但研究范式保持了稳定。具体表现为理论

---

① 薛天栋．现代西方财政学[M]．上海：上海人民出版社，1983：1.

② 薛天栋．现代西方财政学[M]．上海：上海人民出版社，1983：1.

研究的假设前提来自对现实的抽象，首先描述财政现象，解释其"是什么""为什么"，实证研究一直构成研究的基本内容，在此基础上，依据效率和公平原则，回答其"应该是什么""应该怎么样"，做到实证研究与规范研究相结合。这与我国传统财政理论把公有制、计划经济和按劳分配作为理论论证的基础和前提有明显不同。

(二)不同点

理论的发展总是从肤浅到深刻、从片面到全面、从不完善到完善。西方财政学发展的三个阶段对此有充分体现，对其加以比较，不同点可概括为以下几个方面：第一，理论研究的深度不同。建立在古典经济学基础上的西方财政学主要是对财政现象予以描述，阅读代表性研究者的代表性著作，经常会惊诧于细致的观察、准确的表述和淋漓尽致的具体分析，但是没有公共产品这一核心基础概念，使其研究深度在很大程度上受到制约。建立在新古典经济学基础上的财政学，以效用价值论为基础提炼出公共产品概念，形成了早期公共产品理论，其对财政收入筹集和支出安排所应遵循规律的揭示就更为深刻和充分。20 世纪 50 年代两大传统对接后的西方财政学随着研究对象的不断细分，其对规律的揭示更加精细。第二，理论研究的领域不同。建立在古典和新古典经济学基础上的西方财政学基本没有涉及宏观财政学的研究，在其看来，通过市场价格信号的自发调节，"供给必然创造自己的需求"，社会总供求会处于平衡状态，不会出现经济总量失衡。而两大传统对接后，以凯恩斯"有效需求不足"理论为基础，宏观财政学不断发展、完善，研究领域由微观拓展到宏观。此外，西方财政学研究领域的拓宽还体现为在已有的研究领域不断填补研究"空白"，这是通过不断细化研究对象来实现的，这种研究领域的拓宽更多地体现为结构性而不是整体性。第三，理论研究的假设前提与现实的逼近程度不同。假设前提越接近现实，理论对现实的解释力越强。建立在古典经济学基础上的西方财政学基本以市场完全竞争为基础，这就相当于其明确了一系列假设前提：市场交易主体足够多、信息充分且对称、产权界定清楚、没有交易成本等，但现实中的市场并不是完全竞争的市场，这意味着这些假设前提并不具有现实性。建立在新古典经济学基础上的财政学逐步放弃了这些不具有现实性的假设，其众多的分支学科得以建立和发展。① 第四，理论研究的方法不同。建立在古典经济学基础上的财政学基本以文字表述和逻辑推导为基本的研究方法。建立在新古典经济学基础上的财政学开始运用边际分析和几何图形的方法。20 世纪 50 年代两大传统对接后，数理分析和计量分析的方法逐渐得到充分运用，西方财政学的数学化程度不断提高，定量研究的成果所占比例不断增加。第五，理论研究的学科性质

① "新古典主义构建了垄断、外部效应、公共产品、信息不完全等这样的一些经济学概念，并对其进行了详细的研究。"(参见毛程连．西方财政思想史[M]．北京：经济科学出版社，2003：32.)这样的研究不仅体现了西方经济学的进步，而且直接体现为西方财政学内容体系的丰富、完善和发展。

不同。建立在古典经济学基础上的财政学一般认为是政治经济学的分支。20世纪50年代两大传统对接后，财政学更多地被视作公共经济学或公共部门经济学，作为研究公共产品资源配置规律的学科，其与研究私人产品资源配置规律的学科在地位上处于并列关系，财政学就成为经济学的分支。建立在新古典经济学基础上的财政学可视作财政学由政治经济学分支向经济学分支转变的过渡阶段。第六，理论研究对财政及财政学性质的认识不同。建立在古典经济学基础上的财政学基于古典劳动价值论，认为财政是一种非生产性活动，不创造价值，因而更多地把财政理解为是一种分配范畴，主要从税收以及支出安排角度研究财政。建立在新古典经济学基础上的财政学则以效用价值论为基础，把财政视作生产活动，认为其在从事公共产品的生产，也在创造价值，财政逐渐被理解为“公共部门经济活动”，财政学也就转变为公共部门经济学，由原来的政治经济学分支转变为经济学分支。

三、比较西方财政学三个发展阶段的启示

（一）西方财政学呈现明显的综合与分化相结合的特征

建立在古典政治经济学基础上的西方财政学，在研究内容上具有明显的综合性特征。早期的财政学家一般同时也是经济学家，其研究内容所涵盖范围一般都较为宽泛，不仅会涉及财政的方方面面，而且往往涉及经济范畴的诸多方面。到了新古典阶段，西方财政学就分为两大传统，盎格鲁·萨克森传统主要研究政府收入主要是税收，斯堪的纳维亚传统主要研究支出，形成了早期的公共选择理论和政治决策理论。这呈现出明显的分化特征。一般来说，在研究开始阶段，由于对研究对象的认识还不够深入，往往进行综合性研究。在研究达到一定程度后，通常会抓住整体中的某一部分进行相对深入的研究。盎格鲁·萨克森传统所侧重研究的政府收入特别是税收，斯堪的纳维亚传统所侧重研究的支出，相对建立在古典政治经济学基础上的西方财政学，无论是认识的广度和深度都远胜一筹。因此，在综合的基础上进行分化是理论研究走向深入的必然要求。但是，这并不是说综合研究不重要，事实上分化必须是在综合基础上的分化；综合也应该是在分化基础上的综合。只有处理好综合与分化的关系，才能推动理论认识走向全面和深入。20世纪50年代两大传统对接后，西方财政学从整体上呈现综合态势，但又分化为微观财政学和宏观财政学两大部分，且每一部分都有诸多具体分支。对每一个研究者来说，能做到相对深入研究的往往是财政学某一部分的某一细小分支。由于研究注意力高度集中，所以往往可以取得认识上的突破。“理论的分化表现在对财政理论的各组成部分的分析更为精细化，形成了许多子学科……更重要的是对许多问题的讨论更加深入，如公共产品论、最优税制理论等。理论的分化说明西方财政学界的研究范围越来越狭窄（对某个具体的研究者而言——引者注），这

与经济学研究范围的狭窄化是一致的(就某个经济学家而言——引者注)。经济学家只要在某个很细小的方面取得突破,就可在学术界安身立命的制度,鼓励了经济学家这样去做。”①

(二)西方财政学通过不断明确新的假设前提,推动理论研究走向深入,理论对现实的解释力不断增强

早期建立在古典政治经济学基础上的西方财政学主要是对各种财政现象予以描述,知其然而不知其所以然,由于缺少核心基础概念,难以进行判断和推理,进而难以形成系统化的理论体系。

作为新古典经济学基础上的财政学的两大传统之一的斯堪的纳维亚传统就形成了早期的公共产品概念,通过对公共产品属性的分析,揭示了市场失效,但除此之外,完全竞争市场并没有被怀疑和否定。政府财政的职能范围被局限在很狭小的范围内。除了典型的公共产品需要政府财政配置资源提供外,市场在广阔的范围内仍然是有效的。

随着经济实践的深入,垄断、自然垄断、外部效应、偏好不合理等作为市场失灵都日益明显地表现出来,完全竞争市场假设被逐步否定,弥补和纠正微观领域的市场失灵的客观需要,有力推动政府规制理论的发展,同时也就意味着政府供给公共产品的范围在不断拓宽。

完全竞争的市场没有交易成本,但现实经济生活中交易成本是客观存在的,有时交易成本还相当高昂,在交易成本为零的假设被交易成本为正的假设取代后,新制度财政学发展起来,制度成为政府所供给的公共产品的重要内容。

完全竞争的市场假定有无数多个买者、卖者,且每个买者、卖者的交易量只占总交易量的一小部分,这个比例要小到不能对价格有任何影响。这意味着任意两个经济主体的决策过程都是完全独立的,不会相互影响。但是在现实经济生活中,决策者做出决策只能相对独立,说决策者可以完全独立决策会与现实严重脱节。因此,决策者相互独立假设被决策者相互影响的假设替代后,财政博弈论发展起来,这在很大程度加深了对政府财政运作过程或者说公共产品供给过程的理解。

信息充分假设被信息不充分、不对称假设替代后,财政理论可以对财政实践中存在的各种各样的道德风险和逆向选择进行解释,从而有助于通过制度、机制设计来防范和化解各种机会主义行为。

政府利他假设被政府自利假设取代后,则可以解释为什么政府的行为很多时候并不有利于实现社会公共利益最大化,促使人们认识到市场解决不了、解决不好的事情

① 张馨.当代财政与财政学主流[M].大连:东北财经大学出版社,1999:691.

政府未必就解决得了、解决得好。政府在弥补纠正市场失灵的过程中，也会出现政府失效。很多时候，政府失效相对市场失效甚至有过之而无不及。防范政府失效与防范市场失效被置于同等重要的位置。

在价格信号自由升降假设被价格黏性假设替代后，供给必然创造自己需求的理论（萨伊定律）才被有效需求不足理论所取代，宏观财政学才有了发展的基础和可能。

本章小结

● 按照如何协调处理政府与市场的关系，西方财政学的发展经历了古典财政学、现代财政学和当代财政学三个发展阶段。古典财政学以斯密 1776 年出版《国富论》为形成标志，以主张经济自由放任为基本特征；现代财政学以凯恩斯 1936 年出版《通论》为形成标志，以主张政府干预为基本特征；当代财政学以 20 世纪 70 年代滞胀出现和新自由主义经济学派兴起为标志，以主张自由放任和政府干预相结合为基本特征。比较西方财政学所经历的这三个发展阶段可知：市场与政府都不是完美无缺，而是瑕瑜互见，因此需要相互协调、相互配合来完成总的资源配置任务；在不同历史时期，市场与政府的关系会呈现不同特点；财政实践决定财政理论和政策主张，但后者对前者具有反作用；对财政规律的认识总是在不断总结教训的过程中逐步深入，理论总是从肤浅到深刻，从片面到全面。

● 按照理论基础不同，西方财政学的发展经历了三个阶段：一是建立在古典经济学基础上的财政学，其强调财政活动的非生产性，强调市场的作用而对政府持排斥态度，侧重财政现象描述而对财政的理性认识程度还有待深入。二是建立在新古典经济学基础上的财政学，其分为盎格鲁·萨克森传统和斯堪的纳维亚传统。前者侧重研究政府收入主要是税收，后者侧重研究支出和政府决策过程。三是 20 世纪 50 年代两大传统对接以后的西方财政学，其划分为微观和宏观两大组成部分，并且都得到了长足的发展。按理论基础不同考察西方财政学发展所经历的三个阶段，可知西方财政学的发展呈现综合与分化不断交替的特征，处理好综合与分化的关系，才能推动理论认识走向全面和深入；西方财政学通过不断明确新的假设前提，推动理论研究走向深入，理论对现实的解释力不断增强。

重要概念

古典财政学　现代财政学　当代财政学　盎格鲁·萨克森传统　斯堪的纳维亚传统　微观财政学　宏观财政学

思考题

1. 按照如何处理市场与政府的关系西方财政学经历了哪三个阶段，各有什么特征？

2. 按照如何处理市场与政府的关系西方财政学发展所经历的三个阶段的比较有何启示?
3. 盎格鲁·萨克森传统和斯堪的纳维亚传统有何区别?
4. 按照理论基础不同西方财政学经历的三个阶段的比较有何启示?

材料分析

1. 斯密和凯恩斯的有关论述

斯密:“确实,他通常既不打算促进公共的利益,也不知道他自己是在什么程度上促进那种利益。由于宁愿投资支持国内产业而不支持国外产业,他只是盘算他自己的安全;由于他管理产业的方式目的在于使其生产物的价值能达到最大程度,他所盘算的也只是他自己的利益。在这场合,像在其他许多场合一样,他受着一只看不见的手的指导,去尽力达到一个并非他本意想要达到的目的。也并不因为事非出于本意,就对社会有害。他追求自己的利益,往往使他能比真正出于本意的情况下更有效地促进社会的利益。”

(资料来源:亚当·斯密,国民财富的性质和原因的研究[M]. 下卷. 北京:商务印书馆,1974:27.)

凯恩斯:“设财政部以旧瓶装满钞票,然后以此旧瓶,选择适宜深度,埋于废弃不用的煤矿中,再用垃圾把煤矿塞满,然后把产钞区域之开采权租与私人,出租以后,即不再问闻,让私人企业把这些钞票再挖出来,……如果能够这样办,失业问题就没有了;而且影响所及,社会之真实所得与资本财富,大概要比现在大许多。当然大兴土木要比较合理些,但设有政治上或实际上困难,使政府不能从事于此,则以上所提对策,也聊胜于无。”

(资料来源:凯恩斯. 就业、利息和货币通论[M]. 北京:商务印书馆,1983:111.)

根据上述材料,总结斯密和凯恩斯的政策主张并分析其对西方财政学发展演变的影响。

2. 西方经济学发展演变的三个阶段

西方经济学的发展演变可以划分为明显不同的三个阶段。第一阶段:从亚当·斯密出版《国富论》的1776年到20世纪20年代,这一阶段,强调市场和个人积极性的经济自由主义是思想的主流,政府作用被置于次要地位,政府义务基本限于斯密界定的三项职能。第二阶段:20世纪20年代至60年代初,以旧、新福利经济学和凯恩斯主义经济学为标志的政府干预理论处于鼎盛时期,经济学文献中到处是对市场失灵(Market Failures)的论证,经济学家据此在政府肩头赋予了越来越多的职能。第三阶段:从60年代初至今,经济自由主义再度复兴,经济学家的视角转向了“政府失灵”或“政策无效”(Government Failures or Policy Failures),主张还是用市场机制作为资源配置的基本工具,把政府身上过多的职能卸下来。

(资料来源:胡家勇. 政府干预理论研究[M]. 大连:东北财经大学出版社,1996:1—2.)

根据上述材料,谈谈你对如何处理、协调市场与政府关系的理解。

本章阅读文献

1. 亚当·斯密. 国民财富的性质和原因的研究[M]. 北京:商务印书馆,1974.

2. 凯恩斯．就业、利息和货币通论[M]. 北京：商务印书馆，1983.

3. 张馨，杨志勇，郝联峰，袁东．当代财政与财政学主流[M]. 大连：东北财经大学出版社，2000.

4. 杨志勇．比较财政学[M]. 上海：复旦大学出版社，2005.

5. 杨志勇．财政理论发展纲要：比较视角研究[M]. 北京：中国财政经济出版社，2005.

6. 华民．西方混合经济体制研究[M]. 上海：复旦大学出版社，1995.

7. 胡家勇．政府干预理论研究[M]. 大连：东北财经大学出版社，1996.

8. 斯蒂格利茨．政府为什么干预经济[M]. 北京：中国物资出版社，1998.

9. 速水佑次郎．发展经济学——从贫困到富裕[M]. 北京：社会科学文献出版社，2003.

第五章　现代财政制度与传统财政制度的比较

现代财政制度与传统财政制度相对称。不清楚什么是传统财政制度也就无法准确界定、理解现代财政制度。在界定和比较传统财政制度与西方财政制度概念的基础上，通过比较二者的特征，便于阐明我国积极构建现代财政制度的必然性、我国现阶段财政制度的特征，以及我国构建、完善现代财政制度所应采取的基本思路。

重点问题

- 现代财政制度与传统财政制度的区别
- 现代财政制度的特征
- 我国构建、完善现代财政制度的必然性
- 我国现阶段财政制度的特征
- 我国构建、完善现代财政制度的基本思路

第一节　现代财政制度与传统财政制度概念的比较

一、从经济发展阶段区分的现代财政制度和传统财政制度

纵观人类经济发展史，当前所处的经济发展阶段整体上可概括为市场经济阶段。如果把商品经济视作市场经济发展的早期阶段，那么在市场经济发展阶段之前占主导地位的经济组织形式应是自然经济。如果把自然经济视作传统经济，那么市场经济则可视作现代经济。与之相对应，建立在自给自足自然经济基础之上的财政制度就可视作传统财政制度。该财政制度的基本特征是：私人需要与公共需要的满足基本分

离[①]。私人需要通过家庭配置资源，生产提供私人产品予以满足，在家庭内部按照性别、年龄进行分工，家庭是基本生产单位；公共需要通过传统财政制度配置资源，生产提供公共产品予以满足。在自然经济条件下，分工的范围非常狭窄，局限在家庭内部，分工程度也比较低。随着经济发展，分工范围拓宽（逐渐超出家庭，在社会范围内进行分工），分工程度大大提高，逐渐发展到高度发达的社会化分工，商品生产逐渐取代自给自足的生产，商品经济逐渐取代自然经济，商品经济可视作市场经济发展的早期阶段。建立在市场经济基础之上的财政制度可视作现代财政制度。该财政制度的基本特征是，私人需要与公共需要的满足完全分离。私人需要通过市场配置资源、生产提供私人产品予以满足；公共需要通过现代财政制度配置资源、生产提供公共产品予以满足。按照经济发展的正常逻辑，人类社会的经济发展应从自然经济自然演进到市场经济。但是在历史上，有的国家（包括我国）一度选择了计划经济，这是一种完全不同于自然经济的经济组织形式。如果把自然经济视作传统经济，市场经济视作现代经济，那么与自然经济有本质区别的计划经济显然也应属于现代经济范畴。从这个意义上讲，建立在计划经济基础上的财政制度也应视作现代财政制度。即按照经济组织形式所经历的发展阶段，现代财政制度包括两种制度类型：市场经济条件下的公共财政制度和计划经济条件下的生产建设型财政制度。这两种不同性质的财政制度都可视作现代财政制度。这是对现代财政制度的广义理解。

二、从经济体制角度区分的现代财政制度和传统财政制度

包括我国在内的原计划体制国家几乎都经历了经济体制的转轨过程：由计划体制转向市场体制。相对市场体制，计划体制通常被视作传统经济体制，市场体制更多地被视作现代经济体制。这两种经济体制所对应的资源配置方式有着本质区别。从根本上讲，计划体制要通过计划配置全部社会资源，既满足公共需要，生产提供公共产品，也满足私人需要，生产提供私人产品。市场在资源配置中的地位、作用被计划所取代，资源主要通过政府制订的计划来配置。市场体制则是通过市场与政府的分工来完成社会总的资源配置任务。市场主要解决私人产品的生产提供和私人需要的满足问题；政府主要解决公共产品的生产提供和公共需要的满足问题。市场在资源配置中发挥基础性、决定性作用，资源通过市场与政府相互协调、相互配合来共同配置。与这两种不同性质的经济体制相对应，财政制度也可划分为两种类型：计划体制下的传统财政制度和市场体制下的现代财政制度。这是对现代财政制度的狭义理解。

---

① 之所以是基本分离，是因为在自然经济条件下王室的私人财务收支和国家财政收支并不分离，即王室私人财务收支被视作财政收支的组成部分。

第二节 现代财政制度与传统财政制度特征的比较

一、市场财政与计划财政

市场体制是迄今人类所发现的最有效率的资源配置方式。市场有其有效的一面，但并非万能，市场有效总是与市场失效[①]相伴随。因此，一个国家构建完善市场体制，让市场在资源配置中发挥决定性作用，客观上就需要构建完善现代财政制度来弥补和纠正市场失效。从这个意义上讲，现代财政制度与市场经济的发展有内在联系，现代财政制度下的财政是市场财政。其以弥补纠正市场失效、满足公共需要、追求公共利益作为基本行为依据及得失判定标准。从这个意义上讲，现代财政制度与公共财政制度在本质上是一致的，二者"并非泾渭分明、互不搭界的'平行目标'，实质是具有一脉相承关系的统一体"[②]。

与市场体制相对应的计划体制也一度在某些国家的资源配置中发挥基础性、决定性作用，其既要配置资源满足私人需要，也要配置资源满足公共需要。因此，计划体制下的传统财政制度以全方位替代市场为基本特征，其要通过政府投资建立大量国有企业，分门别类地生产各种私人产品，因而投资性支出在财政支出中会占有很高比重，所以传统财政制度通常也被称为生产建设性财政制度。这是推行计划体制对财政运作的基本要求，正是从这个意义上讲，传统财政制度下的财政是计划财政。

二、有限财政与无限财政

有限财政是指现代财政制度下的财政并不追求收入最大化。这是由现代财政制度自身属性以及市场体制资源配置方式的基本特征所必然推出的结论。现代财政制度下，政府财政所担负的资源配置任务主要是生产提供公共产品，满足公共需要。因此，单纯从公共产品的生产提供和公共需要满足的角度讲，当然是财政收入规模越大越好。财政收入规模越大，越有利于增加公共产品供给种类、扩张供给规模、优化供给结构和供给方式，越有利于满足公共需要，实现公共利益。但是人在本质上所具有的

---

① 通常把市场无法配置资源或虽然可以配置资源但结果不符合公平和效率原则的现象称为市场失灵，指的是市场不能优化资源配置、公平收入分配和稳定经济增长的现象。郭庆旺、赵志耘(2002)将市场失灵分为两大类：一类是技术市场失灵(Technical Market Failure)；另一类是社会市场失灵(Social Market Failure)。本书认为，第一类市场失灵起因于市场功能的缺陷，即现实中的市场并不是完美的完全竞争的市场所导致的市场失灵；第二类市场失灵起因于市场功能的局限，即即便市场是完全竞争的，有些问题其也解决不了或解决不好。

② 高培勇．新时代中国财税体制改革的理论逻辑[J]．财政研究，2018(11)．

个体性与社会性统一的基本属性,决定了人们所要满足的需要不仅包括公共需要,还包括私人需要;人们所需要消费的产品不仅包括公共产品,还包括私人产品;人们所要实现的利益不仅包括公共利益,还包括私人利益。这意味着政府财政在配置资源、生产提供公共产品的过程中必须考虑资源配置的机会成本,即一部分资源若用于生产提供公共产品,就会失去用来生产提供私人产品的可能。换言之,财政若追求收入规模最大化,把尽可能多的收入集中到自己手中,固然可以提供更多的公共产品,但是私人产品的供给量就会减少,则资源配置的最终结果就会是过多的公共产品与过少的私人搭配。根据边际效用递减规律,超过社会成员最佳需要量以上部分的公共产品,所带来的边际效用较小;而达不到最佳供给量私人产品的短缺所带来的边际效用损失很大,二者相抵,要遭受净的福利损失。因此,现代财政制度下,财政并不应追求收入规模最大化。归根结底,这是由市场经济条件下资源配置的基本格局及政府财政在资源配置中所处地位决定的。毕竟,在市场经济条件下,政府财政只承担了部分资源配置任务,生产提供公共产品,满足公共需要;其余的资源配置任务,生产提供私人产品,满足私人需要,则是由市场来承担的。因此,政府财政确定收入筹集规模,不能“就财政论财政”,仅仅着眼于公共需要的满足和公共利益的实现,还必须兼顾私人的满足和私人利益的实现,为市场配置资源留下足够空间和余地,由此才能实现社会福利水平最大化。

与之相反,传统财政制度下的财政追求收入最大化。这是由计划体制配置资源的基本特征及计划体制下财政在社会经济生活中所处地位决定的。传统体制下,政府财政既要配置资源生产提供私人产品,满足私人需要,还要配置资源生产提供公共产品,满足公共需要。也就是说,在市场体制下,通过市场与政府两种资源配置手段相互协调、相互配合来完成的资源配置任务;在传统体制下,要通过政府财政“独木撑天”单独完成。因此,其必须通过收入筹集把尽可能多的资源配置权集中起来,才能兼顾两种不同性质需要的满足。具体是通过控制国民收入的初次分配和再分配过程,在收入分配环节“统收”来实现的。其具体实现过程是:首先,在农村压低农产品价格,把农业的剩余向工业领域转移;其次,在城市压低工人的工资、压低企业的折旧率、压低外汇价格、压低利率,从而保证企业有比较高的利润率;然后,政府再以利润上缴的形式把企业的绝大部分收入集中起来。以企业基金形式留归企业支配使用的利润占利润额的比例被压得很低。通过这种方式财政可以实现超常的收入规模,从而在国民收入分配中居于主导的决定的地位。

三、法制财政与非法制财政

现代财政制度下的财政是法制财政。首先,从收入筹集的角度看,不加强法制,难以保证政府财政筹集到足够收入。在市场经济条件下，为政府财政提供收入的主要是非国有企业。财政从非国有企业集中收入涉及所有权的改变，本质上是政府凭借政治权力否定私人的经济权利，把私人凭借经济权利取得收入的一部分集中起来，严格说来，这是对私人经济权利的侵犯。如果不加强法制建设，政府财政难以保证收入及时足额入库。即便在民众自主申报纳税意识很强的国家，往往也是以健全的财政法制为基础的。从支出安排的角度看，如果不加强法制，掌握财政资金分配使用权的部门、单位、个人极易利用手中权力攫取部门、单位乃至个人私利。权力必须关入法制笼子，否则，绝对的权力会导致绝对的腐败。

在传统财政制度下，不加强法制通常并不会影响财政的正常运作。从收入筹集的角度讲，当时为财政提供收入的主要是国有企业，国有企业的所有者是国家，国家从国有企业筹集收入并不涉及所有权的改变，只是改变收入是由企业分散使用还是由政府财政集中使用的关系。在这样的条件下，不加强法制建设不仅不会对收入筹集产生大的负面影响，反倒便于灵活处理政府财政与国有企业的分配关系。从支出角度考察，在传统财政制度下，资源通过计划配置，钱并不体现为一般等价物，多数生活用品须凭票供应，人们的价值观念与市场经济条件下相比有着明显区别，不加强法制建设也不会产生灾难性的腐败。

四、公平财政与区别对待财政

现代财政制度下的财政是公平财政。一是财政要对各种所有制类型的企业提供一视同仁服务。各种所有制类型的企业需在同一起跑线线上公平竞争，优胜劣汰，适应生产力发展水平要求就发展壮大，不适应生产力发展水平要求就要退出历史舞台。二是体现在财政对不同地域、不同社会成员提供均等化的公共服务。例如，近年来，国家加大对中西部地区基础设施投资力度，使全国范围内的不同地域能提供大致均衡的公共服务；对不同的社会成员（如农村社会成员和城市社会成员）提供大致均衡的公共服务，追求城乡公共服务均等化，使广大农村社会成员享受到的公共产品的种类、数量、质量都有了明显提高。

传统财政制度下的财政则是区别对待的财政。一是财政对不同所有制类型的企业区别对待。在20世纪50年代，财政使国有企业的负担轻于集体企业，让集体企业的负担轻于私营企业，对官僚资本企业予以没收转化为国有企业，通过这种区别对待国家实现了对所有制的升级，最终形成了“一大二公”的所有制结构，但是通过这种所有制升级所形成的生产资料所有制结构并不适应生产力发展水平要求。于是在20世纪80年代改革开放后，财政使国有企业负担重于集体企业，集体企业负担重于私营企业，私营企业负担重于外商投资企业，通过这种做法旨在实现所有制成分多元化。二是财政对不同的社会成员区别对待，把社会成员分为城市社会成员和农村社会成员两类，严格推行城乡分离的户籍管理制度，在城市和农村之间划出泾渭分明的鸿沟。广大农村社会成员所享受到的公共产品和服务的种类、数量、质量以及实际所能达到的生活水平和生活质量与城市社会成员不可同日而语。

五、效率财政与效益财政

现代财政制度下的财政是效率财政，强调资源优化配置，注重资源配置的机会成本，而不是仅仅追求某一资源配置方向达到高的投入产出率。效率财政会考察资源配置于其他方向所能获得的收益，若该收益大于当前资源配置方向所取得的收益，那么资源就不应配置于当前的方向，而应配置于其他方向。当不同资源配置方向的边际收益率相等时，资源配置就达到了“帕累托最优”状态。

传统财政制度下的财政是效益财政。其追求在某一资源配置方向保持高的投入产出率，即在投入一定的条件下追求产出最大化，或在产出一定的条件下追求投入最小，但不会考虑资源配置的机会成本。这会导致在传统财政制度下，资源配置可以有很高的效益却难以实现高的资源配置效率。这与传统财政制度下资源的集权配置方式有直接关系。在资源配置权高度集中的条件下，部门、单位实际只是掌握资源的使用权而不掌握资源配置的决策权，其即便清楚知道资源配置于其他方向可以有更高的收益，也没有权力调整资源配置方向，只能在目前的资源配置方向下尽可能提高投入产出率，从而实现较高的资源配置效益，但从社会角度考察，则要承受资源配置效率偏低所带来的福利损失。

六、民主财政与非民主财政

现代财政制度下的财政是民主财政。所谓民主财政是指财政的整个运作过程中都要充分体现广大民众的利益、愿望和要求，围绕广大民众公共需要的满足和公共利益的实现展开，以是否在最大程度上实现了公共利益作为判定一切财政工作得失的评价标准。这要求财政支出规模的确定及与之所对应的公共产品供给总量的确定必须与社会成员对公共产品的需求总量吻合；财政支出结构的确定及与之所对应的公共产品供给结构的确定必须与社会成员对公共产品的需求结构吻合；财政支出方式的确定及与之对应的公共产品供给方式必须与社会成员所期望的公共产品供给方式吻合。一言以蔽之，公共产品的供给必须考虑民众对公共产品的需求状况，保持公共产品供求均衡而不是供求脱节。归根结底是要求财政的运作过程要充分体现民众的利益、愿望和要求。

传统财政制度下的财政是非民主财政，由政府实行集权决策。虽然政府的决策者会考虑甚至充分考虑如何实现公共利益，但是往往会受制于信息的不充分、不对称而做出错误决策。毕竟，加总民众对公共产品的需求信息本身就存在极大困难[①]，加之纵向的政府间信息传递渠道，必然导致信息传递链条长、环节多，信息失真、扭曲的可能性加大。这会导致政府的集权决策即便充分考虑要实现社会公共利益最大化，仍然难以避免决策失误，由此导致公共产品供给的规模、结构及供给方式会与社会成员对公共产品的需求脱节，于是最终的决策结果往往不是增进社会利益而是损害社会利益。

七、透明财政与非透明财政

现代财政制度下的财政是透明财政。所谓透明财政是指财政运作过程中所涉及的各个环节的有关信息要面向全社会公开。财政不同于财务。财务从根本上讲服务于私人需要的满足和私人利益的实现，其收支过程一般来说可以保密（上市公司财务例外）。财政则是服务于公共需要的满足和公共利益的实现，其是“聚天下之财，谋天下之利”，花的是纳税人的钱，本质上财政处于代理人的位置，委托人是民众。代理人需要对委托人负责，接受委托人的监督，基本的实现方式就是要向委托人提供充分的财政收支信息。政府财政有义务向社会成员表明到底用什么方式筹集了多少收入，筹集的收入又是如何安排支出的（包括资金的具体使用方向和使用方式）。从预算角度考察，这体现为预算的公开性原则。

在传统财政制度下，财政是非透明的，或者说透明程度不够。财政运作过程中所涉及的各个环节的信息不向社会公开或公开程度不够。这与传统财政制度下财政、政府乃至整个经济运作低效有关。在经济发展水平低、收入比较少的情况下，政府收入的筹集往往会给民众造成沉重的负担和难以忍受的福利损失。因此，在收入筹集环节，一般采用价内税的方式将税款隐藏于商品价格之中，即消费者购买商品时，只知道商品价格是多少而不知道商品价格中到底包含了多少税款。这可以使民众产生较为强烈的“财政幻觉”，即其最多感受到商品价格昂贵而不会抱怨税负沉重，由此可以大大减轻政府在经济发展水平低、民众收入少的情况下筹集收入而可能遭受到的来自民众的压力。另外，在支出安排环节，传统财政制度下的集权决策所导致的决策失误通常会降低公共产品供给效率。这意味着效率低下的政府并没有把民众向政府提供的收入，充分有效地转化为社会成员所需要消费的公共产品和服务。如果收支过程的透明度提高，民众会把政府收入筹集过程给自己造成的利益损失与政府支出过程给自己

① 阿罗不可能定理表明：不对偏好予以限制并遵循基本加总规则，由社会成员不同偏好不可能加总出社会统一偏好。

带来的效用和满足加以对照,从而对政府效率低下就会有清楚的认识。政府为此会承受来自民众的压力,严重到一定程度会威胁政府存在的“义理性基础”。而降低财政透明度,使民众既不清楚自己到底承受了多重的负担,也不清楚支出安排即公共产品的具体供给过程,就会使民众产生错误判断:政府免费向自己提供了公共产品和服务。通常,民众对免费获取的产品和服务不会对供给数量不足、质量低下表达不满。相反,民众往往会产生感恩心理。这可以大大减轻政府因效率低下而需要承受的政治压力。相反,在现代财政制度下,之所以财政可以实现较高的透明度则是因为面临不同的约束条件。这是由现代财政所植根的市场经济能带来较高的经济发展水平以及财政、政府运作的高效所决定的。在经济发展和民众收入水平都比较高的条件下,政府筹集收入对民众所造成的利益损失通常并不是不可忍受,毕竟货币的边际效用递减。在这样的条件下,政府提高收入筹集过程的透明度通常不会对财政运作产生严重的负面影响。另外,现代财政制度下的分权决策以及民众对政府的有效监督所带来的政府运作的高效,使纳税人缴纳的税收能较为高效地转化为纳税人所需要消费的公共产品和服务,政府并不担心提高财政透明度会给自己带来政治压力。相反,通过提高透明度,让民众把自己的所失与多得加以对照并对政府效率有切身感受和体验,还可以增进民众自主申报纳税意识的培养。

八、分权财政与集权财政

现代财政制度下的财政是分权财政。所谓分权财政是指按照一级政府、一级财政、一级预算、一级财权和事权、一级举债权来协调处理政府间财政关系、实现财政职能的制度安排。财政分权的基本理由是基于各级政府财政都有自己的比较优势。实行分权财政有助于发挥各级政府的比较优势,使之相互协调、相互配合、相辅相成来完成政府公共经济部门的资源配置任务。分权财政的实现往往和“自下而上”授权思路相联系。民众为了解决自己解决不了或解决不好的问题,授权给基层政府。基层政府可以有效解决小受益范围的公共产品生产提供的资源配置问题,但是大受益范围的公共产品的生产提供,其没有比较优势,为提高效率,其授权给具有比较优势的高层政府。以此类推,最终授权给中央政府,由此可以实现中央政府的集中统一领导与地方各级政府的分级管理有效结合。

传统财政制度下的财政是集权财政。所谓集权财政是指虽然一个国家存在不同级次的政府财政,但财政的事权、财权划分,财政的决策权实际掌握在中央政府财政手中,地方政府财政并不掌握相对独立的事权、财权和财政决策权。这与传统财政制度下政府集权配置资源的做法相适应。其最为典型的实现形式是我国曾在1949—1952年推行的“收支两条线、全国一盘棋”的“统收统支”体制。所谓的统收是指地方政府筹集的收入原则上逐级上解中央;所谓统支是指地方政府的支出安排都需要通过中央政府的审核认定和批准。对地方政府来说,收支不挂钩,不掌握相对独立的财政决策权。“全国一盘棋”是对这种集权体制的形象比喻。地方政府财政类似棋子,中央政府财政才是下棋的人。棋子处于什么位置、发挥什么作用,由下棋的人来决定,其自身没有任何发挥主观能动性的可能。集权财政的实现往往和“自上而下”分权的体制设计思路相联系。在该思路下,权力首先属于中央,权力是否下放、以什么方式下放、权力下放到什么程度、下放的权力什么时候收回都是由中央政府说了算。因此,从根本上讲,集权财政使财政权力集中于中央,中央即便向地方分权,往往也是形式上而非实质性的。

九、非平衡财政与平衡财政

现代财政制度下的财政是非平衡财政。所谓非平衡财政是指财政收支不平衡是财政的常态,平衡是非常态。从根本上讲,这是由市场经济的非均衡运行及财政在社会总的资源配置过程中所处地位的辅助性决定的。在市场经济条件下,经济通常处于非均衡运行状态,经常出现的情况是社会总供求失衡,要么总需求大于总供给,要么总需求小于总供给。总供求均衡是偶然的、个别的情况。在这样的条件下,财政收支关系的处理显然就不能“就财政论财政”,为实现财政收支平衡而置社会总供求平衡于不顾,由此而实现的财政平衡只能是一种狭隘的财政平衡,没有意义。正确的做法是财政通过自身收支的失衡来换取经济的总量平衡。当社会总需求大于总供给、经济过热、非政府部门的支出大于收入时,财政应增收减支,使收入大于支出,通过自身的盈余来弥补非政府收支的赤字;当社会总需求小于总供给、经济衰退、非政府部门的收入大于支出时,财政应减收增支,使支出大于收入,通过自身的赤字来消化非政府收支的盈余。财政之所以需要这样做,固然是财政活动的政府主体性要求其必须通过自身收支来调节社会总供求关系,但是也与财政在市场经济条件下所处的资源配置的辅助地位有关。通常,市场体制下财政收支只占社会总收支的小部分(少数福利国家例外),大部分收支体现为非政府收支。在这样的条件下,财政收支即便保持平衡,只要私人部门收支不平衡,也不足以保证社会总供求平衡。因此,客观上需要通过非平衡的财政收支来实现社会总供求平衡。

传统财政制度下的财政则是平衡财政。这是由财政在传统体制下所处地位的特殊性决定的。财政在国民收入分配过程中主导的、决定的地位,使财政收支占 GDP 比重很高,财政收支平衡成为综合平衡的关键。简言之,财政收支保持平衡则基本意味着经济可以实现综合平衡。财政收支失衡,则基本意味着经济综合平衡难以实现。因此,传统体制下把实现财政收支平衡作为财政工作的重要目标,防止出现财政赤字。因为一旦出现赤字,在国民收入分配已经明显向政府倾斜的条件下,发行内债的经济条件不具备，考虑到当时特殊的国际环境，发行外债的余地也不大。因此，赤字的出现通常意味着货币超发和通货膨胀。传统财政制度下的财政实践也表明，在财政收支平衡的年份一般可以实现经济的平稳发展，而财政收支失衡的年份往往会出现经济的大起大落。因为出现赤字多是由于上的项目太多、摊子铺得太大，导致经济增长率大幅提高，而随着赤字出现进行的被迫紧缩，又会导致经济增长率的大幅下滑。

十、开放财政与封闭财政

现代财政制度下的财政是开放财政。所谓开放财政是指外汇收支成为影响财政运作重要因素的财政。这是由现代财政制度所赖以建立的基础——市场经济自身所固有的性质决定的。市场经济以分工和交换为基本特征。市场经济越发达，分工和交换的范围越宽，程度越高，最终要在世界范围内形成发达的国际分工体系，国家居高不下的贸易依存度决定外汇收支成为影响经济运行的重要因素。在这样的背景下，财政收支关系的处理必须考虑外汇收支情况。假定其他条件不变，出口大于进口，对国内商品有超额需求，财政应收大于支，通过盈余来弥补需求过旺的缺口；进口大于出口，国内存在超额的商品供给，财政应收小于支，通过赤字来弥补需求不足的缺口。

传统财政制度下的财政是封闭财政。所谓封闭财政是指外汇收支并不是影响财政运作重要因素的财政。这是由传统财政制度所赖以建立的基础——计划经济自身所固有的性质决定的。计划经济条件下政府推行的赶超战略违背比较优势原理。在劳动力资源极其丰富而资本严重短缺的资源禀赋条件下去优先发展资本有机构成高的重工业，这会导致企业缺少“自生能力”，生产出来的工业品在国际市场缺少竞争力。这导致国家的贸易依存度下降。外汇收支并不是影响经济运行的重要因素，在财政收支关系的处理所要考虑的因素中，外汇收支并不占重要权重，由此所对应的财政类型以封闭为特征。

第三节　两种财政制度下财政与社会再生产各环节关系的区别

一、两种财政制度下财政与生产关系的区别

（一）对物质资料生产领域介入程度不同

现代财政制度下财政对物质资料生产领域的介入程度较轻。因为现代财政制度下，私人产品的生产提供和私人需要的满足主要通过市场配置资源来解决，政府并不

需要为此而大规模介入物质资料生产领域，但财政并不是不介入物质资料生产领域，因为物质资料生产领域并不等于市场有效作用的领域。在物质资料生产领域也可能存在市场失效或部分失效，这就需要通过财政介入加以弥补和纠正。例如，在市场经济发展的早期阶段，私人资本力量的弱小往往使之没有能力从事基础产业、支柱产业和高新技术产业投资，这就需要通过政府财政投资予以弥补，否则会导致产业结构失衡。若物质资料生产领域市场可以有效发挥作用，则财政并不需要介入。总之，只有在物质资料领域存在市场失效或部分失效的条件下，才需要财政介入，这意味着其介入范围和程度都受市场失效范围和程度的制约。

传统财政制度下财政大规模、全方位、立体化、多层次介入物质资料生产领域。因为传统财政制度下，市场在资源配置中的地位和作用被彻底否定。两种不同性质的产品私人产品和公共产品都需要通过政府财政配置资源予以满足。这意味着政府财政必须分门别类投资建立大量的国有企业。私人产品可以划分为多少个种类，就需要政府投资建立多少个种类的国有企业。与之对应，政府还需要成立不同类别和性质的经济管理部门以便对不同类别的国有企业实行条条管理。显然，传统财政制度下政府对物质资料生产领域的介入范围和程度与现代财政制度相比不可同日而语。

（二）筹集生产发展资金的思路和方法不同

现代财政制度下，由于政府并不大规模介入物质资料生产领域，所以生产发展资金的筹集主要由私人完成，依靠市场机制自发调节。资本市场利息率的升降可以调节资本供求关系。当筹集生产发展资金的需求压力较大时，资本需求增加，利息率提高。利息率提高会抑制消费、刺激储蓄，通过储蓄转化为投资筹集生产发展资金。市场机制的自发调节，可以保证筹集到的生产发展资金能保持合适的规模。筹集到的生产发展资金规模过大，对资本需求减少，利息率就会下降。利息率下降刺激消费，抑制储蓄，从而减少生产发展资金的规模；反之，则反是。这种筹集生产发展资金的思路显然以市场主导为特征。

在传统财政制度下，由于政府直接控制利率，难以通过利息率的自由升降来调节消费和储蓄之间的比例关系，生产发展资金的筹集难以通过市场机制调节来实现。同时，由于政府直接控制国民收入初次和再分配过程，民众得到的收入只能满足基本生活需要，企业在利润分配中只能按照工资总额的较小比例提取数量有限的企业基金，所以即便利息率可以升降，个人和企业都无法调节收入在不同使用方向之间的比例关系。因此，传统财政制度下，政府财政通过控制国民收入的初次分配和再分配，通过在国民收入分配中居于主导、决定地位，通过使收入分配向政府倾斜来筹集生产发展资金。显然，这种筹集生产发展资金的思路带有政府主导型特征。

（三）提高生产效率的对策不同

现代财政制度下，提高生产效率主要发挥市场机制的调节作用。一是靠要素分配原则拉大收入分配差距来实现。市场机制作用下的收入分配强调要素分配，充分尊重和体现要素边际贡献率的大小，根据社会成员向社会提供的生产要素的种类、质量和数量来确定收入份额。提供的生产要素种类越稀缺、质量越高、数量越多，越能占有较大的收入份额，从而刺激社会成员多提供稀缺的生产要素、提供高质量的生产要素、提供尽可能多的生产要素。显然这为效率的提高提供基础条件。二是依靠市场竞争机制提高效率。市场经济之所以是效率经济，一个重要原因是市场竞争可以提高效率。在市场经济条件下，企业作为生产经营主体，为了实现利润最大化目标，必须尽可能提高效率；要素供给者为了实现要素收入最大化，必须尽可能提高要素稀缺程度、提高要素供给质量、增加要素供给数量。总之，现代财政制度下生产效率的提高主要依靠市场机制的自发调节来实现。

传统财政制度下，政府控制国民收入初次分配和再分配，工资水平由政府来确定，名义上强调按劳分配，但实际上要准确衡量每个劳动者贡献程度大小有一定难度，所以事实上实行了平均分配，社会成员之间的收入差距很小。社会成员的劳动付出与获取的收入不成比例，甚至出现"干多干少一个样、干好干坏一个样、干与不干一个样"，这种高度扭曲的收入分配制度无法通过调动劳动者的积极性来提高效率。传统财政制度下的企业从属于政府，并不掌握充分的经营自主权，政府与企业基本维持统收的关系，利润多的给国家多做贡献，利润少的少做贡献，出现亏损由政府财政补贴，政府对企业的"预算软约束"使企业没有压力和动力来提高效率。因此，在传统财政制度下，由于否定了市场机制的调节作用，所以生产效率的提高无法通过市场机制的自发调节来实现。政府通常借助于政治思想教育，帮助劳动者树立远大理想和为国家、人民献身的精神，通过对未来理想社会的描绘激发劳动者的主人翁精神来提高生产效率。虽然在短时间也可以取得较为理想的效果，但是难以持久。随着时间的推移，劳动者的生活水平、生活质量长期维持在较低水平，其劳动热情会逐渐衰退，最终导致生产效率的持续下降。

（四）对生产发展速度的影响方式不同

在现代财政制度下，市场机制的自发调节可以促进经济增长，因此政府财政并不需要刻意刺激生产发展速度，只是需要熨平市场机制自发作用下出现的经济增长速度的波动。市场机制对经济增长的自发推动作用根源于人的欲望的无限性。人类要生存发展就必须满足自己的生活需要，但生活需要的满足处于一种永无止境的状态。当一种低层次的生活需要被满足后，会出现更高层次的生活需要。为了满足永无止境的生活需要，在市场经济条件下必须尽可能多地获取收入。而要尽可能多地获取收入，就必须向市场多提供生产要素、提供高质量的生产要素、提供稀缺的生产要素，显然，这会为经济增长提供基础条件。但是，这种利用私人对私利的追逐来实现的经济增长会导致经济波动，有时经济过热，有时经济衰退，因而需要政府财政予以调节，在经济过热时增收减支紧缩需求；在经济衰退时，减收增支扩张需求，从而减小经济波动的幅度。

在传统财政制度下，政府否定了市场机制在资源配置中的作用，所以其经济增长就无法通过市场机制的自发调节来实现，而且其要证明自己所做出的制度选择正确就必须采取政府主导型的经济增长模式。具体的实现方式是通过政府控制国民收入再分配，提高积累率来实现。提高积累率，加大投资规模会提高生产发展速度，但积累率过高往往会导致严重的结构问题，投资品供不应求，消费品供过于求，出现大量的在建工程，经济效益大幅下滑。为了解决结构问题，政府不得不降低积累率，压缩投资规模，由此导致经济增速大幅下降，甚至出现严重的负增长。纵观我国改革开放前年度经济增长率的变化，不难发现，经济的大幅度震荡是最为显著的特征。提高积累率可以实现高速的经济增长，而积累率的降低和投资规模的压缩则会降低增长率甚至出现严重的负增长。

（五）对生产效率的理解不同

现代财政制度下生产效率是指资源配置效率，强调资源在不同使用方向得以合理的分配使用，不仅考虑资源在当前资源配置方向所能得到的收益大小，而且考虑资源用于其他方向所能得到的收益，即强调降低资源配置的机会成本，由此实现资源在不同方向能有相同的边际收益率，从而实现资源配置的优化。

传统财政制度下的生产效率是指资源的投入产出率，强调在资源投入量一定的条件下，实现产出最大化，或在产出一定的条件下，做到投入最少。但除此之外，并不强调资源配置的机会成本，最终导致资源配置效益很好，但资源配置效率却并不理想的结果。

（六）对生产效率和分配公平的关系处理不同

在现代财政制度下，对分配公平的态度和做法是：首先，尊重市场机制作用下所形成的收入分配格局，强调要素分配原则，严格按照每个社会成员向社会提供的生产要素的种类、质量和数量确定收入份额，充分体现要素边际贡献率的大小对收入分配格局的基本决定作用。从这个意义上所实现的分配公平本身就符合效率原则的要求，可以促进生产效率的提高。其次，对市场机制作用下所形成的收入分配格局，政府财政也通过各种手段予以调节。但这种调节会被控制在一定限度之内，即市场机制作用下所形成的收入分配的基本格局并不会因政府调节而有实质性改变，政府调节后，高收入者依然是高收入者，低收入者依然是低收入者，二者的身份性质并没有改变，改变的只是二者之间的收入差距，由此虽然会对生产效率产生一定的负面影响，但换来的则是公平的增进和社会的稳定和谐。从整体考察，所得大于所失。

传统财政制度下，对分配公平的态度和做法是：根据活劳动是一切价值的源泉的基本理论，强调单一的按劳分配，不承认其他生产要素在收入分配中应有的地位。用按劳分配原则替代要素分配原则。但令人遗憾的是，由于准确量化每个劳动者提供的劳动的数量、质量比较困难，所以即便是按劳分配在实践中也变成了事实上的平均分配。这种完全不尊重要素边际贡献率的大小来分配收入的做法，导致生产效率严重低下。

二、两种财政制度下财政与分配关系的区别

（一）对国民收入初次分配和再分配的理解不同

现代财政制度下所理解的国民收入初次分配，是指在市场机制自发作用下所完成的收入分配，遵循的是要素分配原则，实际是借助要素市场的等价交换来完成收入分配过程。由于生产要素在社会成员之间的初始分配并不均衡，有的社会成员有生产要素，有的则没有生产要素，这会导致社会成员之间的收入分配存在有无之别；有的社会成员的生产要素种类稀缺、质量高，有的则并不稀缺、质量不高；有的提供的生产要素数量多，有的提供生产要素数量少，由此导致社会成员之间的收入差距拉大。对市场机制作用下所形成的收入初次分配格局，政府财政要通过国民收入再分配进行必要调整。现代财政制度下所理解的国民收入的再分配是指在初次分配基础上，通过财政机制所完成的收入分配过程。

传统财政制度下所理解的国民收入初次分配，是指在物质资料生产部门内部完成的收入分配。超出物质资料生产领域所进行的收入分配则为国民收入再分配。这是基于马克思的劳动价值论所理解的国民收入初次分配和再分配，其与现代财政制度下基于效用价值论所理解的国民收入初次分配和再分配有明显区别。由于对国民收入初次分配和再分配的划分标准不同，传统财政制度下所理解的国民收入初次分配和再分配与现代财政制度下的理解是一种交叉关系。

（二）对国民收入初次分配和再分配的调节控制程度不同

现代财政制度下，国民收入的初次分配市场发挥着基础性、决定性作用，政府财政一般不干预国民收入的初次分配。国民收入的初次分配通过要素市场的等价交换来完成。但是对于国民收入初次分配所导致的收入差距拉大，政府财政通常通过国民收入再分配予以调节，但调节的程度不至于使国民收入的初次分配格局发生质的改变，即经过再分配的调节，高收入者依然是高收入者，低收入者依然是低收入者，只不过使他们之间的收入分配差距控制在社会所能承受的范围之内。同时，在现代财政制度

下，通过国民收入再分配，政府财政除了完成调节收入分配差距的任务外，还需完成熨平经济波动以及通过税收收入的筹集和财政支出的安排完成向社会提供公共产品、满足公共需要的资源配置任务。

在传统财政制度下，国民收入的初次分配是由政府财政直接控制的。企业的折旧率、工人的工资、银行的利息率都由政府直接控制，其对国民收入初次分配格局发挥着基础性作用。由于国民收入初次分配格局直接由政府所控制，所以其没有必要通过国民收入再分配来缩小收入分配差距。但这并不意味着政府对国民收入再分配的控制力弱化，事实上政府对国民收入再分配的操纵控制力并不弱于对国民收入的初次分配，国民收入再分配仍然由政府主导，具体通过政府与国有企业的统收统支来实现，以利润上缴的形式集中国有企业大部分利润，并通过财政支出在全社会范围分配使用资金，从而确定国民收入再分配的基本格局。另外，其要通过国民收入再分配完成部分在现代财政制度下借助市场机制来完成的收入初次分配的任务，即第三产业通过提供服务获取收入，在传统财政制度下视作收入的再分配，而在现代财政制度下，则被视作收入的初次分配。在传统财政制度下，政府财政控制国民收入再分配通过收入筹集和支出安排完成向社会提供公共产品和服务的任务。这一点和现代财政制度下收入的再分配过程并无差别，都属于国民收入的再分配。

（三）财政参与国民收入分配的目的不同

现代财政制度下，政府财政并非不参与国民收入初次分配，只不过参与的程度较低，在市场失效或部分失效的领域，政府会投资建立国有企业来服务于公共产品和部分混合产品的提供，加之政府通常会掌握一定数量土地、资源所有权，这都可以保证政府凭借产权获取收入，这属于国民收入的初次分配。现代财政制度下，政府参与国民收入再分配的主要目的除了通过收入筹集和支出安排完成公共产品的资源配置任务外，还有非常重要的目的，即调节收入分配差距和稳定经济运行。

传统财政制度下，国民收入初次分配和再分配格局都是在政府财政直接操纵控制下形成，所以其没有必要把收入再分配用作调节收入分配差距和稳定经济运行的手段，其直接操纵控制国民收入分配过程即可。不过在传统财政制度下，其需要通过再分配完成现代财政制度下通过收入初次分配所完成的任务，解决并不从事物质资料生产的部门主要是第三产业的收入分配问题。至于通过国民收入再分配完成的公共产品生产提供的资源配置任务，这和现代财政制度下国民收入再分配所需完成的任务并无本质区别。

三、两种财政制度下财政与交换关系的区别

现代财政制度下，政府一般不直接干预交换过程。政府对交换的影响是局部的、

有限的。在市场有效作用的领域，对于产品市场，通常政府不制定价格，完全通过市场供求双方力量的对比来形成价格。在要素市场，要素价格也是由供求关系决定的，政府并不对要素价格进行干预。一些稀缺程度低、质量不高、要素数量少的社会成员，依据要素市场的等价交换获取的收入可能不足以满足基本生活需要，但即便在这种情况下，政府一般也不直接干预要素价格，因为假如抬高此类要素价格，会使该要素供过于求，市场难以出清。所以在这种情况下，一般是通过财政再分配对市场机制作用下所形成的收入分配格局进行调节，以缩小收入分配差距。在特殊情况下，政府也可能干预市场有效作用领域的价格，但通常只是暂时的、偶然的现象，如突发自然灾害、防止有人囤积居奇哄抬物价，政府可以对价格进行管制，但同时会采取措施增加供给。一旦紧急情况缓解，政府就会放开对价格的管控。对于市场失灵的领域，政府通常对价格进行必要干预。这主要体现在以下方面：一是出现外部效应，价格不能做到边际社会收益等于边际社会成本即出现市场失灵时，政府财政会予以调节和干预。例如，出现负的外部效应，资源配置量过多，边际社会成本大于边际社会收益，财政会通过“庇古税”予以纠正，使单位产品承担的税负等于单位产品外溢的成本；出现正的外部效应，资源配置量过少，边际社会收益会大于边际社会成本，财政会通过安排财政补贴予以纠正，使单位产品的补贴额等于单位产品外溢的效益（见图 5－1、图 5－2）。二是对需求弹性小、供给弹性大的农产品价格，政府财政一般也会进行干预，因为此类产品一旦供求失衡导致价格偏离均衡价格、通过市场的自发调节难以使价格重新回到均衡状态，从而形成发散型蛛网（见图 5－3）。这就需要政府财政予以弥补和纠正，在粮食丰收时政府以保护价收购粮食，在歉收时则以低于市场价格的价格出售粮食，以此来稳定粮价和农业生产，避免出现粮价的大幅波动。三是对于垄断或自然垄断，政府一般也要干预，以防形成垄断价格。从理论上讲，垄断者会利用垄断地位，控制产量，抬高价格，攫取超额利润，从而导致资源配置的边际社会收益大于边际社会成本，违背效率原则。同时，垄断者攫取超额利润也不能体现公平原则（见图 5－4）。因此，对垄断和自然垄断所形成的垄断价格，一般通过政府规制予以调节。对一般性的垄断，政府可以制订反垄断法，制止以垄断市场为目的的企业兼并，对于已形成的垄断，政府可以迫使企业一分为二或一分为三，以形成竞争局面。对于自然垄断，采用一般性的反垄断的办法并不可行，这会抬高产品生产的平均成本（见图 5－5）。通常采用公共生产加政府定价的办法来维护公共利益（见图 5－6）。

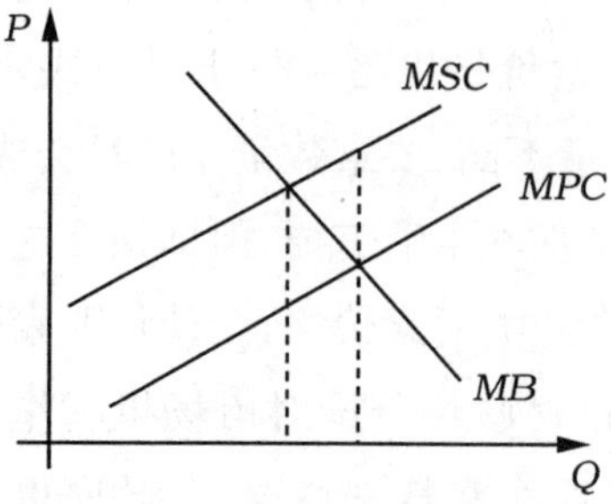

图 5-1 对负外部效应的纠正

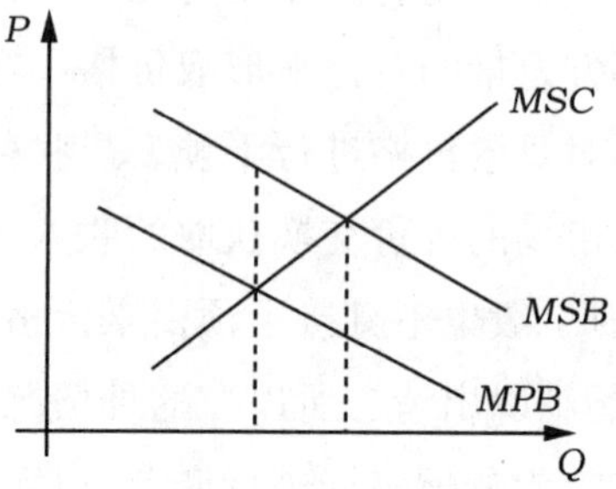

图 5-2 对正外部效应的纠正

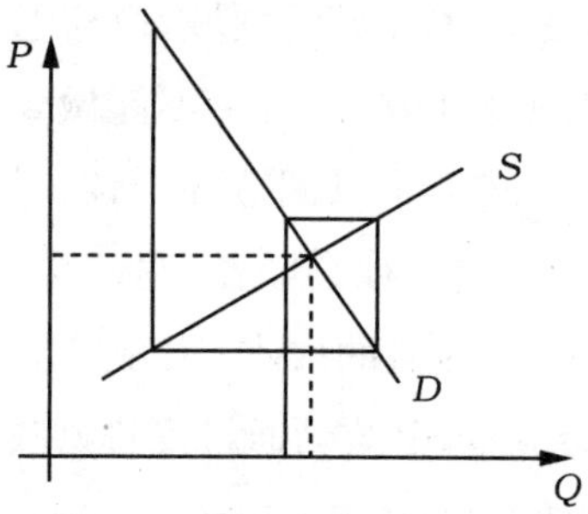

图 5-3 农产品发散型蛛网

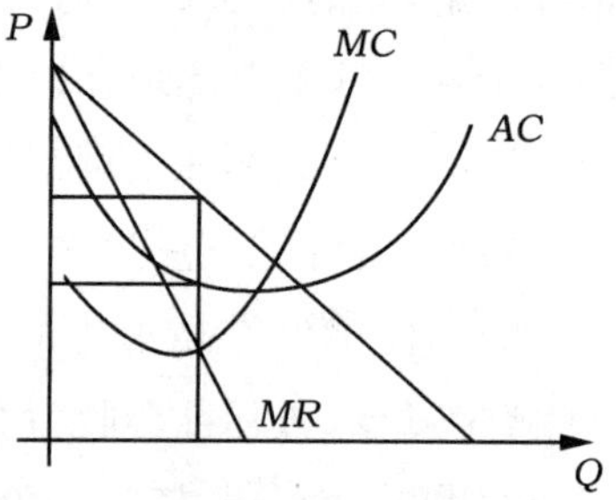

图 5-4 垄断对效率和公平的影响

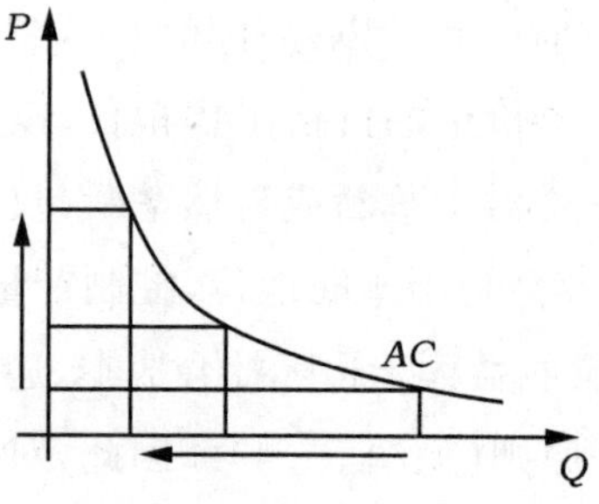

图 5-5 自然垄断不能采用一般反垄断的办法

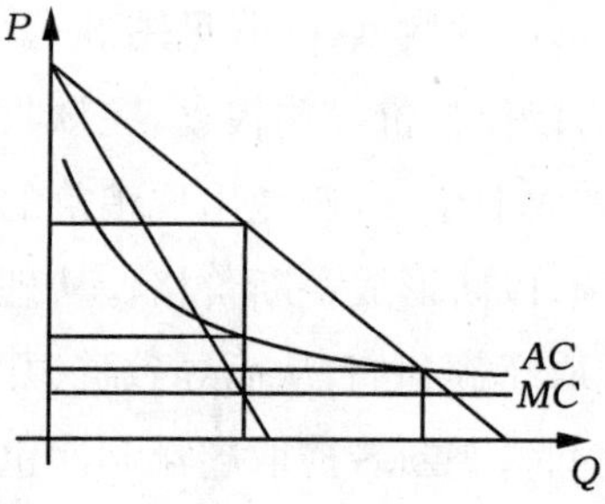

图 5-6 自然垄断行业的平均成本定价

在传统财政制度下，政府通常直接规定价格、直接规定交换的对象，并且对计划价格体系的存在和运转提供关键性支持，不仅决定产品价格，而且决定要素价格，但结果是严重扭曲了市场机制。因为受信息因素制约，国家通过计划制订的要素、产品价格体系要做到科学、合理，既反映价值又反映供求关系是不可能的。在一个国家范围内，要素价格、产品价格的种类极其繁多，制订要素、产品价格体系需要天文数字量级的信息，即便在信息技术高度发达的今天，政府仍然难以掌握充分的信息来制订合理的要素、产品价格体系，更不用说在信息主要靠人工来搜集整理的计划经济时代。在政府无法掌握充分信息的条件下，政府制订的价格体系通常是扭曲的，要素价格、产品价格往往既不反映价值也不反映供求关系。有的产业、行业、部门、企业生产的产品价高利大，有的则价低利小甚至亏损，导致它们彼此之间苦乐不均。如果不对这种扭曲的价格体系进行必要调节，其在利益分配关系上所存在的扭曲就难以长期维持下去。事实上，这种扭曲的价格体系正是依靠政府财政的调节才得以维持。具体是通过政府财政与企业的"统收统支"来实现。生产价高利大产品的产业、行业、部门、企业给财政上缴较多的利润，生产价低利小产品的产业、行业、部门、企业上缴较少的利润，亏损的则可以从财政得到补贴，企业发展所需资金由政府财政统一提供，从而使这种扭曲的价格体系得以长期维持。一般来说，在计划体制推行初期，计划价格是依据市场价格来制订的，所以那时的价格基本上可以反映、体现价值和供求关系，价格扭曲及其对资源配置所造成的负面影响并不严重。这可以解释为何苏联和我国在计划体制推行的初期都取得了良好的经济发展绩效。但随着时间推移和各项条件的变化，价格与价值及供求关系的脱节会越来越严重。虽然从理论上讲，政府可以对价格体系进行调整使之能反映价值及供求关系，但价格调整"牵一发而动全身"，工作量极其庞大，而通过维持与企业的"统收统支"关系来弥补价格体系扭曲所造成的负面影响则工作量相对较小。这是政府在传统体制下全方位干预交换的做法得以长期维持的原因。但"统收统支"意味着企业在吃国家的"大锅饭"，不能做到奖优罚劣、奖勤罚懒，企业利润多要多交、利润少可少交、没利润可不交、有亏损可由财政补贴，企业没有压力和动力提高效益、增加利润，由此导致国家整体经济发展绩效水平的下降。

四、两种财政制度下财政与消费关系的区别

（一）对待消费的态度不同

现代财政制度下，政府对待消费的态度是中性的，不存在片面压低财政消费性支出的倾向。在某种程度上，现代财政制度实际是承认财政安排的消费性支出所具有的生产性质。因为财政安排的公用经费、人员经费作为消费性支出，对于维持政府机构和事业单位体系的运转不可或缺，其是在向社会提供公共产品，也是在创造价值。从财政调节经济运行的角度分析，财政支出中的消费性支出和投资性支出都可以拉动需求、推动经济增长，二者的乘数大小没有区别。只不过考虑到消费性支出刚性通常较为明显，在财政扩张拉动需求时可能更多地倾向于增加投资性支出而不是消费性支出。

传统财政制度下，存在片面压低消费性支出的倾向。这与传统体制下强调财政消费性支出的非生产性有直接关系。依据马克思的劳动价值论，财政安排的消费性支出是不创造价值的，用于物质资料生产领域的生产性支出才创造价值。由此导致在财政

实践中片面压低消费性支出所占比重，这实际是传统体制下我国教育、科学、文化、卫生、体育等各项事业发展长期滞后的重要原因。另外，在传统体制下，财政安排的消费性支出和投资性支出对经济增长的推动作用确实也不一样。在现代财政制度下，消费性支出和投资性支出的乘数大小一样，都可以起到拉动需求、推动经济增长的效果，这是因为政府的消费和政府的投资一样都可以带动私人的投资；但是传统体制下，政府几乎是唯一的投资主体，政府安排的消费性支出无法带动私人投资，于是政府投资和政府消费对经济增长的影响作用就有明显差别。政府安排投资性支出，对经济增长的作用可以立竿见影，在短期可取得理想效果，而安排消费性支出，对经济增长的推动作用可能需要在长期才能显现。因此，在传统体制下，政府更倾向于安排投资性支出而不是消费性支出，存在片面压低消费性支出的倾向。

（二）财政安排的消费性支出的比例不同

现代财政制度下，财政安排的消费性支出比例相对要高，其并不需要在市场有效作用领域安排投资，这可以通过市场机制自发引导私人投资来实现。

传统财政制度下，财政安排的消费性支出比例相对要低，其必须安排大量的投资性支出来分门别类地建立各种国有企业，来生产满足社会成员私人需要的各种私人产品。由于私人产品的种类极其繁多，这意味着政府财政需要在私人产品生产的各行各业安排投资性支出，投资性支出占财政支出的比重很高，正是在这个意义上，传统财政制度下的财政一般也称为生产建设型财政。

第四节　两种财政制度下财政与社会再生产各环节关系区别的原因

一、理论基础的差异

现代财政制度的理论基础是建立在西方新古典经济学和凯恩斯主义经济学基础上的西方公共财政理论，其经历了古典、现代和当代几个发展阶段，对市场与政府关系的理解由肤浅到深刻、由片面到全面，在手段选择上也由走极端逐步转向折中调和，由片面强调市场或政府的作用，转向承认二者作为资源配置手段各有得失，认为二者关系的处理、协调应发挥二者的比较优势，通过相互协调、相互配合、相辅相成，来完成总的资源配置任务。因此，现代财政制度下财政与社会再生产过程四个环节关系的处理，有一个共同点，那就是首先强调市场的基础性、决定性作用，如果在上述四个环节存在不符合效率和公平原则的现象，即市场机制的自发调节出现失灵，才由政府财政加以弥补和纠正。显然，这符合公共财政理论的基本要求。

传统财政制度的理论基础是建立在传统社会主义政治经济学基础上的生产建设性财政理论。传统社会主义政治经济学以马克思主义政治经济学为理论基础，基于经典作家对未来社会主义社会所设想的三大基本特征即公有制、计划经济和按劳分配作为理论论证的出发点，因此传统社会主义政治经济学必然是适应计划经济发展要求、全面替代市场的理论，生产建设性财政理论实际是该理论在财政领域的具体体现。在传统财政制度下，财政与社会再生产各环节的关系的处理与协调有一个共同点：强调政府财政的主导地位，没有留下市场机制发挥作用的任何余地。之所以出现这样极端的做法，显然与建立在传统社会主义政治经济学基础上的生产建设性财政理论的指导分不开。当然，实践决定理论，理论对实践具有反作用。生产建设性财政理论归根结底是对计划体制下财政实践的反映和体现。

二、经济制度的差异

现代财政制度赖以建立的经济制度基础是混合所有制。在混合所有制中不同的所有制类型发挥着不同作用。其中，私有制主要服务于私人产品的提供和私人需要的满足；公有制服务于公共产品的提供和公共需要的满足。整个社会的资源配置是借助不同所有制类型相互协调、相互配合来共同完成的。私有制主要依靠市场机制的调节发挥作用；公有制主要依靠计划机制的调节发挥作用。不同的所有制类型各有得失，整个社会的资源配置呈现混合经济的基本格局。这就不难理解为何现代财政制度下财政与社会再生产各环节的关系的处理协调总是围绕市场与政府关系的处理、协调而展开，总是让市场发挥基础性、决定性作用，而政府予以拾遗补阙。

传统财政制度赖以建立的制度基础是公有制。公有制不仅服务于公共产品的生产提供和公共需要的满足，而且服务于私人产品的提供和私人需要的满足。整个社会的资源配置几乎完全借助公有制来完成。这可以解释为何传统财政制度下财政要追求收入规模最大化，因为其需要完成两种不同性质的资源配置任务：满足私人需要和满足公共需要。也可以解释为何传统财政制度下的财政是平衡财政、为何是非法制化的财政，这都与该财政制度赖以建立的制度基础有关。

三、经济体制的差异

现代财政制度是市场体制下的财政制度。市场体制是迄今为止人类所发现的最有效率的资源配置方式，但其并非万能。市场有效总是与市场失效相伴随，而市场失效需要政府加以弥补和纠正。市场体制的这一基本性质决定了现代财政制度的基本特征，也决定了现代财政制度下财政与社会再生产各环节关系的处理、协调必然是先强调市场的基础性、决定性作用，再由政府财政来拾遗补阙。

传统财政制度是计划体制下的财政制度。计划体制与市场体制的本质区别决定了计划体制下的传统财政制度与市场体制下的现代财政制度在基本特征方面必然存在巨大差别，也决定了传统财政制度下财政与社会再生产各环节关系的处理、协调不可能采取由市场机制发挥基础性、决定性作用而由政府财政予以拾遗补阙的做法，而只能是由政府财政无限制替代市场，独木撑天，配置几乎全部社会资源。

四、经济发展水平的差异

现代财政制度建立在市场经济基础之上。市场经济作为一种经济组织形式，以分工和交换为特征，在提高资源配置效率方面有独到优势。这意味着在现代财政制度下，处理效率和公平这一对矛盾时，公平往往会相对更多地处于矛盾主要方面，这是现代财政制度下的财政为何是公平财政，而传统财政制度下的财政却体现为区别对待财政的重要原因。另外，市场经济提高效率，促进经济发展水平提高，也为财政透明度的提高提供了基础条件。因为只有在经济发展水平提高、收入增加后，在私人需要都得到很好的满足的条件下，政府征税对纳税人来说机会成本才能下降。政府征税使纳税人减少的私人利益会小于政府供给产品而增进的公共利益，此时提高财政透明度，不仅不会导致纳税人的抵制，而且可以培养纳税人的自主申报纳税意识。对政府来说，所得大于所失。另外，从支出安排的角度看，现代财政制度下的支出服务于公共产品的生产提供和公共需要的满足，提高财政透明度，充分反映民众的意愿和要求，有利于提高公共产品供给效率，与现代财政制度所追求的目标也相吻合。

传统财政制度建立在计划经济基础之上。计划经济作为一种经济组织形式，以资源配置的集中决策为特征，在提高资源配置效率方面处于比较劣势。理论和实践都可证明这一点。这意味着在传统财政制度下，处理效率和公平这一对矛盾，效率往往会相对处于矛盾主要方面，这是传统财政制度下的财政为何是区别对待财政的重要原因。另外，在计划经济条件下，效率问题没有解决，收入水平低，私人需要都没有得到很好满足，政府筹集收入对民众来说机会成本很高，事实上会使民众遭受很大的私人利益损失，容易导致民众的不满情绪，所以通过比较隐蔽的形式筹集收入对政府来说就不失为理性选择。另外，从支出安排的角度看，传统财政制度下的支出安排通过政府集中决策来实现，与社会成员公共需要的满足发生偏离的可能性较大，不提高财政透明度，对财政运作及政府职能实现都是有好处的。

第五节　两种财政制度下财政与社会再生产各环节关系比较的启示

一、围绕现代财政制度基本特征确定构建现代财政制度的目标和任务

现代财政制度与传统财政制度相比具有市场财政、有限财政、法制财政、公平财政、效率财政、民主财政、透明财政、分权财政、非平衡财政、开放财政十大特征。这十大特征实际是对现代财政制度基本运作规律的概括、总结，因此也和构建现代财政制度的目标和任务相对应。围绕这十大特征构建现代财政制度有助于协调市场与政府的关系、政府与民众的关系、不同级次政府间的关系、民众内部不同群体间的关系、财政自身主体与客体、收入与支出之间的关系等，从而有助于顺利实现财政职能。

二、协调市场与政府的关系是构建现代财政制度的基本立足点、出发点

现代财政制度与传统财政制度相比虽然具有十大特征，但这十大特征并不完全是并列关系，其中市场财政是其最基本特征。其他特征严格说都是由这一基本特征派生的。比较现代财政制度与传统财政制度下财政与社会再生产各关节的关系可以看出，社会再生产各环节在现代财政制度下都是由市场发挥基础性、决定性作用，政府发挥拾遗补阙作用。协调处理好市场与政府的关系，避免政府的越位和缺位，这是构建现代财政制度的基本立足点、出发点。

第六节　我国现代财政制度的构建

一、我国构建现代财政制度的必然性

（一）财政制度自身发展演变的要求

财政属于经济范畴，财政以及财政制度的发展演化受基本经济规律的制约，并非可以主观随意选择。一般认为，财政与公共需要的满足有内在的、本质的、必然的联系，而公共需要则根源于人在本质上所具有的社会性。按照马克思的观点，人在本质上是一切社会关系的总和。孤立的、脱离社会的人从来没有存在过。马克思强调人在本质上所具有的社会性，但其并不否定人首先是作为个体而存在。事实上人总是个体

性与社会性的统一。作为个体的人需满足个体需要(在有“私”的概念后可称为私人需要),作为社会的人需满足公共需要。两种不同性质的需要都必须加以满足,这构成对人类资源配置活动及相应的制度安排的基本要求。人类资源配置活动及相应的制度安排受生产力发展水平的制约在不同历史发展阶段呈现不同的具体实现形式和特点。在人类社会发展的早期,生产力发展水平极低,生产成果满足基本生存需要都颇为困难,这决定当时只能采用原始的生产资料公有制。社会成员共同占有生产资料,共同参与劳动,平均分配劳动成果,没有剩余产品。因此,当时人类生活需要所包括的两个方面个体需要与公共需要的满足方式就具有特殊性:满足个体需要的过程也就是满足公共需要的过程;反过来,满足公共需要的过程也就是满足个体需要的过程。极低的生产力发展水平决定了这两种不同性质的需要的满足不具有在经济上分离的可能性。因为要满足社会成员的个体需要,就得保证每个社会成员能够生存下去,这实际也是在最大程度上满足了公共需要,实现了公共利益;要满足社会成员的公共需要,实现公共利益,就得保证每个社会成员能够生存下去,否则群体的力量就会削弱,公共利益自然也就难以实现。这种私人产品和公共产品提供、私人需要和公共需要的满足不具有经济上分离的可能性的制度安排可视作原始的财政制度。这种制度安排更多地体现为一种本能和习惯,可以看作财政制度的萌芽,也可以视作财政制度发展变迁的第一个历史阶段。

随着生产经验的积累、生产工具的改进,人类征服自然、改造自然的能力得以提高,最终剩余产品作为生产力发展水平提高的标志出现,由此产生了深刻的经济影响。在劳动成果平均分配而社会成员的劳动能力及劳动努力程度客观上存在差别的条件下,劳动能力强、劳动努力程度高的社会成员在劳动成果分配上会吃亏,其一部分劳动成果会被别人无偿占有。在劳动还不是一种享受的情况下,作为理性的经济人不会情愿让别人无偿占有自己的劳动。但在劳动成果平均分配的制度安排下,其要不吃亏只能控制自己的劳动努力程度,使之不超过平均水平。这意味着其会在一定程度上存在“偷懒”的动机。但在没有剩余产品的情况下,这种动机并不导致现实的机会主义行为。因为一旦“偷懒”会导致必要产品减少,由此会威胁到社会成员的生存。即便死亡的不是偷懒者本人,而是其他社会成员,但群体力量的削弱会直接威胁偷懒者本人的利益。在漫长的原始社会,这是劳动成果虽然平均分配,但并没出现严重机会主义行为的原因。这是由当时极低的生产力发展水平所决定的。但是,在剩余产品出现以后,情况就发生根本性改变。偷懒不再导致必要产品减少而是导致剩余产品减少,剩余产品的减少并不威胁社会成员的生存。此时偷懒者所造成的损失在群体内分散承担后,偷懒者本人的“所得”大于“所失”,于是机会主义动机开始导致现实的机会主义行为。因生产力发展水平提高而出现的剩余产品因机会主义行为的出现而开始“消散”。为防止剩余产品“消散”，原始人实现了一种制度创新：缩小生产单位，由以父系氏族为生产单位转变为以家庭为基本生产单位，利用家庭成员更加紧密的血缘关系来抑制社会成员的机会主义行为。最初，只是生产成果归家庭所有，后来发展到生产工具归家庭所有，最后发展到最重要的生产资料土地归家庭所有。与生产组织形式的这种变化相适应，私有制也就确立起来。这种建立在私有制制度基础之上，以家庭为基本生产单位的经济组织形式就是自然经济。自然经济条件下的财政我们称为传统财政。与这种财政类型相适应的财政制度则为传统财政制度。传统财政制度最基本的特征是私人需要与公共需要的满足基本分离。私人需要通过家庭配置资源，在家庭内部按照性别年龄进行分工，通过自给自足的生产予以满足；公共需要通过传统财政制度配置资源，生产提供公共产品予以满足。之所以私人需要与公共需要的满足是基本分离而不是完全分离，是因为在自然经济条件下，王室的私人财务收支与财政收支糅和在一起并不分离。换言之，王室的私人需要被视作公共需要的一个组成部分，王室的财务收支是财政收支的重要组成部分。除此之外，一般社会成员的私人需要与公共需要的满足是完全分离的。这是财政制度变迁发展的第二个历史阶段。

自给自足的自然经济在人类发展史上存在了几千年，其是作为生产力发展水平提高的标志而出现的，但其自身所存在的局限又抑制了生产力发展水平进一步提高。因为自然经济条件下，分工的范围非常有限，只局限在家庭内部，分工程度很低，只是按照性别、年龄进行分工，对特定产品的生产来说基本不存在分工，这制约了劳动熟练程度的进一步提高。随着生产的发展，分工的范围逐渐超出家庭，开始在社会范围内进行分工，分工范围的拓宽有助于提高分工程度，逐渐形成社会化分工，生产的社会化程度得以提高。生产日益明显地表现为商品生产而不是自给自足的生产。一个社会成员总是与其他社会成员紧密地联系在一起，一个人生活需要的满足越来越依靠其他社会成员的生产而不是自身的生产。随着商品生产、商品交换规模的扩张，自然经济逐渐被商品经济所取代。而商品经济实际是市场经济发展的早期阶段，或视作自然经济向市场经济转化的过渡。从大的方面划分，可以把商品经济划入市场经济范畴，其在性质上与市场经济并没有本质区别，只是经济发达程度不同而已。在市场经济条件下，生产的社会化程度的提高使人的社会性表现得比以往任何历史时期都要明显和突出，公共需要在总的需要中所占比例和份额加大。纯粹的私有制在满足公共需要方面表现出明显的局限和不足，客观上需要发展公有制，于是混合所有制发展起来。建立在混合所有制基础上的市场经济条件下的财政就是公共财政或称为现代财政，与之对应的制度安排就是市场经济条件下的公共财政制度或称为现代财政制度。这是财政制度变迁发展的第三个历史阶段。

迄今为止，人类财政制度的变迁发展从应然意义上讲经历了这三个历史阶段。若放眼未来，根据马克思等经典作家对未来理想社会的描绘可设想第四个发展阶段，即生产力发展水平极大提高阶段的财政制度。生产力发展水平的极大提高不仅要求所谓的“三大差别”消失，而且事实上要求人与人之间能力上的差别也要消失。劳动不再是满足生活需要的手段而直接就是生活需要本身或说是生活需要的重要组成部分。资源配置效率的极大提高、物质财富的极大丰富为个体需要与公共需要的满足提供充裕的、坚实的物质基础。二者的关系更多地体现为统一性而不是对立性。物质财富的极大丰富会逐渐淡化私和公的界限，纯粹的公有制得以确立，计划经济或称产品经济的经济组织形式得以形成。这种建立在纯粹的公有制制度基础之上的计划经济或产品经济条件下的财政可称为生产建设型财政，与之对应的财政制度就是生产建设型财政制度或称为现代财政制度以后。

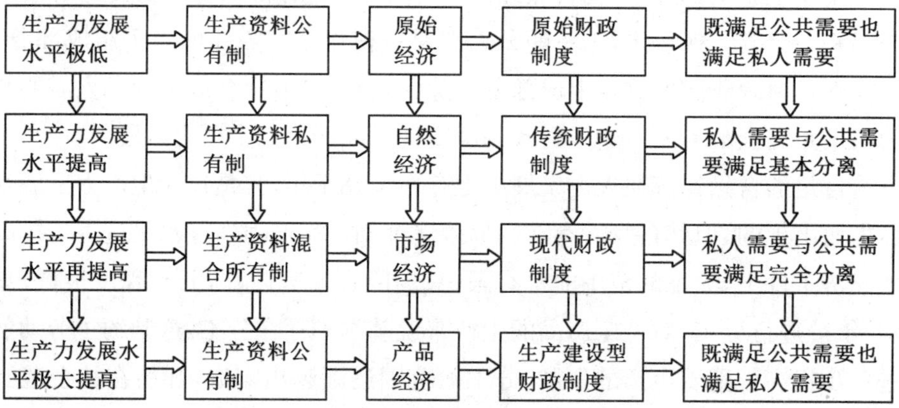

图 5-7 财政制度发展演变的一般规律

纵观人类社会发展史，经济组织形式由原始经济→自然经济→商品经济→市场经济→产品经济的变迁是不以人的主观意志为转移的客观规律。这意味着财政制度由原始经济条件下的原始财政制度→自然经济条件下的传统财政制度→市场经济条件下的现代财政制度→产品经济条件下的生产建设型财政制度的变迁发展也是不以人的主观意志为转移的客观规律。任何国家超越特定历史发展阶段所构建的财政制度若违背这一规律，虽然在一定时期可以维持，但其对规律的违背总要遭受规律的惩罚。在惩罚严重到一定程度、超出自身承受能力时，制度就会做出修正从而回归应然意义上的制度变迁轨道。这表明：现实中的制度安排虽然往往表现为人为主观构建，但其行为却受着规律的制约，或者说制度本质上是自然演化的。从这个意义上讲，制度包括财政制度的变迁本质上是一自然历史过程。我国之所以要构建、完善现代财政制度，从根本上讲是顺应财政制度自身变迁发展规律的必然要求。

（二）经济体制转轨及进一步深化改革的必然要求

我国改革开放自1978年开始，迄今已四十余年，整体可视作由计划体制向市场体制的转轨过程。我国经济在这四十多年中所发生的翻天覆地的变化从实践角度无可辩驳地证明市场体制的优越性，也充分证明中国共产党和中国政府所做出的体制转轨决策之英明、伟大。实践是检验真理的唯一标准，理论上论证的市场有效最终得到了实践的检验和证明。但市场体制并非完美无缺，市场有效一般认为主要体现在私人经济部门，在私人产品的生产提供和私人需要的满足方面市场的确具有比较优势。一旦涉及公共经济部门，涉及公共产品的生产提供、公共需要的满足和公共利益的实现，市场就表现出明显的比较劣势，甚至出现严重的市场失灵。这就需要构建、完善市场经济条件下的现代财政制度予以弥补和纠正。发展市场经济，构建、完善市场体制，必须让市场在资源配置中发挥基础性、决定性作用。从这个角度讲，计划体制下的传统财政制度独木撑天，配置几乎全部资源，既生产提供公共产品，满足公共需要，又生产提供私人产品，满足私人需要的近乎全能的做法已没有存在的空间和余地。经济体制的转轨意味着财政制度也要随之变迁和调整。当前，“全面深化改革的总目标在于推进国家治理的现代化，实现国家治理现代化的基础和重要支柱是坚实而强大的国家财政，它的构筑要依托于科学的财税体制，科学的财税体制又要建立在现代财政制度的基础之上。于是，建立现代财政制度→科学的财税体制→国家治理的基础和重要支柱→国家治理体系和治理能力的现代化，便勾画出新一轮财税体制改革十分明确而清晰的‘路线图’”①。建立与国家治理体系和治理能力现代化相匹配的现代财政制度成为新一轮财税体制改革的基本目标。

（三）政府职能转变的必然要求

随着经济体制转轨，政府职能也要相应转变。传统体制下，政府职能范围以“大而宽”为特征，无处不在，无所不包。不仅管公共产品的生产提供和公共需要的满足，而且管私人产品的生产提供和私人需要的满足。每个企业生产什么、生产多少、如何生产，生产出来的产品如何销售都纳入政府计划管理轨道；每个家庭消费什么、消费多少、如何消费事实上也实行计划管理。政府体现为“全能”政府。同时，政府职能实现手段更多依靠行政手段，而不是法律、经济手段；政府职能实现不仅包括宏观间接管理，而且更加强调微观直接管理。政府更多地体现为“管制型政府”。总之，传统体制下的政府职能实现实质上是用政府去无限制替代市场，其在舍弃市场比较劣势、发挥政府比较优势的同时，也用政府的比较劣势替代了市场的比较优势，从而未能正确处理、协调政府与市场的关系。在市场体制下，政府原则上不涉足私人经济部门的资源

① 高培勇．论国家治理现代化框架下的财政基础理论建设[J]．中国社会科学，2014(12)．

配置，私人产品的生产提供，私人需要的满足基本依靠市场机制自发调节，政府主要在公共经济部门的资源配置领域发挥主导作用。政府更多地体现为“有限”政府。同时，政府职能实现手段更多依靠法律、经济手段而不是行政手段；政府职能实现重在强调宏观间接管理而不是微观直接控制。政府更多地体现为“服务型政府”。总之，市场体制下的政府职能实现实质是用政府的比较优势替代市场的比较劣势，但对于市场的比较优势，政府则给予足够的重视和尊重，尽可能防止以政府比较劣势替代市场比较优势的情况出现，强调通过政府与市场的相互协调、相互配合来完成社会总的资源配置任务。政府职能的转变要求政府应从“市场参与者”向“市场秩序维护者”转变，财政制度也要从传统财政制度转向现代财政制度以便与之相适应。

二、我国现阶段财政制度所具有的特殊性①

（一）由生产建设型财政制度转化过来的财政制度

西方国家现代财政制度的形成和发展是一自然历史过程。其从自给自足的自然经济条件下的传统财政制度自然而然演化到市场经济条件下的现代财政制度。西方国家财政制度的选择和构建遵循和体现了财政制度自身发展演变规律的要求。与西方国家相比，我国财政制度的选择和构建则呈现完全不同的特点。中华人民共和国成立初期，是比较典型的农业国，自给自足的自然经济占主导地位。与之相对应的财政制度基本体现为传统财政制度。按照经济组织形式发展演进的一般规律，我国应由自然经济逐渐发展演进到商品经济，进而发展演进到商品经济的高级阶段市场经济。但是，我国取得民主革命胜利后，第一代领导人受马克思、恩格斯等革命导师对未来理想社会理论描绘及苏联社会主义革命实践的影响，在很短的时间内对我国完成了社会主义改造，形成了“一大二公”的所有制结构，确立了公有制的绝对主导地位，在此基础上实行了计划经济和按劳分配。市场在资源配置中的地位和作用被彻底否定。我国的经济组织形式由自然经济跳跃到计划经济（产品经济）。与之相对应，财政制度也就由自给自足的自然经济条件下的传统财政制度跳跃到计划经济或产品经济条件下的生产建设型财政制度。该财政制度的基本特征是，政府财政既要配置资源生产提供公共产品，满足公共需要，还要配置资源生产提供私人产品，满足私人需要。政府投资建立大量的国有企业，分门别类地生产各种各样的私人产品，投资性支出占财政支出很高

---

① “任何社会制度一旦演化生成，在一定的存在阶段上都有其自我维系的变迁张力。这实际上将会导致即使在21世纪的人类理性社会中，任何国家也不可能完全打碎一个旧体制，理性地设计并构建一个全新的体制。”“我们必须在既存的体制安排中，通过渐进性的改革来逐渐催生出一个新体制。”（参见韦森．重读哈耶克《自序》[M]．北京：中信出版社，2014．）我国现代财政制度的构建、完善过程本质上也是一个传统财政制度的渐进式改革演化过程，为保证这一改革演化过程顺利进行，首先需要把握我国现阶段财政制度的基本特征。

比重。这也是这种财政制度被称为生产建设性财政制度的基本原因。应该说，在党和政府的领导下，我国对生产资料私有制的社会主义改造以及与之相适应的计划经济组织形式的选择及财政制度的变迁、调整从形式上看都是非常成功的，但是二十多年计划经济的实践最终证明，作为一种经济组织形式，计划经济所实现的资源配置效率水平与市场经济并不可同日而语。“一大二公”的所有制结构也不完全适应生产力发展水平的要求。因此，从1978年开始，我国开始进行改革开放，鼓励非公有制经济成分发展，逐步实现了所有制成分的多元化，经济体制由计划体制向市场体制转轨，与之相适应，我国的财政制度也逐渐由计划经济条件下的生产建设型财政制度转向市场经济条件下的现代财政制度。显然，与西方国家的财政制度相比，我国现代财政制度构建的一个最为典型的特征体现为：其并不是由自给自足的自然经济条件下的传统财政制度自然而然、水到渠成地发展演化过来，而是由计划经济条件下的生产建设性财政制度转轨而来（见图5-8、图5-9）。

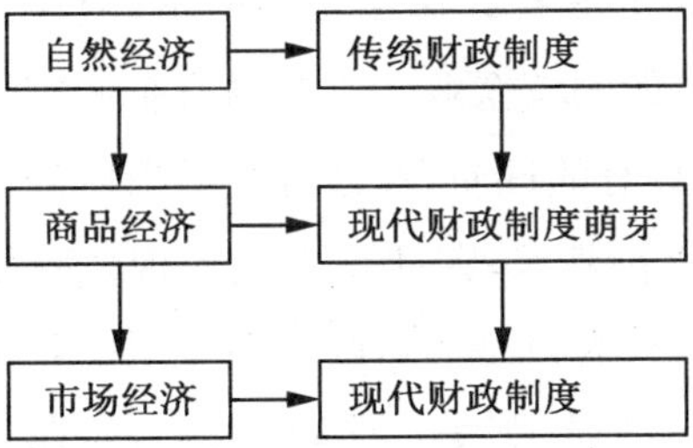

图5-8　西方国家财政制度的变迁

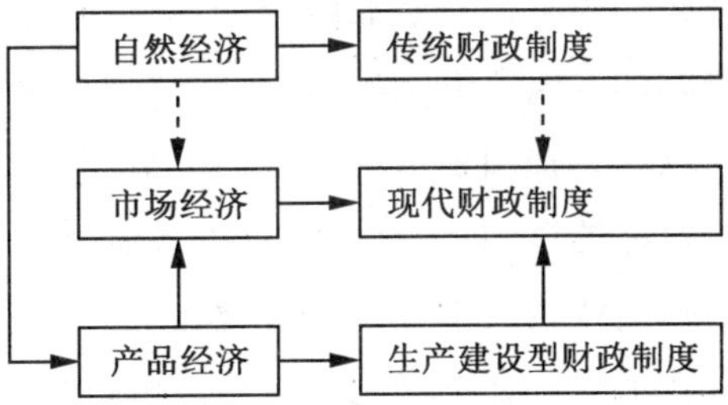

图5-9　我国财政制度的变迁

（二）公共财政与国有资本财政并存的二元财政制度

我国的财政制度由计划经济条件下的生产建设型财政制度转化而来，必然在相当长的历史时期残存生产建设型财政制度的痕迹，由此决定了在体制转轨时期，我国的财政制度必然带有鲜明的过渡性质。在计划经济条件下的生产建设型财政制度下，政府为满足私人需要，生产提供私人产品，投资建立了大量的国有企业，这些国有企业相当部分处于市场有效作用领域，生产提供私人产品，满足私人需要，追求利润最大化。由于国有企业所有者是国家，因此这些国有企业在市场有效作用领域所从事的生产经营活动，从本质上讲也是政府的经济活动。但是，这种政府的经济活动并不符合市场经济条件下现代财政制度处理市场与政府关系的基本要求，明显是政府的“越位”。从这个意义上讲，其难以纳入现代财政制度的框架体系。让这些规模庞大、数量众多、从业人数可观的国有企业从市场有效作用领域退出，涉及国有企业改革的深化，不是短时间可以一蹴而就的事情，但其的确从根本上讲又属于财政范畴。在这样的约束条件下，我国体制转轨阶段的财政制度就具有了二元属性，其存在的基本依据是：转轨时期的社会主义国家具有双重身份、拥有双重权力、要履行双重职能、要取得双重收入以及要实现双重目标。一方面,国家拥有社会管理者身份,作为社会管理者其拥有政治权力,要履行社会管理职能,可以强制、固定、无偿地获取税收收入,通过对税收收入的再分配,可以生产提供公共产品,满足公共需要,实现社会管理者职能,这种意义上的政府经济活动一般称之为公共财政。另一方面,体制转轨阶段的国家拥有生产经营性资产所有者身份,作为生产经营性资产的所有者其拥有财产权利,要履行资产所有者职能,可以凭借财产权获取利润上缴收入,通过对利润上缴收入的再分配,可以实现国有资产的保值、增值目标,实现资产所有者职能。这种意义上的政府经济活动一般称为国有资本财政(见图5-10)。在二元财政体系中,与公共财政相对应的制度安排即公共财政制度符合现代财政制度的规定和要求,其实质就是现代财政制度。而与国有资本财政相对应的制度安排即国有资本财政制度实际是传统体制下生产建设型财政制度在体制转轨阶段的延续,其与现代财政制度的规定和要求格格不入,带有明显的过渡性质。随着国有企业改革的深化,政府会逐步从市场有效作用领域退出,但在市场失效或部分失效的领域,政府仍然会拥有一定数量的国有企业。这些国有企业实际就成为政府弥补纠正市场失效的工具和手段。其所具有的性质、在经济生活中所处地位及所发挥的作用,会符合现代财政制度的基本规定和要求,因此可以纳入现代财政制度的框架体系之中。从这个意义上讲,二元财政是较为典型的财政过渡类型。其中的国有资本财政处于动态的改革调整过程中。随着国有企业改革的深入,国有企业从市场有效作用领域逐步退出,国有资本的公共属性会日益明显,会越来越服务于公共产品的提供和公共需要的满足,越来越追求公共利益而不是单纯追求利润最大化。如此一来,国有资本财政制度就被公共财政制度所同化,我国的财政制度也就由所谓的二元财政转向一元财政。[①]

(三)宏观调控功能更强的财政制度

与西方国家的财政制度相比,我国的财政制度具有更为强大的宏观调控功能。这既是必要的,又是可能的,因而是必然的。其必要性体现在:一方面,我国所处的体制转轨阶段决定了我国目前的市场体制相对西方国家肯定不够健全和完善,因此在西方国家能够通过市场体制来优化解决的问题,在我国目前阶段就可能解决不了或解决不

---

① 叶振鹏、张馨教授对我国二元结构财政进行了深入系统的研究,阐明了我国建立双元财政的客观必要性和必然性,并对双元财政的两个基本组成部分公共财政和国有资产财政的性质和内容进行了详细阐释,但他们认为"双元财政是我国社会主义市场经济条件下特有的财政模式,双元结构财政理论是一种建立在社会主义市场经济理论基础上的财政理论体系"(参见叶振鹏,张馨.双元结构财政——中国财政模式研究[M].北京:经济科学出版社,1999.)。这忽视了双元财政,即本书所说的二元财政本身所具有的过渡性特征。传统计划体制下是生产建设性财政制度,规范、健全的市场体制下的财政制度是公共财政制度。在由传统计划体制向市场体制转轨阶段,财政制度才具有二元特征。一旦体制转轨完成,我国的财政制度就应该是一元而不是二元的。

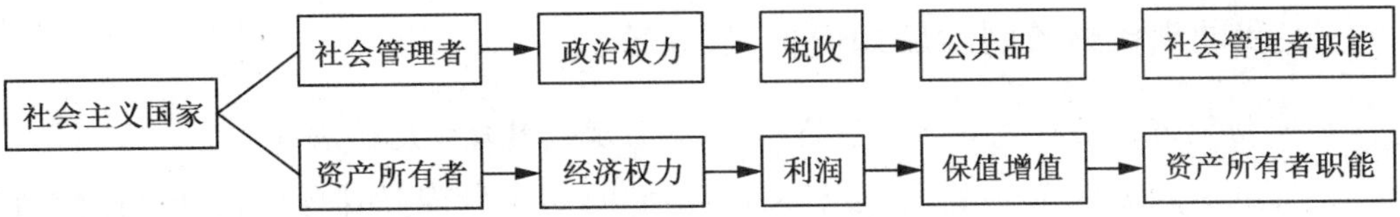

图 5-10　我国的二元财政体系

好,因而需要强化政府的宏观调控功能;另一方面,我国所处的体制转轨阶段决定了我国政府与市场的关系难以彻底理顺,政府在职能实现方面存在“越位”和“缺位”问题难以完全避免,因此在西方国家能够通过规范合理的政府职能实现来优化解决的问题,在我国目前阶段也可能解决不了或解决不好,因而也需要强化政府的宏观调控功能。其可能性体现在两个方面。一方面,我国可以继承传统体制下在全社会范围内配置资源的有益经验。在市场体制下,政府财政主要在公共经济部门配置资源,解决公共产品的生产提供和公共需要的满足问题;在传统计划体制下,政府既要配置资源,生产提供公共产品,还要配置资源,生产提供私人产品,实际是在全社会范围内配置近乎全部社会资源。其首先需要考虑多少资源应用于生产提供公共产品,多少资源应用于生产提供私人产品,解决资源宏观配置比例的优化问题;进而需要考虑用于生产提供私人产品的资源如何在农业、轻工业、重工业和第三产业之间合理分配的问题;需要考虑用于生产提供公共产品的资源如何在行政、立法、司法机构、党派、社会团体以及科学、教育、体育、文化、卫生等事业单位之间合理分配的问题。因此,在传统体制下实现在全社会范围内优化资源配置的工作量和工作难度远大于在市场体制下主要优化公共经济部门资源配置的工作量和工作难度,由此使政府积累了丰富的优化资源配置的经验。虽然不少经验在市场体制下已经失效,但仍有不少能反映资源配置共性规律要求的经验可以为市场体制下政府的宏观调控提供借鉴。另一方面,我国可以吸取、借鉴西方市场国家政府宏观调控的经验教训,这有助于强化我国政府财政的宏观调控功能。毕竟西方市场经济的发展已经历了几百年的时间,而我国向市场体制转轨迄今也不过四十余年,所以我国具有后发优势是不言而喻的。我们可以吸取借鉴西方国家的经验教训,前车之覆后车之鉴,西方国家所付出的很多探索的代价,我们可以避免。这为强化我国政府的宏观调控功能提供了可能。例如,在 20 世纪 20 年代末,美国在已经出现需求不足、经济衰退征兆的情况下,仍然推行从紧的财政、货币政策,由此导致大危机的出现,教训相当深刻。我国吸取这一教训就可以有效避免犯同样的错误,所以 1997 年亚洲金融危机和 2008 年国际金融危机出现时,我国及时推行了积极财政政策,有效拉动需求,推动经济增长,成功避免了经济的“硬着陆”。

三、我国现代财政制度应如何构建、完善

(一)协调好市场与政府的关系是构建、完善现代财政制度的基础

纵观西方国家现代财政制度变迁发展的历史,不难发现:如何协调市场与政府的关系一直是贯穿其整个历史发展过程的重要线索。中共十八届三中全会通过的《中共中央关于经济体制改革的决定》明确指出,理顺市场与政府的关系仍然是当前面临的重要改革任务①。吸取、借鉴西方国家的经验教训,不难理出协调处理二者关系的基本思路:发挥市场与政府的比较优势,通过二者协调配合来完成社会总的资源配置任务。市场的比较优势是配置资源生产提供私人产品,满足私人需要,实现私人利益;政府的比较优势是配置资源生产提供公共产品,满足公共需要,实现公共利益。

按照这种理解,如果满足人们生活需要的产品可以泾渭分明地划分为私人产品和公共产品两大类,则市场与政府关系的协调、处理就变得非常简单。但事实并非如此,在现实经济生活中,大部分产品实际是兼具私人产品和公共产品双重属性的混合产品。对于混合产品的生产提供到底应由政府配置资源生产提供,还是应由市场配置资源生产提供,必须具体问题具体分析。不仅横向上不同的混合产品到底更多地具有公共产品属性还是更多地具有私人产品属性没有确定的答案,而且纵向上同一产品的性质在不同发展阶段也会呈现不同的特点。这都对理顺市场与政府的关系造成技术障碍。另外,对于体制转轨国家而言,协调处理市场与政府的关系还受历史因素制约。因为在传统体制下,政府的职能范围是无处不在、无所不包的,政府体现为无限政府,其职能实现手段更多依靠行政手段,职能实现方式更多依靠直接操纵而非间接调节,职能实现内容更多参与微观经济管理而非宏观调控,短时间内实现彻底转变是难以做

---

① 改革开放四十多年来,对市场与政府关系的认识和理解,决策层经历了一个逐步深入的过程。1978 年党的十一届三中全会提出:"应该坚决实行按经济规律办事,重视价值规律的作用。"1982 年 9 月,党的十二大明确提出:"正确贯彻计划经济为主、市场调节为辅的原则,是经济体制改革中的一个根本性问题。"1984 年 10 月,党的十二届三中全会通过《中共中央关于经济体制改革的决定》,明确指出:"实行计划经济同运用价值规律、发展商品经济,不是互相排斥的,而是统一的。"1987 年 10 月,党的十三大进一步指出:"社会主义有计划商品经济的体制,应该是计划与市场内在统一的体制。"1992 年 10 月,党的十四大提出建立社会主义市场经济体制,"要使市场在社会主义国家宏观调控下对资源配置起基础性作用。"1997 年 9 月,党的十五大提出"坚持和完善社会主义市场经济体制,使市场在国家宏观调控下对资源配置起基础性作用。"2002 年 11 月,党的十六大进一步指出:"健全现代市场体系,加强和完善宏观调控。在更大程度上发挥市场在资源配置中的基础性作用,健全统一、开放、竞争、有序的现代市场体系。"2007 年 10 月,党的十七大提出:"要深化对社会主义市场经济规律的认识,从制度上更好发挥市场在资源配置中的基础性作用,形成有利于科学发展的宏观调控体系。"2012 年 11 月,党的十八大明确指出:"经济体制改革的核心问题是处理好政府和市场的关系,必须更加尊重市场规律,更好发挥政府作用","更大程度更广范围发挥市场在资源配置中的基础性作用。"2013 年 11 月,党的十八届三中全会进一步提出:"经济体制改革是全面深化改革的重点,核心问题是处理好政府和市场的关系,使市场在资源配置中起决定作用和更好发挥政府作用。"(参见刘尚希,傅志华等. 中国改革开放的财政逻辑(1978—2018)[M]. 北京:人民出版社,2018:81—84.)

到的。并且,随着体制转轨和价值观念的变化,政府的部门、单位打着公共利益的旗号对部门、单位及个人私利的追逐也会对市场与政府关系的处理、协调造成负面影响。协调市场与政府的关系,重点要解决政府的“越位”问题,即市场管得了、管得好的事情政府仍然去管。这包括两个方面:一是严格意义上的政府“越位”,即在市场完全有效作用领域政府进行干预。由于这类政府“越位”导致的效率损失很大,也比较容易发现和引起重视,通常会作为改革的重点和突破口首先予以解决,所以一般不会成为突出问题。例如,政府在市场有效作用领域投资建立国有企业,生产私人产品,追求利润最大化。这被称为政府既当“裁判员”又当“运动员”,公平竞争的秩序难以维持。经过多年改革,此类问题已不多见。二是非严格意义上的政府“越位”,即政府的确是在市场失效或部分失效领域进行干预,但其干预过头,这通常在市场失灵被人为夸大的情况下出现,从而导致了事实上的不必要的政府干预(见图 5 - 11)。例如,垄断作为市场竞争的结果通常认为是市场失灵的表现从而需要政府干预。但多数情况下,垄断者对垄断利润的追逐会被市场控制在一定限度之内,过高的垄断利润会吸引潜在的竞争者进入,为实现自身利益最大化,垄断者也需要把自身对垄断利润的追逐控制在一定限度之内。再如,外部效应通常认为会导致资源配置效率低下,若存在负的外部效应,资源配置量会过多,边际社会成本会大于边际社会收益;存在正的外部效应,资源配置量会偏少,边际社会收益会大于边际社会成本,这都会导致效率损失。但这明显是短期效应,长期来看,如果资源配置量过多导致供给增加,在需求一定的条件下,价格会下跌,这就会减少资源配置量;如果资源配置量偏少导致供给减少,在需求一定的条件下,价格会上涨,这就会增加资源配置量,从而可以把效率损失控制在一定限度之内。还有所谓的收入分配差距拉大也被看作市场失灵的重要表现。固然,依照要素分配原则在市场机制自发作用下所形成的收入分配格局会导致收入差距拉大,但这种收入分配差距会刺激稀缺的、高质量的生产要素供给量增加。随着这些要素供给量的增加,其边际贡献率下降,收入分配自然会朝着相对均等化方向发展。至于信息不充分、不对称问题作为市场失效的表现,往往也可以被市场控制在一定限度之内。例如,生产者信息不充分会导致决策失误,产量会过多或过少,但政府干预所导致的决策失误较之市场失效往往有过之而无不及;信息不对称会导致道德风险和逆向选择,但市场也可以将其控制在一定限度之内,如企业利用信息优势侵犯消费者利益,但其可以骗消费者一时,难以骗消费者一世。长期看,没有企业可以依靠坑蒙拐骗做强做大。宏观经济的运行会出现波动,表现为经济繁荣和经济衰退交替,而政府的干预、调节有时不仅没有熨平经济波动还加大了经济波动的幅度。因此,市场失效需要政府干预,但政府干预也需要量力而行、适可而止。政府干预也是需要付出成本的,而且边际成本递增、边际收益递减,在边际成本等于边际收益时,政府干预达到最佳(见图 5 - 12)。超出了这个最佳干预度，过分的政府干预就成为政府"越位"的表现，尽管这种"越位"和第一种意义上严格的政府"越位"并不相同，但其导致的危害不可忽视。

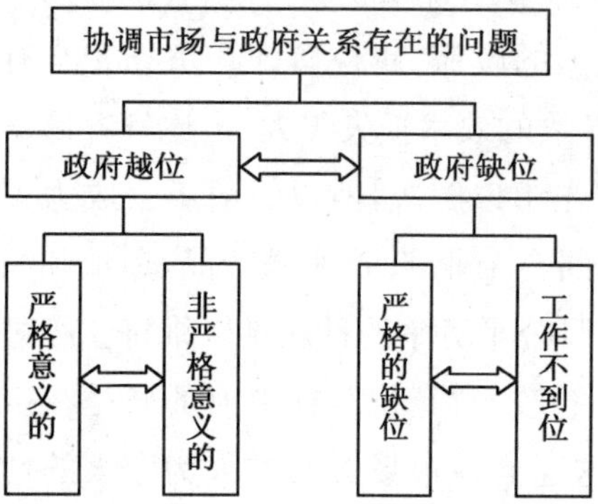

图 5－11　政府的越位和缺位

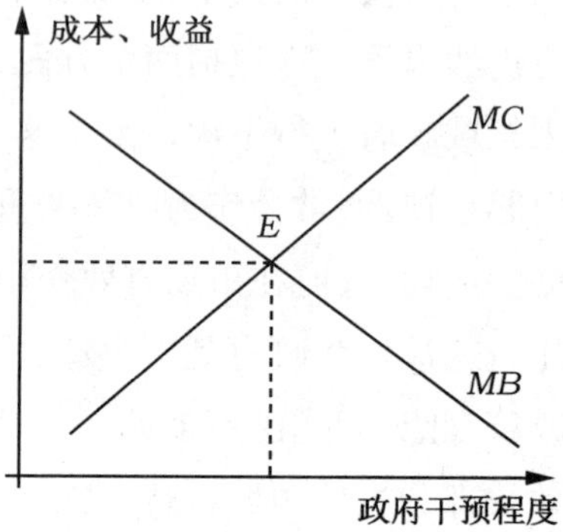

图 5－12　政府最佳干预程度

协调市场与政府的关系还要解决政府的"缺位"问题，即市场管不了或管不好的问题政府却没有管。这也包括两个方面：一是严格意义上的政府"缺位"，即市场完全失灵的严格意义上的公共产品，政府没有提供，从而导致公共需要难以满足，公共利益难以实现的现象。一般来说，这种意义上的政府"缺位"通常会导致民众不满从而使政府承受较大压力，因此一般会引起政府足够重视而予以纠正。但是若涉及社会成员人数较少，就难以形成舆论压力，这种政府"缺位"可能就会长期存在。例如，政府应维持正常的市场秩序，打击坑蒙拐骗，但是直到目前市场上的坑蒙拐骗现象仍层出不穷，主要原因在于，对任何一种假冒伪劣产品而言，遭受利益损失的消费者人数只占社会成员总数的极小部分。虽然这极小部分的消费者会因遭受利益损失而强烈不满，但绝大多数社会成员并没遭受直接利益损失，因而在"事不关己、高高挂起"意识支配下，会对这种公共产品的提供采取"免费搭车"态度，政府并不会因该公共产品供给的缺位而承受较大压力，所以这种意义上的政府失灵会长期存在。但涉及广大社会成员切身利益的公共产品供给的政府"缺位"，通常会激起民愤而迫使政府必须给予足够重视从而有助于在短时间得到解决和纠正，如义务教育、社会保障等方面存在的政府"缺位"问题的解决就比较典型。二是非严格意义上的政府"缺位"，这种"缺位"不是完全的"缺位"，而是部分"缺位"，实质是政府工作的"不到位"（见图 5－11）。这通常是现实中政府"缺位"的主要表现形式。例如，结合我国具体国情分析，至少体现在以下七个方面：一是在公平与效率关系的处理方面，过于强调效率原则，而对公平重视程度不够，缺少公平收入分配的有效手段，基尼系数连续多年居高不下；二是国家注重缩小东中西部地区发展差距，实施了西部大开发战略，但是对东中西部地区内部的地区差距却没有给予足够重视，另外，多年来虽然一直强调缩小东西经济发展差距，但对南北经济发展差距重视程度明显不够；三是强调大力发展第三产业、高新技术产业，但是对农业的基础地位重视程度不够，"三农"问题一直没能有效解决；四是重视、强调国有经济的战略地位并给予政策扶持，但对民营经济支持力度不够，中小企业融资难的问题近年来非常突出；五是一直强调财政对经济总量的调控，大力推行积极财政政策，但未能充分发挥财政的结构调控功能，长期以来重视总量调节而忽视结构的优化调整；六是在优化资源配置方面重视强调优化中观层次和微观层次的资源配置，对真正意义上的宏观层次的资源配置未给予足够重视，财政收入增长率和宏观税负优化问题一直没有有效解决；七是在金融领域，虽然强化了对银行业的监管，但对保险业及政府通过成立融资平台间接融资举债未给予足够到位的监管。

（二）深化国有企业改革是构建完善现代财政制度的必由之路

规范的市场经济条件下的财政制度是现代财政制度，其是一元财政制度而不是二元财政制度。经过四十余年的改革开放，我国目前的财政制度与传统计划经济条件下的生产建设性财政制度相比已发生了质的改变，但仍然残留着生产建设性财政制度的痕迹，集中表现为我国目前的财政制度具有典型的二元特征，即公共财政制度与国有资本财政制度并存。其中，公共财政制度是符合、体现现代财政制度的基本特征和要求的，而国有资本财政制度则无法纳入现代财政制度的框架体系。如何通过改革明确国有资本的公共属性，实现二元财政制度向一元财政制度的转变①，是构建完善现代财政制度所必须完成的战略任务，而深化国有企业改革则是必由之路。

自 20 世纪 80 年代开始，政府就开始按照所有权与经营权分离的思路推行国有企业改革，但这一改革思路并没有找到国有企业活力不足的症结。因为很多非国有企业所有权与经营权不分而富有活力，本身就说明所有权与经营权不分并不是国有企业活力不足的真正原因。现实中很多企业之所以所有权与经营权分离主要是要解决两个方面的问题：一是在短时间实现企业规模的扩张，这如果要依靠企业自身的积累，短时间内难以实现，可能在企业规模扩张之前，其已经在激烈的市场竞争中破产倒闭，而通过众多的所有者联合把企业规模做大，则目标可以在短时间内实现，但由此必然带来所有权与经营权分离的结果；二是发挥企业家的比较优势，企业家作为代理人掌握企业经营权，如果带来的利润增加大于支付给企业家的报酬及委托代理成本，则作为企业所有者实现所有权与经营权分离显然是理性选择。但这两个问题都不是国有企业要解决的主要问题。80 年代为搞活国有企业一度推行承包经营责任制，试图把农村、农业改革的成功经验移植到城市、工业，但二者性质的差别决定了这种移植并不成功。至于后来推行的建立现代企业制度的改革，本质上是把私有产权条件下行之有效的企

① 李森．从二元财政到一元财政——国有资本财政向公共财政的转变[J]．经济经纬，2003(6)．

业制度移植到公有产权，但公有产权自身的性质决定了私有产权条件下行之有效的制度安排在公有产权条件下并不一定有效。经过多年的探索，通过不断总结经验、教训，目前占主导地位的深化国有企业改革的思路认为：应发挥公有产权的比较优势。公有产权自身的性质决定其相对私有产权在满足公共需要，生产提供公共产品，实现公共利益方面具有比较优势。深化国有企业改革应发挥其比较优势，于是“抓大放小”的战略得以实施，国有企业从市场有效作用领域逐步退出，国有资本的公共属性日趋明显。国有资本财政制度日益为公共财政制度所同化。二元财政逐渐向一元财政转变。这个过程是我国国有企业改革逐步深化的过程，是财政制度结构不断调整、优化的过程，同时也是我国现代财政制度的构建、完善过程。

（三）健全财政机制是构建、完善现代财政制度的重点

现代财政制度下的财政机制与传统财政制度下的财政机制有着本质区别。构建、完善现代财政制度需要实现财政运行机制的转变。所谓机制，一般应视作动态的结构，需要把财政视作统一的整体，然后考察其各个组成部分如何相互影响、相互制约来保证财政职能得以顺利实现。所以转变财政机制主要是对作为财政机体的各个组成部分及其相互关系予以优化、调整。例如，从纵向可以把财政整体划分为中央财政和地方财政两大组成部分。转变财政机制，就是要调整、优化中央财政与地方财政之间的关系，由传统财政制度下的“自上而下”分权的思路转向“自下而上”授权的思路，实质是通过财政体制构建思路的转变来优化纵向的财政机制；从横向可以把财政整体划分为收入和支出两大部分，转变财政机制，就是在优化收入要素和支出要素的基础上，调整优化财政收支关系。传统财政制度下，应强调收入在收支关系处理中的主导地位，强调“量入为出”；现代财政制度下，强调支出在收支关系处理中的主导地位，强调“量出为入”。总之，财政机制的转变需要按照众多的标准对财政机体的构成要素进行分类，构建、完善财政机制虽然一般不大涉及财政机体的构成要素的增减调整，但是各构成要素的地位及相互关系往往会发生根本性变化。例如，作为收入要素，传统财政制度下利润上缴收入占据重要地位，现代财政制度下税收收入则占据重要地位，随着财政制度的转变，国家也需要实现由“利润国家”向“税收国家”转变；再如支出要素，传统财政制度下生产经营性投资占据重要地位，需要投资建立大量国有企业来分门别类地生产提供各类私人产品、满足私人需要，从而保证传统财政制度下财政职能的顺利实现：既要配置资源，提供公共产品，满足公共需要，还要配置资源，提供私人产品，满足私人需要。而在现代财政制度下，生产经营性投资已不占重要地位，作为消费性支出的公用经费、人员经费支出占比大幅度提高。传统财政制度下有压消费性支出的倾向，认为消费性支出不创造价值，应增加创造价值的生产经营性支出；现代财政制度下认为消费性支出用于提供公共产品和服务，也在创造价值。财政安排的消费性支出和

投资性支出一样，都可以通过财政支出乘数扩张需求，推动经济增长。因此，并不能一味压缩消费性支出。

（四）积极构建民主财政、法制财政，强化财政监督是构建、完善现代财政制度的必要保证

现代财政制度下的财政是市场财政、有限财政、法制财政、公平财政、效率财政、民主财政、透明财政、分权财政、非平衡财政、开放财政。在这十大特征中，对现代财政制度的构建、完善起基本制约作用的是民主和法制。只要财政制度实现了民主和法制，即便其他方面的特征不具备或者体现得不够充分和明显，也会因具备基础条件而使其他问题的解决指日可待。因为现代财政制度其他方面的特征或者称为属性无一例外都是追求公共利益最大化的，因而符合广大民众的愿望和要求。如果民主财政得以实现，民众可以在财政运作过程中发挥主导、决定作用。民众作为理性的经济人，会要求作为代理人的政府对财政制度进行相应调整，从而使其他方面的特征体现出来。而法制财政的构建则可以明确民众作为委托人的权利、明确政府作为代理人的义务，从而使得现代财政制度的构建、完善举措只要有利于实现民众公共利益最大化就能够被付诸实施。强化财政监督则可以使这一进程能够更加顺畅进行。

本章小结

● 按照经济发展阶段划分，自然经济条件下的财政制度是传统财政制度，市场经济条件下的公共财政制度和计划经济条件下的生产建设型财政制度都是现代财政制度（广义的）。按照经济体制划分，传统计划体制下的生产建设型财政制度是传统财政制度，市场经济体制下的公共财政制度是现代财政制度（狭义的）。

● 市场体制下的现代财政制度与计划体制下的生产建设型财政制度相比具有十大特征：市场财政、有限财政、法制财政、公平财政、效率财政、民主财政、透明财政、分权财政、非平衡财政和开放财政。两种财政制度下财政与社会再生产各环节即生产、分配、交换、消费的关系有着明显区别。

● 我国构建、完善现代财政制度是财政制度自身发展演变的要求，是经济体制转轨的必然要求，是实现政府职能转变的必然要求。我国现阶段的财政制度与西方国家相比具有三大特征：一是由生产建设型财政制度转化过来的财政制度；二是与国有资本财政并存的财政制度；三是更加强调财政宏观调控功能的财政制度。构建、完善我国的现代财政制度需要正确处理市场与政府的关系，这是基础和前提；需要深化国有企业改革，明确国有资本的公共属性，这是必由之路；需要健全财政机制，这是重点；需要构建民主财政、法制财政，这是必要保证。

基本概念

传统财政制度　现代财政制度　生产建设型财政制度　公共财政制度　市场财政　有限财政

法制财政　公平财政　效率财政　民主财政　透明财政　分权财政　非平衡财政　开放财政

思考题

1. 如何理解现代财政制度的含义？
2. 现代财政制度有哪些特征？
3. 现代财政制度和传统财政制度与社会再生产各环节关系有何不同？
4. 我国为何要构建、完善现代财政制度？
5. 我国现阶段财政制度有什么特征？
6. 构建、完善我国现代财政制度应采取什么思路？

材料分析

1. 双元结构财政的有关论述

在社会主义制度基础上由计划经济向市场经济转变，是一项适应社会化大生产发展趋势的伟大事业，它将产生和造就出崭新的社会主义经济模式。事物在发展中是可分的。以国家为主体的政府分配行为，在这一深刻的变化中，随着政府作为政权组织和生产资料所有者双重身份的分开(政资分离)和政府职能的转变，而在其内涵上将产生新的变化。它使得作为统一的国家财政内部，逐步区分为二类既是相对独立又有内在联系的财政行为，即为满足国家行使政权组织职能需要的财政分配行为和行使生产资料所有者职能的财政分配行为。我们将这种内含两类财政分配行为的财政模式称为双元结构财政，它是与社会主义市场经济相适应的新的财政模式。所谓“双元财政”是指社会主义市场经济体制下的财政统一体，它由相对独立的公共财政与国有资产财政构成。

(资料来源：叶振鹏，张馨．双元结构财政——中国财政模式研究[M]．北京：经济科学出版社，1999：1.)

根据上述材料，谈谈你对双元财政与构建现代财政制度关系的理解。

2. 传统财政理论对财政与社会再生产各环节关系的论述

社会主义国家通过财政分配活动，直接参与相当部分的国民收入分配，正确安排国民收入分配中的积累与消费及其内部的各种比例关系，影响和制约信贷分配、价格分配、工资分配、企业财务分配、劳务分配等一系列分配杠杆的活动；财政影响制约生产，国家财政资金积累的规模制约着扩大再生产的规模和发展速度，财政分配结构制约着生产结构；财政分配是为商品交换提供货币购买力的重要资金来源，合理地组织财政分配，是商品交换顺利实现的基本条件；财政分配直接或间接地制约着国民收入分配中消费基金的形成、分配、使用，满足人民消费的需要是社会主义生产的目的，同样也是财政分配的目的。

(资料来源：编写组．社会主义财政学[M]．北京：中国财政经济出版社，1987：77—111.)

结合上述材料，分析现代财政制度下财政与社会再生产各环节的关系应如何处理。

本章阅读文献

1. 叶振鹏,张馨．双元结构财政——中国财政模式研究[M]. 北京:经济科学出版社,1999.

2. 张馨．公共财政论纲[M]. 北京:经济科学出版社,1999.

3. 杨志勇．现代财政制度探索(国家治理视角下的中国财税改革)[M]. 广州:广东经济出版社,2015.

4. 高培勇．论国家治理现代化框架下的财政基础理论建设[J]. 中国社会科学,2014(12).

5. 高培勇．新时代中国财税体制改革的理论逻辑[J]. 财政研究,2018(11).

6. 李森,赵子坤．二元财政论的缺陷与国有资本财政转化趋势[J]. 现代财经,2004(10).

第六章　公共产品与私人产品的比较

公共产品概念是财政学理论大厦的基石。其在财政学理论体系中的地位类似物质概念在哲学理论体系中的地位。[①] 对公共产品与私人产品进行比较，在把握二者不同点的同时理解二者的共同点，这对夯实财政学作为经济学分支的地位、采用一般经济学方法和分析范式研究财政问题、加深对宏观资源配置的理解都具有重要意义。

重点问题

- 公共产品与私人产品的不同点
- 公共产品与私人产品的共同点
- 比较公共产品与私人产品的意义

第一节　公共产品与私人产品的不同点

一、概念不同

公共产品是指通常通过政府财政机制向社会提供，满足作为群体的社会成员公共需要的产品。公共产品与公共需要的满足和公共利益的实现有内在的、本质的、必然的联系。作为群体的社会成员要满足公共需要、实现公共利益，就必须解决公共产品的生产、提供问题。

私人产品是指通常通过市场机制向社会提供，满足作为个体的社会成员私人需要

① 一般认为，哲学的研究对象是整个世界，其研究对象之宽泛应该说超过任何一个其他学科。这意味着哲学的核心基础概念内涵必须极为贫乏，由此外延才能足够宽广，以致可以把整个世界纳入研究的范围。物质的概念恰好符合这一要求。这是哲学理论体系的构建一般从界定物质概念入手的基本原因。对财政学理论体系的构建而言，也需要找到一个核心基础概念，其外延可以涵盖所有的财政现象，这个概念就是公共产品。所有的财政现象归根结底都可以说是公共产品现象。

的产品。私人产品与私人需要的满足和私人利益的实现有内在的、本质的、必然的联系。作为个体的社会成员要满足私人需要(个体需要)就必须解决私人产品的生产、提供问题。

二、性质不同

严格意义上的公共产品具有不可分割性、非竞争性和非排他性。所谓不可分割性是指公共产品通常笼统地作为整体向社会提供,没有计量单位。所谓非竞争性是指公共产品在消费时,一个人消费并不影响其他人消费,既不影响消费的数量,也不影响消费的质量。所谓非排他性是指难以将不符合条件的人排除在消费范围之外,或者虽然可以排他但排他成本过高以致经济上不可行。

严格意义上的私人产品具有与公共产品相反的三大属性,即可分割性、竞争性和排他性(见图 6-1)。所谓可分割性是指私人产品通常都有计量单位,并不是笼统地作为整体向社会提供。所谓竞争性是指私人产品在消费时,一个人消费会影响其他人消费,这分为两种情况:一是一个人消费了,其他人就不能消费;二是一个人消费了,其他人也可以消费,但是消费的质量会受到影响。所谓的排他性是指可以很容易地将不符合条件的人排除在消费范围之外,排他成本较低。

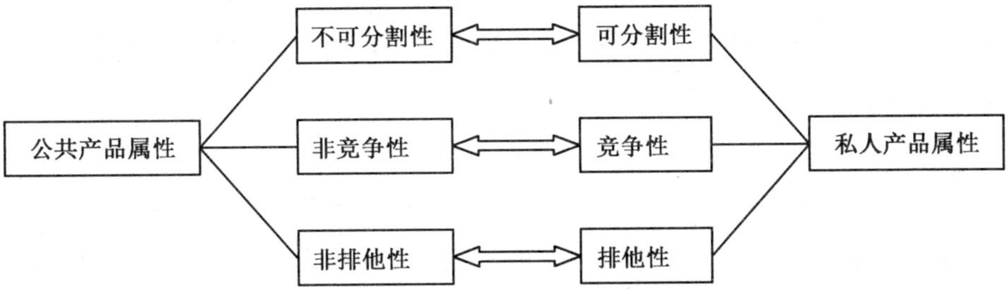

图 6-1 公共产品与私人产品性质的比较

三、作用不同

公共产品可以满足公共需要,是满足公共需要的物质手段。通常,在特定社会的特定发展阶段,要满足公共需要,客观上需要借助一定的制度安排配置资源,生产提供公共产品。

私人产品满足私人需要,是满足私人需要的物质手段。通常,在特定社会的特定发展阶段,要满足私人需要,客观上需要借助一定的制度安排配置资源,生产提供私人产品。

四、提供机制不同

公共产品通常通过政府财政机制向社会提供。这是由公共产品自身性质所决定的。对公共产品来说,不可分割性意味着其没有计量单位、无法定价,同时公共产品所具有的非排他性意味着即便其可以定价,定价也没有实际意义,因为无法将不符合条件者排除在消费范围之外。因此,对公共产品来说,没人愿意生产、提供,从而没有公共产品供给。另外,公共产品所具有的非竞争性意味着一个人即便不付费购买也不影响其消费,既不影响消费的数量,也不影响消费的质量,那么作为理性的经济人就不会愿意出价购买公共产品而希望“免费搭车”。因此,对公共产品来说,没人愿意购买,从而没有公共产品需求。既然没有供求双方,自然也就没有由供求双方两种相反力量共同作用所形成的价格。这是市场难以配置资源、生产提供公共产品的根本原因。显然,理性的经济人为了实现自身利益最大化而做出的选择最终无法实现公共利益,这就是由所谓“囚犯困境”导致的“公共的悲剧”。既然通过市场机制难以解决公共产品的资源配置问题,而要满足公共需要公共产品又不可或缺,这就在客观上需要有一种特殊的手段、途径和方式来解决公共产品的生产提供问题。这种手段、途径和方式就是政府财政机制,其可以解决通过市场渠道所无法解决的公共产品生产成本的补偿问题。其一方面可以强制、固定、无偿地以税收形式筹集收入,另一方面可通过安排预算支出向政府公共经济部门提供资金,由它们具体完成向社会提供公共产品的任务。

与之形成鲜明对比的是,私人产品通常通过市场机制向社会提供。这是由私人产品自身性质所决定的。对私人产品来说,可分割性表明其有计量单位,意味着其可以定价;排他性意味着定价有实际意义,可以将拒绝付款者排除在消费范围之外;竞争性意味着任何人寄希望于“免费搭车”来满足自己的私人需要都是不可能的。因此,对私人产品来说,有人愿意生产提供,因为其可以定价,如果价格高于成本,就有赚取利润的机会;有人愿意出价购买,因为其无法通过“免费搭车”来满足私人需要,于是就形成了供求双方以及由供求所决定的价格。无论买者还是卖者,都是价格的接受者,作为买者根据自己的边际效用确定购买量,使价格等于边际效用;作为卖者根据自己的边际成本确定产量,使价格等于边际成本,这就可以在供求均衡时做到边际成本等于边际效用,实现资源配置净收益达到最大值。

五、化解生产的内在矛盾的途径不同

满足私人需要的私人产品在市场经济条件下一般通过交换的方式提供,其实质是商品。按照马克思的劳动价值论,其是使用价值与价值的统一。在市场经济条件下,私人产品的生产提供、私人需要的满足是借助商品生产、商品交换的形式来实现的。私人产品生产的目的在以发达社会分工为基础的商品生产条件下，不是为了满足自己的私人需要，而是为了交换，为了获取价值，而要获取价值，首先必须生产出使用价值。生产使用价值的劳动是具体劳动，同时也是私人劳动，私人劳动是否能得到社会的承认转化为社会劳动关键取决于生产的使用价值能否成功交换出去。一旦交换成功，使用价值就转化为价值，具体劳动就转化为抽象劳动，私人劳动也就转化为社会劳动。私人产品生产所包含的内在矛盾就得以化解。私人产品生产的目的就可以实现。因此，对于私人产品的生产而言，首先的任务是生产出使用价值，使用价值的生产是获取价值的手段。对于私人需要的满足而言，实现了使用价值向价值的转化只是掌握了满足私人需要的手段，而要真正满足私人需要，还需通过交换实现价值向使用价值的转化，即通过使用交换私人产品获取的收入去购买满足私人需要的产品，把价值所体现的抽象劳动再转化为具体劳动，社会劳动再转化为私人劳动，价值再转化为使用价值。总之，私人产品生产所包含的内在矛盾的化解途径首先需要完成第一个环节的交换，实现使用价值向价值、具体劳动向抽象劳动、私人劳动向社会劳动的转化，然后再完成第二个环节的交换，实现和第一个环节相反的转化过程(见图 6－2)，由此才能最终实现私人需要的满足。“可见，商品在能够作为使用价值实现以前，必须先作为价值来实现。”①

满足公共需要的公共产品在市场经济条件下本质上也是通过“交换”向社会提供的，即私人部门为了满足公共需要向政府缴税，而公共部门则向私人部门提供公共产品和服务。税收就成为私人为了消费公共产品而向政府支付的特殊价格。参照马克思的劳动价值论，公共产品实际是公共商品，其也可以视作使用价值和价值的统一，其生产过程也包含与私人产品类似的内在矛盾，不过其化解途径具有特殊性。对公共产品而言，首要环节不是生产出使用价值，把使用价值生产作为获取价值的手段，而是直接借助政府政治权力收税，把私人凭借经济权力所占有的价值的一部分集中到自己手中，对政府来说，对价值的占有成为获取使用价值的手段。这体现为财政收入的筹集过程，实际是公共产品生产提供的准备环节。公共产品生产提供的实现环节体现为财政支出的安排，这个过程要通过财政安排投资性支出、消费性支出来实现价值向使用价值的转化。价值形态的财政收入要转化为使用价值形态的有形或无形的公共产品和服务。因此，对于公共产品的生产提供而言，首先的任务是占有价值，价值的占有是生产提供公共产品和服务即使用价值的手段。对于公共需要的满足而言，通过税收形式实现对价值的占有只是掌握了满足公共需要的手段，而要真正满足公共需要，还需

---

① 马克思．资本论[M]．北京：人民出版社，1975：(1：103)．

通过交换实现价值向使用价值的转化，把价值所体现的抽象劳动转化为具体劳动，社会劳动再转化为私人劳动。总之，公共产品生产所包含的内在矛盾的化解途径首先需要完成对价值的无偿占有，然后实现价值向使用价值的转化，即把价值形态的收入转化为实物形态的公共产品和服务供给手段，这是公共产品生产提供过程的第一个环节。该环节与私人产品在第一个环节完成的转换从形式上看有明显区别，不是使用价值转化为价值、具体劳动转化为抽象劳动、私人劳动转化为社会劳动，而是相反。毕竟，公共产品的生产建立在私人产品生产的基础之上。公共产品生产内在矛盾化解的第二个环节与私人产品相比也有明显区别。因为公共产品所具有的不可分割性决定其作为整体向社会提供，无法定价，所以政府在提供公共产品和服务从而让渡使用价值的过程中，对价值的获取必须借助政府征税的形式，从而使得公共产品生产提供过程中使用价值向价值、具体劳动向抽象劳动、私人劳动向社会劳动的转化，必须建立在私人产品生产内在矛盾化解的基础之上，并采取完全不同的实现形式（见图 6－2）。

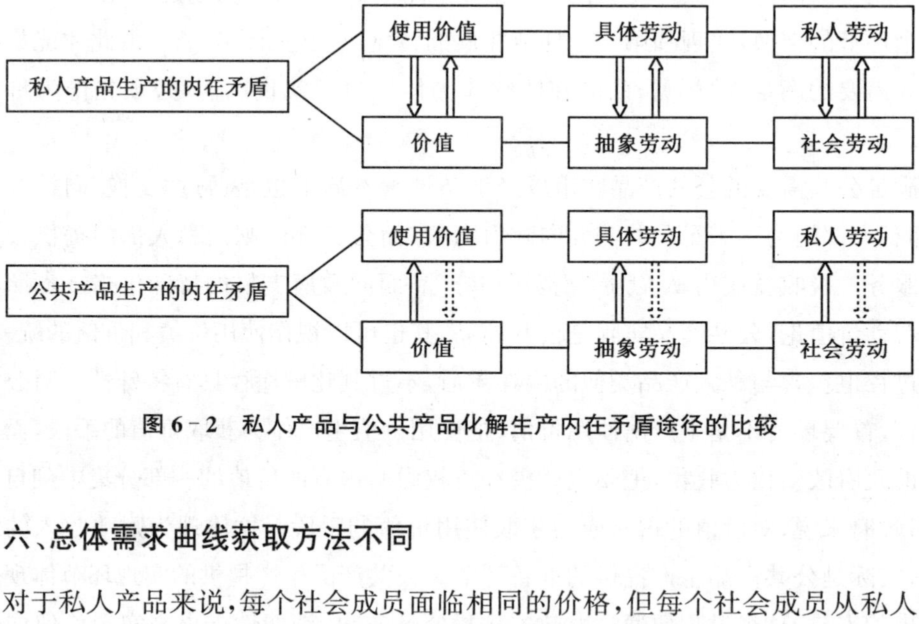

图 6－2 私人产品与公共产品化解生产内在矛盾途径的比较

六、总体需求曲线获取方法不同

对于私人产品来说，每个社会成员面临相同的价格，但每个社会成员从私人产品消费中得到的效用满足程度不同且边际效用递减。每个社会成员根据产品价格和自己从产品消费中得到的边际效用大小来确定需求量，直到边际效用等于价格。价格水平为 P_1 时，消费者 A 消费 Q_1 数量的产品得到的边际效用等于价格；对消费者 B 来说，这个价格水平下其消费量若大于零，边际效用会低于价格，所以其消费量为零，即当价格水平在 P_1 以上时，消费者 A 的需求曲线即为社会需求曲线。当价格水平低于 P_1 时，A 和 B 都有一定的需求量，社会的需求量等于二者需求量的加总，通过这种横向加总可以求出社会需求曲线(见图 6－3)。

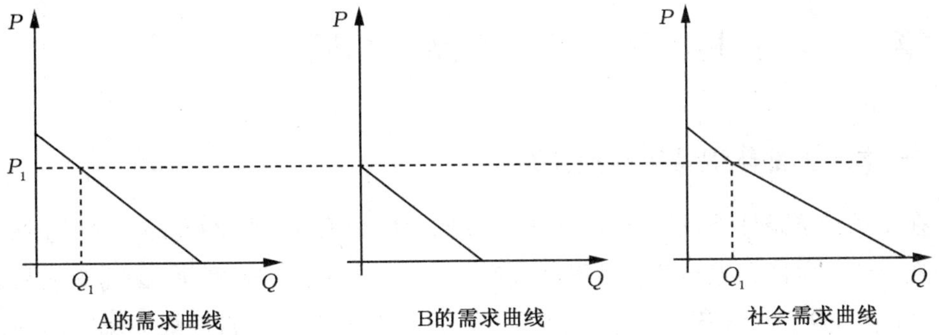

图 6－3　私人产品社会需求曲线的横向加总

对于公共产品来说,每个社会成员消费相同的数量,但得到的边际效用或说愿意支付的价格不同。在图 6－4 中,在 Q_1 数量下,消费者 B 的边际效用为零,其愿意支付的价格为零,因为边际效用递减;在公共产品数量大于 Q_1 时,消费者愿意支付的价格小于零,即其更不愿意为之支付任何费用。消费者 A 在该数量下所得到的边际效用大于零,其愿意支付一定的价格,因而在公共产品数量大于 Q_1 时,消费者 A 的需求曲线即为社会需求曲线。在公共产品数量小于 Q_1 时,消费者 A 和 B 都得到了一定效用,因而都愿意为之支付一定的价格,此时,通过纵向加总二者得到的边际效用或愿意支付的价格就可以得到社会需求曲线。

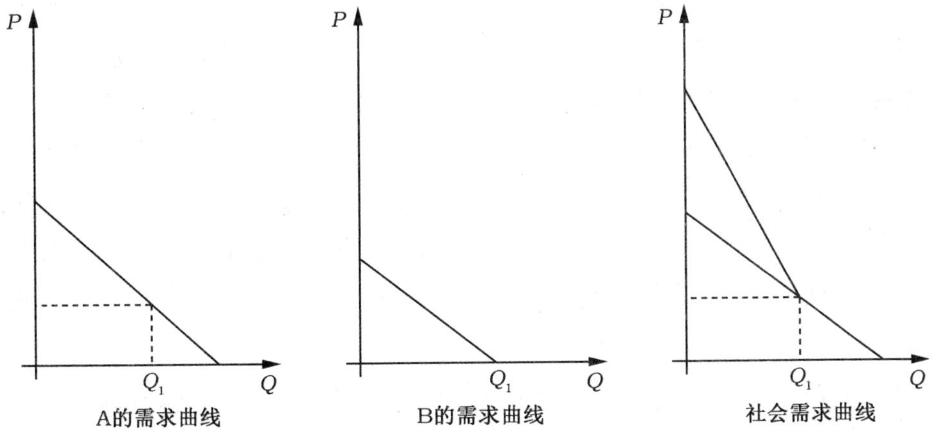

图 6－4　公共产品社会需求曲线的纵向加总

第二节　公共产品与私人产品的相同点

一、本质上都体现特定交换关系

在市场经济条件下，私人产品的生产表现为以交换为目的的商品生产。事实上，即便在自给自足的自然经济条件下私人产品的生产也带有交换性质，因为交换与分工有内在联系，自然经济条件下并不是不存在分工，只是分工通常局限在家庭内部。因此，自然经济条件下的交换通常也局限在家庭内部，仅体现为物物交换而不是以货币为媒介的交换。在社会分工高度发达的条件下，私人需要的满足往往在很大程度上依赖于通过交换获取别人生产的私人产品。为了降低交易成本，这种交换通常体现为以货币为媒介的交换。私人产品的生产者生产出的产品是否能顺利交换出去，对生产者利益的影响至关重要，这被马克思称为“商品的惊险的跳跃。这个跳跃如果不成功，摔坏的不是商品，但一定是商品所有者”①。因为私人产品只有成功交换出去，才能完成使用价值向价值、具体劳动向抽象劳动以及私人劳动向社会劳动的转化，商品生产的内在矛盾才能得以化解。因此，私人产品所体现的交换关系本质上是劳动者相互交换劳动的关系。

公共产品的生产、提供事实上也体现一种交换关系，只不过这种交换关系更多从实质及整体意义上体现出来。虽然长期以来，我国财政理论界一直把财政理解为分配范畴，更多地强调税收的无偿性、强制性、固定性，但是这并不能否定政府财政运作过程即公共产品的生产、提供过程所体现的交换关系。这种交换关系体现在：一方面，政府公共经济部门向私人经济部门提供公共产品和服务；另一方面，私人经济部门要向政府公共经济部门缴纳税收。税收可视为私人经济部门为了消费公共产品和服务而向政府公共经济部门所支付的特殊价格。与私人产品生产、提供所体现的交换关系有所区别的是，这种交换更多地体现为宏观意义上的、整体性的、实质性的交换。从微观个体考察，这种交换并不能直接体现出来。这表现为政府提供公共产品和服务所形成的利益分配格局与税收负担的分配格局并没有直接对应关系。税收从微观个体角度考察，更多地体现为价值的单方面转移；但是从宏观整体角度考察，纳税人缴纳的税款最终要转化为社会成员所需要消费的公共产品和服务。这种宏观整体意义上所体现出的实质性的交换关系充分表明了税收形式上的无偿、强制、固定与实质上的有偿、自

① 马克思．资本论[M]．北京：人民出版社，1975：(1：124)．

愿、灵活是统一在一起的。因此，公共产品所体现的交换关系本质上是政府公共经济部门与私人经济部门之间所客观存在的相互依存关系。

二、生产都需处理人与物的关系

任何产品都是用来满足人们生活需要的。人们的生活需要分为私人需要和公共需要，于是产品也就相应分为私人产品和公共产品。任何产品的生产都需要耗费成本、付出代价。能用于生产产品的资源总是有限的、稀缺的，而要满足的需要则是无限的、丰富的。用有限的、稀缺的资源满足无限的、丰富的需要，必须提高效率。在耗费资源量一定的条件下，追求产出最大化；在产出一定的条件下，尽可能降低资源耗费，这体现人与物的关系。无论私人产品还是公共产品生产提供都需要处理、协调人与物的关系，追求效率目标。只不过对公共产品来说，效率目标的实现不如私人产品那么容易。对私人产品来说，尽管种类纷繁复杂但毕竟其投入和产出都可以用价格量化，因而便于求出各种评价指标进行量化考核，市场机制可发挥基础性作用。而公共产品没有价格，对投入产出进行量化考核非常困难，市场机制出现失效；而且对公共产品来说，利益获取与成本分担的分离，进一步加大了衡量公共产品生产提供效率水平高低的难度。

三、生产都需处理人与人的关系

所有的经济活动既要处理人与物的关系，也要处理人与人的关系。无论私人产品还是公共产品的资源配置活动都不例外。处理人与物的关系需要强调效率；处理人与人的关系需要强调公平。何谓公平？不同的社会成员由于所处经济社会地位不同、价值选择及主观判断不同，对公平会有不同的理解。但从社会成员对公平标准千差万别的理解中，仍然可以抽象出大多数社会成员所能接受的公平标准，即“同等情况、同等对待，不同情况、不同对待”。前者称为横向公平，后者称为纵向公平。私人产品通过产品市场与要素市场的等价交换来处理人与人之间的关系，体现公平原则。在产品市场上，产品价格由生产商品的社会必要劳动时间决定，商品包含相同的社会必要劳动时间就得到相同的价格，包含的社会劳动时间不同价格通常也不相同，包含社会必要劳动时间多的高价，反之低价。产品市场等价交换可以对生产者和消费者都做到“同等情况、同等对待，不同情况、不同对待”。生产者提供的产品适销对路、质量高、数量多，就获取较多的收入，赚取较多利润；反之，获取较少收入，赚取较少利润甚至亏损。消费者根据购买的私人产品的种类、数量、质量支付不同的价款，“同等情况、同等对待，不同情况、不同对待”。在要素市场上，向社会提供的生产要素的种类、质量、数量相同获取相同的收入，种类、质量、数量不同获取不同的收入，种类越稀缺、质量越高、数量越多，对生产贡献越大，获取收入越多；反之越少。无论是要素市场还是产品市场，都充分体现了“商品是天生的平等派”[①]的基本要求，以此协调私人产品资源配置过程中人与人之间的关系。公共产品的资源配置过程也需要协调人与人之间的关系。在资源配置的准备环节，通过税收的受益原则和支付能力原则来分配税收负担，以实现税收负担分配的横向公平和纵向公平。在资源配置的实现环节，通过公共服务在地区之间、城乡之间、不同社会阶层之间实现公共服务均等化来协调人与人之间的关系，体现公平原则。

四、生产都受边际效用递减规律制约

无论私人产品还是公共产品，随着消费量的增加，边际效用都是递减的。马克思反对效用价值论，但是他所定义的第二种意义上的社会必要劳动时间实际上也是承认甚至强调了商品的边际效用递减。马克思认为，社会必要劳动时间是指“在现有的社会正常的生产条件下，在社会平均的劳动熟练程度和劳动强度下，制造某种使用价值所需要的劳动时间”[②]（这一般被称为第一种意义上的社会必要劳动时间）。按照这一定义，如果在某种商品上花费了过多的劳动时间，或者说配置了过多的资源，其单位商品所包含的社会必要劳动时间不变，就意味着其价值不变，但实际并非如此。为了解释这一现象，马克思指出了第二种意义上的社会必要劳动时间。他认为：“只有当全部产品是按必要的比例进行生产时，它们才能卖出去。社会劳动时间可分别用在各个特殊生产领域的份额的这个数量界限，不过是整个价值规律进一步发展的表现，虽然必要劳动时间在这里包含着另一种意义。为了满足社会需要，只有这样多的劳动时间才是必要的。在这里界限是通过使用价值表现出来的。社会在一定生产条件下，只能把它的总劳动时间中这样多的劳动时间用在这样一种产品上。”[③]马克思所定义的第二种意义上的社会必要劳动时间实际是从劳动价值论角度对边际效用递减规律所做的阐释，虽然基于不同的理论基础、采用了不同的表达形式但却揭示了相同的规律。[④]

---

① 马克思．资本论[M]．北京：人民出版社，1975：(1：103).

② 马克思．资本论[M]．北京：人民出版社，1975：(1：52).

③ 马克思．资本论[M]．北京：人民出版社，1975：(3：717).

④ 按照马克思定义的第一种意义上的社会必要劳动时间无法解释一种产品产量过多导致单位产品价格大幅下跌现象。而效用价值论则可以给予解释，商品价格取决于商品的边际效用，若一种商品产量过多，边际效用就会很小，进而只能卖非常便宜的价格。这已经体现出马克思对价格决定因素的解释所存在的局限。商品既然是价值和使用价值的统一体，那么价格应受价值和使用价值双重因素的制约。价格如果仅仅取决于价值，和使用价值没有关系，为什么第一种意义上的社会必要劳动时间解释不了产量过多导致单价大幅下跌的现象？马克思所提出的第二种意义上的社会必要劳动时间在某种意义上是把使用价值对价格的影响抽象掉以后又重新考虑进来。关于劳动价值论和效用价值论得失比较，参见樊纲．现代三大理论体系的比较与综合[M]．北京：三联书店，1989.

第三节　公共产品与私人产品比较的启示

一、可以拓宽商品范围，揭示基本的资源配置规律

商品是用来交换的劳动产品。通常所理解的商品在市场经济条件下实际就是所谓的私人产品。如果把公共产品的生产提供也视作一个交换过程，那么广义的商品应该包括两类：私人商品和公共商品。这在理论上完全讲得通。商品是满足人们生活需要的，由于作为生活需要主体的人是个体性与社会性的统一（个体性反映人的自然属性，社会性反映人的社会属性），所以人们的生活需要可以区分为私人需要和公共需要。前者是作为个体的社会成员的生活需要，后者则是作为群体的社会成员的生活需要。满足私人需要需消费私人商品，满足公共需要需消费公共商品。私人需要和公共需要的矛盾是制约社会生产的基本矛盾。而要解决这一矛盾，人们必须把资源配置于两个大的方面，即一部分资源要配置到私人经济部门，用于生产、提供私人商品，满足私人需要；一部分资源要配置到公共经济部门，用于生产、提供公共商品，满足公共需要。这实际是人类资源配置活动所必须遵循的基本规律，也是当今经济学体系区分为私人部门经济学和公共部门经济学的基础，同时也可以理解为是真正意义上的资源的宏观配置，即资源在两大部门之间的分配使用。[①] 传统意义上所理解的资源宏观配置一般是指资源在不同产业、不同地区、不同部门、不同行业之间的分配、使用，这实际体现为私人经济部门内部资源配置结构的确定，相对资源在两大部门之间的配置，其只能是中观层次的资源配置。将商品区分为私人商品和公共商品，相应地就可以将资源在两大部门之间的分配使用界定为宏观层次的资源配置。与之对应，资源在私人经济部门内部和公共经济部门内部资源配置结构的确定就可以界定为中观层次的资源配置。在资源宏观配置比例及中观层次资源配置结构已经确定的条件下，公共经济部门内部由具体单位通过选择特定的公共产品供给方式、方法生产提供公共产品的行为以及私人经济部门内部单个企业、家庭、个人的资源配置行为则可视作微观层次的资源配置（见图 6－5）。因此，比较公共产品和私人产品，将商品区分为私人商品和公共商品有助于把握资源配置的宏观、中观和微观三个层次，有助于揭示资源配置所应遵循的基本规律。

---

① “财政学作为经济学的一个特殊分支，它在经济分析方法上的基本特点是，将整个国民经济划分为‘公’和‘私’两大部分，并从公和私的相互关系来研究经济”，参见蒋洪．财政学[M]．上海：上海财经大学出版社，2000：2.

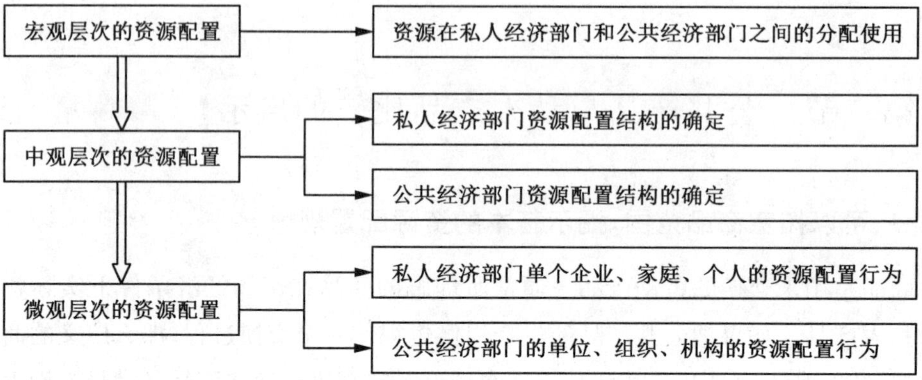

图6-5　资源配置的宏观、中观和微观三个层次

二、可以用"社会必要劳动时间"解释公共商品的价值决定

如果把商品的范围拓展为既包括私人商品又包括公共商品，那么社会必要劳动时间的分配就首先体现为在这两大类商品之间的分配，分配比例取决于社会成员对私人商品和公共商品需求的比例。按照马克思的说法，就是"社会在一定生产条件下，只能把它的总劳动时间中这样多的劳动时间用在这样一种产品上"。如果社会总的劳动时间在两类商品之间的分配比例不合适，无论是用于私人商品的劳动时间过多还是用于公共商品的劳动时间过多，多出的劳动都不会得到社会承认而浪费掉。如果这一分配比例得到合理确定，那么用于私人商品生产的劳动时间还需要在不同的私人商品之间进行分配，如果某种私人商品使用了过多的劳动时间，产量增加，由于该私人商品的价值总量并没有变化，那么多出的劳动时间就不被承认，因此，其单位产品价格就会降低。同样的道理，用于公共商品生产的劳动时间还需要在不同公共商品之间进行分配，如果某种公共商品使用了过多的劳动时间，其价值总量也没有变化，消费者所愿意支付的价格"税收"也不会因为公共产品产量的增加而相应提高。这是私人产品和公共产品在社会必要劳动时间分配比例确定方面都必须遵循的规律，不过二者的具体实现机制存在明显差别。对私人产品来说，社会必要劳动时间在不同私人产品之间的分配是通过市场机制自发调节实现的。某种产品的生产若资源配置量过多，占用了过多劳动时间，多出的劳动时间不会被社会承认，单位产品的价值量变小，产品价格下降，用于生产该种产品的资源配置量自然会减少；而资源配置量偏少的产品，单位产品包含社会必要劳动时间就多，价值量增加会带来价格提高，用于生产该种产品的资源配置量自然会增加，由此可以保证资源在不同私人产品之间能有合理的配置比例。虽然实际的资源配置比例会经常偏离这一合理配置比例，但市场机制的自发调节可以保证

其不会偏离太远，或者说实际的配置比例总会围绕合适的配置比例上下波动。而公共产品因为没有价格，所以市场机制自发调节难以实现。用于生产提供公共产品的资源在不同种类公共产品之间的分配一般需要由政府做出决策。这意味着政府需要充分考虑社会成员对公共产品需求的偏好，以便政府决策确定的公共产品供给结构能与社会成员对公共产品的需求结构保持一致。由于政府决策者作为利己的经济人，其在做出公共决策时难免夹杂个人偏好，因此强化财政监督对于实现公共经济部门资源配置结构的优化是不可或缺的。

三、可以明确公共产品概念在财政理论体系中的核心基础地位

在马克思主义经济学中，商品概念是基础性概念。《资本论》的第一篇为"商品和货币"，第一章为"商品"，该章开篇即指出："资本主义生产方式占统治地位的社会的财富，表现为'庞大的商品堆积'，单个的商品表现为这种财富的元素形式。因此，我们的研究就从分析商品开始。"[①]马克思写《资本论》的"最终目的就是揭示现代社会的经济运动规律"[②]，马克思的基本观点是，"社会经济形态的发展是一自然历史过程"[③]，制约这一自然历史过程发展进程的是其自身所包含的矛盾，而商品概念则包含了经济运行过程所有矛盾的萌芽。因此，政治经济学教科书通常说，马克思写《资本论》从分析商品入手符合历史与逻辑一致的原则。

在财政学体系中，公共产品（公共商品）概念同样可居于基础地位，是核心基础概念。所有的财政活动最终体现为向社会提供各种各样的公共产品。公共产品自身所包含的矛盾也制约着财政发展的整个历史进程。通过考察财政发展史不难发现，所有国家在各个历史阶段的财政发展史无不体现为公共产品生产、提供的历史。因此，建立财政理论体系以公共产品概念为基石也符合历史与逻辑一致的原则。

四、可以借助公共产品概念进行理论分析并使之成为基本分析工具

通过公共产品与私人产品的对比，便于从协调公共经济部门和私人经济部门关系角度对资源宏观配置有新的理解，显然这是以公共产品概念为基础的，没有公共产品概念也就不可能提出公共经济部门的概念，更谈不上把整个经济分为"公"和"私"两大部分并使二者处于并驾齐驱的地位；没有公共产品概念我们对财政支出的规模、结构和效益分析只能停留在浅层次的描述，而借助公共产品概念，则可以把财政支出规模与公共产品供给规模相对应，进而与社会成员的公共需要在总需要中所占比例与份额

---

① 马克思．资本论[M]．北京：人民出版社，1975：(1：47)．
② 马克思．资本论[M]．北京：人民出版社，1975：(1：11)．
③ 马克思．资本论[M]．北京：人民出版社，1975：(1：12)．

相对应，从而便于对财政支出规模进行深入的理论分析；借助公共产品概念，可以把财政支出结构与公共产品供给结构相对应，进而与社会成员对公共产品的需求结构相对应，从而便于对财政支出结构进行深入的理论分析；借助公共产品概念，可以把财政支出方式、方法的选择与公共产品的供给方式、方法的选择结合起来，从而便于对财政支出效益进行深入的理论分析。没有公共产品概念，对政府间财政管理权限的划分只能给出原则性规定或更多地停留在现实描述而难以展开深入的理论分析；而借助公共产品概念及类型划分，有助于根据其具体性质阐明政府间财政管理权限划分的基本依据以及分权的方式、方法。

五、可以深化对市场与政府财政性质的认识并协调二者关系

政府生产、提供公共商品（产品）的活动，与非政府部门生产、提供私人商品（产品）的活动共同构成经济活动的全部。财政是关于公共产品生产、提供的一种特定的制度安排，其与生产、提供私人产品的市场制度相并列。这有助于改变传统的将政府财政凌驾于市场之上的做法，事实上将政府财政与市场置于经济上平等的地位，由此所展示的政策含义非常明确：二者需要相互协调、相互配合来完成社会总的资源配置任务。市场与政府财政作为特定的资源配置活动及制度安排，各有得失，不能盲目地由政府财政无限制替代市场；也不能盲目地由市场无限制替代政府财政。合适的做法是发挥市场与政府财政的比较优势，市场主要解决私人产品的生产提供和私人需要的满足问题，这是其比较优势，同时是政府的比较劣势；政府财政主要解决公共产品的生产提供和公共需要的满足问题，这是其比较优势，同时也是市场的比较劣势。市场与政府财政作为两种性质不同的资源配置活动或制度安排应该在发挥各自比较优势、回避各自比较劣势的前提下，通过相互协调、相互配合来完成社会总的资源配置任务。

六、可以加深对财政学性质的理解并明确其在经济学体系中的地位

既然经济学是研究如何配置稀缺资源来满足人们生活需要的学问，而人们的需要分为公共需要和私人需要，产品分为公共产品和私人产品，那么作为研究公共产品生产、提供规律性学问的财政学，就是名副其实的公共部门经济学，其与研究私人产品生产、提供规律性的私人部门经济学共同构成经济学的全部。“传统意义上的西方财政学先分析国家职能，再讨论政府的支出和收入问题，未能很好地处理政府与市场的关系问题，而公共产品论的引入，使得政府与市场在资源配置方面有了分工，形成政府与市场在经济上的分工与合作关系，财政学因之成为经济学的一个分支。”①显然，这对

① 张馨等．当代财政与财政学主流[M]．大连：东北财经大学出版社，2000：92—93．

认识、把握财政学的性质和地位具有重要意义。在没有公共产品概念的时候，不仅我国传统财政理论，西方建立在古典经济学基础上的财政理论也把财政活动视作非生产性活动，从而与研究生产活动规律性的经济学格格不入，财政学只能是政治经济学的分支。财政学能够成为经济学的分支并发展为公共部门经济学从而与私人部门经济学共同构成经济学的全部，离开公共产品概念是难以实现的。

本章小结

● 公共产品与私人产品在概念、性质、作用、提供机制、化解生产的内在矛盾的途径、总体需求曲线获取方法等方面存在明显区别。但是，二者的生产提供在本质上都体现交换关系；都要处理人与物的关系，遵循效率原则；都要处理人与人的关系，遵循公平原则；都受边际效用递减规律的制约。

● 比较公共产品与私人产品，有助于拓宽商品的范围，揭示基本的资源配置规律；有助于运用马克思提出的"社会必要劳动时间"来解释公共产品的价值决定；有助于认识公共产品概念在财政理论体系中的核心基础地位；有助于掌握公共产品概念并使之成为一基本分析工具；有助于认识市场与政府、财政的性质及协调二者的关系；有助于认识、把握财政学的性质及其在经济学体系中的地位。

重要概念

公共产品　私人产品　可分割性　不可分割性　竞争性　非竞争性　排他性　非排他性　个体需求曲线　总体需求曲线　效率原则　公平原则　边际效用递减规律　社会必要劳动时间　宏观层次资源配置　中观层次资源配置　微观层次资源配置　私人部门经济学　公共部门经济学

思考题

1. 公共产品和私人产品的区别体现在哪些方面？
2. 公共产品与私人产品的联系体现在哪些方面？
3. 比较公共产品和私人产品可得到什么启示？

材料分析

1. 关于资源配置及资源宏观配置的理论解释

所谓资源配置通常是指资源在不同使用方向上的分配和使用。所谓的资源宏观配置一般被界定为资源在不同产业、不同部门、不同地区之间的分配和使用。优化资源的宏观配置实际上就是要优化资源配置的产业结构、部门结构和地区结构。

借助公共产品和私人产品、公共需要与私人需要关系的比较，请从公共部门经济学视角，谈谈这种对资源宏观配置的理解有什么局限？对资源宏观配置应如何理解？

2. 马克思第一种意义和第二种意义上的社会必要劳动时间

社会必要劳动时间是指“在现有的社会正常的生产条件下，在社会平均的劳动熟练程度和劳动强度下，制造某种使用价值所需要的劳动时间。”（这一般称为第一种意义上的社会必要劳动时间）

“只有当全部产品是按必要的比例进行生产时，它们才能卖出去。社会劳动时间可分别用在各个特殊生产领域的份额的这个数量界限，不过是整个价值规律进一步发展的表现，虽然必要劳动时间在这里包含着另一种意义。为了满足社会需要，只有这样多的劳动时间才是必要的。在这里界限是通过使用价值表现出来的。社会在一定生产条件下，只能把它的总劳动时间中这样多的劳动时间用在这样一种产品上。”（这一般称为第二种意义上的社会必要劳动时间）

根据马克思所论证的第一种意义和第二种意义上的社会必要劳动时间，对马克思的劳动价值论和西方效用价值论的利弊得失予以评价。

本章阅读文献

1. 马克思．资本论[M]. 北京：人民出版社，1975.
2. 大卫·N. 海曼．财政学——理论、政策与实践[M]. 英文版．北京：北京大学出版社，2014.
3. 朱柏铭．公共经济学理论与应用[M]. 第2版．北京：高等教育出版社，2013.
4. 郭庆旺，赵志耘．财政学[M]. 北京：中国人民大学出版社，2002.
5. 王传伦，高培勇．当代西方财政经济理论[M]. 北京：商务印书馆，1995.
6. 高培勇，崔军．公共部门经济学[M]. 北京：中国人民大学出版社，2001.

第七章　产品性质及其与产品供给制度关系比较

竞争性与非竞争性、排他性与非排他性通常被视作私人产品与公共产品相区分的两大基本属性。对这两大属性予以比较并对二者的关系进行反思，有助于加深对产品性质的理解，进而有助于揭示产品性质与产品供给制度的关系，有助于对实践中产品供给制度的选择、构建进行反思，有助于总结失败教训和成功经验，从而最终有助于深化产品供给制度改革、提高产品供给效率。

重点问题

- 产品两大性质的区别与联系
- 产品性质对产品供给制度的决定作用
- 产品供给制度对产品性质的反作用
- 比较产品性质与产品供给制度关系的启示

第一节　公共产品和私人产品两大性质的比较

一般认为，公共产品具有非竞争性[①]和非排他性[②]；私人产品具有竞争性和排他性。非竞争性和非排他性被视作公共产品区别于私人产品的两大属性。判定一种产品到底是不是公共产品，一般情况下就是根据产品是否具有这两大属性来做出判定。

---

① 按照萨缪尔森的定义，公共产品是指一个人消费并不影响其他人消费的产品，这一性质通常被称为公共产品的非竞争性，参见 Samuelson Paul A. Theory of Public Expenditure[J]. *The Review of Economics and Statistics*, Vol. 36, No. 4 (Nov. , 1954): 387－389.

② 马斯格雷夫强调了公共产品的非排他性，认为无法将拒绝付款者或不符合条件的人排除在消费范围之外是公共产品的重要特征。马斯格雷夫认为界定公共产品的属性需强调："任何人都同等地消费，不管他是否为此付费。换言之，我们必须将联合消费(Joint Consumption)与排他原则的不适用性(Inapplicability of The Exclusion Principle)结合起来。"参见 Musgrave R. A. The theory of Public Finance[M]. New York: McGraw-Hill, 1959.

如果产品同时具备这两大属性，就认为其是纯公共产品；如果只具备一种属性而不具备另一种属性，或两种属性都体现得不那么充分、明显，则将其视作准公共产品。公共产品性质研究构成公共产品理论研究的重要内容，透彻理解把握公共产品的两大性质，搞清楚二者关系，对于理解公共产品资源配置规律具有重要意义。

一、产品两大性质的区别

（一）自然属性与社会属性的区别

竞争性、非竞争性更多地体现产品的自然属性；排他性、非排他性更多地体现产品的社会属性。产品的非竞争性指的是一个消费者对公共产品的消费并不影响其他人消费，既不影响消费的数量，也不影响消费的质量。非竞争性的对立面是竞争性，是指一个人消费会影响其他人消费，这分为两种情况：一是一个人消费其他人就没有可能消费；二是一个人消费其他人也可以消费，但消费的质量会受到影响。产品消费上的非竞争性和竞争性是两种极端情况。由于大部分产品是兼具公共产品和私人产品双重属性的产品，所以产品消费上通常并不表现为绝对的非竞争性或绝对的竞争性，而是表现为在一定程度上具有非竞争性或竞争性。

产品的非竞争性和竞争性作为产品的自然属性，其性质强弱取决于产品的自然性质。一般来说，一次性消费的产品比可以多次性消费的产品具有更强的竞争性。因为一次性消费的产品意味着一旦产品为一个人所消费，其他人就没有消费的机会。此时竞争性表现得最为明显。有的一次性消费的产品可以允许多人同时消费，此时竞争性就相对弱一些。而多次性消费的产品虽然一个人消费时其他人不能同时消费，但可以在另外的时间消费，其竞争性就相对要更弱。多次性消费的产品有的不仅可以在不同时间消费而且允许多人同时消费，其竞争性就更弱，或者说具有更强的非竞争性。可以同时消费的产品因为允许同时消费的人数不同也具有不同的竞争性。允许同时消费人数少的具有更明显的竞争性。如果允许同时消费的人数无限制，即增加消费者对原消费者消费的数量、质量没有任何影响，则该产品在消费上就具有完全的非竞争性，这通常是纯公共产品所具有的性质。因此，一种产品到底在多大程度上具有竞争性或非竞争性，主要取决于产品自身的性质，是产品的自然属性，体现人与自然的关系。

产品的排他性是指可以把不符合条件者排除在消费范围之外。产品的非排他性是指难以把不符合条件者排除在消费范围之外，或者说排他成本过高以致经济上不可行。

产品在消费上排他还是不排他并不主要体现人与物的关系，而是体现人与人的关系。排他性和非排他性主要体现产品的社会属性。产品是消费的客体，人是消费的主体。产品本身并不能排他，之所以在消费上可以排他往往与人们选择、确定的制度安排有关，其反映和体现的是人与人之间的关系。

（二）制约性与相对独立性的区别

一般来说，产品在消费上具有竞争性才需要排他，如果消费上不具有竞争性，一个人消费不影响其他人消费，既不影响消费数量，也不影响消费质量，就没有必要排他。从这个意义上讲，竞争性和非竞争性制约着排他性和非排他性。但是，同样竞争性的产品，在消费上可以对应不同的排他性，比如一个公园，其面积大小及设施确定，进入公园人数达到多大规模具有竞争性是确定的，也就是说，其自身的固有属性决定其消费上的竞争性程度是确定的。如果收费，则具有排他性；如果不收费，则不具有排他性。反过来说，同样的排他性也可以对应不同的竞争性。收费的公园、景点在旅游旺季竞争性很明显，但在淡季竞争性就很弱。排他的手段、力度没有任何变化，产品消费上的竞争性却有明显差别。这表明产品的排他性、非排他性相对产品的竞争性、非竞争性确实存在相对独立的一面。

二、产品两大性质的联系

（一）竞争性客观上要求排他性与之对应；非竞争性客观上要求非排他性与之对应

如果产品消费具有非竞争性，一个人消费不影响其他人消费，既不影响消费的数量，也不影响消费的质量，那么就没有必要排他。因为不排他符合“帕累托增进标准”，即可以在不减少一个人福利的情况下去增加另外一个人的福利。换言之，此时通过一定的制度和手段实现排他是不明智的。因为任何制度和手段的运用都需要付出一定的成本，只是不同的制度和手段在排他成本高低方面有所区别而已。如果排他和不排他在产品消费上没有区别，则意味着通过一定的制度和手段实现排他没有任何的收益，但却要为此承受一定的排他成本，整体看所失大于所得，因此，在这样的条件下，排他至少在经济上是没有必要的。

从历史角度考察，排他都是在一个人消费影响其他人消费的时候产生的。例如，在草场资源可以满足所有人放牧牲畜需要的时候，草场的消费就没有必要排他；在空气资源可以满足所有社会成员正常呼吸需要的时候，一个人呼吸并不影响其他人呼吸，空气的消费是没必要排他的。但是，一旦物品在消费上具有竞争性，而且物品的数量不能保证所有人的需要都可以得到充分满足的情况下，就会出现排他的必要。

（二）竞争性对应较低的排他成本，与排他性相匹配；非竞争性对应较高的排他成本，与非排他性相匹配

因为产品消费上具有竞争性才需要排他，所以竞争性可以看作是排他性的基础和前提。排他是需要成本的，因为排他需通过制度安排来实现，那么排他的成本实际上

也就体现为制度运作的成本。如果这一成本很高，那么排他就不具有经济上的可行性，从经济的角度看，排他的制度安排也就不具有存在的必然性、合理性。[1] 竞争性的强弱与排他成本的高低有一定对应关系。假定其他条件不变，竞争性越强，排他成本越低；竞争性越弱，排他成本越高。二者存在反向变动关系。虽然这种反向变动关系并不一定具有严格的连续性，但可以分为三种情况来考察。在图 7－1 中，C 点代表私人产品，其消费上具有明显的竞争性，同时排他成本很低；A 点代表公共产品，其消费上具有明显的非竞争性，同时排他成本很高以致经济上不可行；B 点代表准公共产品，其消费上的竞争性介于私人产品和公共产品之间，排他的成本也可以看作介于二者之间。例如，公园在消费上具有一定的竞争性，其竞争性小于一般意义上的私人产品，但高于国防之类的纯公共产品；排他则需要修建围栏，显然这样的排他成本高于一般意义上的私人产品，但比灯塔之类的公共产品要低。因此，产品可以分为竞争性强、排他成本低的产品（私人产品），竞争性弱、排他成本高的产品（公共产品）和竞争性一般、排他成本一般的产品（混合产品）三类。

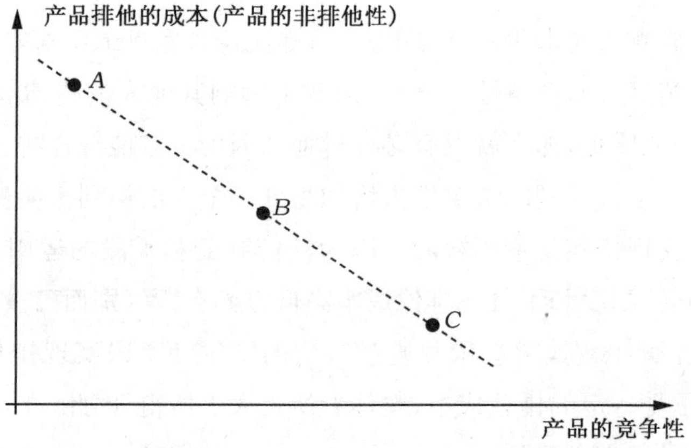

图 7－1　产品竞争性强弱与产品排他成本高低的关系

① “无论是私有财产、国有财产抑或公有财产，在经济上可行的结构是经济剩余的一个函数，这种经济剩余能弥补那些各式各样的成本。……来自瑞士夏季牧场的经济剩余对于将这些牧场分割为私人所有在经济上是不可行的。这样做需要进行大规模的围筑篱笆和开发水利，使每一块土地自我维持发展。……夏季牧场目前经济剩余的水平使得公有财产成为一种最有效率的财产安排，而在生产率更高的土地上，私有财产是有效率的制度结构。”参见丹尼尔・W. 布罗姆利．经济利益与经济制度——公共政策的理论基础[M]．上海：上海三联书店，2006：19－20.

第二节　产品性质与产品供给制度关系的比较

一、产品两大性质决定产品供给制度

(一)产品两大性质决定产品供给制度的历史考察

竞争性强弱决定是否需要排他,排他需要特定的制度安排来实现。在远古时代的原始人群时期,由于人烟稀少而自然资源相对丰富,所以自然资源(如森林、草地)的使用由于具有非竞争性而不需要排他。但是,随着人群数量的增多,自然资源变得相对稀缺,自然资源的使用开始具有竞争性,所以原始人群开始划分自己的领地(先发现先占有),从而出现了原始的公有产权。原始的公有产权实现了原始人群之间的排他。在一个原始人群内部,其成员都可以使用领地内的自然资源,但不允许其他原始人群的成员使用,否则就通过原始人群之间的冲突或战争来解决。“这种战争就是产权矛盾的结果,也是产权矛盾的表现形式。”①

在原始人群内部,大家对生产成果的消费具有竞争性,一个人消费多了其他人消费的就少。由于当时生产力发展水平极低,没有剩余产品,所以为保证每个人能生存下去就采取了平均分配的方式,每个人可以消费平均分配给自己的产品,而不能强制去消费分配给别人的产品,这就实现了在平均分配原则下的排他。但是这种平均分配产品的原则使群体成员存在机会主义动机,即存在通过降低自己的劳动努力程度来占有别人的劳动成果的可能。但是极低的生产力发展水平制约了这种机会主义动机,使之仅仅体现为动机而不是现实的机会主义行为。因为当时没有剩余产品,如果有人偷懒,将导致必要产品减少,由此会威胁到社会成员的生存,即便冻死、饿死的不是偷懒者本人,但群体力量的削弱也会威胁到偷懒者的生存。因此,在没有剩余产品的情况下,尽管产品平均分配,但偷懒仅仅是动机而已,不会产生现实的偷懒行为。这个问题在剩余产品出现以后则有所不同。因为这时候偷懒将导致剩余产品减少,而不是必要产品减少,不会威胁生存,这样一来偷懒的代价在群体内分散后,偷懒者本人的所得大于所失,机会主义动机就导致了现实的机会主义行为,由此导致“剩余产品消散”。这意味着通过群体内部平均分配产品所建立的产品消费上排他的制度已经走到历史尽头。

为防止“剩余产品消散”,原始人创设了一种新的制度安排,缩小生产的单位,由以

① 黄少安．产权经济学导论[M]．济南:山东人民出版社,1995:73.

群体为单位(原始社会末期的群体为父系氏族公社)改为以家庭为基本生产单位,利用家庭成员相对氏族成员更为紧密的血缘关系来抑制机会主义行为。这就是所谓的农村公社制度。① 农村公社以家庭为基本生产单位,同时也是以家庭为基本消费单位。这就在产品的消费上确立了以家庭为界限的排他关系。最初是产品归家庭支配,逐渐发展到生产工具归家庭支配,最终发展到土地归家庭支配。② 这就意味着私有制确立。私有制的确立意味着私有产权制度取代公有产权制度来实现了排他并带来了贫富分化的加剧,最终产生了阶级和国家。国家作为阶级矛盾不可调和的产物和表现,通过制订法律维护私有产权,排他开始借助体现国家和统治者意志的法律来实现。由此看来,产品的排他性是以竞争性为基础的。没有竞争性就谈不上排他性。竞争性是产品的自然属性,更多地体现人与自然的关系;排他性是产品的社会属性,更多地体现人与人的关系。排他性是借助不同的制度安排来实现的。按照韦森的分析,其发展经历了习惯、习俗、显俗、惯例等阶段,最终发展到国家通过法律形式确定的制度规则。③

(二)产品两大性质决定产品供给制度的理论分析

第一,产品竞争性强、排他成本低(实际是具有竞争性和排他性的私人产品)决定与其相适应的制度安排是市场机制作用下的私有产权制度。因为竞争性强、排他成本低的产品一般都具有可分割性,即通常并不是笼统地作为一个整体提供,而是有计量单位。有计量单位意味着可以定价,而排他成本低意味着定价有实际意义,可以将不符合条件者排除在消费范围之外。这表明对产品的生产提供者来说存在定价收费的可能,如果价格高于成本,其有利可图。而竞争性意味着任何人要满足需求通常要出价购买,通过"免费搭车"满足自己的需求有很大难度。也就是说对该类产品,会形成供求双方以及由供求双方所决定的价格。因此,对该类产品来说,交易是容易进行的,并不需要付出过高的交易成本,完成该类产品的资源配置任务主要是解决降低生产成本而不是交易成本的问题。换言之,如果把生产成本与交易成本看作一对矛盾,那么在这种情况下生产成本是矛盾的主要方面,而私有产权制度可以促使生产者为了自身利益必须降低生产成本,公有产权制度则做不到这一点。④ 虽然私有产权制度会增加交易成本,但对该类产品来说,相对容易的排他决定了通过交换提供并不需要付出太

---

① "农村公社是氏族制度瓦解过程中的一种社会组织形式,它摆脱了氏族血缘关系的束缚,促进了个体经济的发展。"参见陶大镛. 社会发展史[M]. 北京:人民出版社,1982:61.

② "这种农村公社,随着以私有制为基础的个体经济的发展,公有耕地便由各个家庭暂时使用变为长期使用,最后就永久地分配给各个家庭使用,实际已变成了私有财产,这时,农村公社也就瓦解了。"参见陶大镛. 社会发展史[M]. 北京:人民出版社,1982:61. 农村公社的瓦解过程也就是阶级、国家萌芽的过程。

③ 韦森. 经济学与哲学——制度分析的哲学基础[M]. 上海:上海人民出版社,2005:135-234.

④ 公有产权相对于私有产权,所有者监督经营者不仅需要建立政治领域的委托代理链条,还需要建立经济领域的委托代理链条,以致最终所有者难以对经营者进行有效监督进而导致在效率方面没有比较优势。参见杨灿明:产权界定与产业定位[J]. 经济研究,2001(9).

高的交易成本。或者说，采用私有产权制度增加的交易成本会小于因此而降低的生产成本，总成本是下降的，因此要完成该类产品的资源配置任务，私有产权具有比较优势。德姆塞茨在《关于产权的理论》一文中，强调了私有产权在推进市场和提高经济效率方面的重要作用，“当内部化收益变得比内部化成本大时，产权就向外部因素的内部化方向发展”[①]。理查德·波斯纳表达了相同的观点：“基本激励来自分配给社会成员的对于特定资源的排他性使用的排他性权利。如果每一片土地都分别为某个个人所有，在此意义上个人总是能排斥其他所有的人进入任何一片给定的土地，那么个人就将会通过种植或其他方法使土地价值最大化。”[②]诺斯和托马斯也强调了私有产权对提高效率的重要作用：“排他性的产权将激励所有者去提高效率和生产率，或者，在更根本的意义上讲，去获得更多的知识和新技术。正是这种激励的变化解释了人类在过去一万年中所取得的巨大进步以及相比之下在原始狩猎采集时代缓慢的发展。”[③]

第二，产品在性质上若竞争性弱、排他成本高(实际是具有非竞争性和非排他性的公共产品)决定与其相适应的制度安排是财政机制作用下的公有产权制度。因为对竞争性弱、排他成本高的产品来说，其一般是作为整体向社会提供，通常没有计量单位，这意味着其难以定价，而排他成本高意味着定价没有实际意义，因为过高的排他成本使得排他不具有经济上的可行性。这表明作为理性的经济人，其不会生产提供这种难以通过出售来抵补成本进而取得盈利的产品。而弱的竞争性意味着作为需求者存在通过“免费搭车”满足需求的可能，作为理性的经济人，其不会出价购买。经济人在利己动机的驱使下，产生的不是利他的客观效果，而是个体理性并不能保证集体理性得以实现的“囚犯困境”结局。因此，对该类产品来说就不存在由供求双方决定的价格，通过通常的以货币为媒介进行交换提供该产品事实上不可能。如果要解决该类产品的生产提供问题，就需要该类产品的共同受益者，协商谈判解决成本分担以及具体的产品生产提供过程所涉及的一系列问题，显然这需要付出高昂的交易成本。因此，完成该类产品的资源配置任务主要是解决降低交易成本而不是生产成本的问题。换言之，如果把生产成本与交易成本看作一对矛盾，那么对该类产品来说，交易成本是矛盾的主要方面。此时，公有产权和政府制度的比较优势就体现出来了。其摆脱了通过平等的社会成员横向谈判交易分担成本的思路，而是由凌驾于社会成员之上的权力组织——政府，通过掌握的政治权力强制性地筹集税收收入来解决公共产品的生产成本

---

① 德姆塞茨．关于产权的理论[A]//罗卫东．经济学基础文献选读[M]．杭州：浙江大学出版社，2007：259－271.

② 丹尼尔·W. 布罗姆利．经济利益与经济制度——公共政策的理论基础[M]．上海：上海三联书店，2006：15－16.

③ 丹尼尔·W. 布罗姆利．经济利益与经济制度——公共政策的理论基础[M]．上海：上海三联书店，2006：17.

分担问题。一旦收入由个人手中转移到政府手中，收入的私人性质就荡然无存，税收具有公有的性质。用税收的形式来解决公共产品生产成本的分担，从作为个体的社会成员角度看，虽然割断了产品利益获取与成本分担之间的联系（现实中的税收基本都是按照支付能力原则筹集的，按照受益原则筹集的税收收入数量很少），而且从这个意义上看这样的制度安排并不公平（享受比较多的公共产品和服务的社会成员可能并没有缴纳相对比较多的税收），但是，由此却可以大大降低市场制度借助私有产权生产、提供该产品所必须付出的巨大交易成本。因此，公共产品的性质决定其应与公有产权具有内在联系，从而具有非排他的社会属性，这自然也就与政府财政制度联系起来。虽然由此在降低交易成本的同时会增加生产成本，但只要交易成本降低的数额大于生产成本增加的数额，总成本下降，也就可以提高资源配置效率。

第三，竞争性一般和排他成本一般的产品（混合产品）所对应的制度安排应具体分析。竞争性相对较强、排他成本相对较低的产品，即更接近私人产品的混合产品相对适宜采用私有产权制度。竞争性相对较弱、排他成本相对较高的产品，即更接近公共产品的混合产品相对适宜采用公有产权制度。比较典型的混合产品适宜采用混合所有制，其中公有产权和私有产权所占比重取决于竞争性和排他性强弱的具体对比关系。排他性相对强、竞争性相对弱的混合产品应更多地强调私有产权的地位、作用；排他性相对弱、竞争性相对强的混合产品应更多地强调公有产权的地位、作用。

二、产品供给制度反作用于产品性质

产品消费上的竞争性决定了要通过制度安排实现排他。从这个意义上讲，的确是产品的性质决定了制度安排。但是，制度安排也会反作用于产品的性质，影响产品的排他性和竞争性的表现形式和实现程度，甚至可以说产品消费上是否排他在很大程度上受制于该产品所对应的制度安排。因为，如果不考虑排他成本的高低，任何一种产品的消费都可以通过制度的安排实现排他。从这个意义上讲，排他性实际是特定制度安排的产物。一旦产品的消费可以排他，则其竞争性也会受到影响。

从理论上讲，排他性并不取决于产品自身，而是取决于产品所对应的制度安排。一种产品，如照明灯具，如果由私人安装在家里，其所对应的私有产权制度决定其在消费上具有排他性；如果安装在马路旁，则与公有产权制度对应，其在消费上就具有了非排他性。传统的观点通过考察产品是否具有排他性和竞争性来确定其到底是私人产品还是公共产品。表面上看，该标准很客观，但实际上却忽视了制度安排对产品性质的影响。虽然归根结底产品性质对制度的选择起基础性制约作用，但制度的反作用同样不能忽视。同样一种产品，在不同的制度安排下会具有不同的性质。这种现象的客观存在使得按产品性质来区分公共产品和私人产品遇到了不小的麻烦。事实上，离开了特定的制度背景，我们难以判断某一产品到底是公共产品还是私人产品。例如，政府修建一座桥梁，如果与收费制度相对应，其就具有排他性，进而由此控制交通流量，其在消费上就具有了非竞争性；如果免费使用，其就具有非排他性，进而若导致交通拥挤，其就具有消费上的竞争性。同样是一座桥，制度不同，其具体性质也就不一样。

布坎南提出的“俱乐部产品”与其说是指出了一种产品类型，倒不如说是发现了一种影响产品性质的制度安排。[①] 俱乐部产品在消费上具有一定程度的竞争性，但只要不拥挤，消费的非竞争性还是能体现出来的。众所周知，俱乐部制度通过收取会费使俱乐部成员保持了较高的福利水平，随着新成员的加入，人均分担的成本降低，由此给消费者带来收益，随着拥挤程度提高，也会出现给消费者带来损失的问题，但只要俱乐部人数没有达到拥挤点，新成员的加入对所有成员来说，收益还是大于成本的。在边际收益等于边际成本时，俱乐部人数（即规模）达到稳定。俱乐部制度使消费上具有一定程度竞争性的产品通过具有排他性，把竞争性控制在一定程度之内，从而保证俱乐部成员能拥有较高的效用满足程度。

公共资源型产品与俱乐部产品正好相反，其与非排他公有产权这一特定的制度安排对应，使产品性质在具有非排他性的同时具有了竞争性。正常的逻辑应是由于产品消费上具有竞争性而需要通过特定的制度安排实现排他。因此，这一与正常逻辑相反的制度安排严格说是不合理的，公有草场资源的退化和公海渔业资源的枯竭可以说明这一制度所存在的局限。加勒特・哈定（Garrett Hardin）1968 年发表于《科学》杂志的论文《公地的悲剧》说明：“在一个信奉公地自由使用的社会里，每个人追求他自己的最佳利益，毁灭是所有的人趋之若鹜的目的地。”[②]

通过对上述两类产品性质的分析，不难看出，制度安排对产品性质有深刻影响。某一产品到底是公共产品还是私人产品抑或是混合产品，关键看其与什么样的制度相对应。如果其与私有产权和市场制度对应，其可被认为是私人产品；如果与公有产权和政府财政制度相对应，则可认为是公共产品[③]；如果与私有产权、市场制度和公有产权、政府财政制度两类不同性质的制度对应，则可认为是混合产品。其到底更多地具有私人产品的性质还是更多地具有公共产品的性质，取决于其生产、提供更多地依靠私有产权和市场制度还是更多地依靠公有产权和政府财政制度。例如基础教育服务，如果其与政府的义务教育制度结合起来，费用由政府承担，每个公民都可以无差别地

① Buchanan James M. An Economic Theory of Clubs[J]. *Economica*, Vol. 32(125), 1965: 1—14.

② 埃莉诺・奥斯特洛姆. 公共事物的治理之道[M]. 上海：上海三联书店，2000：11.

③ 布坎南从这个角度对公共产品和私人产品下过定义：“人们观察到有些物品和服务通过市场制度实现需求与供给，而另一些物品与服务则通过政治制度实现需求与供给，前者被称为私人物品，后者则称为公共物品。”参见 Buchanan J. M. The Demand and Supply of Public Goods [M]. Chicago: Rand McNally & Company, 1968: 3.

享受政府提供的义务教育服务，那么其就成为典型的公共产品；但是如果没有推行义务教育制度，费用完全由教育对象自理，那么这种基础教育服务就更多地具有了私人产品的性质。在这个意义上讲，制度甚至在某种程度上决定产品的性质，布坎南曾直接指出："任何物品或服务均可被视为纯公共物品，只要它是通过某种具有极端公共性特征的组织结构而实现供给的。"①

产品在消费上所具有的竞争性决定了采取何种制度来实现排他，从这个意义上讲，是产品性质决定了制度安排。但是"政治过程的复杂性决定了何种物品被作为公共物品而供给，并不局限于其是否具备消费上的非竞争性，更不会由这一特征唯一的决定"。② 如果现实中的制度都是自我发展演化而不是人为建构，那么产品性质与制度安排之间就不会存在矛盾，可是，现实中的很多制度却带有明显的人为建构性质。这种人为建构的制度在初始环节与产品的性质不相适应，由此会影响、改变产品的性质，并最终促使产品性质与制度安排相适应，进而使这种初始环节并不合理的制度安排长期看会处于制度锁定状态。这样的制度到底在哪些领域在多大程度上存在、是否存在改进的余地，是研究现实产品供给制度所不应忽视的问题。

第三节 产品性质及其与制度安排关系比较的启示

通过反思产品竞争性、排他性的性质及其与制度选择的关系，我们至少可以得到以下几点启示：

一、公共产品、私人产品、混合产品的区分须考虑制度背景

虽然我们依据萨缪尔森和马斯格雷夫界定公共产品概念所强调的非竞争性和非排他性可以判断一种产品是不是公共产品，但是必须认识到这种抽象掉产品的制度背景来对产品进行分类的思路是有局限的。因为，离开特定的制度背景，我们事实上难以判定一种产品或服务到底是否具有非竞争性和非排他性以及二者所达到的程度。排他性需要靠特定的制度安排来实现，其更多地体现为制度安排的结果。同样一种产品，由于所对应的制度安排不同，排他还是不排他及排他的实现程度会存在明显区别。这表明排他性和竞争性不同，竞争性虽然受制度安排及其所对应的排他性的影响，但主要还是取决于产品自身性质。

---

① Buchanan J. M. The Demand and Supply of Public Goods[M]. Chicago: Rand McNally & Company, 1968:35.

② 马珺．公共物品问题：文献述评[J]．中华女子学院学报，2012(1).

二、产品性质决定制度安排体现的是效率原则的要求

产品的竞争性体现人与自然的关系，是自然属性，排他性体现人与人的关系，是社会属性。产品具有竞争性才需要排他，如果不具有竞争性根本没必要排他。如果要排他就必须借助特定的制度安排来实现，就需要付出交易成本。只要付出的交易成本小于因此而减少的生产成本，这种制度安排就体现了效率原则的要求。私有产权制度有助于降低生产成本但不利于降低交易成本；公有产权有助于降低交易成本但不利于降低生产成本。一种产品到底是与私有产权制度对应，还是与公有产权制度对应，取决于是否有助于做到使总成本（生产成本与交易成本之和）最小。由于产品竞争性强的同时排他成本通常都比较低，因此，该类产品选择私有产权制度可以在有效降低生产成本的同时，并不需要付出沉重的交易成本增加的代价，所以竞争性强的产品应与私有产权制度对应；而竞争性弱的产品同时排他成本通常都比较高，因此，选择公有产权制度在有效降低交易成本的同时，并不需要付出过于沉重的生产成本增加的代价，所以竞争性弱的产品应与公有产权制度对应。

三、制度安排影响产品的性质并不意味着制度可以随意选择

因为不同的制度安排对应着产品的不同性质的同时也对应着不同的效率状态，只有对应比较高的效率状态的制度选择才能说是合理的。最初的制度可能体现为一种传统习惯，由习惯到习俗，由习俗到显俗和惯例，如此形成的制度更多地体现制度的自然演化性质。这样的制度作为行为规则更多地体现了规律的内在要求，其合理性可以得到保证。但现实中的制度并不都是自然演化的结果，而更多地体现为国家的主观选择。当这种主观选择和客观规律违背的时候，制度的合理性就难以保证。“在历史的大部分时间里，国家并没有为经济增长提供一个很好的结构。”[①]典型的例子是在计划体制下，我国把私人产品与公有产权制度对应起来，通过国有企业生产、提供私人产品、满足私人需要，这种制度的扭曲导致资源配置效率低下，极大地妨碍了民众生活水平的提高和社会的文明进步。“国家最重要也是最困难的任务是建立一系列的游戏规则，并将之付诸实施，以鼓励全民充满活力地加入经济活动中来。”[②]近年来，随着国有企业改革的深化，非公有制经济成分的发展，我国私人产品的生产、提供充分发挥了非公有产权和市场机制的作用，扭曲的制度得到纠正，由此带来了效率水平的提高和民众生活的改善。相反的例子是高等教育服务更多地具有私人产品属性，其应更多地与

---

① 诺斯．国家经济角色的昨天、今天和明天[A]//斯蒂格利茨．政府为什么干预经济[M]．北京：中国物资出版社，1998：162.

② 斯蒂格利茨．政府为什么干预经济[M]．北京：中国物资出版社，1998：163.

私有产权对应，但我国的高校绝大多数都是国有高校，由此导致一系列棘手问题。近年来国有高校债务规模的超常累积和高校的公有产权性质有一定联系，按照产品性质决定制度安排和产权结构的思路，应深化我国国有高校体制改革，鼓励民营高校发展。

本章小结

● 产品的非竞争性（竞争性）与非排他性（排他性）通常被认为是公共产品（私人产品）区别于私人产品（公共产品）的标志。产品的竞争性、非竞争性更多地体现产品的自然属性。产品的排他性、非排他性更多地体现产品的社会属性。产品的竞争性、非竞争性与产品的排他性、非排他性既具有相对独立的一面，同时又具有相互联系的一面。这体现在竞争性的强弱与排他成本高低成反向变动关系：产品竞争性强往往对应较低的排他成本，客观上要求排他性与之对应；竞争性弱往往对应较高的排他成本，客观上要求非排他性与之对应。

● 产品性质决定产品供给制度。产品竞争性强、排他成本低决定与之相适应的制度安排应是市场机制作用下的私有产权制度；产品竞争性弱、排他成本高决定与之相适应的制度安排应是财政机制作用下的公有产权制度；竞争性和排他性都一般的产品所对应的制度安排应具体问题具体分析。

● 产品供给制度反作用于产品性质。产品在消费上是否排他在很大程度上受制于产品所对应的制度安排。如果不考虑排他成本，任何一种产品的消费都可以通过制度安排实现排他。布坎南提出的“俱乐部产品”与其说是指出了一种产品类型，倒不如说是发现了一种影响产品性质的制度安排。判定一种产品到底是公共产品还是私人产品，抑或是混合产品，还需要考察其到底与什么样的制度安排相对应。

● 比较产品性质与产品供给制度的关系启示我们：公共产品、私人产品、混合产品的区分必须考虑产品的制度背景；产品性质决定产品供给制度是效率原则的客观要求；制度安排虽然可以影响产品性质，但这并不意味着产品供给制度选择可以主观随意。

重要概念

竞争性　非竞争性　排他性　非排他性　产品性质　产品供给制度　公有产权　私有产权　市场机制　财政机制　俱乐部产品　公共资源型产品

思考题

1. 如何理解产品的非竞争性（竞争性）与非排他性（排他性）的关系？
2. 如何理解产品的性质决定产品供给制度？
3. 如何理解产品供给制度反作用于产品的性质？

4. 应该如何协调产品性质与产品供给制度的关系？

材料分析

1. 诺斯和斯蒂格利茨对制度选择的看法

“在历史的大部分时间里，国家并没有为经济增长提供一个很好的结构。在过去，与其说国家是一个为公众利益服务的机构，还不如说它的性质更像黑手党。……国家开始关注经济是一个现代的现象。从重商主义时代，或者更确切地说，代议制政府出现时，这种现象才出现。”“代议制政府的出现导致了统治者与富有的需纳税的选民之间的交流。”

（资料来源：诺斯．国家经济角色的昨天、今天和明天[A]．斯蒂格利茨．政府为什么干预经济[M]．北京：中国物资出版社，1998：162.）

“我们经济学家在理论上建立的经济体系却经常忽视社会活动的复杂性。真诚、伦理和道德都会对经济活动和交易费用产生影响；更不用说诸如共产主义或极端宗教信仰的意识形态，我们应当比过去更多地考虑社会行为的复杂性。只有这样，我们才能最终缩小国家应该做的和国家实际上会做的之间的差距。”

（资料来源：斯蒂格利茨．政府为什么干预经济[M]．北京：中国物资出版社，1998：168.）

根据上述两位经济学家的论述，讨论应如何处理和协调产品性质与产品供给制度的关系。

2. 物业管理服务性质与制度选择

物业管理是社区治理的重要组成部分。当前群众关注的物业问题主要表现在物业公司服务不到位、费用收取支出不透明、业主欠缴物业费、老旧小区“失管”等方面，不少城市物业服务纠纷量大且不易调和。

家住北京市南五环外某小区的业主陈先生卷入了一场因物业公司提高物业费所引发的“乱战”：物业公司通知业主，物业费由2.18元涨到2.68元，这引发了部分业主的抵制。“物业公司声称经过了电话和入户商议，并与大部分业主达成了统一意见，但实际上部分业主并不知情。”陈先生说。物业公司还开了一个“收支说明会”，但账目并没有经过第三方审核，欠缺说服力。按照相关规定，物业公司提高物业费需要通过业委会并向相关部门备案，但该小区此前并未成立业委会，因这次涨价“风波”，部分业主主张成立业委会，没想到却将事态推向更严重的境地。“430户业主只有少数业主投了票，原因就是认为主张成立业委会的业主有私心，担心业委会成立后把物业换成和他们有利益关联的其他公司。”陈先生说。选举日前，支持方和反对方发生了较为激烈的对抗行为。

北京市住建委相关负责人介绍，近期因物业公司管理产生的问题频出，这与业主意识提高和物业行业发展滞后有直接关系。群众反映的问题主要与服务水平、相关收费收支、公共空间使用等有关。有的物业公司“有名无实”，对居民行为监督不到位。例如，2019年5月，北京中心城区一个小区住宅楼发生火灾，虽然没有造成人员伤亡，但火灾与物业“失管”关系密切。小区居民称，楼内线路老化、走线混乱，楼道电线杂乱无章、杂物堆砌，但物业公司长期不作为。当地居委会介绍，安全生产部门认定物业公司在日常监督过程中有所缺失，已对小区物业进行约谈并提出整改要求。有的物业公司资金使用是笔“糊涂账”。例如,东城区某小区业主反映,小区物业贴出告知书,称某单元两部电梯因紧急故障需要动用住宅专项维修资金60万元。北京长期从事物业问题研究的专家认为:即使购买新电梯也不用花这么多钱,其中很可能存在物业公司与维修方勾结、收取回扣的情况。经过咨询后,该业主向物业和当地街道反映了相关问题,物业公司最终没有动用高额资金。有的公共资源被物业挤占成为“摇钱树”。例如,一些业主反映所在小区物业私自将地下车库出售,引导外部车辆进入小区收取停车费,引发部分业主集体维权;也有业主反映小区物业公司没经过业主同意引入水站或商业服务项目占用公共空间,甚至限制业主选择宽带提供商的权利。

北京市高级人民法院的一份调研显示,近年来,北京全市涉物业服务相关纠纷呈持续高发态势。2014年全市法院受理物业纠纷案件24 019件,到了2018年收案49 013件,年均增幅达19.5%。物业公司与业主为何纠纷频发?首先,物业公司“多而杂”,服务能力参差不齐。北京实施专业化物业管理的住宅项目有4 000多个,服务小区的物业公司3 600个。“大量小公司专业化程度不高,不看重自身品牌效益和社会影响力,发展眼光短浅,服务能力和水平总体较差。”北京市住建委相关部门负责人说。其次,作为行使共同管理权的业主委员会成立比例较低。据介绍,与上海住宅小区业委会成立比例达到90%相比,北京只有25%。部分业主担心业委会有私心,无法公正公平保障全体业主权益;部分业主认为成为业委会成员牵扯精力较多,自身相关业务知识欠缺,且业主意见很难统一,工作开展难度较大。再次,住宅小区问题复杂,存在“执法不进小区”问题。根据《北京市物业管理办法》,住建、公安、消防、城管、园林等22个部门都有物业管理职责,且做了明确规定,但这些规定缺乏有效落实,部分职能部门不进小区执法,解决问题的“最后一公里”未打通。最后,历史遗留问题急需创新思路解决。据相关部门摸排统计,北京市现有小区1万个左右,超过半数小区属于老旧小区,处于“失管”状态,停车位严重缺失、楼道杂物堆放、私搭乱建、无物业管理等情况尤为突出。

2019年,北京市一方面通过“接诉即办”推动物业管理专项治理,一方面探索新机制、新方法,使物业服务质量差、水平低等多年“老大难”问题有望逐步得到解决。第一,展开北京全市物业项目“大检查”、制定履约考评体系。北京市住建部门建立物业企业信用信息公示机制,组织相关部门、街道、行业专家对全市物业公司进行打分,定期公布企业不良行为记录,加大对企业的警示作用,督促企业依法依规开展物业管理活动。第二,加强社区党建引领,在业主委员会和物业服务企业中设立党组织,鼓励“交叉任职”。要求物业服务项目负责人到社区“报到”,积极参与社区公共事务,共同做好社区治理。第三,建立物业费调整机制,街道、社区组织物业服务企业、业委会或业主共同协商物业服务标准和物业收费标准,实现按需调整,质价相符,促进行业良性发展。同时,业主委员会要协助催缴物业费,对恶意欠费业主信息进行公示,督促业主履行义务。

(资料来源:鲁畅．物管“老大难”,何时止“乱战”[J]．半月谈,2019(14).)

根据上述材料分析物业管理服务性质及相关利益主体的行为,探讨物业管理服务高效供给所面临的制约因素,提出优化物业管理服务供给制度的对策建议。

本章阅读文献

1. 弗里德利希·冯·哈耶克．自由秩序原理(上、下)[M]．北京:三联书店,1997.

2. 丹尼尔·W. 布罗姆利．经济利益与经济制度——公共政策的理论基础[M]. 上海:三联书店,2006.

3. 道格拉斯·C. 诺斯．经济史中的结构与变迁[M]. 上海:三联书店,1994.

4. 巴泽尔．产权的经济分析[M]. 上海:三联书店,1997.

5. 詹姆斯·A. 道,史迪夫·H. 汉科,阿兰·A. 瓦尔特斯．发展经济学的革命[M]. 上海:三联书店,2000.

6. 盛洪．现代新制度经济学(上、下)[M]. 北京:北京大学出版社,2003.

7. 埃莉诺·奥斯特罗姆,拉里·施罗德,苏珊·温．制度激励与可持续发展[M]. 上海:三联书店,2000.

8. 埃莉诺·奥斯特洛姆．公共事物的治理之道[M]. 上海:上海三联书店,2000.

第八章　公共产品供给制度的比较

所有的财政现象归根结底都是围绕公共产品的生产提供而展开的。公共产品供给总是需要借助特定的公共产品供给制度来实现。不同类型的公共产品供给制度既相互区别又相互联系。比较不同类型的公共产品供给制度,便于把握不同公共产品供给制度的比较优势和比较劣势,从而可为选择、组合公共产品供给制度,提高公共产品供给效率创造基础条件。

重点问题

- 公共产品供给制度的类型
- 不同类型公共产品供给制度的区别与联系
- 公共产品供给制度比较的启示

第一节　公共产品供给制度的类型划分[①]

一、公共产品的政府供给制度

公共产品的政府供给制度是指政府以强制征税为主要手段筹集财政收入,通过安排政府财政支出以供给公共产品的制度。公共产品的政府供给制度是最为典型、最具有代表性的公共产品供给制度,在公共产品供给制度体系中居于主导地位。现实经济生活中,虽然其他公共产品供给制度的地位日趋重要,但是大部分公共产品仍然是依靠政府供给制度或以公共产品政府供给制度为基础向社会提供的。

---

① 参见樊丽明．中国公共品市场与自愿供给分析[M]．上海:上海人民出版社,2005:6－11. 樊丽明教授把公共产品供给制度概括为前三种类型,本书增加的协商谈判供给制度虽与市场供给制度较接近但二者并不相同,因而不宜把后者囊括到前者之中。

二、公共产品的市场供给制度

公共产品的市场供给制度是指营利组织根据市场需求，以营利为目的，并以收费方式补偿费用支出的公共产品供给制度。严格意义上的公共产品一般来说难以通过市场渠道提供，也正是在这个意义上才发展完善起公共产品的政府供给制度。但是，有两个方面的因素为公共产品市场供给制度的存在和发展提供了余地：一是现实中的公共产品，并不都是严格意义上的公共产品。不少产品实际是兼具公共产品和私人产品双重属性的混合产品，有的混合可以排他，既然可以排他就能通过收费来抵补公共产品生产的成本甚至盈利。这就为公共产品的市场供给制度提供了存在余地。二是即便是严格意义上的公共产品，只要政府财政弥补费用开支，在其生产提供的若干环节，都可以充分利用市场机制的作用来提高资源配置效率，这就为市场供给制度与其他供给制度协调配合、共同完成公共产品的资源配置任务提供了可能。

三、公共产品的自愿供给制度

公共产品的自愿供给制度是指公民个人、单位，以自愿为基础，以捐赠等具体实现形式直接或间接提供公共产品的制度。个人、单位若提供严格意义上的公共产品，通常是难以弥补成本的，对提供者而言效益基本是全部外溢。作为利己的经济人通常并不愿意因提供公共产品而遭受利益损失。但是利己的经济人假设虽然是通过对多数人的行为进行长期观察、总结而得出的具有高度现实性的基本假设，但并不足以解释和说明所有人的行为，其具有非现实性的一面。现实中确实存在大量的利他行为。"按利他主义的观点，分享意识是一种强有力的大众黏合剂，人们愿意为此放弃收益。"[①]个人、单位、组织在明知道提供公共产品没有任何经济回报的条件下，仍然提供了大量的高质量的公共产品和服务，与之对应的制度安排就是公共产品的自愿供给制度。霍克曼和罗杰斯的研究认为：当富人的收入自愿再分配给穷人时，穷人因收入增加境况得以改善，富人因帮助了穷人而感到欣慰，自愿捐赠就符合"帕累托增进标准"[②]。

四、公共产品的协商谈判供给制度

公共产品的协商谈判供给制度是指地位平等的社会成员通过协商、谈判分摊公共产品的生产成本进而完成公共产品的生产、提供，满足公共需要的制度。从理论上讲，

---

① 乔・B. 史蒂文斯. 集体选择经济学[M]. 北京：三联书店，1999：141.

② Hochman Harold M, James D. Rogers. Pareto Optimal Redistribution[J]. *American Economic Review*, 1969, 59(September): 542—557.

不考虑交易成本，社会成员通过协商、谈判就公共产品的供给种类、供给规模及成本分摊方式等达成一致是完全可能的。事实上，按照社会契约论的看法，政府本身就是社会成员为了解决自己解决不了或解决不好的事情而创设出来的制度安排。只不过在现实经济生活中，受交易成本的制约，很多时候，特别是涉及交易人数较多的时候，高昂的交易成本决定了不少公共产品通过社会成员平等协商、谈判来解决成本分摊问题不具有经济上的可行性。

第二节　不同公共产品供给制度的区别

一、适用范围不同

确定某种公共产品供给制度的适用范围需要把握该公共产品供给制度的比较优势。公共产品的政府供给制度的比较优势集中体现为其在降低公共产品供给交易成本方面相对有效。这是政府的独到优势。政府作为管理公共事务的组织，代表民众做出集中决策，避免了社会成员之间通过交易谈判协商提供公共产品受偏好差异及“免费搭车”动机制约而带来的麻烦；也可以克服市场供给制度因公共产品难以排他不能通过收费来抵补成本的尴尬；还可以摆脱自愿供给制度下供给者的主观意愿对公共产品供给的影响。公共产品政府供给制度提供公共产品拥有其他供给制度所不可能拥有的弥补成本的方式和手段——税收。政府通过筹集税收收入弥补公共产品的生产成本，基本上采用的是支付能力原则，从而省去了根据受益原则收税要判定每个社会成员的受益情况、受益程度的麻烦①，把公共产品的供给过程与税收负担分配过程分离开来。虽然从理论上讲，这样做不利于体现公平原则，但是却可以大大降低交易成本。因此，公共产品的受益范围越大、受益人数越多，通过其他供给制度提供越是要承受巨额交易成本的公共产品，越适合采用政府供给制度。一般来说，纯公共产品相对混合产品，受益范围往往较大、涉及社会成员人数较多，因此往往更多地采用政府供给

---

①　根据税收价格观对税收的理解——税收是私人经济部门为消费公共产品而向政府部门支付的特殊价格。政府收税所应遵循的理想原则应是受益原则，即根据法人和自然人消费政府提供的公共产品和服务的受益情况来分配税收负担，做到同等情况、同等对待，不同情况、不同对待。但是，要准确量化有关经济主体的受益状况难度很大。在税收实践中，一般是根据支付能力来分配税收负担，而衡量支付能力的标准通常划分为“主观说”和“客观说”两类。前者包括绝对均等牺牲原则、比例均等牺牲原则和等量边际牺牲原则三大标准，分别构成定额税率、比例税率和累进税率三种税率形式的理论依据；后者包括收入、消费和财产三大标准，分别构成所得税、商品税和财产税三大税类的理论依据。

制度[①]。需要指出的是，公共产品采取政府供给制度并不意味着完全排斥其他供给制度，公共产品政府供给制度可以和其他供给制度协调配合，来共同完成公共产品供给任务。除纯公共产品外，一些混合产品也采用政府供给制度，但采用政府供给制度提供的混合产品往往是一些外部性相对明显的混合产品，如教育、医疗等。

公共产品市场供给制度相对其他供给制度的比较优势体现在其可以相对有效地降低公共产品的生产成本。严格来说，公共产品的市场供给制度实际是市场机制作为资源配置手段的特殊实现形式。从供给主体角度看，其可以以政府为主体，也可以以非政府的机构、组织、单位、个人为主体。也就是说，公共产品的市场供给制度并不是根据供给主体不同而划分出的制度类型。不过，从通常意义上来理解的市场供给制度，特别是与公共产品政府供给制度并列的市场供给制度，一般不是以政府为主体而是以私人为供给主体的一种公共产品供给制度。这就使该供给制度往往与私有产权有一定联系。私有产权的比较优势集中体现在可以实现较高的资源配置效率，有助于降低生产成本。但是私有产权在市场机制作用下配置资源生产提供公共产品一般需付出较高的交易成本。如果有些公共产品由私人借助市场机制提供并不需要付出较高的交易成本，同时又可以发挥私有产权的比较优势降低资源配置的生产成本，那么这些公共产品无疑就适合采用公共产品市场供给制度向社会提供。通常认为，公共产品的市场供给制度的运作需要以能够收回成本费用为前提，因此其适用范围被界定为消费上具有排他性，并可以以高于成本的价格收费的准公共产品，如非义务教育、高档健身设施、高速公路等。但是，这不等于说公共产品市场供给制度不能涉足消费上具有非排他性、非竞争性的纯公共产品资源配置领域。在纯公共产品资源配置的某些环节、某些方面，公共产品的市场供给制度仍然具备发挥作用的余地。显然，这需要公共产品的市场供给制度与其他供给制度协调配合，来共同完成纯公共产品的资源配置任务。例如，借助 PPP 模式就比较便于发挥市场供给制度在公共产品供给的某些环节、某些方面的积极作用。一般来说，警察服务通常借助公共产品政府供给制度提供，但是在警察教育、警用服装、装备的生产提供方面市场供给制度发挥作用的余地很大。这意味着公共产品的市场供给制度若涉足纯公共产品资源配置领域，一般离不开其他供给制度的协调配合，单靠市场供给制度自身，其发挥作用的空间非常有限。

公共产品的自愿供给制度的运作取决于自愿供给者的主观意愿，从理论上讲其涉及的公共品供给领域可以相当宽泛。但是，受自愿供给者自身能力的约束以及受自愿

① 公共产品的受益范围和受益人数一般来说正相关，受益范围越大通常意味着受益人数越多，但并不能绝对化。有的公共产品受益范围很大，甚至覆盖全国，但受益对象数目却相对较少，比如一些全国性的协会提供的管理服务，其服务对象是特定法人而不是自然人，这样的公共产品和服务就不一定要采用政府供给制度向社会提供。

供给者通常更想“雪中送炭”而不想“锦上添花”的主观偏好的影响，公共产品自愿供给制度多适用于能体现人文关怀精神的准公共产品的供给，社会救助、医疗服务、义务教育等公益事业往往是公共产品自愿供给制度发挥作用的重点领域。

公共产品的协商谈判供给制度是较为原始、古老的公共产品供给制度。应该说从产生时间早晚予以比较，公共产品的协商谈判供给制度比其他三种公共产品供给制度出现的时间都要早。在某种意义上讲，其他公共产品供给制度往往是为了弥补协商谈判供给制度的不足才得以产生发展起来。该供给制度的比较优势体现在其可以充分体现、反映公共产品受益者的利益、愿望和要求，到底需要提供什么种类的公共产品，提供什么质量、数量的公共产品，提供方式如何确定，受益者可以参与协商，因而有助于防止公共产品供求失衡，从而可以提高公共产品资源配置效率。但是地位平等的受益者协商谈判，通常存在偏好差异，汇总不同偏好，做出统一决策有一定难度。一般来说，公共产品受益范围越大，涉及人数越多，偏好差异越大，平等协商谈判供给制度发挥作用的余地越小。而受益范围非常小、涉及受益人数少，彼此之间偏好差异不明显，通过平等协商谈判达成一致意见的可能性越大。① 这类似瑞典经济学家林达尔所描述的“林达尔均衡”的实现情况。因此，一般来说，公共产品平等协商谈判供给制度主要适用于受益范围相对较小、涉及受益人数相对较少且受益者偏好差异不明显的公共产品。

二、决策机制不同

公共产品政府供给制度通过政府决策提供公共产品。政府作为代理人，代替民众做出决策，可以大大降低决策成本。除极其重大决策需要提交民众代表组成的权力机关审查外，一般决策都可以通过政府决策完成。相对其他公共产品供给制度，能在很大程度上降低决策成本是公共产品政府供给制度的比较优势。政府一般实行级次化管理，通常分为中央政府和地方政府，而地方政府又划分为若干级次。根据决策权在不同级次政府间划分格局的不同，政府决策可分为集权决策和分权决策两种类型。一般来说，国家国土面积越小、人口越少、地区差异越不明显、公共产品供给的规模收益越明显，集权决策越相对有效；反之，则分权决策相对有效。从理论上讲，政府决策不可能是完全的集权决策，也不可能是完全的分权决策，而应是集权决策与分权决策的

---

① “某些小集团不用靠强制或任何集体物品以外的正面的诱因就会给自己提供集体物品。这是因为某些小集团中的每个成员，或至少其中的一个成员，会发现他从集体物品获得的个人收益超过了提供一定量集体物品的总成本；有些成员即使必须承担提供集体物品的所有成本，他们得到的好处也要比不提供集体物品时来得多。……集团越大，它提供的集体物品的数量就会越低于最优数量。……集团越大，就越不可能去增进它的共同利益。”参见奥尔森．集体行动的逻辑[M]．上海：上海三联书店，1995：28－30.

有机结合。

公共产品的市场供给制度通过市场主体分散决策。公共产品供给的市场主体分散决策与私人产品供给的市场主体分散决策没有本质区别。在产品市场和要素市场上,企业和家庭分别扮演不同角色,掌握各自的决策权。无论企业决策还是家庭决策都受市场机制的自发调节。能通过市场渠道向社会提供的公共产品多为能排他的混合产品,私人分散决策需要考虑收费水平与所需成本投入的对比关系,收费水平与成本投入之间的差额即净收益的大小是影响私人决策积极性的重要因素。因为混合产品处于私人经济部门与政府公共经济部门的交叉地带,属于政府规制领域,收费水平通常并不完全由私人自主确定,而要接受政府干预、调节甚至直接由政府制定收费标准,政府制定的收费标准的高低是影响私人分散决策的重要因素。

公共产品的自愿供给制度通过慈善捐赠等形式由有关主体分散决策。决策通常要体现供给主体的偏好。与市场供给制度决策机制所不同的是,自愿供给制度下的决策机制更能反映供给主体自身的意愿和偏好,而前者虽然也由供给主体自主决策,但其行为更多地受市场因素的制约,公共产品收费标准和成本费用的对比关系是其不得不考虑的首要因素。而自愿供给主体虽然也会考虑成本费用的高低及自身财力状况,但并不追求经济回报。在这个过程中,政府通常可以发挥引导作用来影响公共产品自愿供给的资金投向。

公共产品的协商谈判供给制度是通过公共选择过程来完成集体决策,从理论上讲应遵循"一致同意"规则,但在公共产品供给能给所有人带来利益增进而只需解决成本分担问题时,某些人一般并不会投票反对而更可能选择"搭便车"行为,只要搭便车的人数不是太多以致无法筹集到足够资金,平等协商谈判制度就能完成特定公共产品的供给任务。平等协商谈判供给制度若涉及人数太多、偏好差异太大会导致决策成本过高以致制度无法运作。因此,公共产品的受益范围、受益人数、需要分担的费用数额、偏好差异大小等都是影响制度能否顺利实施的重要因素。

三、筹资机制不同

公共产品政府供给制度主要借助税收形式筹资。这是该供给制度相对其他供给制度在筹资机制方面所具有的最大优势。政府通过税收形式筹资可以大大降低筹资过程中的交易成本。由于公共产品自身的性质决定要准确判定每个社会成员从政府提供的公共产品和服务中得到了多大的效用和满足极其困难,因此税收若严格按照受益原则筹资无疑要付出高昂的交易成本,这种成本高到一定程度事实上就不具有经济上的可行性,公共产品的政府供给制度也就失去了赖以存在的起码经济条件。为了降低税收筹资的交易成本,现实中税收收入筹集和负担分配基本采用的是支付能力原则。完全不考虑社会成员从公共产品和服务消费中得到的效用和满足,而是直接根据支付能力的大小来分配税收负担。虽然这种把公共产品消费过程中的利益获取与收入筹集过程中的成本分担彻底割裂开来的做法在某种意义上损害了公平,但却带来了效率的极大提高,从而使公共产品的政府供给制度具备超强的筹资功能。① 从理论上讲,借助政府供给制度甚至可以供给所有的公共产品和服务,其他供给制度不能供给的公共产品和服务通过政府供给制度都可以解决。这在一定程度上也带来了公共产品政府供给制度垄断公共产品供给,不给其他公共产品供给制度发挥作用余地的风险。公共产品政府供给制度除通过税收形式筹资外,还可以借助非税收入形式,如公债、收费、规费等收入形式筹资。通过非税收入筹资可以弥补单纯通过税收筹资所存在的局限和不足,但也存在自身所难以克服的局限。因此,公共产品政府供给制度筹资形式的选择应具体问题具体分析,一般需要发挥不同筹资形式的比较优势,相互协调、相互配合、取长补短,共同完成公共产品政府供给的筹资任务。

公共产品的市场供给制度要通过市场渠道借助交换原则获取销售收入作为主要筹资形式。收费标准的高低制约筹资规模的大小。作为供给主体为了实现自身利益最大化一般倾向于提高收费标准,而收费标准提高会加重民众负担。为了增进公共利益,同时又要保证供给主体能获取正常利润,政府通常要合理制定收费标准。由于政府与企业之间存在信息不对称,企业会利用信息优势诱使政府制定较高的收费标准。一般来说,政府制定的收费标准越高,政府的寻租空间也就越大。掌握收费标准确定权的机构和人员会倾向于利用手中权力为供给主体制定偏高的收费标准,通过让供给主体获取超额利润的办法来攫取机构、个人私利。因此,政府制定收费标准的过程需提高透明度,应接受社会各界监督,一般应采取召开价格听证会的形式通过各方协商来确定收费标准。

公共产品的自愿供给制度通常借助供给者的自愿捐赠来筹资。供给主体自身的财力状况是影响捐赠资金数额的重要因素。通过大规模捐赠为公共产品自愿供给提供资金来源的主体一般为经济成功人士,都拥有较为雄厚的财力,但并不是所有财力雄厚者都有大规模的捐赠行为,这与不同个体的价值取向和人生信念存在巨大差异有关,同时也受政府政策的影响。在税收制度健全,巨额的收入和财富面临较为沉重的税收负担而捐赠则可以享受税收豁免待遇的政策激励下,私人通过自愿捐赠增加公共产品供给的积极性会提高。

公共产品的平等协商谈判供给制度往往通过按一定方式在供给主体间分担成本

① 税收作为政府筹资手段被奥尔森称为“选择性激励”手段,他认为:“选择性激励可以是消极惩罚,也可以是积极奖励。……税收支付是在消极选择性激励的帮助下获得的,因为那些被发现没有支付税收的人不仅要补缴税款,还要遭受惩罚。”参见奥尔森．国家的兴衰[M]. 上海:上海人民出版社,2007:20.

的方式筹资。能否达成成本分担协议是决定此种筹资形式是否能筹集到足够资金的关键。在有关主体经济地位、经济实力及在公共产品消费中所得效用和满足差别不大的情况下，平均分担成本即各有关主体等额出资的方式往往被采用。有关主体中若有人经济实力明显较强或在公共产品消费中能得到更大的效用和满足，在平等协商过程中通常会分担更大比例的成本。这意味着平等协商谈判供给制度事实上和公共产品的自愿供给制度已在交叉融合。

四、激励约束机制不同

在公共产品政府供给制度下，政府作为代理人接受民众委托解决民众自身解决不了或解决不好的事情，其所担负的职能任务集中为一点即是向社会提供公共产品和服务。在民众以及民众选出代表所组成的权力机关对政府的监督制约作用能够充分发挥，即横向委托代理链条实化的前提下，民众以及权力机关对政府高效率供给公共产品和服务给予高度评价有助于政府官员实现连任目标，这构成公共产品政府供给制度下的横向激励机制。一般来说，这种横向激励机制得以健全有助于提高公共产品政府供给制度运作效率。因为政府面向辖区民众提供公共产品和服务，政府提供的公共产品种类、质量、数量及供给方式是否有助于实现公共利益最大化，民众作为消费者拥有信息优势，最有发言权。因此，由民众及其代表组成的权力机关对政府绩效做出评价和表彰奖励可以健全公共产品政府供给制度的激励机制。在横向委托链条虚化，一级政府的公共产品供给绩效主要由上级政府和组织评价，即纵向委托代理链条实化的条件下，上级政府和组织对该级政府公共产品供给效率所进行的评价以及以此为基础所制定的政府官员晋升奖励或惩罚处分办法，构成公共产品政府供给制度下的纵向激励机制。一般来说，这种纵向激励机制在提高公共产品政府供给制度运作效率方面存在一定局限。因为政府面向辖区民众提供公共产品和服务，政府提供的公共产品种类、质量、数量及供给方式是否有助于实现公共利益最大化，上级政府和组织并不是消费者，其没有信息优势，其对下级政府的绩效水平做出评价往往还需要下级政府上报有关信息，这种信息的不对称会影响上级政府和组织评价的准确程度，道德风险和逆向选择难以避免。公共产品的政府供给制度运作受政府所能筹集到的各项收入总量的约束。作为地方政府，无论处于横向还是纵向委托代理链条，都会倾向于多提供公共产品和服务，提供高质量的公共产品和服务，但是这受政府可支配收入的约束。在横向委托代理链条强化的条件下，地方政府的行为会受到相对较强的监督，这种收入的预算约束会相对硬化，地方政府出现机会主义行为的可能性较小；在纵向委托代理链条下，地方政府的行为难以受到有效监督，这种收入的预算约束会相对软化，地方政府出现机会主义行为的可能性较大，这体现为地方政府对土地出让金收入、债务收入的追逐，容易导致严重的届别机会主义行为。

公共产品市场供给制度下，提供公共产品所能获得的净收益为公共产品的市场供给提供持久激励。这种激励机制和私人产品生产提供的激励基本没有本质区别。实质是利用私人对私利的追求在市场机制作用下客观上产生利他效果。一般来说，净收益越大激励作用越强，但从民众的角度考察，净收益越大，公共利益则越可能受到负面影响。但净收益也绝非越小越好，净收益过小，私人提供公共产品的积极性就会受到抑制，公共产品供给的数量质量及供给方式都难以较好地满足公共需要，这也不利于公共利益最大化目标的实现。保持合理的净收益，实现私人利益与公共利益兼顾，是健全公共产品市场供给制度激励机制的必然要求。公共产品市场供给制度会受到来自政府和民众两方面的约束。从政府角度看，其会对市场提供的公共产品的收费标准进行管理，公共产品提供者自然倾向于尽可能提高收费标准，而政府作为民众利益的代表则倾向于保持合理的收费标准，而不是一味压低收费标准。一味压低收费标准会严重抑制私人通过市场渠道提供公共产品的积极性，严重时可导致公共产品供给缺位，从长期看也不利于实现公共利益最大化。总之，政府确定的收费标准对供给者形成收入预算约束；从民众角度看，民众作为公共产品和服务的消费者，其对私人提供的公共产品和服务是否合适最有发言权。民众对提供者的评价虽然不会对供给者产生直接影响，但民众的意愿最终会转化为政府的要求，从而对提供者的生产经营活动带来压力。因此，民众的评价也构成公共产品市场供给制度下供给主体所面临的约束条件之一。

公共产品的自愿供给制度下供给者面临两个方面的激励：一是自愿供给者会因自愿供给公共产品而得到好的社会评价、获得较高的社会地位，这构成对自愿供给公共产品的精神激励；二是自愿供给公共产品一般可以豁免用于捐赠的各项支出所应承受的税收负担，这构成对自愿供给公共产品的物质激励。一般来说，自愿提供公共产品所能得到的社会赞誉度、政府对自愿供给者所给予的社会地位越高，激励作用越强；用于自愿提供公共产品的捐赠收入税收负担豁免程度越高，激励作用越强。公共产品自愿供给制度的运作受供给者自身财力约束。这构成客观约束条件。一般来说社会成员的收入、财富会首先用来满足自己的私人需要，自身财力弱小，满足私人需要尚不充裕，即便想参与公共产品的自愿供给，也会有其心而无其力。另外供给主体所受到的意识形态影响及价值取向构成主观约束条件。同样都是亿万富豪，有的慷慨捐赠，有的一毛不拔，这和个体的价值取向和主观选择有直接关系。

公共产品平等协商供给制度所对应的激励机制体现为通过平等协商提供的公共产品所能带来的利益增进。带来的利益增量越大，而需分担的成本越小，激励作用越强。反之，越弱。其所受到的约束主要是交易成本的高低。而交易成本则受公共产品受益范围、交易人数、距离远近、偏好差异程度、公共产品提供的净收益的大小、公共产品提供需分担的成本占收入的比例等诸多因素的影响。一般来说，若公共产品受益范围较大，涉及人数太多会加大交易成本，人数多到一定程度，彼此之间并不熟悉了解，“搭便车”现象就会非常严重，这会使平等协商供给制度难以运作。若交易主体彼此距离很近，在一个区域生活工作，有共同的偏好，则有助于降低交易成本。公共产品提供净收益很大，对所有参与交易的主体都有足够的吸引力，有助于短时间达成成本分担协议。另外，个体需分担的成本占个体收入的比重也是重要影响因素，占的比重越低越有利于达成成本分担协议，占的比例越高，该公共产品的提供对其私人需要的满足影响越大，机会成本越高，交易主体就必须反复斟酌、慎重抉择，这就会加大交易成本。交易成本的高低构成对平等协商供给制度的现实约束条件，交易成本高到一定程度，平等协商供给制度就无法运作。如果不考虑交易成本，“林达尔均衡”就具有现实性而不再是所谓虚拟均衡：每个人按照自己从公共产品消费中得到的边际效用大小来分担成本，公共产品的供求均衡就可以实现。

第三节　不同公共产品供给制度的联系

一、不同公共产品供给制度需合理分工以共同完成公共产品供给任务

黑格尔有句名言：存在即合理。任何一种公共产品供给制度只要现实中能够存在，肯定有其存在的必然性、合理性。相对其他公共产品供给制度，一种公共产品供给制度往往具有比较优势。基于比较优势原理①，不同的公共产品供给制度应该合理分工，通过相互协调、相互配合、相辅相成来完成总的公共产品供给任务。

公共产品的政府供给制度适合提供受益范围大、涉及人数多、公共产品属性体现得非常典型的公共产品。其比较优势是能够有效降低公共产品生产提供的交易成本，但是公共产品政府供给制度的运作往往依赖于公有产权，而公有产权的自身性质决定其在资源配置过程中发挥作用需要建立较长的委托代理链条，最终的委托人监督代理

---

①　比较优势原理最早由李嘉图提出，用来说明国家与国家之间实行自由贸易的必要性。现已作为一种基本的分析思路和研究方法在经济研究领域得到了广泛应用。比较有代表性的例子是林毅夫教授成功的运用比较优势原理解释了改革开放后中国取得经济发展奇迹的原因，其观点可简单概括为：在改革开放之前，中国劳动力资源充裕而资本严重短缺，按照比较优势原理，中国应发展劳动密集型产业，但当时中国违背了比较优势原理，发展的是资本密集型产业，这等于用自己的比较劣势与西方国家的比较优势竞争，所以经济发展绩效水平低。改革开放后，中国遵循了比较优势原理发展劳动密集型产业，用自己的比较优势与西方国家比较劣势竞争，所以取得了举世瞩目的经济发展成就。

人往往达不到理想效果。相对私有产权条件下较短的委托代理链条，其在降低生产成本方面往往居于劣势。之所以公共产品的政府供给制度仍然在公共产品供给制度体系占有极其重要的地位，因为通过公共产品政府供给制度配置资源提供公共产品虽然要付出相对高的生产成本，但是若相对其他公共产品供给制度能节约更多的交易成本，那么采用这种公共产品供给制度仍然具有必要性、合理性。

公共产品的市场供给制度适合提供可以排他的公共产品。纯公共产品不可排他，但是在大量的混合产品中，有一部分是可以排他的，这部分公共产品或称混合产品是适合采用市场供给制度的。市场供给制度的运作往往依赖私有产权。私有产权自身的性质决定了其要在公共产品的资源配置过程中发挥作用，即便需要建立委托代理链条，该链条相对公有产权也要短得多，委托人可以对代理人进行较为有效的监督，因而公共产品的市场供给制度有助于降低生产成本，但其通过市场交换弥补成本的方式决定其必须付出交易成本，这个交易成本比政府按照支付能力征税要高很多。因此，如果通过公共产品市场供给制度去提供受益范围大、涉及人数多、判定每个人受益程度难度大的公共产品，是勉为其难，是用其比较劣势去替代政府供给制度的比较优势。如果公共产品可以排他，则通过市场供给制度提供并不需要付出多大的交易成本，同时又能有效降低该公共产品的生产成本，此时该公共产品供给制度相对政府供给制度就具有了比较优势。①

公共产品的自愿供给制度在提供一些能体现人文关怀精神的公共产品方面具有比较优势。公共产品的自愿供给者一般都秉承一定的宗教信仰，推崇积德向善，为保障社会弱者享受到一定数量、质量的公共服务可发挥重要作用。比如在社会救助、义务教育、医疗服务等方面，由私人或志愿者组织自愿供给的公共产品占有一定比重。但是公共产品的自愿供给制度也有其局限，这体现在：一是要求所有社会成员都有利他精神是不现实的，自愿供给的公共产品在公共产品供给总量中所占比重往往偏低；二是自愿供给的公共产品在资源配置方向上完全取决于供给者的意愿，在特定条件下会与社会成员对公共产品的需求结构发生偏离。因此，在多数国家，公共产品自愿供给制度往往都是发挥拾遗补阙作用而难以占据主导地位。

公共产品的平等协商供给制度的比较优势体现为在提供小受益范围的公共产品，特别是公共产品受益仅涉及为数极少的社会成员时，采用其他公共产品供给制度配置

---

① 德国财政学家瓦格纳认为："如果私人个人或团体，或者像市政当局这样的公共组织，可以提供同样的服务并且成本更低，那么也应该拒绝由国家来提供相应服务（相对拒绝原则）。"（参见马斯格雷夫，皮考克．瓦格纳：财政学三论[A]//刘守刚，王晓丹译．财政理论史上的经典文献[M]．上海：上海财经大学出版社，2015.）这实际上既明确了选择公共产品供给制度或方式的依据，也肯定了公共产品市场供给制度相对政府供给制度所可能具有的比较优势。

资源反倒是不合适的。比如由政府供给制度来提供这种极小受益范围的公共产品，无异于大材小用，公平和效率原则都难以体现。因为受益范围极小，只涉及有限的几个社会成员，如果政府提供并在辖区内分担成本，这会导致利益获取与成本分担分离而难以体现公平原则；由于受益范围极小、涉及人数极少，由政府提供并不能实现规模收益而且由于政府并不了解极少数社会成员的偏好导致信息不充分从而会加大供求脱节的可能性。如果采用市场供给制度，若该公共产品不能排他，或者虽然可以排他但是供给规模过小，私人会因不愿承担交易成本或因净收益过小而放弃提供进而导致市场失灵。如果该公共产品并不能体现人文关怀精神，自愿供给制度通常也不会对这样的公共产品给予关注。此时，通过社会成员之间的平等协商，在相互熟悉、了解从而不能隐瞒偏好采取"搭便车"行为时，这种供给制度就可以较为充分地体现效率和公平原则。特别是在分担的成本占每人收入的比例很低，公共产品提供的净收益对所有人都比较可观的条件下，通过平等协商达成成本分担协议就更为容易。在这种情况下采用协商谈判供给制度完全可以体现利益获取与成本分担对称的公平原则，同时在公共产品供给的种类、数量、质量及供给方式方面充分征求每个相关主体的意见和要求，可以在最大程度上做到公共产品供求均衡，因而也能体现效率原则。

二、不同公共产品供给制度需相互融合以共同完成公共产品供给任务

各种公共产品供给制度都是瑕瑜互见的，在具有比较优势的同时一定也会有比较劣势。处理不同公共产品供给制度的相互关系，如果用一种公共产品供给制度完全替代另一种公共产品供给制度，虽然可以避免后者的比较劣势，但同时也舍弃了后者的比较优势；在发挥前者比较优势的同时，也把前者的比较劣势保留了下来。这样的做法显然并不是最佳选择。最佳选择应是通过制度的相互融合、取长补短，集中各种公共产品供给制度的比较优势，舍弃各种公共产品供给制度的比较劣势，由此才能健全、完善公共产品供给制度。

（一）公共产品政府供给制度与市场供给制度的融合

公共产品政府供给制度有助于降低公共产品供给的交易成本，但往往付出生产成本提高的代价；公共产品市场供给制度有助于降低公共产品供给的生产成本，但往往付出交易成本提高的代价。因此，处理二者的关系，应具体问题、具体分析，实现制度的融合。

一是以公共产品政府供给制度为主，融合公共产品市场供给制度。这种融合可以通过政府来实现。"对于政府直接生产的公共品范围，应当按照政府直接生产与非政

府直接生产的比较效率原则，逐项做出分析评估。”①如果非政府直接生产可以实现更高的效率，那么该公共产品采取政府提供、政府直接生产的模式提供显然是不合适的。“警察既可由政府直接生产（公立学校培养），也可由私人生产（私立学校培养），政府‘采购’。同样，常规武器由私人军火商生产、政府采购的制度安排，也是军事大国用来提高国防资源配置和使用效率的主要途径。”②公共产品政府供给制度融合市场供给制度往往借助公共产品生产与提供的分离来实现。公共产品政府提供是指需要由政府来解决成本分担问题，由于其可以通过税收筹资，因而可以大大降低交易成本；而借助私人生产则可以发挥私有产权的比较优势降低生产成本。这种融合也可以由私人完成。比如私人可以在政府提供的安全保障服务的基础上再通过市场渠道购买一定数量的私人安保服务作为补充。

二是以市场供给制度为主融合政府供给制度。比如市场渠道供给公共产品通常存在效益外溢，政府对此可通过调节性税收政策和调节性补助政策予以纠正。此时发挥主要作用的是公共产品的市场供给制度。因为此时虽然存在效益外溢，但效益外溢并不严重，如果完全由政府供给制度替代市场供给制度，会因由此而增加的生产成本大于节约的交易成本而提高总成本。所以，发挥市场供给制度的主要作用仍然是必要的，政府供给制度只需拾遗补阙即可。其他的实现方式还包括：贷款和借款担保，建立合伙企业，政府采购，奖赏、奖励和赠予，改善公共投资政策，技术援助，股份投资，交换（私人以提供某些公共产品为条件获得政府的授权），规范市场，等等。③

（二）政府供给制度与自愿供给制度的融合

通过公共产品政府供给制度提供的公共产品一般来说都有较大的受益范围。在较大的受益范围内，不同的受益对象往往是有差别的，客观上需要政府在提供公共产品和服务的时候具体问题具体分析、不同情况不同对待。但一级政府往往各种公共管理事务缠身，难以拿出足够的时间、精力以及人力、物力、财力来从事一些烦琐的细节性工作。因此，通过政府供给制度提供的公共产品一般来说带有“一刀切”的性质，客观上需要有其他公共产品供给制度来弥补这种局限和不足，以便使公共产品供给在做到“面”上广覆盖的同时，也尽量做到“点”上的区别对待和具体分析，把具有共性的公共产品和服务的供给与针对具体对象提供的具有个性特征的公共产品和服务的供给结合起来。政府供给制度与自愿供给制度的融合恰恰就可以体现这种要求。

根据财政职能在政府间的划分，公平收入分配职能主要由中央政府承担，需要建立全国统一的社会救助体系，但全国范围内不同地区、不同的救助对象所需求的救助

① 卢洪友．公共商品供给制度研究[M]．北京：中国财政经济出版社，2003：252.

② 卢洪友．公共商品供给制度研究[M]．北京：中国财政经济出版社，2003：253.

③ 卢洪友．公共商品供给制度研究[M]．北京：中国财政经济出版社，2003：262－263.

服务会存在一定差别，虽然可以在不同级次政府间通过实行财政分权提高社会救助的精细、精准程度，但政府掌握的信息总是有限的。而公共产品的自愿供给由于供给主体自身性质具有特殊性，其一般都是在掌握精准信息的条件下开展救助服务，这样的服务一般会具有很强的针对性、精准性，因此把这两种公共产品供给制度相结合有助于保证社会救助服务供给能更好地体现效率和公平原则。

（三）政府供给制度与平等协商供给制度的融合

政府供给制度的比较优势是提供大受益范围的公共产品；平等协商供给制度的比较优势是提供小受益范围的公共产品。二者的职能范围还是可以划分出相对明确的界限，似乎更应该各司其职、各负其责而没有必要实现制度融合，但事实并非如此。因为公共产品的受益范围具有多样性，有不少公共产品的受益超出了小的群体范围，但又远远没能覆盖基层政府辖区。对小的群体来说，由于存在效益外溢，在小群体内部实现成本分担难度颇大，由此所带来的高昂的交易成本往往使小群体难以通过协商谈判完成该公共产品的供给。如果由基层政府通过政府供给制度来提供该公共产品，由于其受益相对集中在小群体内部，由政府在辖区内分担全部成本并不能体现利益获取与成本分担对称的公平原则；同时，政府集中决策导致供求失衡的可能性加大也不能很好地体现效率原则。这时候就需要实现公共产品政府供给制度与自愿供给制度的融合。到底是以政府供给制度为主融合平等协商供给制度，还是以平等协商供给制度为主融合政府供给制度，需要根据公共产品的具体受益范围相机抉择。如果受益范围相对接近基层政府辖区，则应以政府供给制度为主；如果相对局限于小群体内部，则应以平等协商供给制度为主。比较典型的例子是乡村内部道路的修建就采取了政府供给制度与平等协商供给制度相结合的实现形式。村内道路受益范围主要局限在村内，但是作为道路体系的组成部分存在效益外溢，所以村内道路的修建采取政府财政按比例出资和村内民众分担一定比例建设费用相结合的办法，既降低了平等协商提供公共产品的难度，也在一定程度上减轻了财政负担，同时也满足了公共需要，增进了公共利益。

（四）市场供给制度与自愿供给制度的融合

市场供给制度适用于可排他的公共产品的供给。通常其不仅可以使供给者能够弥补成本，还可以取得一定盈利和回报，但市场供给制度可排他的性质使得公共产品消费与费用支付联系在一起，交费可以消费，不交费不可以消费，虽然由此有助于提高公共产品供给效率，但却不一定能体现公平原则，更难以体现人文关怀精神。这就需要自愿供给制度与之融合。比如市场供给制度提供的高等教育服务，一般收取昂贵的学费，不交学费者不能享受高等教育服务，但这种市场供给制度对家境贫寒的学生接受高等教育设置了障碍，为消除这一障碍，私人通过捐赠形式自愿提供资金设立奖学金，可保证品学兼优的寒门子弟能顺利接受高等教育。再如私人医疗机构提供的医疗服务，其通过定价收费来弥补成本进而取得一定盈利。但是有的患者亟须治疗但没有支付能力，私人医疗机构可以拒绝为其提供医疗服务。但是这与医院应该秉承的"救死扶伤、发扬革命的人道主义"的精神追求相悖，于是不少私人医疗卫生机构也为没有支付能力的患者提供基本的医疗卫生服务。这就是公共产品市场供给制度与自愿供给制度的融合。

（五）市场供给制度与平等协商供给制度的融合

市场供给制度供给公共产品类似私人产品通过市场渠道供给，作为需求者只需要出价购买即可，比如私人提供的高等教育服务等，其具有排他性，可将拒绝付款者排除在消费范围之外。高等教育服务还具有可分割性，可以向教育对象单个收费。这体现为比较典型的公共品市场供给制度。但是有的公共产品和服务尽管具有排他性，也可以向受益对象单个收费，但对于公共服务供给主体却需要由受益对象共同做出选择，这就不是仅仅依靠市场供给制度或平等协商供给制度单独所能解决的问题，客观上需要二者融合。例如，小区物业公司为业主提供的物业管理服务。首先小区业主需要对物业公司做出选择，到底需要聘请哪个物业公司提供物业管理服务，这需要通过平等协商供给制度召开业主大会选出业主委员会进行选择，然后再由选中的物业公司提供物业管理服务，业主则按物业公司收费标准缴费，这就体现为在平等协商供给制度的基础上融入公共服务的市场供给制度。

（六）自愿供给制度与平等协商供给制度的融合

自愿供给制度受供给者自身能力的制约。有时自愿供给的公共产品和服务并不能满足需求者的公共需要。完全通过平等协商来分担公共产品和服务的生产成本，可能又超出需求者的承受能力，此时通过自愿供给制度与平等协商供给制度的融合来共同完成公共产品和服务的供给和成本分担就可能是一个理性选择。比如某个村庄道路的修建，如果完全依靠平等协商供给制度分担成本，可能超出多数村民的承受能力而难以达成一致意见。若村里有创业成功、经济实力雄厚者有回报村民的意愿，愿意为道路的修建负担一部分成本，但全部负担有难度，超出其承受能力，此种情况下通过公共产品自愿供给制度与平等协商供给制度的融合可能就有助于完成村里道路的投资建设工作。通过创业成功者负担一部分成本，剩余部分由村民平等协商分担，从而使双方分担的成本都不超过自身的承受能力，这就解决了单纯依靠一种公共产品供给制度所难以解决的问题。

（七）两种以上公共产品供给制度的融合

公共产品政府供给制度、市场供给制度、自愿供给制度、平等协商供给制度四种基本制度类型，如果两两融合有六种搭配组合模式，如果三种制度融合有四种搭配组合模式，还可以四种制度融合。这些模式在现实中都可以找到实际的案例。例如，已有小区加入集中供暖就是政府供给制度、市场供给制度和平等协商供给制度三种制度的融合。有的小区建成时间较早，没有集中供暖服务，这给小区居民带来很大不便，如果要加入集中供暖，政府财政要拿出一部分资金予以补助，主要用于楼体加装保温层以达到节能环保要求；小区加入集中供暖后，小区业主要和集中供暖公司签订供暖合同，按照套内建筑面积的平方数和集中供暖公司的收费标准交集中供暖费，这属于公共产品和服务的市场供给。另外，集中供暖公司为了实现规模收益、降低单位供暖成本，要求小区加入集中供暖的户数不少于80%才同意为小区提供集中供暖服务。这就要求小区业主需要通过平等协商争取使同意加入集中供暖的户数超过80%，显然已有小区加入集中供暖属于三种供给制度的混合。乡村卫生室提供医疗卫生服务则可以实现四种供给制度的融合，首先乡村卫生室可以得到政府财政发放的补助，这对应的是医疗卫生服务的政府供给制度；乡村卫生室向服务对象收取药品费、诊疗费，这属于医疗卫生服务的市场供给制度；对于乡村贫困者，乡村卫生室也免费提供基本的诊疗服务，这属于医疗卫生服务的自愿供给制度；对于乡村卫生室提供的卫生防疫服务，乡村按人平均分担小额成本，这属于平等协商供给制度。总之，通过公共产品供给制度的融合有助于发挥不同种类公共产品供给制度的比较优势，回避其比较劣势。

第四节 公共产品供给制度比较的启示

一、发挥不同公共产品供给制度的比较优势，防止出现“越位”和“缺位”

任何一种公共产品供给制度在特定条件下都有其存在的必然性、合理性。因此不同的公共产品供给制度应该合理分工，发挥各自的比较优势，提供最适合其提供的公共产品和服务，提高公共产品和服务供给效率，防止出现公共产品供给制度选择的“越位”和“缺位”。各种公共产品供给制度关系的处理和协调问题最容易出在公共产品的政府供给制度方面。因为政府作为管理社会公共事务的机关，其本身就在公共产品供给中居于主导地位，所以在完善公共产品供给制度体系、协调各供给制度相互关系时，公共产品政府供给制度容易出现“越位”和“缺位”问题。

公共产品政府供给制度的“越位”主要体现为政府过度垄断公共产品供给，本来适合采用其他供给制度提供的公共产品和服务却采用政府供给制度，从而违背比较优势原理。公共产品政府供给制度的“越位”意味着其他公共产品供给制度的“缺位”。例如，一些可以排他的公共产品，市场供给制度是相对有效的，因为其可以在并不付出太大交易成本的前提下，有效降低生产成本，从而使得公共产品供给的总成本下降；而采用政府供给制度，虽然其比较优势是降低交易成本，但这种可排他的公共产品并没有为政府供给制度提供多大发挥作用的空间和余地，因为政府供给制度往往需要借助公有产权配置资源，这需要付出较高的生产成本，总成本会因采用政府供给制度不仅不下降反而提高。因此，这种公共产品政府供给制度的"越位"、市场供给制度的"缺位"明显是不合适的。适合平等协商提供的涉及人数很少、受益范围很小的公共产品若采用政府供给制度，表面上看政府似乎是在全面履行职能，但实际却是越俎代庖，不仅难以体现利益获取与成本分担对称的公平原则的要求，而且还容易导致供求脱节出现效率损失。这种公共产品政府供给制度的"越位"、协商谈判供给制度的"缺位"也是不合适的。

公共产品政府供给制度的"缺位"主要体现在受益范围很广甚至与政府辖区范围重合、涉及人数众多甚至几乎等于政府辖区人口的公共产品，政府供给制度没有承担相应的供给责任，交由市场供给制度、协商谈判供给制度甚至是自愿供给制度来提供。公共产品政府供给制度的"缺位"意味着其他公共产品供给制度的"越位"。例如，近年来各个地方政府普遍推行的"PPP 模式"，所提供的公共产品很多都是应由政府供给制度配置资源生产提供的，项目本身没有任何直接收益，私人资本基本不具有发挥作用的空间和余地，而不少地方政府却通过政府担保由私人资本出资提供，把"PPP 模式"异化为变相的政府债务融资手段，这是对"PPP 模式"的滥用，不仅蕴含巨大的地方政府债务风险，而且也扭曲公共产品供给制度的相互关系。再如政府供给制度在诸如义务教育、基本医疗服务等方面投入严重不足，使本来应发挥拾遗补阙作用的公共产品自愿供给制度发挥基础性作用，也属于典型的公共产品政府供给制度的"缺位"、其他供给制度的"越位"。另外，在广大农村地区，虽然公共产品的平等协商供给制度发挥作用的余地确实很大，但是有些公共产品的受益范围已相当大，甚至超出了最基层政府的辖区范围，受益人数已涵盖相当规模的社会成员，对这样的公共产品仍通过平等协商解决成本分担问题，受交易成本的制约，进展往往缓慢，这就属于比较典型的公共产品政府供给制度的"缺位"、协商谈判供给制度的"越位"。

二、促进不同公共产品供给制度的相互融合，形成公共产品供给"合力"

不同的公共产品供给制度在具有比较优势的同时，也具有比较劣势。在用一种公共产品供给制度取代另一种公共产品供给制度时，可以做到用前者的比较优势替代后者的比较劣势，但同时也就用前者的比较劣势替代了后者的比较优势。如果比较优势替代比较劣势带来的利益增进小于比较劣势替代比较优势所遭受的利益损失，那么这种替代得不偿失，显然是不合适的。如果比较优势替代比较劣势带来的利益增进大于比较劣势替代比较优势所遭受的利益损失，那么这种替代就具有经济上的可行性。但是相对于通过制度融合，做到“集二者之长、弃二者之短”，仍然不是理想做法。因此，采取措施促进不同公共产品供给制度的相互融合，对于降低公共产品和服务供给的总成本，提高公共产品供给效率具有重要意义。

促进公共产品供给制度的相互融合，首先需要打破政府对公共产品供给的垄断。政府拥有政治权力，其可以通过收税来抵补公共产品生产的成本，这是政府相对其他公共产品供给主体所具有的最大优势。从这个意义上讲，政府有能力提供所有的公共产品。这在实践中很容易导致政府对公共产品供给的垄断。在私人经济部门，垄断会导致效率损失。在公共经济部门，政府对公共产品供给的垄断通常也会导致效率低下。在历史上和实践中，政府相对其他主体在地位上所具有的特殊性，决定了政府垄断公共产品供给的格局很难被打破。一般情况下只能在政府垄断公共产品供给导致严重的效率低下所造成的负面影响超出政府自身承受能力时，其才会被迫放弃对公共产品供给的垄断，这就是所谓的“倒逼机制”，与之对应的是“被动式的制度变迁”。如果政府能在实践中总结经验、教训，认清公共产品供给制度变迁发展的内在规律，则实现“主动式的变迁”也是可能的。政府会积极主动地为其他公共产品供给制度提供发挥作用的余地和空间。其次，需要政府对其他公共产品供给制度作用的发挥提供足够支持。比如，对于自愿供给制度，由于其通常采用私人捐赠的实现形式，为了提高私人的积极性，政府一般会对私人用于捐赠的收入实行免征所得税的政策，对于热心慈善事业的大规模捐赠者政府一般会给予较高的政治待遇并通过舆论宣传予以褒扬；对公共产品的协商谈判供给，政府一般也会予以必要引导，以降低协商谈判过程中的交易成本；对于公共产品的市场供给，政府有时会授予私人特许权并结合政府定价予以规制，对公共产品供给过程中的效益外溢会根据外溢程度予以补助等，这都可视作政府为公共产品供给制度的融合创造条件。再次，应根据公共产品具体性质相机确定不同公共产品供给制度在制度融合过程中的地位和作用。对于受益范围远小于基层政府辖区的公共产品，若受益者之间相互熟悉、了解从而能有效解决“搭便车”问题，可以协商谈判供给制度为主融合政府供给制度、自愿供给制度；对于大受益范围的公共产品则应以政府供给制度为主融合市场供给制度、自愿供给制度等。对于可以排他的公共产品，则可以市场供给制度为主融合政府供给制度、自愿供给制度等。最后，应根据公共产品生产提供链条所涉及的各个环节设计具体的制度融合形式。一般来说，纯公共产品多需要由政府提供，但政府提供并不等于由政府直接生产。多数纯公共产品可以采用私人生产、政府购买的方式提供，政府购买公共服务就成为公共产品政府供给制度和市场供给制度融合的具体实现形式。通常，公共产品的政府供给首先需解决融资问题，一般来说，税收是非常重要的融资形式，但在政府面临的公共产品供给任务较重、支出压力较大、税收收入不足以满足支出需要时，特别是在提供的产品和服务还能有回报并足以抵补成本并取得盈利的条件下，采用"PPP 模式"，利用私人资本完成特定公共产品和服务的供给，不失为在公共产品供给链条的融资环节实现政府供给制度与市场供给制度融合的理想实现形式。

本章小结

● 公共产品供给制度可划分为政府供给制度、市场供给制度、自愿供给制度和平等协商谈判供给制度四种类型。这四种公共产品供给制度各有不同的适用范围、决策机制、筹资机制和激励约束机制。

● 公共产品供给制度的联系体现在两方面：一方面，一种公共产品供给制度相对其他公共产品供给制度，往往具有比较优势，基于比较优势原理，不同的公共产品供给制度应该合理分工，通过相互协调、相互配合、相辅相成来完成总的公共产品供给任务；另一方面，各种公共产品供给制度都是瑕瑜互见的，在具有其比较优势的同时一定也会有比较劣势。处理不同公共产品供给制度的相互关系，如果用一种公共产品供给制度完全替代另一种公共产品供给制度，虽然可以避免后者的比较劣势，但同时也舍弃了后者的比较优势；在发挥前者比较优势的同时，也把前者的比较劣势保留了下来。这样的做法显然并不是最佳选择。最佳选择应是通过制度的相互融合，集中各种公共产品供给制度的比较优势，舍弃各种公共产品供给制度的比较劣势，由此才能健全、完善公共产品供给制度。

● 比较公共产品供给制度得到的启示是：不同的公共产品供给制度具有不同的比较优势，选择公共产品供给制度应该根据公共产品供给所面临的具体约束条件选择合适的公共产品供给制度，防止出现公共产品供给制度的"越位"和"缺位"。促进公共产品供给制度的相互融合，首先需要打破政府对公共产品供给的垄断；其次需要政府为其他公共产品供给制度作用的发挥提供足够支持；再次，应根据公共产品具体性质相机确定不同公共产品供给制度在制度融合过程中的地位和作用；最后，应根据公共产品生产提供链条所涉及的各个环节设计具体的制度融合形式。

重要概念

公共产品供给制度　公共产品政府供给制度　公共产品市场供给制度　公共产品自愿供给制度　公共产品平等协商供给制度　比较优势　比较劣势　分工　融合

思考题

1. 公共产品政府供给制度、市场供给制度、自愿供给制度及平等协商谈判供给制度有什么不同？

2. 公共产品政府供给制度、市场供给制度、自愿供给制度及平等协商谈判供给制度有什么联系？

3. 比较公共产品供给制度有什么启示？

材料分析

1. 民间慈善事业提供的救助服务

东汉时期，佛教传入中国，佛教寺院的济贫事业随之兴起，这是中国最早的民间慈善救济事业。寺院和僧侣用来从事慈善事业的最大来源是社会的捐助和施舍。佛教慈善思想的核心是行善的功德论，即“福报”“修福”的观念，这对社会上的一些富人有很强的吸引力，因此，汉唐佛教寺院的慈善事业长盛不衰，主要包括济贫、赈灾、医疗、戒残杀、宣传行善等方面。宋代以前的民间慈善事业大多数是由寺院僧侣和佛教信徒从事。但是从宋代新儒学兴起后，这一状况有所改变，个人慈善活动零星出现，慢慢发展到普及。

在明清之前，以捐谷赈灾、修路建桥为主要内容的个人慈善活动早已存在，如经常为人所提及的范仲淹的“义田”、刘宰的“粥局”、朱熹的“社仓”等，但这些慈善活动很难发展成为一种制度化的慈善事业。明末清初，在江南的武进、无锡、嘉善、太仓、昆山等地先后出现了同善会、广仁会、同仁会或善堂等民间慈善团体。它既不同于宋朝以前国家干预的慈善事业，也有异于此前出现的民间慈善活动，它是中国历史上一种全新的非宗教性的、非宗族性的、持续性的、志愿性的慈善救济事业。同善会是最早的民间慈善组织。中国在慈善事业上可以说是源远流长。敬老爱幼、扶贫帮困已成为中国人民约定俗成的一种道德规范。我国古代的慈善事业，为穷困的人民提供了一定的生活帮助和感情慰藉，为矫治社会过度的两极分化、缓解阶级矛盾、整合社会资源、促进社会的稳定发展起到了一定的作用。

（资料来源：樊鑫. 中国古代慈善观念与慈善事业发展[J]. 湖北经济学院学报，2010(2).）

根据上述材料，分析公共产品自愿供给制度的特征。

2. 福建南部山区农村道路修建

福建省南部的J镇C村，地处山区，交通不便，该村村民一部分住在山上，一部分住在山下。几年前，镇政府修建了从镇政府驻地到各个村的公路。公路只修到C村的山下而没有修上山，山上的村民出山只能依靠步行，需要耗时20多分钟，使用的化肥等农用生产资料需要依靠人力搬运。特别是雨季，从山下到山上的小路泥泞不堪，极不方便。曾有村民向镇政府要求，希望镇政府出面组织修建从山下到山上的道路，但镇政府态度并不积极，多次推诿。最后，由某位说话比较有分量的村民发起，住在山上的居民自发组织修建从山下到山上的公路。具体做法是每户在规定时日出1～2名劳动力，共同修建一条泥土路，并租用设备将路面修葺平整，所有费用由住在山上的家庭平均分担。

（资料来源：陈宇峰，胡晓群．国家、社群与转型期中国农村公共产品的供给[J]. 财贸经济，2007(1)．）

根据上述材料，分析公共产品平等协商供给制度的特征。

3.“人工天河”红旗渠的修建

红旗渠位于河南省林州市，是20世纪60年代林县(今林州市)人民在极其艰难的条件下从太行山腰修建的引漳入林的工程，被称为“人工天河”。红旗渠工程于1960年2月动工，至1969年7月支渠配套工程全面完成，历时近十年。该工程共削平了1 250座山头，架设151座渡槽，开凿211个隧洞，修建各种建筑物12 408座，挖砌土石达2 225万立方米。红旗渠总干渠全长70.6公里，干渠支渠分布全市乡镇。据计算，如把这些土石垒筑成高2米、宽3米的墙，可纵贯祖国南北，绕行北京，把广州与哈尔滨连接起来。

据史料记载，从明朝正统元年(即1436年)到中华人民共和国成立的1949年，共514个春秋，林县发生自然灾害100多次、大旱绝收30多次。有时大旱连年，河干井涸，庄稼颗粒不收。据史料记载和民间传说，干旱严重到“人相食”，在这514年里“人相食”5次。

为解决水的问题，1959年10月10日林县县委召开会议决定把浊漳河的水引到林县来，时任中共林县县委书记的杨贵发出“重新安排林县河山”的号召，专门研究“引漳入林”工程。工程于1960年2月开工。林县必须面对以下问题：(1)特殊时期(三年自然灾害)；(2)资金(财政只有300万元储备金)；(3)粮食(只有3 000万斤)；(4)技术(全县水利技术人员28人，最高学历为中等技术学校毕业生)；(5)水源(为保证水量必须到漳河上游山西境内修坝引水修渠)。在极其艰苦的条件下，民工们带着家里的铁镢、铁锹、小推车上工地，他们用这些原始的劳动工具，开始修建红旗渠这样的大工程。民工自己动手，想尽各种办法解决住的问题。修建红旗渠石灰用量非常大，石灰供应不上成了修渠的主要障碍，指挥部发动群众，在全县招收烧制石灰的能手，解决工地用石灰难的问题。石灰难问题解决了，又出现炸药难问题，县委、县政府从全县58万人口中招聘制造炸药的人才。经考核选拔，确定了人员，办起了工厂，解决了炸药难的问题。要办水泥厂，合涧公社雪山大队有个老人，曾在太原水泥厂当过工程师，指挥部工作人员不辞辛苦，翻山越岭徒步90多里登门邀请。老人凭着对家乡人民的无限崇敬，不顾自己年迈，下山筹办水泥厂，保证了建渠的顺利进行。红旗渠工程总投工5 611万个，参与群众7万人，总投资12 504万元，其中，国家投资4 625万元，占37%；社队投资7 878万元，占63%。红旗渠修建的10年中，先后有81位干部和群众献出了自己宝贵的生命，其中，年龄最大的63岁，年龄最小的只有17岁。

(资料来源：360百科：红旗渠，网址：https://baike.so.com/doc/5403164-5640852.html.)

根据上述材料，分析红旗渠所对应的公共产品供给制度。

4. 山东费县农村小型水利建设制度改革

随着家庭承包制的实施，至少在部分农村地区，原有的小型农田水利建设体制已经难以运行下去，农户用水需求难以满足。费县大田庄乡黄土庄村在经过全体村民同意和乡政府批准后，采用公开竞标拍卖的方式，把原来由集体修建的16座拱坝的管理权、使用权卖给了农民个人，允许其自主经营、有偿服务。管理权、使用权的拍卖，唤起农户管好、用好水利设施的积极性，主动投资，对水利设施进行加固维修和配套完善；为增加经营收入，其努力改善灌溉条件和服务质量，提高了灌溉效率。看到经营水利有利可图，更多农户要求投资办水利。经乡政府批准，黄土庄村进一步放开水利建设权，允许农民单户或联户投资兴办农田水利，设施选址要服从乡村统一规划。到 1996 年底，该村户办、联户办的水利工程达到 113 处，新铺设输水管道 4 万余米，新购灌溉机械 140 多台/部，新增灌溉面积 1 800 余亩。改革后，水利工厂的具体经营形式主要有三种：一是单个农户经营；二是几个农户联合经营；三是股份制经营。1997 年，山东省水利厅下发了《关于推广费县改革小型农田水利建设和管理使用制度经验的通知》。

（资料来源：林万龙．中国农村社区公共产品供给制度变迁研究[M]．北京：中国财政经济出版社，2003：152—153.）

分析、评价山东费县农村小型水利设施供给制度的变迁过程。

本章阅读文献

1. 樊丽明．中国公共品市场与自愿供给分析[M]．上海：上海人民出版社，2005.
2. 卢洪友．公共商品供给制度研究[M]．北京：中国财政经济出版社，2003.
3. 青木昌彦．比较制度分析[M]．上海：上海远东出版社，2001.
4. 刘宇飞．当代西方财政学[M]．北京：北京大学出版社，2000.
5. 奥尔森．集体行动的逻辑[M]．上海：上海三联书店，1995.
6. 奥尔森．国家的兴衰[M]．上海：上海人民出版社，2007.
7. 乔·B. 史蒂文斯．集体选择经济学[M]．北京：三联书店，1999.

第九章　财政支出比较

财政支出作为财政分配活动的一个重要方面，对其进行理论分析主要从规模、结构、效益三个层次展开。财政支出规模侧重宏观分析，追求财政支出总量优化；财政支出结构侧重中观分析，追求不同类别、不同性质的支出要有合适的比例关系；财政支出效益侧重微观分析，追求财政资金要有合适的使用方式、方法。对财政支出规模、结构和效益从应然意义上进行分析并与实然分析结果进行比较，可以发现二者存在的冲突并找出协调对策，这对于实现财政支出规模、结构的优化和效益的提高具有重要意义。

重点问题

- 财政支出规模的应然与实然分析及冲突协调
- 财政支出结构的应然与实然分析及冲突协调
- 财政支出效益的应然与实然分析及冲突协调

第一节　财政支出规模比较

一、财政支出规模的应然分析

通常所讲的财政支出规模一般是指一定时期(通常为一年)一个国家或地区安排的财政支出总量。其可以用绝对指标或相对指标衡量。① 用绝对数衡量的财政支出规模指标一般用于纵向比较，以反映财政支出规模变化发展的趋势。由于不同国家或地区经济规模、人口数量等存在巨大差异，所以财政支出规模绝对指标一般不用于横

① 常用的相对指标是财政支出占 GDP 的比率，简称财政支出比率。作为衡量财政活动规模的指标，财政支出比率比财政收入比率更能反映实际情况。因为财政支出可以反映财政对 GDP 的实际使用和支配的规模，而财政收入则只是反映了财政所可能使用和支配的规模，并不代表实际发生的规模。参见：郭庆旺，赵志耘．财政学[M]．北京：中国人民大学出版社，2002：31.

向比较。财政支出规模的相对指标可以抽象掉经济规模、人口多少等因素的影响，因而可以横向比较，由此可反映不同国家或地区政府公共经济部门在社会经济生活中的地位、作用的差别，通过纵向比较则可以反映这种地位和作用变化发展的趋势。

财政支出规模的应然分析需要回答何为理想的财政支出规模，理想的财政支出规模需要符合什么条件。回答这一问题需要借助公共产品这一财政核心基础概念。因为财政支出归根结底要向社会提供公共产品。财政支出规模与公共产品供给总量对应。因此，回答何为理想的财政支出规模问题实际就转化为何为理想的公共产品供给总量。因为公共产品总要满足社会成员公共需要，因此理想的公共产品供给总量显然应以其是否与社会成员对公共产品的需求总量吻合作为判定标准。社会成员通常的心理是希望消费种类更为齐全、质量更为高档、数量更为充足、供给方式更为合理的公共产品，即社会成员对公共产品的需求往往会夸大。按照这种夸大的公共产品需求来确定公共产品的供给进而确定财政支出规模，会使财政支出规模偏大。如果仅仅从公共需要的满足和公共利益实现的角度考察，财政支出规模当然是越大越好，越大越能很好地满足公共需要、实现公共利益。但是，在社会成员所要满足的需要中，不仅包括公共需要，还包括私人需要，不仅要实现公共利益，还要实现私人利益。因此，财政支出规模的确定不能就公共需要论公共需要，就公共利益论公共利益，而必须要兼顾两种不同性质需要的满足和两种不同性质利益的实现。这就要求财政支出规模的确定必须考虑其机会成本。毕竟，一定数量的资源用于生产提供公共产品，就不可能再用于生产提供私人产品，这意味着财政支出规模的扩张、公共产品供给量的增加是以私人支出规模的缩小、私人产品供给量的减少为前提的。因此，从实现社会利益最大化的角度分析，只有财政支出规模扩张、公共产品供给量的增加所增加的利益大于因私人支出规模缩小、私人产品供给量减少所损失的利益时，这种财政支出规模的扩张和公共产品供给量的增加才具有经济上的合理性。假定财政总收益和总成本都是财政支出规模的函数，$TB=TB(Q)$，$TC=TC(Q)$，且 $TB'>0$，$TC'>0$，$TB''<0$，$TC''>0$，则要实现财政净收益 NB 最大值，即 $(TB-TC)'=0$，也即 $MB-MC=0$，$MB=MC$（见图 9－1）。从这个意义上讲，能保证财政活动净收益达到最大值的财政支出规模就是理想的财政支出规模。从社会资源宏观配置的角度分析，理想的财政支出规模应保证两大部门资源配置的边际收益相等。[①] 在图 9－2 中，横轴代表私人产品，纵轴代表公共产品，由此可以画出社会总的资源约束线。该曲线是在资源得到充分利用的条件下所有私人产品和公共产品总量搭配组合点的集合，该曲线所反映的公共产品供给

① 此处对财政支出规模的应然分析选择了资源配置视角，相关论述可参见：朱德云，李森．财政学[M]．北京：经济科学出版社，2008：101－102．若结合财政三大职能的实现进行考察，理想的财政支出规模还可以从公平收入分配和稳定经济增长两个方面进行分析。

总量与财政支出规模对应。在社会无差异曲线与社会总的资源约束线相切的 E 点，财政支出规模达到最佳，此时私人经济部门与公共经济部门资源配置的边际收益相等，私人产品和公共产品在总量上保持了合适的搭配比例。[①] 在社会无差异曲线与社会总的资源约束线相交的 F 点和 G 点，则属于财政支出规模偏大或偏小的情况。若财政支出规模偏大（如图 9－2 的 F 点），公共经济部门资源配置的边际收益小于私人经济部门资源配置的边际收益，此时应缩小财政支出规模，减少公共经济部门的资源配置量，增加私人经济部门的资源配置量，使 F 点向 E 点靠拢，由此可带来利益增进；若财政支出规模偏小（如图 9－2 的 G 点），则公共经济部门资源配置的边际收益大于私人经济部门资源配置的边际收益，此时扩大财政支出规模，增加公共经济部门的资源配置量，减少私人经济部门的资源配置量，使 G 点向 E 点靠拢，也可以带来利益增进。

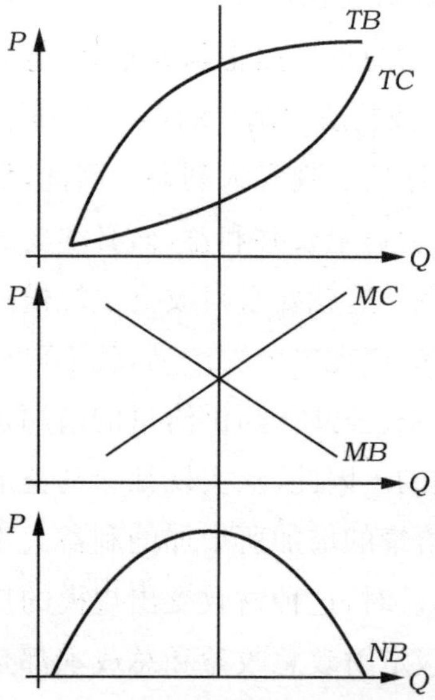

图 9－1　财政支出规模净收益最大化

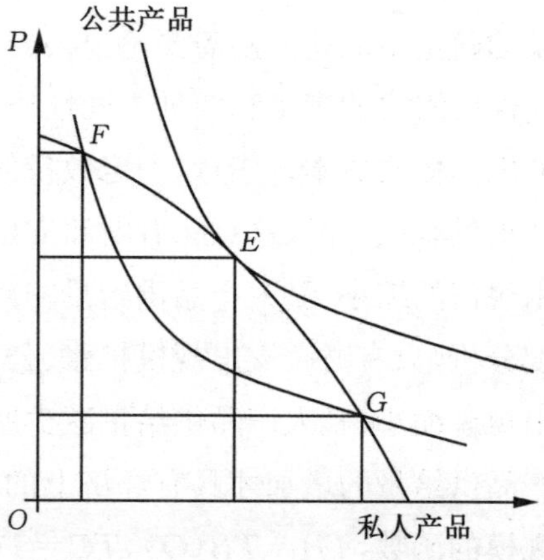

图 9－2　资源宏观配置与理想支出规模

从应然意义上讲，财政支出规模所对应的公共产品的供给规模应与社会成员对公共产品的需求规模吻合，从而使公共产品供给规模达到最优。但是，需要注意的是，社会成员对公共产品的需求规模有应然与实然的区分。从应然意义上讲，社会成员对公共产品的需求规模不能就公共需要论公共需要，就公共产品供给论公共产品供给，其

① 一般来说，公共产品供给短缺造成的负面影响为人所熟知，但对公共产品过度供给的危害却认识并不到位，其实程度相同的公共产品供给短缺和过度所造成的效率损失并无差别。日本发展经济学家速水佑次郎曾指出："公共品供给的短缺是发展中国家增长的主要瓶颈。然而，公共品过度供给的危险也是不能忽视的。"（速水佑次郎．发展经济学——从贫困到富裕[M]．北京：社会科学文献出版社，2003：237.）

必须兼顾公共需要与私人需要这两种不同性质需要的满足，兼顾私人利益与公共利益的实现，并在二者之间实现均衡。但从实然意义上讲，由于公共产品提供与成本分担存在时间、空间上的分离，广大社会成员极易产生“财政幻觉”①：公共产品和服务似乎由政府免费提供。对于免费提供的产品和服务，社会成员的需求量会达到边际效用为零的水平。于是，社会成员对公共产品的需求规模通常会扩张。以这种扩张的公共产品需求规模作为参照物来比对财政支出规模是否达到理想状态显然是不合适的，这会夸大实际财政支出规模。因此，从应然意义上讲的财政支出规模及公共产品需求规模与实然意义上讲的财政支出规模及公共产品需求规模经常脱节而不是吻合。

二、财政支出规模的实然分析

(一)我国财政支出规模的实然分析

从纵向考察，我国财政支出规模绝对量呈迅猛扩张态势，从 1978 年的 1 122.09 亿元增加到 2018 年的 220 906.07 亿元(见图 9－3)，这体现经济增长对财政支出规模扩张的决定作用。财政支出规模相对指标则经过了“V 字形”的变化，1978 年财政支出占 GDP 比重为 30.5%，到 1996 年下降为 11.1%，此后呈不断提升趋势，2018 年达到 24.5%(见图 9－4)，这体现了经济体制转轨对财政支出规模的影响，同时这也是体制转轨阶段多种因素综合作用的结果。具体可以从两个方面进行解释：一方面解释为何相对指标一度下降；另一方面解释为何后来该指标不断上升。

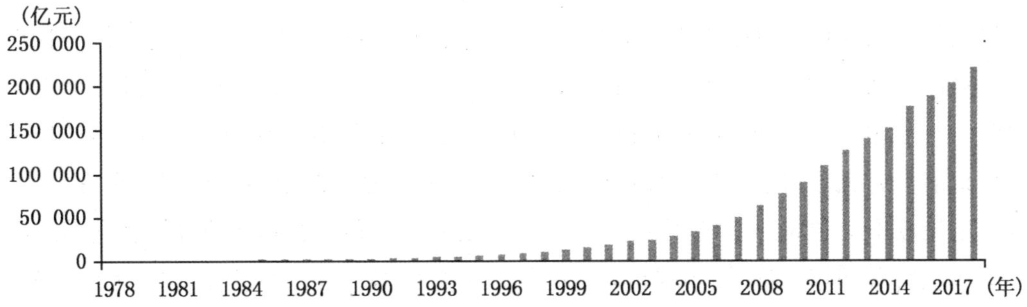

资料来源：《中国统计年鉴》。

图 9－3　1978—2018 年财政支出绝对量

相对指标之所以一度下降主要是因为：第一，经济体制转轨的必然结果。传统体制下的政府职能范围大而宽，无处不在、无所不包。政府财政既配置资源，生产提供公

---

① “统治集团总是尽力创造财政幻觉，这种幻觉会使纳税人觉得所承受的负担比实际上的负担要轻，使受益人觉得提供给他们的公共商品和服务的价值比实际上的价值要大。”关于财政幻觉的详细论述参见：布坎南．民主财政论[M]．北京：商务印书馆，1993：135－152.

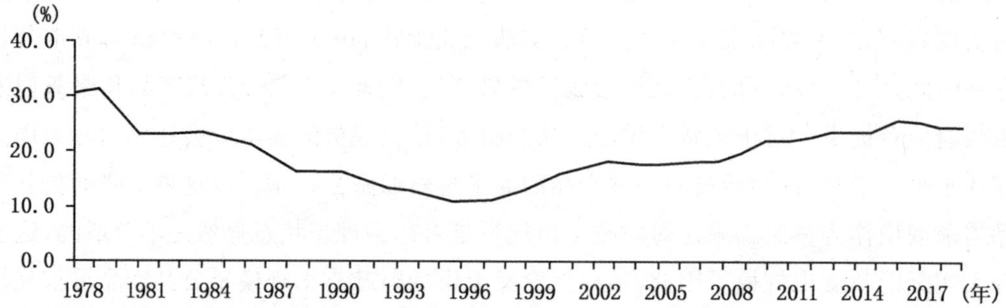

资料来源:《中国统计年鉴》。

图 9－4　1978—2018 年财政支出占 GDP 比重变化趋势

共产品,满足公共需要,又配置资源,生产提供私人产品,满足私人需要。在这种情况下,不保持财政支出的超常相对规模,难以保证政府职能的顺利实现。经济体制转轨后,政府职能范围缩小,主要朝着配置资源、满足公共需要的方向转变,市场在资源配置中的地位和作用逐步增强,与之对应,政府配置资源的规模相对缩小,这要求财政支出的相对指标需要有所下降。第二,放权让利改革思路的结果。放权体现为中央向地方放权、政府向企业放权;收入分配高度集中的格局被打破,政府在收入分配上向企业倾斜、企业在收入分配上向个人倾斜,以此增强微观经济主体活力,这会导致财政收入和财政支出相对指标下降。第三,收入分配秩序混乱的结果。按照“帕累托增进标准”进行的改革,要求政府为减轻改革阻力而承担改革成本,这会加大财政支出压力,而统收格局打破又弱化了财政收入征集功能。在财政功能弱化的背景下,政府为保证各部门、单位能顺利实现职能,允许其自收自支一部分财政资金,由此导致预算外资金规模膨胀。与之相对应,按照预算内支出核算的财政支出的相对规模自然下降。第四,收入征集能力弱化的结果。传统体制下政府收入的筹集对利润上缴依赖程度高,税收收入的地位赶不上利润上缴,这意味着在传统体制下建立和发展起来的税收制度不适应体制转轨要求,但对与传统体制相适应的陈旧税制我国直到 1994 年才进行大的调整、完善。在改革开放后的相当长时期,陈旧的税制制约了税收收入的增长。另外,税收征管队伍的素质、征管模式及征管手段的落后也导致税收收入流失,这都最终体现为财政支出相对比重的下降。第五,财政体制扭曲的结果。1994 年长期推行的财政包干体制,促使地方政府利用自己的信息优势和收入征管优势,通过“藏富于企业、藏富于民”来挖挤中央收入,这与预算外收支规模的扩张是相联系的,由此也导致财政支出相对指标下降。

自 20 世纪 90 年代中后期,我国财政支出相对规模开始扩张。这主要是因为:第一,政府收入征管能力大大提高。1994 年确立的以增值税和企业所得税为主体税种,以流转税和所得税为主体税类的复合税制体系基本适应市场经济发展要求，为我国加强税收收入征管，防止税收收入“跑、冒、滴、漏”提供了制度基础。税收征管人员通过存量培训和增量优化大大提高了自身素质和业务水平，征管能力明显提高，征管模式的改进以及征管方法的优化都为加强政府收入征集能力提供了保障。第二，收入分配秩序大大改善。从 1996 年开始，中央政府加大力度清理预算外资金，不断加大将预算外收支纳入预算内的工作力度，由此也导致财政相对支出规模扩张。第三，财政体制优化调整。分税制的推行明确划分了中央与地方的财权和收入，并分设两套税务征管系统，使地方政府利用收入征管优势挖挤中央收入已不大可能，隐性预算外收支开始转化为显性预算内收支，由此导致支出相对指标提高。第四，体制转轨后，传统体制在社会基础设施供给、基础产业发展及科教文卫等各项事业发展方面所形成的历史欠账需要加以弥补、纠正，经济规模的扩张、结构的调整以及生产社会化程度提高对公共产品需求的加大客观上也要求扩张财政支出规模。这都构成我国财政支出相对规模不断扩张的重要原因。

(二)西方财政支出规模的实然分析

1. 结论

西方国家财政支出规模从一个足够长的时间跨度考察，都呈扩张趋势，无论绝对指标还是相对指标都是如此。[①] 德国财政学家瓦格纳早在 19 世纪 80 年代通过分析欧洲主要国家，以及亚洲的日本和西半球的美国的财政支出规模数据，就得出了这一结论，这被称作“瓦格纳法则”。

表 9-1　　主要经济发达国家财政支出占 GDP 比重的变化趋势　　单位：%

	1880 年	1929 年	1960 年	1985 年
日本	11	19	18	33
美国	8	10	28	37
英国	10	24	32	48
法国	15	19	35	52
瑞典	6	8	31	65

资料来源：世界银行．1988 年世界发展报告[M]．北京：中国财政经济出版社，1988：44.

① 马斯格雷夫认为：“公共部门的增长已经成为西方世界在 20 世纪决定性的特征。在工业化国家通过公共预算流走的 GNP 的份额从 20 世纪初的约 10%上升至 20 世纪末的平均水平 40%，从最低水平国家的约 30%(日本、澳大利亚和美国)一直到最高水平国家的约 60%(法国、丹麦和瑞典)。虽然公共部门的大多数扩张发生在 20 世纪后半期，而且各个国家以不同速度扩张，但是这个公共部门增长趋势在西方世界一直保持着。”参见：布坎南，马斯格雷夫．公共财政与公共选择：两种截然不同的国家观[M]．类承曜译．北京：中国财政经济出版社，2000：48.

2. 几种理论解释

关于瓦格纳法则很多学者对这一实证结论做出了解释。瓦格纳本人主要从政治和经济两个方面进行解释,他认为在政治方面,主要是社会经济发展对治安、法律服务的需要导致支出规模扩张。在经济方面主要是强调公共产品的需求收入弹性和拥挤效应对财政支出规模的影响。瓦格纳的解释与财政发展的历史进程相符,也能做到逻辑自洽。在经济市场化之前,自然经济占主导地位,家庭是基本生产单位。在家庭内部按照性别年龄进行分工,从事自给自足的生产。家庭与家庭之间基本并不存在激烈的竞争。家庭成员之间紧密的血缘亲情关系使得出现矛盾冲突的可能性较小。但在经济市场化以后,企业成为基本生产单位,企业与企业之间、企业内部从业人员之间都存在激烈竞争,彼此之间发生矛盾和冲突的可能性加大,需要政府提供治安法律服务以协调关系,由此导致支出规模扩张;从经济方面看,民众对公共产品的需求富有弹性的观点也能讲得通。虽然人是个体性与社会性的统一,两种不同性质的需要私人需要与公共需要的满足必须兼顾,但人首先是作为个体而存在,在经济发展水平低、收入比较少的情况下,人们首先会考虑满足私人需要,此时人们对私人产品的需求富有弹性。随着经济发展水平提高和收入的增加,人们对公共产品的需要开始富有弹性,由此要求政府提供更多数量和更高质量的公共产品和服务。另外,一些混合产品随着消费人数的增加会出现拥挤效应,为减轻拥挤也需要政府加大支出规模,增加混合产品供给。

英国学者皮考克和魏兹曼强调了政治因素中的战争因素对财政支出规模扩张的推动作用。他们分析了英国1890—1955年的财政支出数据,发现在两次世界大战期间,英国的财政支出规模都上了新台阶。他们认为,如果没有战争因素,财政支出规模应和经济增长保持线性关系。此时政府即便想增加财政支出规模,也会受纳税人"税收容忍度"的制约,即政府想多征税来扩张支出规模,通常会遭到纳税人的抵制。但在战争爆发的情况下,纳税人的"税收容忍度"就会提高。政府增加的收入主要用于军费开支,从而促使支出规模扩张。在战争结束以后,由于战争中毁坏的基础设施需要重建,战争中伤亡人员及家属需要抚恤救助,这促使财政支出规模难以回到原来的增长轨道。

尼斯坎南的官僚模型从政府治理的视角解释了财政支出规模的扩张。他认为政府各部门的官僚都是利己的经济人,其在确定部门支出规模时会更多地考虑个人私利而不是公共利益最大化。由于其所关心的权力、待遇、晋升、工资等都是支出规模的函数,所以其主观上倾向于扩张部门支出规模,而官僚相对政治家所具有的信息优势,会使其扩张部门支出规模的动机变为现实。因此,若各个部门支出规模都能得以扩张自然也就会推动整个财政支出规模扩张。

马斯格雷夫和罗斯托侧重从经济因素来解释支出规模的扩张趋势。他们认为,在经济发展的不同阶段，都存在促使支出规模扩张的因素。在经济发展的早期，主要是农业作为主导产业向工业作为主导产业转化的时期，即在经济起飞阶段，需要政府提供基础设施，促进基础产业发展，由此推动支出规模扩张；在经济发展的中期，工业化已经完成，基础设施投资及基础产业发展已到位，此时各种市场失灵需要政府来加以弥补和纠正；而在经济发展的成熟期，即后工业经济时代，庞大的社会福利开支成为推动财政支出规模扩张的重要因素。①

鲍莫尔的非均衡增长模型强调用经济因素中政府公共经济部门自身所具有的特殊性质来解释财政支出规模的扩张趋势。他把整个经济划分为进步部门和非进步部门两大部分。所谓进步部门是指可以在很大程度上用资本来替代劳动的部门，如第一产业和第二产业基本都属于进步部门；而私人经济部门中的第三产业中的相当部分由于提供的是劳务，客观上难以用资本替代劳动，所以也是非进步部门。另外，整个政府公共经济部门基本都是非进步部门。进步部门劳动生产率会超过非进步部门。如果工资水平和劳动生产率成正比，则进步部门从业者会拿到相对非进步部门为数较高的工资，由此会导致劳动者在进步部门与非进步部门之间迁移。② 非进步部门提供的产品和服务会供不应求，由此导致价格上涨，最终要保证非进步部门和进步部门能维持大致均衡的工资水平，而政府公共经济部门作为非进步部门，其工资水平的提高会促使财政支出规模扩张。

3. 比较不同理论解释的几点启示

第一，财政支出规模的影响因素众多，只有全面考察才能对财政支出规模呈扩张趋势给出较为充分的理论解释。首先，经济因素是影响财政支出规模的基本因素。财政属于经济范畴，其是经济体系的重要组成部分，整体对部分当然有基本制约作用。其次，政治因素也是影响财政支出规模的重要因素。因为财政活动的主体是政府，政府是管理公共事务的机关，而政治从一般意义上讲则是对公共事务的管理。再次，社会因素也会影响财政支出规模。毕竟财政与社会公共需要有内在联系，财政归根结底是满足公共需要的手段。上述三大类因素相互影响、相互制约，而且其各自又是复杂的体系。因此，影响财政支出规模的因素纷繁复杂，在不同国家、不同地区会有不同的表现形态，而且这些影响因素在不同发展阶段又处于动态的变化调整中。因此，要对财政支出规模的扩张趋势给出全面解释，需要具体问题具体分析，进行专门研究。

---

① 对个人福利的社会责任意识的增强，是本世纪（指 20 世纪——引者注）政治思潮发展的特征，它大大地增加了对转移方案的需求，而承认国家所起的更大作用则减少了为提供公共产品所进行的资源配置上的阻力。这些变化发生在各国的时间是不一样的——以美国的情况落后于欧洲四分之一个世纪为证，但其总趋势始终是相似的。毫无疑问，在解释本世纪公共支出份额的不断上升方面，这值得引起人们给予极大的重视。参见马斯格雷夫．比较财政分析[M]．上海：上海三联书店，1996：81.

② 严格说这种迁移需要两大部门工资水平差异大于迁移成本时才会发生。

第二，研究者选择特定分析视角，都可以对财政支出规模呈扩张趋势做出逻辑自洽的解释。瓦格纳本人实际是从政治和经济两方面解释了财政支出规模呈扩张趋势的原因。皮考克和魏兹曼实际也是从这两方面来进行解释，不过他们区分了两种情况：一是正常情况下，财政支出规模扩张与经济增长保持线性关系，肯定了经济因素对支出规模的影响；二是非正常情况即战争条件下，财政支出规模可以实现超常增长，二者更强调政治因素中的一个重要因素即战争因素在非正常状态下对财政支出规模增长的影响。马斯格雷夫和罗斯托用经济因素中的经济发展阶段来解释支出规模呈扩张趋势。尼斯坎南的官僚模型则是抓住政治因素中政府部门从业人员的行为，来分析其对财政支出规模扩张的影响。鲍莫尔的非均衡增长模型则是从影响财政支出规模扩张的经济因素中抽象出公共经济部门自身固有的非进步属性作为解释财政支出规模呈扩张趋势的关键因素。总之，这些理论都从不同侧面对财政支出规模呈扩张趋势给出了理论解释，都从某个侧面加深了对该问题的认识和理解，从而具有鲜明的个性特征。

第三，财政支出规模的扩张在不同时期受不同因素的影响，所有的理论都具有明显的时代烙印，考察财政支出规模的影响因素需要与时俱进。瓦格纳所处的时代正是欧洲经济工业化、城镇化、市场化迅猛发展的时期，各种矛盾也相对尖锐，所以其对影响财政支出规模的政治因素和经济因素的具体表现形式做出了解释，强调政治因素中协调人与人之间关系的治安、法律服务对支出规模的影响以及经济因素中的拥挤效应和需求收入弹性影响支出规模的作用机理。皮考克和威兹曼则是根据两次世界大战英国的财政支出规模统计资料，对政治因素中的战争因素改变财政支出增长趋势的作用机理进行了分析。马斯格雷夫和罗斯托则是在发展经济学崛起的背景下，重点对经济发展因素对财政支出规模的影响进行了研究。尼斯坎南的官僚模型的提出则得益于公共选择理论的发展，其依据经济人假设分析了官僚行为对财政支出规模的影响。鲍莫尔则是着眼于经济发展中不同部门资本有机构成变化速度的差异，对财政支出规模的扩张给出了独辟蹊径的解释。显然，各种理论解释都是立足于特定发展阶段财政实践，对制约财政支出规模的突出因素进行分析，一方面使理论对实践的解释更加充分和全面，另一方面也使自己的理论解释具有鲜明的个性特色。

三、财政支出规模应然与实然的冲突及协调

（一）财政支出规模应然与实然的冲突

应然的财政支出规模是一种理想状态。从资源配置的角度讲，其应保证公共产品和私人产品作为资源配置的结果在总量上有合适的搭配比例，保证资源在两大部门之

间配置的边际收益相等[1]；从收入分配的角度讲，其应该能够为全体社会成员提供均等化的公共服务，做到同等情况、同等对待；还要能为社会弱者提供更多的公共产品和服务，做到不同情况、不同对待；从稳定经济的角度讲，其应能够对社会总需求进行有效调节，在需求不足时，通过规模扩张拉动需求；在需求过旺时，通过缩小规模紧缩需求。总之，应然的财政支出规模需要符合效率和公平两大原则。由于不同国家、不同地区在不同时期影响和制约财政支出规模的因素有很大差别，所以并不存在实现理想财政支出规模的固定方式、方法，需要具体问题具体分析，相机抉择，这无疑加大了在实践中实现理想支出规模的难度。

从资源配置的角度分析，现实中的财政支出规模不是偏小而是偏大，往往体现为公共经济部门配置了偏多的资源。一般来说，公共产品利益获取与成本分担的分离所产生的“财政幻觉”以及政府部门从业人员的利己动机，是加大从资源配置角度实现理想支出规模难度的主要因素。作为社会成员，由于公共产品消费和税收负担分配在时间上和空间上的分离，所以总是会感觉政府在免费提供公共产品和服务，于是倾向于要求政府提供数量更多、质量更高、种类更丰富的公共产品和服务，但同时其又不想多承受税收负担。在现代民主国家，民选的政府领导人会倾向于满足民众的偏好，这有利于其实现连任目标。作为政府各职能部门的官僚按照尼斯坎南的分析也希望扩张本部门的支出规模。在支出规模扩张而税收负担又不能增加的情况下，国家债务负担沉重甚至陷入债务泥潭不能自拔的现象往往难以避免。

从收入分配的角度分析，偏大的财政支出规模往往意味着政府通过财政对市场机制作用下所形成的收入分配格局改变力度过大，这会影响效率；偏小的财政支出规模往往意味着政府通过财政对市场机制作用下所形成的收入分配格局改变力度过小，虽然尽可能尊重和体现了要素边际贡献率的大小，体现了效率原则要求，但并不能兼顾公平。在实践中偏左的政府更强调公平，通常会加大支出规模；偏右的政府更强调效率，通常会缩小支出规模。这会在收入分配方面使财政支出规模出现应然与实然的冲突。

从稳定经济的角度分析，政府制订财政政策调整财政支出规模存在认识时滞、决策时滞、执行时滞、效果时滞，从而难以保证支出规模的确定能真正起到稳定经济的效果。在经济衰退时，本应扩张支出规模结果却出现紧缩；在经济过热时，本应紧缩支出

---

① 财政支出规模与公共经济部门配置资源总量对应。从理论上讲，在社会成员偏好和有效需求既定的前提下，公共部门与私人部门之间存在着某种最优配置组合，这被加尔布雷思称为社会平衡（Social Balance）。社会总的资源在公共部门与私人部门之间的现实配置（Actual Allocation）与最优配置（Optimal Allocation）的不一致表明公私部门之间的资源配置是非最优的（Suboptimal），也可称为社会不平衡（Social Imbalance）或部门间配置不当（Intersector Misallocation）（郭庆旺，赵志耘．财政学[M]．北京：中国人民大学出版社，2002：9．）。这就是本书所讲的财政支出规模应然与实然之间的冲突在资源配置方面的表现。

却出现扩张的局面都有可能出现，达不到理想效果则更是司空见惯。因此，从稳定经济的角度看，财政支出规模也会存在应然与实然的冲突。

（二）财政支出规模应然与实然冲突的协调

从资源配置的角度分析，实现理想的支出规模，一是需要提高财政透明度，把商品税由价内税调整为价外税，同时降低间接税比重，提高直接税比重。这会使广大民众切身体验到为消费公共产品而需付出的代价，从而抑制因“财政幻觉”而引致的对公共产品的过度需求。二是需要落实量出为入的理财原则，避免收入筹集的盲目性。因为支出的规模与公共产品的供给规模对应，公共产品的供给规模需要与公共产品的需求规模吻合，而要确定公共产品的需求规模就需要分析、理顺市场与政府的关系，把握到底哪些问题市场解决不了或解决不好，进而需政府履行职能加以弥补和纠正，由此确定政府财政支出的规模，进而根据这一支出规模来筹集收入，避免收入筹集的盲目性。在实践中，尤其需要防范把财政收入增长率作为政府绩效考核重要指标的做法，这极易导致支出规模扩张和宏观资源配置比例恶化。三是要严格遵循“量入为出”原则安排支出，把理想的财政收入规模转化为理想的财政支出规模。在实践中，即便收入筹集遵循“量出为入”，实际的收入规模也并不一定就是合理的。此时坚持“量入为出”原则中的“入”就不能是实际的收入规模，而应是在理顺市场与政府关系的条件下所确定的理想收入规模。如果实际筹集的收入规模偏小，则应出现赤字；如果实际筹集的收入规模偏大，则应出现盈余。这是从资源配置角度实现理想支出规模的必然要求。四是要强化财政监督和财政法制建设，加强对政府行为的监督和约束，尽可能抑制政府部门从业人员因利己动机对财政支出规模确定所产生的不利影响。

从收入分配的角度分析，实现理想的支出规模，需要政府根据公平与效率这一对矛盾何为矛盾的主要方面而相机抉择。不同的国家、同一国家不同历史发展阶段，二者何为矛盾主要方面是不确定的。一般来说，对于发达国家，经济发展水平高，公平往往是矛盾的主要方面，所以其通常需要加大财政支出规模，对市场机制作用下所形成的收入分配格局进行较大力度的调整，以在效率提高的基础上尽可能兼顾公平，“公共服务的扩大部分地充当着一个履行再分配措施的手段”①；对于发展中国家，经济发展水平低，效率往往是矛盾的主要方面，所以其通常保持相对小的财政支出规模，对市场机制作用下所形成的收入分配格局调整力度较小，以便通过收入差距的适当拉大来提高效率。对于体制转轨国家，随着经济发展水平的提高，公平与效率的对比关系在缓慢发生变化，公平会越来越取代效率成为矛盾的主要方面。在这个过程中，需要保持财政支出相对规模稳定扩张以在效率提高基础上兼顾公平。

① 马斯格雷夫．比较财政分析[M]．上海：上海三联书店，1996：82．

从稳定的经济的角度分析，实现理想的支出规模，需要根据社会总供求对比关系相机确定财政支出规模，假定收入不变，需求不足时，需扩张支出规模；需求过旺时，需压缩支出规模。

第二节　财政支出结构比较

一、财政支出结构的应然分析①

财政支出结构是指不同类别、不同性质的支出占财政支出总量的比例及相互间关系。考察财政支出结构需要对财政支出进行分类。有多少分类办法，就对应多少考察财政支出结构的分析视角。提高财政支出效率，不仅需要优化财政支出规模，而且需要在规模优化的基础上优化财政支出结构。

财政支出结构的应然分析需要回答何为理想的财政支出结构，理想的财政支出结构需要符合什么条件。与分析理想的财政支出规模一样，分析理想的财政支出结构同样需要借助财政学的核心基础概念公共产品。借助公共产品概念考察财政支出结构可知财政支出结构与公共产品供给结构对应。何为理想的财政支出结构问题就转变为何为理想的公共产品供给结构。这个判定标准就比较容易确定。因为公共产品归根结底是满足公共需要、实现公共利益的，因此合理的公共产品供给结构必须与社会成员对公共产品需求结构吻合。对私人产品来说，做到供给结构与需求结构吻合是比较容易的，市场机制对此可发挥基础性调节作用。虽然供给结构由生产者确定，需求结构则取决于消费者偏好，二者的主体并不统一，但是生产者确定供给结构时必须考虑消费者的需求结构。因为虽然从理论上讲，生产者拥有生产者主权，可以按照自己的偏好从事生产活动，想生产什么就生产什么、想生产多少就生产多少，但是若由此所形成的产品供给结构与需求结构脱节，则产品价值实现就会遇到障碍，供过于求的产品价格下跌，供不应求的产品价格上涨，通过价格的升降迫使生产者为了实现自身利益最大化而不得不调整生产结构，进而使私人产品的供给结构尽可能与需求结构吻合。但是对公共产品来说，由于没有价格信号，价格机制以及与价格机制相联系的供求机制、竞争机制无法发挥作用。政府确定的财政支出结构以及与之对应的公共产品供给结构即便与公共产品需求结构脱节，一般在短时间内也难以纠正。从理论上讲，

---

① 财政支出结构的应然与实然分析，参见：朱德云，李森．财政学[M]．北京：经济科学出版社，2008：108—112．

社会成员会因公共产品供给结构扭曲而遭受利益损失,其会要求政府调整公共产品供给结构,但由此就要承担交易成本。受公共产品固有性质的制约,作为个体的社会成员存在利益获取与成本分担不对称的问题。一方面,其需要自己承担与政府交涉的成本以促成公共产品供给结构改善,另一方面,由此带来的利益则由全体社会成员共享,这就出现效益外溢。作为理性的社会成员其会选择“免费搭车”。不过这并不妨碍从理论上对理想财政支出结构所应符合的条件进行分析。假定社会成员对公共产品的需求结构一定,那么理想的财政支出结构所应符合的条件是,用于提供不同种类公共产品的不同类别和性质的财政支出,每一元给社会成员带来相同的满足程度。[①] 这类似于个人在预算约束一定的条件下,要实现效用满足程度最大化,其均衡点应是个人预算约束线与无差异曲线相切的点。参考消费者均衡的实现条件,可以写出实现理想的财政支出结构所应符合的条件:

$$\frac{MU_A}{E_A}=\frac{MU_B}{E_B}=\cdots=\frac{MU_N}{E_N} \qquad \text{(式 1)}$$

$$E_A+E_B+\cdots+E_N=Y \qquad \text{(式 2)}$$

在图 9－5 中,横轴表示公共产品 A,纵轴表示公共产品 B,可以画出公共经济部门的资源约束线,即假定全部财政支出只提供两类公共产品所可能的搭配组合点的集合,那么最佳的支出结构应是社会无差异曲线与公共经济部门资源约束线相切的 E 点。在 E 点,政府用于提供两类公共产品的支出能够给社会带来相同的边际效用。

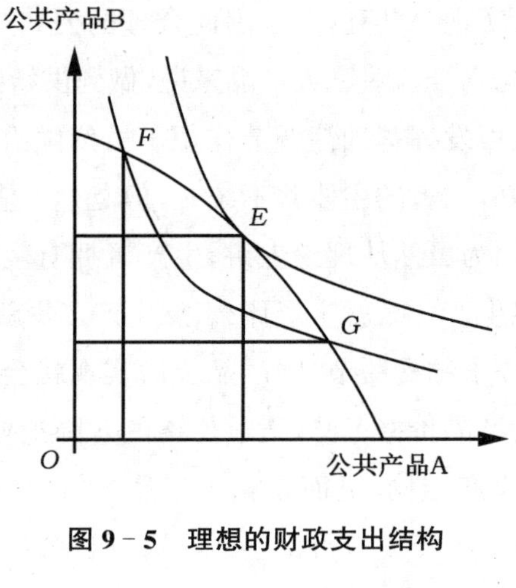

图 9－5　理想的财政支出结构

① 同财政支出规模的应然分析一样,财政支出结构的应然分析除了选择资源配置视角外,还可以从收入分配和稳定经济视角进行分析。

二、财政支出结构的实然分析

（一）财政支出结构的横向比较

从横向考察，不同国家和地区在财政支出结构方面存在明显的差异。

发达国家与发展中国家购买性支出和转移性支出所占比重存在明显差异。发达国家财政支出中购买性支出所占比重相对低、转移性支出所占比重相对高；发展中国家则正好相反。这是由两种不同类型国家在协调和处理公平与效率这对矛盾时所面临的不同约束条件所决定的。对于发达国家来说，经济发展水平高，公平是矛盾的主要方面，即其效率问题基本解决，蛋糕已做得足够大，不解决切割比例以协调人与人之间的关系，就难以把蛋糕进一步做大；对于发展中国家，经济发展水平低，效率是矛盾的主要方面，如何把蛋糕做大是其要解决的主要问题。如果其把主要精力放在如何切割蛋糕让其分配更为平均上，则会妨碍效率提高而难以把蛋糕做大。由于购买性支出的安排遵循等价交换原则，并不改变收入分配格局，而转移性支出则直接改变收入分配格局，因此一般认为，购买性支出较能体现效率原则，而转移性支出较能体现公平原则。考虑到两类国家所面临的不同约束条件，就不难理解为何两类国家购买性支出和转移性支出所占比例差别明显。发达国家安排的转移性支出所占比重明显超过发展中国家；而发展中国家安排的购买性支出所占比重则超过发达国家（见表 9－2）。

表 9－2　　两类国家购买性支出和转移性支出所占比重　　单位：%

类　别	发达国家比重	发展中国家比重
购买性支出	45.2	61.5
其中：经常性支出	34.9	50.1
资本性支出	10.3	11.4
转移性支出	41.0	22.5
其中：公债利息	5.6	5.5
补助金	35.4	17.0
其他	13.8	16.0
合　计	100.0	100.0

资料来源：A. B. 普莱斯特．发展中国家的财政[M]．北京：中国财经出版社，转引自：陈共．财政学[M]．第 6 版．北京：中国人民大学出版社，2009：96.

单一制国家与联邦制国家比较，中央支出与地方支出所占比重存在明显差异。一般来说，国土面积辽阔、地区差异明显的国家一般采用联邦制，政府间权力划分格局一般以分权为特征；国土面积较小、地区差异不明显的国家一般采用单一制，政府间权力划分格局一般以集权为特征(这不可绝对化,也有一些国土面积不大、地区差异不明显的国家采用联邦制;我国国土面积辽阔、人口众多、地区差异明显,但采用单一制)。经济决定政治,一般来说,政治上集权的单一制国家,经济上难以分权,中央支出所占比重通常较高,地方支出所占比重通常较低;政治上分权的联邦制国家,经济上一般不会集权,中央支出所占比重通常较低,地方支出所占比重通常较高。瑞典、英国、法国是单一制国家;美国、加拿大、德国是联邦制国家,前者中央支出所占比重明显高于后者;后者地方支出所占比重明显高于前者(见图 9-6)。

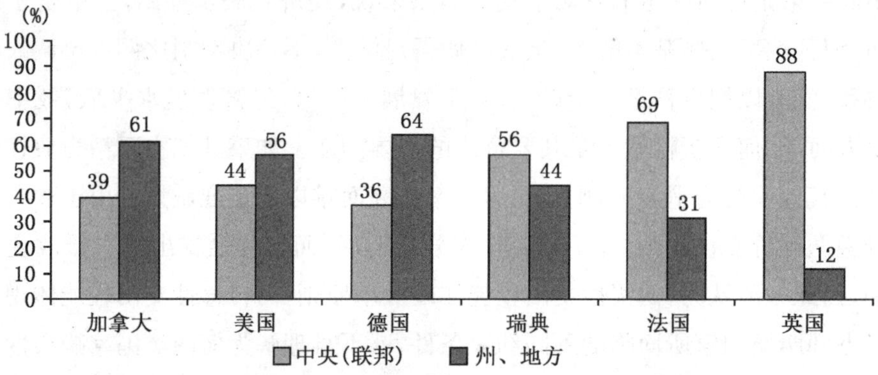

资料来源:Revenue Statistics 1965—2000. OECD.

图 9-6　单一制国家与联邦制国家中央与地方支出结构对比

计划体制国家与市场体制国家生产建设性支出所占比重差异明显。历史上,计划经济国家与市场经济国家曾长期并行发展。两类国家的支出结构差别极其明显,最突出的表现就是计划体制国家财政支出中投资性支出所占比重很高,特别是生产建设性支出占有很高比重。市场体制国家虽然也安排一定数量的投资和生产建设性支出,但所占比重较低。这是由两类国家经济体制差异所导致的必然结果。搞计划体制必然要求政府既要配置资源,生产提供公共产品,满足公共需要;还要配置资源,生产提供私人产品,满足私人需要,政府必须通过财政安排生产经营性支出分门别类投资建立各种类型的国有企业;而在市场体制下,私人产品的生产提供交由市场机制自发调节,投资主要由私人资本完成,政府投资只发挥拾遗补阙的作用。根据《世界发展报告(1995 年、1996 年)》提供的数据,不少市场体制国家(如巴基斯坦、埃及、巴西、西班牙、澳大利亚、英国、意大利、加拿大、美国、德国等)1993 年经济建设支出占总支出的比重在 5%～10%;即便是比较强调发挥政府调节作用的一些发展中国家(如印尼、菲律宾、泰国),该比重也仅维持在 20%～30%。与之形成鲜明对比的是,我国在计划体制下"一五"到"五五"时期经济建设费占总支出的比重依次为 49.52%、65.17%、

55.89%、57.69%、59.08%,平均为57.47%(见《中国财政年鉴(1994)》。

(二)财政支出结构的纵向比较

从纵向考察,同一国家和地区在不同历史发展阶段和时期,财政支出结构也存在明显差异。

在经济发展的早期、中期和成熟期分别有不同类别、不同性质的支出占主导地位。马斯格雷夫和罗斯托用经济发展阶段论对财政支出规模呈扩张趋势予以解释,实际侧重强调财政支出的结构性因素对支出规模的影响。按照他们的观点,在经济发展的早期,私人资本较为弱小,需要政府提供基础设施,并促进基础产业发展,以便为私人资本投资创造条件,因此,在这一发展阶段,一般基础设施、基础产业投资所占比重较高,成为占主导地位的支出;在经济发展的中期,虽然基础设施、基础产业投资已经完成,经济已实现了工业化,但是各种市场失效如外部效应、收入分配差距、垄断和自然垄断、信息不充分不对称等需要政府来加以弥补和纠正,由此导致弥补、纠正市场失灵的支出所占比重提高。在经济发展的成熟期,即后工业经济时代,高的经济发展水平和收入水平使得民众对社会福利提出很高要求,要求政府提供全方位、立体化、多层次的社会福利服务,由此导致社会福利支出成为财政支出的重要内容。美国自1902—1980年,经济发展与运输支出所占比重经历了先上升再下降的变化;而社会福利支出则基本呈明显增长趋势,这就是由美国经济发展所处的特定阶段决定的(见图9-7)。

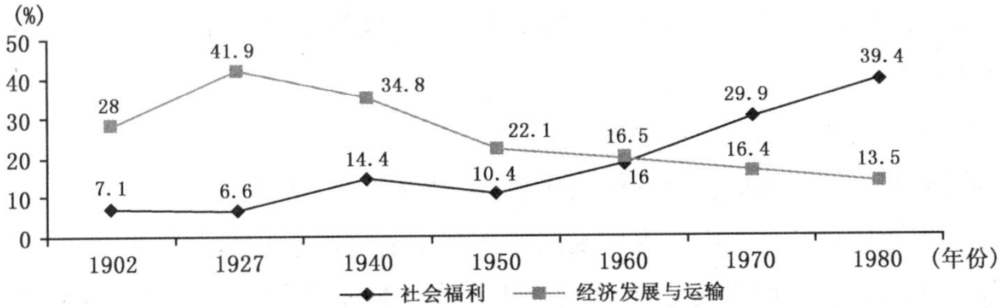

资料来源:马斯格雷夫.美国财政理论与实践[M].北京:中国财政经济出版社,1988:146.

图9-7 美国财政支出两大项目所占比重的变化发展趋势

在体制转轨时期,财政支出结构也会发生明显的变化和调整。随着计划体制向市场体制转轨,市场在资源配置中的基础性、决定性地位逐步确立,越来越依靠市场机制引导私人资本投资建立民营企业来生产提供私人产品,原来依靠政府投资建立国有企业生产提供私人产品的格局逐渐被打破,与之相对应,财政支出中生产建设性支出所占比重会逐步趋于下降;在计划体制下被忽视的科教文卫支出,会随着强调人力资本投资而不断提高所占比重。在计划体制下因强调推行“赶超战略”而忽视的“三农”支出，随着体制转轨所占比重也会有所增加。我国财政支出中基本建设支出所占比重由“五五”时期的35.1%降低到“十五”时期的12.9%；文教科卫事业费支出所占比重则由11.0%增加到18.0%（见表9-3）。由此不难看出经济体制转轨对财政支出结构的影响。

表9-3 我国主要财政支出项目所占比重 单位：%

	基本建设支出	挖潜改造和科技三项	支农和农业事业费	文教科卫事业费	抚恤和社会福利费	国防费	行政管理费	政策性补贴
“五五”时期	35.1	5.5	6.6	11.0	2.0	16.4	4.9	—
“六五”时期	25.1	5.7	5.8	15.7	1.8	11.9	—	—
“七五”时期	20.5	5.5	6.5	19.0	1.6	9.1	8.8	12.6
“八五”时期	12.1	7.1	6.8	21.3	2.1	9.5	11.9	6.9
“九五”时期	13.2	6.0	5.5	19.1	1.5	8.3	12.0	6.1
“十五”时期	12.9	4.5	5.2	18.0	1.9	7.6	13.7	3.0

资料来源：《中国财政年鉴(2006)》。

在和平时期与战争时期军费支出所占比重有明显差别。战争时期，民众“税收容忍度”会提高，财政可以通过税收和各种非税收入增加收入规模，而在支出安排中则侧重增加军费开支。从表9-3可以看出，我国从“五五”到“十五”时期的30年中，国防费支出在“五五”时期所占比重最高，达到16.4%。这与该时期我国开展“对越自卫还击作战”有关。

（三）财政支出结构比较的启示

通过财政支出结构的横向和纵向比较，可以得到以下几点启示：

一是财政支出结构与财政支出规模一样都受诸多因素制约。这些制约因素在不同的国家和地区会呈现不同特征，因此并不存在一成不变的最优的财政支出结构，到底不同类别、不同性质的支出占支出总量的比重多大比例是合适的，对不同国家和地区，具体标准并不相同。

二是财政支出结构的制约因素会处于变化发展的过程中。同一国家和地区制约财政支出结构的因素在不同历史时期和发展阶段会呈现不同特征，这对特定国家和地区来说，最优的财政支出结构也处于动态变化调整过程中。过去合适的财政支出结构，如果不能随着条件变化而及时调整，会演变为不合适的支出结构；过去不合适的财政支出结构，随着条件的变化，也可能演变为合适的支出结构。

三是财政支出结构的确定不仅受客观因素的制约，也受主观因素的影响。任何国家、任何时期的财政支出结构的确定不能不受制于政府决策者的行为选择。其能否顺应制约财政支出结构客观因素的要求相机确定合适的财政支出结构，一方面取决于其认知能力和决策水平，另一方面也与其利己动机直接相关。一般来说，完善官员选拔任用制度，让素质高、能力强的官员掌握权力，同时强化监督机制、抑制其机会主义动机，对于优化财政支出结构是不可缺少的重要条件。

三、财政支出结构应然与实然的冲突及协调

（一）财政支出结构应然与实然的冲突

尽管不同国家和地区、同一国家和地区不同发展阶段的理想财政支出结构会有不同的表现形式，但是对特定国家和地区的特定发展阶段，客观上存在最优的财政支出结构，这种应然意义上的财政支出结构就是财政支出结构确定所应实现的理想目标。但是受多种因素的制约，在实践中实现理想的支出结构有很大难度，即财政支出结构应然与实然的冲突是客观存在的，只是程度不同而已。制约因素包括以下几个方面。

一是政府作为确定财政支出结构的主体对规律的认识程度。政府作为财政活动的主体，其可以根据自己的意愿确定财政支出结构，但其行为并不可主观随意，因为财政支出结构的确定受客观规律的制约。一旦政府的行为违背规律，就会遭受规律的惩罚。当这种惩罚严重到一定程度，政府就会对自己的行为进行修正，从而顺应财政支出结构自身发展演变规律的要求。比如我国在传统体制下，政府投资建立国有企业应该充分发挥我国在资源禀赋方面的比较优势，侧重发展劳动密集型产业，也就是说在政府安排的生产建设性支出中，劳动密集型产业投资应占大头，但实际情形却是资本密集型的重工业投资占大头，这就违背了比较优势原理，这样的支出结构最终导致经济效益低下，政府所建立的国有企业缺少“自生能力”。虽然这种局面在传统体制下得以长期维持，但的确付出了巨大代价，最终我国走上了改革开放道路，鼓励非公有制经济成分发展，大量民营企业开始从事劳动密集型项目投资。与之对应，政府投资所占比重逐步下降，扭曲的财政支出结构逐渐得到纠正。

二是政府作为确定财政支出结构的主体对信息的掌握程度。归根结底，政府确定的财政支出结构所对应的公共产品供给结构要与社会成员对公共产品的需求结构相适应。因此，政府要优化财政支出结构就必须掌握民众对公共产品的需求结构信息。其需要了解民众到底需要消费什么种类的公共产品，需要消费多少。如果政府不能掌握充分的信息，其支出结构确定必然带有盲目性，盲目的决策极易导致公共产品供求出现结构性失衡，从而出现财政支出结构扭曲。在政府治理选择集权模式时，决策信息主要依靠不同级次政府间信息的纵向传递，信息传递过程中的失真和时滞导致财政支出结构扭曲的可能性会加大；在政府治理选择分权模式的条件下，决策信息主要来自搜集整理的辖区民众的需求偏好信息，虽然也会存在信息传递过程中的失真和时滞

问题，但相对不那么严重，导致财政支出结构扭曲的可能性较小。

三是政府掌握财政支出结构确定权的主体所受到的监督制约程度。政府作为民众的代理人，其行为目标不可能与民众完全兼容。一般说来，政府部门的从业人员上到政治家，下到一般政府公务人员，都是利己的经济人。在财政支出结构确定的过程中，虽然不能说决策者不考虑公共利益，但通常其会在决策过程中夹杂个人的私利，会倾向于在与自身利益直接相关的支出中加大资金投入量，或者在确定支出结构时通过“寻租”而使支出结构朝对利益集团有利的方面调整。[①] 决策者这种利己动机到底在多大程度上导致财政支出结构扭曲，取决于其行为所受到的监督制约程度。如果财政透明度高且财政监督到位、财政法制健全，利己行为的所失大于所得，那么利己的动机在很大程度上只能体现为动机，而不是现实的利己行为，由此就有助于避免支出结构扭曲。

（二）财政支出结构应然与实然冲突的协调

一是充分认识财政支出结构确定所面临的制约因素，把握财政支出结构确定所应遵循的规律。虽然不同国家和地区、同一国家和地区在不同发展阶段所面临的支出结构制约因素及所应遵循的规律存在明显的个性差别，但是毕竟共性寓于个性之中、普遍寓于特殊之中、一般寓于个别之中，作为掌握财政支出结构确定权的政府首先需要对确定财政支出结构所应遵循的共性规律有清楚的认识和理解，在此基础上，需要具体问题具体分析，针对辖区所面临的具体约束条件，充分考虑辖区民众对公共产品的需求偏好，发挥辖区比较优势，以合理确定财政支出结构。

二是通过政府治理模式优化保证政府掌握充分的决策信息。政府的集权管理模式客观存在，这本身就说明集权管理模式有其存在的必要性、合理性。但这种管理模式的比较优势体现在其适用于大受益范围公共产品供给结构的确定。比如全国性财政支出结构主要是中央政府财政支出结构的确定需要借助政府的集权管理模式来优化。这需要通过实行级次化管理的政府自下而上汇总上报信息来实现。从经济学角度考察，相对于由中央政府直接搜集整理信息，这实际是最有效率的一种信息传递方式。难以设想，由中央政府面向全国民众直接搜集整理信息效率会低到什么程度。但是对于小受益范围公共产品供给结构的确定，这种政府集权管理模式就没有比较优势可言。因为由基层政府搜集整理信息逐级上报，然后中央决策信息再自上而下逐级下达，会导致巨大效率损失。合适的做法应是借助政府分权管理模式，由基层政府面向辖区民众搜集整理相关信息进行分散决策，这可大大提高决策效率，对于实现财政支

---

① “政府是一个具有牺牲经济发展极其需要的那些公共品为代价而过度供给那些社会需求相对低的公共品的固有倾向的组织。”参见速水佑次郎．发展经济学——从贫困到富裕[M]．北京：社会科学文献出版社，2003：237.

出结构优化有着重要意义。由于一个国土面积辽阔、人口众多、地区差异大的国家，社会成员所需求的公共产品既有大受益范围的公共产品，也有小受益范围的公共产品，因此，合理的政府治理模式应是通过政府的集权管理和分权管理有效结合来保证政府掌握充分的决策信息，以在集权与分权之间实现恰当的均衡。

三是通过提高财政透明度、加强财政监督和财政法制建设来优化财政支出结构。所有的财政活动归根结底都是为了满足公共需要，财政支出结构的确定最终要反映广大民众的意愿和要求。民众对财政支出结构是否合理所做出的判断，政府应给予足够的重视并作为调整优化财政支出结构的重要依据。为此，第一，需要提高财政透明度，让广大民众能充分掌握了解财政支出结构的有关信息，以便其根据自己消费政府提供的公共产品和服务的切身感受来对财政支出结构是否合适做出判断。第二，加强对社情民意信息的搜集整理工作，使政府决策者能充分了解民众的愿望和要求。第三，发挥各种形式财政监督的作用，并最终通过加强财政法制建设来强化对政府的监督和约束，通过制度优化来促使政府部门的从业人员要实现个人利益最大化，就必须为优化财政支出结构做出贡献。

第三节　财政支出效益比较

一、财政支出效益的应然分析

财政支出规模通常是指财政支出总量，一般以整个公共经济部门为着眼点，追求整个公共经济部门配置资源总量合理，旨在保持合理的公共产品供给规模，属于宏观层次的财政支出分析；财政支出结构指不同类别、不同性质支出所占比重及相互关系，通常以公共经济部门体系内部的各个部门为着眼点，追求公共经济部门内部资源配置结构合理，旨在保持合理的公共产品供给结构，属于中观层次的财政支出分析；财政支出效益是指财政支出投入与产出之间的对比关系，通常以公共经济部门内部从属于各个政府职能部门的单位和具体项目为着眼点，追求公共经济部门财政资金的使用能有高的投入产出率，旨在探求合理的资金使用方式、方法，属于微观层次的财政支出分析。

提高财政支出效率，在实现宏观层次财政支出规模和中观层次财政支出结构优化的基础上，还必须提高财政支出效益，即提高微观层次财政支出的投入产出率。所有的财政支出归根结底都是向社会提供公共产品。从应然意义上讲，提高财政支出效益，需要在投入的财政资金数量一定的条件下，尽可能实现公共产品产出数量增加和质量提高;或者说在提供的公共产品数量和质量一定的条件下,尽可能减少财政资金投入量。

从财政资金投入到公共产品生产提供出来满足社会公共需要是一个过程,一般包括三个环节:第一个环节体现为耗费一定数量的财政资金去形成一定数量的公共产品供给手段;第二个环节体现为掌握一定数量的公共产品供给手段去提供一定数量的公共产品;第三个环节体现为通过提供一定数量的公共产品去满足社会成员的公共需要、实现公共利益。提高财政支出效益,需要从这三个环节入手提高投入产出率,缺一不可。换言之,财政支出效益实际是由通过使用财政资金提供公共产品、满足公共需要所包括的这前后相继的三个环节的效益所共同决定的。要准确评价财政支出效益,需要分别评价三个环节的效益,并赋予合适权重,通过加总求和才能对财政支出效益做出全面评价。例如,财政为某高校安排了一笔高等教育支出,这笔支出的效益在第一个环节体现为该高校使用这笔资金到底在多大程度上形成了生产提供高等教育公共产品的手段,包括手段形成的数量和质量两个方面,如建了多少教学楼、宿舍楼、实验楼,雇用了多少教师,购买了多少仪器、设备、图书资料等;在第二个环节则体现为该学校运用这些公共产品供给手段到底提供了多少公共产品,也包括提供的数量和质量两个方面,如培养了多少学生、出版了多少专著、发表了多少论文、完成了多少科研项目、取得了多少专利等;在第三个环节则体现为该学校提供的这些公共产品到底在多大程度上满足了公共需要,实现了公共利益(如培养的学生就业率以及给社会做出的贡献程度如何,出版的专著、发表的论文、完成的科研项目、取得的专利到底带来了多大的社会效益等)。

虽然财政支出的安排一般是无偿的,并不需要使用财政资金的单位偿还,但是公共经济部门各个单位提供公共产品所耗费的每一笔资金却实实在在体现了社会为此所付出的成本和代价,广大社会成员实际是通过减少私人产品的消费来换取公共产品的消费。为了在消费公共产品数量一定的条件下,使减少的私人产品消费量尽可能地小,或者在减少私人产品消费量一定的条件下,使公共产品消费量尽可能地多,就需要提高财政支出效益。这是由财政资金的有限性与公共需要的无限性之间的矛盾所决定的。

二、财政支出效益的实然分析

从应然意义上讲,财政支出效益需要提高,但从实然角度分析,财政资金使用效益低下几乎是世界各国财政运作的通病。这是因为在现实中有很多因素在制约着财政资金使用效益的提高。主要包括以下几个方面。

第一,政府本身是代理人。政府从本质上讲是社会成员为了解决自己解决不了或解决不好的问题而创设出来的手段和制度安排。从应然意义上讲，政府应追求公共利益最大化，但现实中的政府并非抽象存在物，其掌控在政府部门从业人员手中。这些从业人员连同政府本身都是代理人。其使用财政资金提供公共产品，实际是在花别人的钱办别人的事，代理人与委托人利益目标不兼容的客观存在会制约财政资金使用效益的提高。有人所作的一个概括虽然不尽准确，但的确可以从一个侧面说明问题：花别人的钱办别人的事，既不强调节约，也不强调效果；花别人的钱办自己的事，不会强调节约，但会强调效果；花自己的钱办自己的事，既要强调节约，又要强调效果；花自己的钱办别人的事，只会强调节约，不会强调效果。

第二，政府本身处于垄断地位。一个国家通常只有一个政府，其接受民众委托生产提供公共产品，处于一种没有竞争的状态，资金使用效益低下在所难免。虽然政府可以有多个职能部门，但部门之间存在细致的分工，实际上每个部门都代表政府在提供特定性质的公共产品，就该公共产品的供给而言，其仍然处于垄断地位。正如在私人经济部门垄断会导致效率损失一样，政府处于垄断地位也会导致公共产品供给过程中资金使用效益低下。

第三，政府提供公共产品利益获取与成本分担分离。政府为提供公共产品需要向社会成员征税，税收实际是私人经济部门为消费公共产品而向政府支付的特殊价格。从理论上讲，社会成员可以把自己从公共产品消费中得到的效用满足与承受的税收负担加以对照，进而来判定政府使用财政资金效益水平的高低。但是政府收税一般不考虑纳税人从政府提供的公共产品和服务中得到的效用满足程度，而是直接根据支付能力收税。税收负担分配与公共产品提供在时间上、空间上都是分离的。纳税人缴纳税款的多少与其在公共产品消费中得到的效用满足程度并不一定成正比。对很多人来说，甚至会感觉到公共产品由政府免费提供从而产生严重的财政幻觉。这可以在很大程度上帮助政府摆脱来自民众的压力，从而在一定程度上不利于提高财政资金使用效益。

第四，难以使用价格来量化公共产品生产提供过程中的成本和效益。在私人经济部门，私人产品生产提供过程中资金使用效益的高低很容易量化，因为私人产品包括生产过程中的各种投入品都有价格，借助价格就可以量化成本和产出，进而求出利润率等评价指标。不同企业生产的产品可能千差万别，但借助价格求出评价指标却可以对绩效水平高低进行比对。但是严格意义上的公共产品没有价格，这使得量化公共产品的提供到底给社会带来多大的效益变得非常困难。在这样的条件下，即便可以量化公共产品生产提供过程中的成本投入，仍然无法对资金使用效益的高低做出评价。

三、财政支出效益应然与实然的冲突及协调

(一)财政支出效益应然与实然的冲突

财政支出应然意义上的高效与实然意义上的低效形成鲜明对比,这种冲突产生的负面影响有以下方面。

一是导致政府公共经济部门支出规模扩张。财政支出效益低下使得履行特定的政府职能需要安排更大规模的财政支出。鲍莫尔的非均衡增长模型强调了公共部门支出规模扩张的客观原因,认为这取决于公共经济部门自身的非进步性质。从财政资金使用效益角度分析,公共经济部门支出规模的扩张在某种程度上对应的是资金使用效益低下,不过这种效益低下在鲍莫尔看来是无法改变的,只能通过支出规模扩张来解决。

二是扭曲财政收入机制。资金使用效益低下带来的支出缺口,通过税收筹资弥补容易导致纳税人抵制,受纳税人税收容忍度的制约。通过公债筹资是政府通常采用的办法。对一届政府来说,如果发债期限超过本届政府任期,即其面临的现实约束条件就是“负责借钱、负责花钱,但可以不负责还钱”,这极易导致政府的届别机会主义行为。很多国家的政府债务负担沉重甚至陷入债务危机,与政府存在届别机会主义行为有一定关系。

三是导致公共经济部门与私人经济部门之间关系不协调。市场经济是效率经济,高效的私人经济部门要求有高效的公共经济部门与之相适应。但是,在私人经济部门依靠市场机制自发调节可以保持较高资金使用效益的情况下,政府公共经济部门却因为市场无法发挥调节作用而出现资金使用低效。这会使整个经济的运行出现宏观性的结构问题。为了实现两大部门之间关系的协调,必须从私人经济部门多转移一部分资源用于公共经济部门,以缓解公共经济部门因资金使用低效而供给的公共产品的数量、质量不能充分满足私人经济部门发展对公共产品的需求问题,这会降低经济增长率和社会福利水平。

(二)财政支出效益应然与实然冲突的协调

协调财政支出效益应然与实然的冲突是复杂的系统工程,需要全方位、立体化、多层次深化公共经济部门改革,采用多种措施、手段。

第一,实现政府治理模式转变,强化横向委托代理链条,提高财政透明度,加强财政法制建设和财政监督。高层政府监督基层政府可以起到一定效果,但这种监督事实上并没有信息优势,因为高层政府并不直接消费基层政府提供的公共产品和服务。政府面向辖区民众提供公共产品和服务,政府是公共产品的生产者、供给者,民众是公共产品的消费者、需求者,民众评判政府绩效水平包括财政资金使用效益是有信息优势

的。因此需要强化横向委托代理链条，发挥辖区民众以及民众选出的代表所组成的权力机关对政府的监督制约作用。为此需要提高财政透明度，让辖区民众充分了解财政收支信息，在此基础上强化财政法制建设和财政监督，就可以使政府的运作过程包括财政资金使用过程受到规范的制度约束和强有力的监督，从而为提高资金使用效益创造条件。

第二，充分利用市场机制提高资金使用效益。一是尽可能实现公共产品的市场供给。“传统经济学的观点一直认为市场和政府互为替代品，最终有一方负责提供公共产品。”[①]这个责任似乎自然而然由政府承担，于是政府垄断公共产品供给的局面在不少国家长期存在。事实上，真正意义上的纯公共产品比较少，大部分产品是混合产品。在混合产品中，有一部分是具有排他性的混合产品，这部分混合产品完全可以通过市场供给制度向社会提供。另外即便是纯公共产品，由政府负责提供不一定就必须由政府直接生产，公共产品生产和提供是可以分离的。纯公共产品借助市场机制的力量由私人生产、公共提供可以提高财政资金使用效益。二是有些支出项目可以运用成本效益分析法来提高资金使用效益。对于政府安排的一些效益比较容易量化的投资项目，可以采用合适的影子价格量化成本和效益，通过选择一定的折现率折成现值，求出净现值、益本比、内部收益率等指标，进行成本效益分析，可以避免项目安排只看成本不看效益或者只看效益不看成本的不良倾向，通过成本效益比对来选择支出计划和方案，有助于提高资金使用效益。三是一些效益不容易量化的支出项目，如果支出计划或方案可以带来大致相同的收益，可以采用最低费用选择法来提高资金使用效益。四是对政府提供的一些可以定价收费的准公共产品可以采用平均成本定价，来抑制民众的过度消费，由此既可以很好地满足公共需要，又能提高财政资金使用效益。五是构建政府采购制度，变“黑暗中的交易”为“阳光下的交易”，通过公开招标购买政府职能实现所需要的商品和劳务，做到公开、公平、公正，减少财政资金使用过程中“捞回扣”现象。

第三，做好财政支出绩效评价工作。近年来，财政支出绩效评价工作成为财政改革的热点[②]，同时也是改革的难点。毕竟在公共产品难以定价的条件下，要准确量化财政支出效益有一定难度。不同的政府职能部门负责提供不同性质、不同种类的公共产品，设计评价指标体系的时候必须考虑到不同部门所提供的公共产品的性质差异。否则评价结果就不具有可比性。因此，做好财政支出绩效评价工作应从“大处着眼、小处入手”，首先做好一个部门内部不同单位的支出绩效评价。因为一个部门内部的不

① 青木昌彦．比较制度分析[M]．上海：上海远东出版社，2001：56．

② 2018年9月1日，中共中央、国务院发布《关于全面实施预算绩效管理的意见》，要求建立全方位、全过程、全覆盖的预算绩效管理体系。

同单位大致具有相同的性质，设计一套适用于一个部门的支出绩效评价指标体系相对容易一些。这可视作财政支出绩效的微观评价。在做好部门内部不同单位支出绩效评价工作的基础上，可以部门为评价对象，进行中观层次的支出绩效评价，这可为优化财政支出的部门结构提供基本依据。这个评价指标体系的设计难度就比较大，需要考虑部门性质差异，需要考虑指标的可比性。如果部门的支出绩效水平能够准确评估，就可以以政府作为绩效评价对象进行宏观层次的绩效评价。这可为优化同一级次不同地方政府以及不同级次政府间的资源配置创造基础条件。[①]

本章小结

● 从应然意义上讲，能保证财政活动净收益达到最大值的财政支出规模就是理想的财政支出规模。从实然分析，我国财政支出规模经历了"V"字形的变化趋势，这是多种因素综合作用的结果。西方国家财政支出规模从一个足够长的时间跨度考察都呈扩张趋势。比较瓦格纳法则、尼斯坎南官僚模型、马斯格雷夫和罗斯托的经济发展阶段论和鲍莫尔的非均衡增长模型对此做出的解释表明：影响财政支出规模的因素众多，只有全面考察才能有准确认识；选择特定分析视角可以对支出规模扩张做出逻辑自洽的解释；由于不同时期影响支出规模的因素不同，因此所有的理论解释都具有时代烙印。财政支出规模应然与实然冲突的协调，从资源配置的角度讲，为实现理想的支出规模，一是要提高财政透明度，二是要落实"量出为入"的理财原则筹集收入，三是要严格遵循"量入为出"原则安排支出，四是要强化财政监督和财政法制建设；从收入分配的角度分析，实现理想的支出规模，需要政府根据公平与效率这一对矛盾何为矛盾的主要方面而相机抉择。从稳定的经济的角度分析，实现理想的支出规模，需要根据社会总供求对比关系相机确定财政支出规模。

● 从应然意义上讲，理想的财政支出结构要求用于提供不同种类公共产品的不同类别和性质的财政支出，每一元给社会成员带来相同的满足程度。财政支出结构的实然分析，从横向考察，发达国家与发展中国家购买性支出和转移性支出所占比重不同；单一制国家与联邦制国家中央支出与地方支出所占比重存在明显差异；计划体制国家与市场体制国家生产建设性支出所占比重不同。从纵向考察，在经济发展的早期、中期和成熟期分别有不同类别、不同性质的支出占主导地位；在体制转轨时期，财政支出结构也会发生明显的变化和调整；在和平时期与战争时期军费支出所占比重有明显差别。通过财政支出结构的横向和纵向比较，可以得到以下启示：一是财政支出结构与财政支出规模一样都受诸多因素制约。二是财政支出结构的制约因素会处于变化发展的过程中。受多种因素的制约，在实践中实现理想的支出结构有难度，财政支出结构应然与实然冲突的协调，一是要充分认识财政支出结构确定所面临的制约因素，把握财政支出结构确定所应遵循的规律。二是要通过政府治理模式优化保证政府掌握充分的决策信息。三是要通过提高财政透明度，加强财政监督和财政法制建设来优化财政支出结构。

● 从应然意义上讲，提高财政支出效益，需要在投入的财政资金数量一定的条件下，实现公共

---

① 关于绩效评价的宏观、中观和微观三个层次的分析，参见李森．行政事业资产绩效评价的特殊性及层次性探索[J]．行政事业资产与财务，2012(8).

产品产出数量增加、质量提高；或者说在提供的公共产品数量和质量一定的条件下，尽可能减少财政资金投入量。从实然角度分析，财政资金使用效益低下几乎是世界各国财政运作的通病。这是因为现实中有很多因素制约着财政资金使用效益的提高。主要包括：第一，政府本身是代理人；第二，政府本身处于垄断地位；第三，政府提供公共产品利益获取与成本分担分离；第四，难以使用价格来量化公共产品生产提供过程中的成本和效益。协调财政支出效益应然与实然的冲突是复杂的系统工程，需要全方位、立体化、多层次深化公共经济部门改革，采用多种措施和手段：第一，实现政府治理模式转变，强化横向委托代理链条，提高财政透明度，加强财政法制建设和财政监督；第二，充分利用市场机制提高资金使用效益；第三，做好财政支出绩效评价工作。

重要概念

财政支出规模　财政支出结构　财政支出效益　应然分析　实然分析

思考题

1. 何谓理想的财政支出规模?
2. 何谓理想的财政支出结构?
3. 财政支出效益应如何理解?
4. 如何协调财政支出规模应然与实然的矛盾?
5. 如何协调财政支出结构应然与实然的矛盾?
6. 如何协调财政支出效益应然与实然的矛盾?

材料分析

1. 瓦格纳关于国家支出总水平的论述

在国家的(或其他公共体的)财政需要与国民收入之间保持适当的关系，这是正确制定预算政策的重要要求，也是财政学必须强调的原则。不过，从一开始就应指出来的是，国家支出的总水平不能抽象地决定。这一点，不仅是对正常情况下的国家支出来说的，而且也是对特定时刻的特定国家而言的。不仅对以货币或产品计算的绝对支出量来说应该如此，而且对支出占国民收入的相对比例而言也是如此。在过去，曾有人为支出规定过绝对数值的限额，或者界定支出占国民收入比例的上限，但这些努力统统失败了。因为这些人对国家与国民收入关系的看法，是错误的、肤浅的、机械的，没有采取更为合适的有机观点。必须着重指出的是，在考虑公共服务支出的绝对水平或相对水平时，既不能单独考虑服务的成本，也不能单独考虑服务的价值，而必须对二者加以同时考虑。在考虑的过程中，占据决定性地位的因素，既不是从国家性质出发的单纯政治因素，也不是单纯的、唯一的私人经济因素。下面的说法可以作为一项法则来运用：当公共服务的经济现值(从最宽泛的意义来说)更大时，当公共服务对一般生产率及“自由”的国民收入[罗雪尔(Roscher)定义的收入，即扣除用于民众基本物质生活需要之后的剩余国民收入]的贡献更高时，以及当非税收形式的国家收入(如来自于国家的商业活动)比例更大时，国家支出数也应该更多。这种更多，既体现在绝对量上，也体现在相对量(以国民收入的百分比来衡量)上。

(资料来源：阿道夫·瓦格纳．财政学三论[A]//马斯格雷夫，皮考克．财政理论史上的经典文献[M]．刘守刚，王晓丹译．上海：上海财经大学出版社，2015.)

借助上述材料分析何为理想的财政支出规模？理想的财政支出规模应符合什么条件？如何实现理想的财政支出规模？

2. 潘塔莱奥尼关于公共支出安排的论述

很清楚，在不同公共支出项目之间进行边际效用的比较，是安排公共支出项目的标准做法。事实上，当国会批准一项支出计划时，必然要考虑，只要可支配的资金的总量不变，批准该项目就意味着否决其他具有相同可能性的项目。因此，在批准一个项目前，有必要考虑两个问题：第一，该项目的内部效用如何？只有当它的效用足够高时，才会被纳入考虑之中；第二，该项目与其他同等可能的项目相比效用如何？只有清楚这一对比情况时，才能确定该项目到底是不是最好。……不同的支出项目边际效用递减；衡量每一个支出组合带来的内在边际效用与为此征税而带来的边际牺牲。之所以要衡量后一个方面，是因为在我们的预算中，如前所述，支出依靠的主要是普通税收而不是特别收费，或者说在征税时只有一个普遍的而非特殊的目的。因此，衡量支出预算是否适当，就需要计算所有支出项目的效用之和有多大。……我们应该拒绝一种对预算的批评，这种批评只关注某一个特定的支出项目是否合适，而不考虑其他的支出项目，不从一个系统的角度去考虑问题。这样的批评，对预算而言肯定是错的，因为它不仅忽视了根据边际效用大小而排列的支出项目的优先排序，而且忽略了该项目支出带来的牺牲额(即它的购买价格)与为全部支出而进行财政征收带来的总体牺牲额之间的密不可分性。

(资料来源：马费奥·潘塔莱奥尼．公共支出安排理论文稿[A]//马斯格雷夫，皮考克．财政理论史上的经典文献[M]．刘守刚，王晓丹译．上海：上海财经大学出版社，2015：36、39、41.)

借助上述材料分析何为理想的财政支出结构？理想的财政支出结构应符合什么条件？如何实现理想的财政支出结构？

本章阅读文献

1. 马斯格雷夫，皮考克．财政理论史上的经典文献[M]．刘守刚，王晓丹译．上海：上海财经大学出版社，2015.

2. 詹姆斯·M. 布坎南．民主财政论[M]．北京：商务印书馆，1993.

3. 郭庆旺，赵志耘．财政学[M]．北京：中国人民大学出版社，2002.

4. 王传伦，高培勇．当代西方财政经济理论[M]．北京：商务印书馆，1995.

5. 朱德云，李森主编．财政学[M]．北京：经济科学出版社，2008.

6. 李森．试论财政支出效率的三个层次[J]．西安财经学院学报，2005(3)，人大报刊复印资料，财政与税务，2005(11).

第十章　财政收入比较

财政收入的筹集讲究生财、聚财之道。所谓生财主要指财源培植，这有两种基本思路。比较两种思路的利弊得失，便于选择合适的财源建设思路。所谓聚财主要指选择特定的收入形式、规模、结构来筹集收入，对筹资的形式、规模和结构进行比较，有助于选择合理的财政收入形式，有助于优化财政收入的规模和结构，进而有助于从收入筹集角度提高财政资源配置效率。

重点问题

- 两种财源建设思路的比较及启示
- 筹资形式的比较及启示
- 筹资规模的比较及启示
- 筹资结构的比较及启示

第一节　财源建设思路比较

一、政府主导型财政建设思路与市场主导型财源建设思路

政府主导型的财源建设思路，是指政府通过投资建立国有企业，然后以国有企业的利润作为主要财源，以利润上缴作为主要财政收入形式的财源建设思路。一般来说，选择了计划体制，自然也就要选择这种政府主导型财源建设思路。因为选择计划体制就意味着要否定市场体制在资源配置中的基础性、决定性作用，就“不是由私有的或私人经营的企业，而是由公共权力机关控制生产资料，决定怎样生产，生产什么，谁该得到什么东西”[①]。

① 熊彼特．资本主义、社会主义与民主[M]．北京：商务印书馆，1999：515.

市场主导型的财源建设思路是指政府通过引导私人投资建立非国有企业，然后以非国有企业的利润作为主要财源，以税收作为主要财政收入形式的财源建设思路。一般来说，选择了市场体制，自然就要选择这种市场主导型的财源建设思路，就需要市场引导私人资本进行投资建立非国有企业，通过发挥市场机制的调节作用来决定生产什么、生产多少以及生产出来的产品如何分配。

二、两种财源建设思路下政府行为方式的差别

（一）政府主导型财源建设思路下的政府行为方式

采用这种财源建设思路，政府需要通过投资分门别类建立不同性质的国有企业，对政府而言，首要的工作就是筹集大规模的建设资金。结合我国的具体国情和当时经济发展背景看，政府实际是借助直接控制国民收入初次分配和再分配，通过实现超常的财政收支规模来解决政府投资的资金来源问题的。毕竟在农业占主导地位的国家，通过政府投资发展工业，所需的资金主要得从农业部门筹集。我国借鉴了苏联的做法采取了“工农产品剪刀差”的形式来集中农业的剩余。通过人为压低农产品收购价格，以便农业的剩余能转移到工业。在城市则压低工人的工资、压低企业的折旧、压低利率、压低外汇价格，同时抬高工业品价格，以便国有企业能有较大规模的利润和较高的利润率，然后政府与国有企业再确立“统收统支”的分配关系，将大部分利润集中到政府手中[①]，从而保持财政收入占 GDP 的高比重，实现财政收支规模相对扩张。在此基础上，政府安排财政支出时会尽可能加大财政支出中投资性支出或称建设性支出所占比重，以便尽可能快、尽可能多地投资建立更多的国有企业。这一比重可以提到很高水平（由表 10－1 的数据可以看出，从经济恢复时期到“六五”时期，经济建设费一直是财政支出的大头，在“六五”时期占财政支出的比重达到 59.9%），但该比重的提高并不是无限度的。因为在确定财政支出结构时，政府虽然可以加大投资性支出所占比重，但产品供给结构中投资品和消费品所占比重则是确定的。投资支出规模过大、积累率过高，会导致投资品供不应求、消费品供过于求，从而出现严重的结构问题。这表现为投资战线拉得过长、摊子铺得太大、在建工程数量过多，最终导致投资效益下降。为了提高投资效益，政府会被迫压缩投资规模、降低积累率，这又会导致经济增长率的大起大落。

---

① 按照刘云龙的解释，实行工农产品价格“剪刀差”，可以轻而易举地把农业“剩余”、农业“利润”转移到工业部门，然后通过企业利润上缴获取财政收入，由此可以降低交易成本。在“社会大工厂”模式下，劳动者在社会大工厂劳动→创造价值和剩余价值→表现为利润→所有权国有→国家占有利润→国家财政收入。从财政收入来源看，中国传统财政体制最突出的特点是“利润国家”“无税国家”，而不是“税收国家”。参见刘云龙．民主机制与民主财政——政府间财政分工及分工方式[M]．北京：中国城市出版社，2001：238－239.

表 10-1　　国家财政功能性质分类支出(经济恢复时期到"六五"时期)　　单位:亿元

时期	支出合计	经济建设费	经济建设费占比	社会文教费	国防费	行政管理费	其他支出
经济恢复时期	362.19	125.70	34.71	42.10	138.49	46.07	9.83
"一五"时期	1 320.52	670.81	50.80	191.32	314.79	112.18	31.42
"二五"时期	2 238.18	1 491.55	66.64	302.07	272.94	133.16	38.46
"三五"时期	2 510.60	1 407.62	56.07	277.76	549.56	134.27	141.39
1963—1965 年	1 185.81	638.22	53.82	180.24	226.04	76.42	64.89
"四五"时期	2 510.60	1407.62	56.07	277.76	549.56	134.27	141.39
"五五"时期	3 917.94	2261.12	57.71	426.25	750.10	196.71	283.76
"六五"时期	5 282.44	3164.28	59.90	760.64	867.81	280.06	209.65

资料来源:中国财政杂志社(2007),转引自:杨志勇,杨之刚.中国财政制度改革 30 年[M].上海:上海人民出版社,2008:35.

对于政府投资建立的大量国有企业,政府需要成立相应的主管部门对国有企业按行业性质进行分门别类的管理。中央会成立很多的部,一般每个部负责管理特定行业的国有企业,如纺织工业部、化学工业部、机械工业部①、石油工业部、煤炭工业部、电子工业部等,省级政府会成立相应的厅、市级政府和县级政府再成立相应的局来分别管理不同行政级别的国有企业。整个经济以"条条管理"为主、"块块管理"为辅,企业对主管部门负责,一级政府的主管部门主要对上级政府主管部门负责。政府间纵向的信息传递占据主导地位,决策主要体现为集权决策。企业体现为主管部门的行政附属物,缺少经营自主权,生产什么、生产多少、如何生产受制于计划安排。

对于国有企业的利润,一般允许企业按照工资总额的一定比例提取企业基金,大部分利润,甚至包括企业的折旧基金都被政府财政集中(由表 10-2 的数据可以看出,1959—1977 年的绝大部分年份以利润上缴为主要内容的企业收入占比都超过 50%,成为最为重要的财政收入形式)。由于价格体系不合理,有的企业生产的产品价高利大,有的则价低利小,企业的利润无法反应经营绩效水平高低,只能确定政府财政与企业"统收统支"的分配关系。企业没有相对独立的经济利益,企业干多干少、干好干坏对其经济利益及职工待遇影响不大,由此导致激励机制扭曲。②

---

① 20 世纪 60—70 年代,仅机械工业部就有 8 个,第一机械工业部主管重工业,第二至第七机械工业部主管国防工业,第八机械工业部主管农机。

② 1949—1978 年,国有企业利润大部分被财政集中,整体看呈明显"统收格局"。中华人民共和国成立后的经济恢复时期,国有企业实现利润全额上缴。"一五"时期,国家实行企业奖励基金和超计划利润分成制度,这一时期国有工业企业留利占实现利润的 10.2%。国家在三年调整时期取消了利润留成办法,恢复企业奖励基金制度,其间国有工业企业留利占实现利润的 3.8%。"文化大革命"期间,国家取消企业奖励基金制度,企业实现利润基本全额上缴,国有工业企业留利仅占实现利润的 0.17%。参见陈少强.国家出资企业利润分配 60 年回顾[J].财务与会计,2009(10).

表 10-2 国家财政分项目收入比重(1953—1978 年) 单位:%

年份	各项税收	企业收入	其他收入	年份	各项税收	企业收入	其他收入
1953 年	56.12	35.96	7.92	1966 年	39.73	59.66	0.61
1954 年	53.91	40.63	5.46	1967 年	46.89	52.10	1.02
1955 年	51.13	44.94	3.96	1968 年	53.03	46.15	0.82
1956 年	50.28	47.92	1.80	1969 年	44.70	54.43	0.87
1957 年	51.09	47.55	1.36	1970 年	42.42	57.17	0.41
1958 年	49.35	49.84	0.81	1971 年	41.97	57.52	0.51
1959 年	42.02	57.30	0.68	1972 年	41.36	58.14	0.50
1960 年	35.59	63.93	0.49	1973 年	43.10	56.45	0.46
1961 年	44.59	53.73	1.68	1974 年	46.02	52.00	1.98
1962 年	51.69	46.63	1.68	1975 年	49.38	49.07	1.55
1963 年	48.01	50.45	1.54	1976 年	52.53	43.53	3.94
1964 年	45.55	53.29	1.15	1977 年	53.55	46.01	0.44
1965 年	43.16	55.83	1.00	1978 年	45.86	50.52	3.62

资料来源:楼继伟.新中国 50 年财政统计[M].北京:经济科学出版社,2000:65—67.

(二)市场主导型财源建设思路下政府的行为方式

采用这种财源建设思路,对政府而言首要的工作不是筹集投资资金,因为此时的投资主体主要是私人而非政府。私人为了实现自身利益最大化而进行投资,投资的资金来源由私人解决。首先私人可用自有资金作为投资资金来源。在自有资金不能满足投资需求时可通过市场渠道直接或间接融资。例如,可通过资本市场发行债券、股票筹资;也可以通过银行信用系统融资。市场机制通过利率升降调节资金供求关系。投资资金需求大,资金供给少,利率就会提高,利率提高后抑制消费、刺激储蓄,增加资金供给;投资资金需求小,资金供给多,利率就会下降,利率下降后刺激消费、抑制储蓄,减少资金供给。一般来说,通过市场机制的自发调节可以满足私人投资对资金的需求。

采用这种财源建设思路,政府的首要工作是弥补纠正各种各样的市场失效,以此来为私人投资创造条件。也就是说在该财源建设模式下,并不是不需要政府投资,只是不需要政府在市场有效作用领域进行投资。在市场失效的领域,政府还是需要通过投资来弥补和纠正市场失效。从投资项目划分角度分析,该财源建设思路下,政府不应从事市场有效作用领域的竞争性项目投资,去生产提供私人产品,满足私人需要,追求利润最大化。但是可以从事市场失效领域的公益性项目投资,服务于公共产品的生产提供和公共需要的满足，追求公共利益最大化；也可以从事市场部分失效领域的基础性项目投资，服务于混合产品的提供。

一般来说，在市场经济发展的早期，基础产业、基础设施投资需要与一般产业投资保持一定比例关系，实现二者协调发展。从历史上看，不同国家具体实现路径并不相同。欧美发达国家走的是市场引导型的发展路径，即一般产业投资规模先扩张（见图10-1由Q_1过渡到C点），由此加大对基础性产品和服务的需求，带动其价格提高，进而拉动基础设施和基础产业投资（由C点过渡到Q_2），走的是从不平衡到平衡（$Q_1 \to C \to Q_2 \to D \to Q_3$）的发展路径。日本、韩国这些后起的国家则首先是由政府加大基础设施投资力度，增加基础性产品和服务供给，进而降低其价格，从而为私人资本从事一般产业投资创造有利条件，走的路径是$Q_1 \to A \to Q_2 \to B \to Q_3$。这两条不同发展路径表明，基础设施投资可以由市场引导也可以由政府主导，不同国家会根据自己所处经济发展阶段做出不同选择，但政府通常不能从事一般产业投资。因此，对于市场主导型财源建设思路而言，正确处理市场与政府的关系，慎重解决政府的"越位"和"缺位"问题是头等重要的大事。

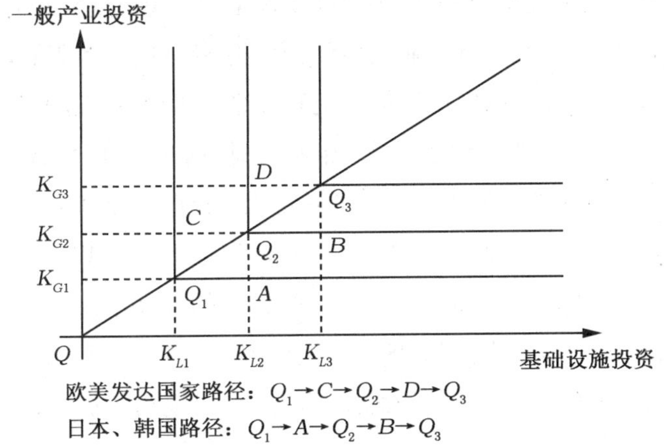

资料来源：陈共．财政学[M]．第6版．北京：中国人民大学出版社，2009：139.

图10-1 基础设施投资与一般产业投资协调发展的实现路径

在市场主导型财源建设模式下，企业主要是私人投资建立的非国有企业，政府没有必要事实上也不大可能按照行业再成立主管部门对企业进行直接管理，政府主管部门更多的是按照产业而不是行业设置（传统体制下按行业设置的主管部门一般转为行业性协会，不再隶属政府系统），主管部门数量大大减少。企业生产经营活动主要接受市场调节，政府对企业的管理由直接管理转向间接管理。企业具有独立的市场主体地位，自主经营、自负盈亏、自我约束、自我发展。信息以横向传递为主，整个经济管理呈现以“块块管理”为主的特征。

对非国有企业的利润，政府由于不掌握企业所有权所以不能直接以利润上缴形式集中，而只能凭借政治权力获取税收。相对不同所有制类型的企业，政府的社会管理者身份是相同的，因此政府收税对不同所有制类型的企业“一视同仁”，不因是国有企业给予额外照顾，也不因是非国有企业予以政策歧视。私营企业与国有企业在同一起跑线平等竞争，优胜劣汰。由市场供求关系决定的价格以及与价格相联系的供求和竞争机制发挥作用，促使企业必须加强生产经营管理、降低成本、提高效率，政府不直接干预企业的生产经营活动。在市场主导型财源建设模式下，国家与企业的关系体现为：国家调节市场，市场引导企业。企业在市场竞争中提高效率、发展壮大，可为政府提供充裕税源。

三、两种不同的财源建设思路对财政收入及经济绩效的影响比较

(一)采用政府主导型财源建设思路可以实现财政收入超常的相对规模，但经济绩效差从而难以实现财政收入绝对规模的快速增长

采用政府主导型财源建设思路，实现财政收入超常的相对规模是有保证的。因为企业既然是政府投资建立的，是国有企业，政府代表国家履行所有者职能，那么企业利润天经地义归政府所有，这意味着政府可以把企业的大部分利润甚至近乎全部集中到自己手中。从历史上看，在传统体制下政府对国有企业的利润基本采取了“统收统支”的分配管理办法。虽然通常允许企业按照工资总额的一定比例提取企业基金，但大部分利润被政府财政集中。因此，政府主导型财源建设思路可以保证政府财政有一个相对高的财政集中度。1952—1977 年，我国财政收入占 GDP 比重的最高值为 1960 年的 38.9%，最小值为 1968 年的 20.7%，平均值为 28.03%(见图 10－2)。与 1978—2018 年的平均值 18.26%相比，政府主导型财源建设思路下收入相对规模的扩张显而易见。

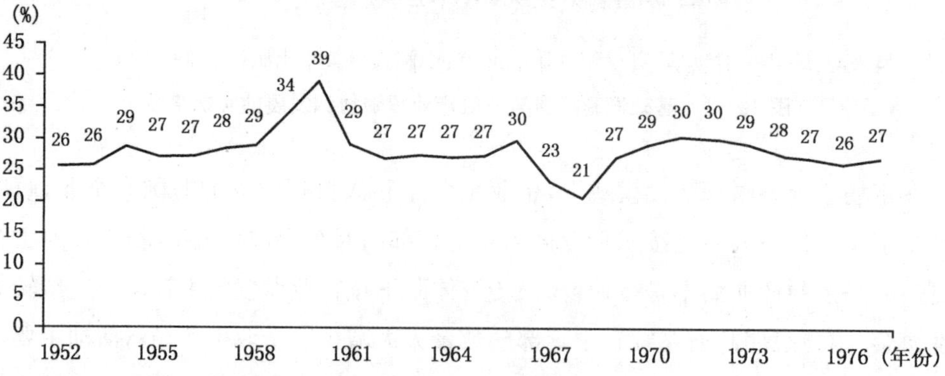

资料来源:《中国统计年鉴》。

图 10－2　1952—1977 年我国财政收入占 GDP 比重

采用政府主导型财源建设思路实现财政收入绝对规模高速增长是不可能的。这主要是因为在政府主导型财源建设思路下，难以做大 GDP。毕竟，决定财政收入绝对规模大小的因素不仅仅是财政收入占 GDP 的比重，在财政收入相对规模即财政收入占 GDP 比重一定的条件下，GDP 的大小就成为影响财政收入绝对规模的决定因素。这类似拉弗曲线所反映的税收收入和税率的关系。税收收入等于计税依据乘以税率。在计税依据不变的条件下，税率越高，税收收入越多；但税率提高的同时，由于对投资、劳动力供给的抑制会缩小计税依据。因此，税收收入并不总是随着税率的提高而增加。在税率提高增加的收入小于计税依据缩小减少的收入时，税收收入不但不增加反而会减少。同样，在政府主导型财源建设思路下，虽然可以实现相对高的财政集中度，但 GDP 数量不能迅速增长，由此会制约财政收入绝对规模的扩张。这是因为：

第一，根源于公有产权自身的局限。公有产权相对私有产权，其比较优势在于满足公共需要，生产、提供公共产品，实现公共利益；而私有产权的比较优势在于满足私人需要，生产、提供私人产品，实现私人利益。如果公有产权生产提供私人产品，满足私人需要，追求私人利益，就是用公有产权的比较劣势与私有产权的比较优势竞争，其在效益上会低于非国有企业，[①]如果与非国有企业平等竞争，其效益的低下使之无法为政府财政提供充裕收入。为使国有企业避开来自非国有企业的竞争，传统体制下，政府采取了限制非公有制经济成分发展的政策，让国有企业事实上处于垄断地位，但付出的代价是彻底否定和放弃了迄今为止人类所发现的最有效的资源配置手段——市场机制。整个国家经济的运行依赖计划而不是市场进行调节。

第二，受信息不充分因素的制约，决策失误难以避免。这是因为：一是政府主导型财源建设模式下，政府需要搜集整理的信息量超乎想象，既要搜集整理生产提供公共产品所需信息，还要搜集整理生产提供私人产品所需信息。对于后者，在市场体制下主要通过市场在买卖双方之间横向传递，并不需要政府承担多少信息搜集整理任务。但在政府主导型财源建设模式下，这就成为政府搜集整理信息所必须完成的主要任务。由于社会成员所消费的私人产品的种类复杂程度远超公共产品，所以政府所需完成的信息搜集整理工作量相当惊人。通常情况下，在信息搜集整理能力一定的条件下，信息搜集所要完成的工作量越大，信息搜集整理过程中出现的失误就越多。二是政府主导型财源建设模式下，政府搜集整理信息的链条长、环节多、时滞长，信息传递

---

① 根据杨灿明(2001)的分析，私有产权建立委托代理链条相对要短，其只涉及经济领域的委托代理，即股东大会选出董事会、董事会选出董事长、董事长任命总经理。委托人可以对代理人的行为进行有效监督，进而有助于提高企业绩效。但是公有产权建立委托代理链条相对要长，其不仅涉及经济领域的委托代理，还涉及政治领域的委托代理。委托人对代理人的行为难以进行有效监督。因此，如果在市场有效作用领域，生产提供私人产品，公有产权的企业与私有产权企业平等竞争，往往难以取得更为理想的绩效。

效率低下。这是由“自上而下”和“自下而上”相结合的纵向信息传递机制决定的。产品需求及供给信息由最基层组织负责搜集整理并按照政府级次汇总上报，决策信息再“自上而下”逐级下达传递，相对通过市场在买卖双方之间横向传递信息，链条长、环节多，信息传递效率不可同日而语。三是政府主导型财源建设模式下，信息传递过程中失真的可能性加大。与横向信息传递不同，纵向的信息传递涉及多层次的委托代理关系，自下而上的信息传递链条中，作为消费者的家庭和作为生产者的企业是委托人，不同级次政府及其信息搜集整理机构和人员是代理人，作为代理人，其与委托人的利益目标并不完全兼容，处于利己动机其会对信息进行筛选、调整，从而导致中央集中决策所依赖的信息失真；自上而下的信息传递链条中，中央政府是委托人，不同级次政府及其管理机构和人员是代理人，作为代理人，其与作为委托人的中央在利益目标上也不完全兼容，处于利己动机，其会对中央决策信息进行解读修正，从而使中央决策在实际推行过程中走样。

第三，激励机制扭曲。在政府主导型财源建设模式下，企业听命于政府，是政府的附属物，没有生产自主权，企业的生产经营活动完全置于政府计划的控制之下，由于价格体系不合理，企业利润额和利润率不能准确反映企业经营绩效，且收入分配向政府倾斜，企业在处理与职工收入分配关系时，虽然强调按劳分配，但准确衡量劳动贡献程度大小有一定难度，平均分配倾向明显，由此导致激励机制扭曲、资源配置效率低下，GDP 自然难以实现高速增长。在财政集中度一定的前提下，这最终导致财政收入绝对规模难以迅速扩张。

1952—1977 年的 26 年时间里，我国财政收入绝对量仅从 1952 年的 174 亿元增长到 1977 年的 874 亿元，增长了 4.02 倍，始终没有突破 1 000 亿元大关(见图 10-3)。

资料来源：《中国统计年鉴》。

图 10-3 1952—1977 年我国财政收入规模绝对量

（二）市场主导型的财源建设思路难以实现财政收入超常的相对规模，但却可以通过提高经济绩效保持财政收入绝对规模的稳定增长

市场主导型的财源建设思路难以实现财政收入超常的相对规模，究其原因，可简单概括为：在该思路下，为财政提供收入的主要是非国有企业，既然是非国有企业，政府并不掌握所有权，只能凭借政治权力获取税收，而不能凭借经济权利直接占有企业的利润。由于税收集中度通常要低于利润集中度，因此，在这种财源建设模式下，一般难以实现超常的财政收入相对规模。1978—2018 年的 41 年里，财政收入占 GDP 比重最高值为 1978 年的 30.78%，最低值为 1995 年的 10.18%，平均为 18.26%，比 1952—1977 年的平均值 28.03%低了近 10 个百分点（见图 10－4）。

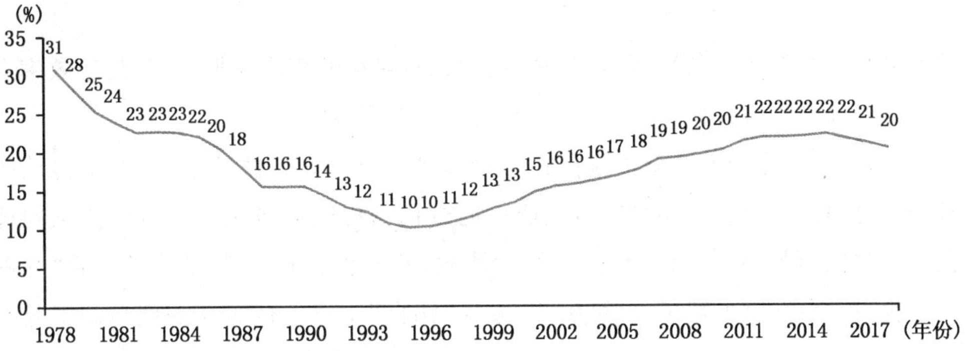

资料来源：《中国统计年鉴》。

图 10－4　1978—2018 年我国财政收入占 GDP 比重

市场主导型的财源建设思路可以保持财政收入绝对规模的稳定增长，因为决定财政收入绝对规模的因素一是财政收入占 GDP 比重，二是 GDP 总量。在市场主导型财源建设思路下，虽然财政收入相对规模比较小，但却可以通过做大 GDP 来实现财政收入绝对量的迅猛扩张（图 10－5 中，1978 年我国财政收入规模绝对量为 1 132.26 亿元，到 2018 年增长到 183 351.84 亿元，增长了 160.93 倍，相比从 1952 年的 174 亿元增长到 1977 年的 874 亿元仅增长 4.02 倍而言，绝对规模的扩张可谓迅猛）。这是因为：

第一，市场主导型的财源建设模式充分发挥了市场和政府的比较优势。在市场机制的自发调节下，价格信号可以引导资源配置的方向、供求机制可以确定某一方向资源配置的数量，而竞争机制则迫使每个资源使用者高效率地使用资源，整个社会的资源配置效率大大提高。

第二，市场主导型的财源建设模式使信息传递效率大大提高。在该模式下，通过产品市场和要素市场在买卖双方之间传递信息，以横向信息传递为主代替以纵向信息

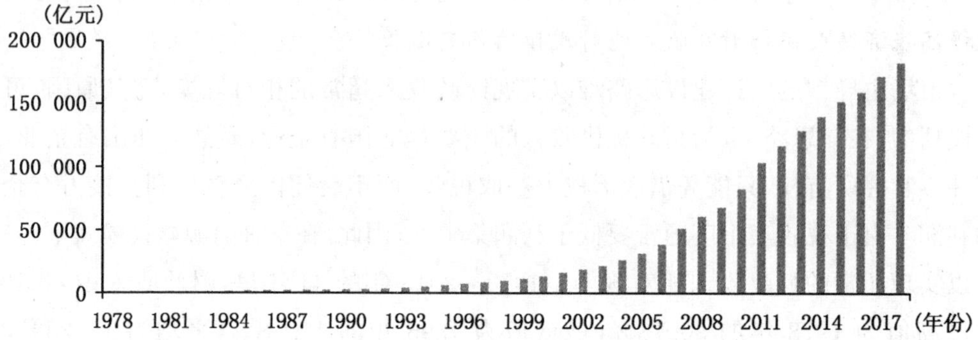

资料来源:《中国统计年鉴》。

图 10－5　1978—2018 年我国财政收入绝对规模

传递为主。信息传递链条缩短、环节减少、信息不对称的程度降低,信息传递效率大大提高。市场分散决策替代政府集中决策,决策失误率下降。

第三,市场主导型的财源建设模式激励机制健全。在该模式下,企业不再从属于政府,而是拥有自主权(即便是国有企业也拥有相当程度的自主权),价格体系的理顺使企业利润额、利润率可以反映企业经营绩效;政府作为社会管理者对企业"一视同仁",企业面向市场公平竞争、优胜劣汰,成为"四自"主体。企业在处理与职工分配关系时,也充分尊重不同要素边际贡献率的大小,收入差距拉大,从而建立起健全的激励机制。

第四,市场主导型的财源建设模式下,政府积极弥补和纠正市场失效,为企业创造良好的生产经营环境。上述因素都为 GDP 的迅速增长创造了有利条件,从而可以保证在财政收入相对规模比较小的条件下,通过 GDP 规模的扩张来实现财政收入绝对规模的快速增长。

四、比较两种财源建设思路的启示与借鉴

第一,市场体制下应选择市场主导型财源建设模式。市场体制相对计划体制所呈现的比较优势使世界上多数国家都选择了市场体制。传统的计划体制国家几乎都转向了市场体制。随着经济体制的转轨,财源建设模式也必须由政府主导型转向市场主导型。这是不以人的主观意志为转移的客观规律,是发挥公有产权和私有产权比较优势的必然要求。配置资源生产提供私人产品、满足私人需要、追求私人利益是私有产权的比较优势。配置资源生产提供公共产品、满足公共需要、实现公共利益是公有产权的比较优势。选择市场主导型财源建设模式需要通过市场机制发挥基础性作用,引导私人投资建立非国有企业,进而以非国有企业利润作为主要财源,把国家建立在税

收而不是利润的基础上。当然，这并不意味着私有产权可以完全替代公有产权。在公共产品的生产提供、公共需要的满足方面，公有产权仍然具有私有产权不可替代的比较优势。

第二，构建市场主导型财源建设模式应注意财政动态平衡的实现。在市场经济发展早期，私人资本力量较为弱小并不足以形成充裕的财源。在这样的情况下，政府最易急躁冒进，亲自充当财源建设主体，通过多方筹资建立国有企业，这在短期看可能取得理想效果，但是长期考察则会由于公有产权自身性质的制约而不仅难以为政府提供足够的收入，甚至会使政府背上沉重的债务包袱。构建市场主导型财源建设模式虽然并不需要政府在市场有效作用的领域投资建立国有企业，但并不排斥政府投资。实际上，在经济发展的早期，构建市场主导型财源建设模式急需政府投资基础设施和基础产业。然而受当时经济发展水平的制约，财政收入有限，政府往往拿不出足够的资金来完成这些投资项目。如果一味坚持财政静态平衡，根据当前的收入量力而行、量入为出，那么由此会导致基础产业发展滞后、基础设施供给不足，经济会陷入所谓"贫穷的恶性循环"。政府的可行选择是通过举债促进基础设施、基础产业投资，由此产生的赤字可通过经济发展进入中期和成熟期以后增加的收入来抵补，从而实现财政的动态平衡。

第三，市场主导型财源建设模式的构建需要注意发挥比较优势。构建市场主导型财源建设模式并不是政府对经济放任自流的过程，政府仍然需要发挥引导作用，制订适合当地实际的财源建设战略。由于各地所面临的具体约束条件不同，所以适合当地的财源建设战略的具体内容也各不相同，但合适的财源建设战略所具有的共性是必须要能充分发挥当地的比较优势。不同地区比较优势不同，因而也就应该选择不同的财源建设战略。从这个意义上讲，不同地方政府的财源建设战略不可照抄照搬。对地方政府 A 来说是合适的财源建设战略，对地方政府 B 来说就不一定合适，财源建设战略的制订必须注意发挥各个地方政府的比较优势。由于地方政府的比较优势也处于变化发展过程中，在不同发展阶段会有不同的比较优势，因而具有鲜明地方特征的财源建设战略在不同发展阶段还需要有所变化，相机调整。每个地方政府都有自己的比较优势，现实中缺少的不是比较优势，而是发现。国内比较成功的财源建设模式有所谓的苏南模式、温州模式、珠三角模式等。

苏南模式以发达的农业为基础，通过加强乡镇企业建设培植财源。苏南紧靠上海、杭州、苏州、无锡等经济发达地区，出色的地缘优势为苏南发展乡镇企业创造了良好条件。苏南通过发展乡镇企业，不仅拓宽了农民增收渠道，而且也增强了集体经济实力，使苏南地区有能力采取"以工补农"政策协调工农关系，稳定农业生产。苏南地区从乡镇企业的利润中拿出专项资金推广农业机械化，开展农村基础设施建设，促进了农业和工业经营管理的现代化，随着经济规模扩张、效益提高，地方政府财源也日益充裕。

温州模式依托家庭工业和专业化市场，通过营造小商品、大市场格局培植财源。温州地处浙江东南偏远山区，人多地少，又远离大中城市的辐射带动，推进农村工业化的自然禀赋并不突出，但是温州地区手工业发达，温州人有走南闯北寻找生机的开拓精神和历史传统。改革开放后，温州从当地实际出发，选择了较早放开并实行市场调节的日用小商品作为主导产业，以家庭工业和专业化市场方式发展非农产业，从而形成了小商品、大市场的发展格局。

珠三角模式借助大力发展外向型经济培植财源。国家的开放政策是促成“珠三角模式”形成的主要因素。1980 年国务院批准在深圳和珠海建立经济特区，1985 年国务院批准成立了珠江三角洲经济开放区。珠三角作为港澳地区加工工业的外迁地，凭借国家的优惠政策和海外华侨众多的优势，大力发展以“三来一补”(来料加工、来样加工、来件装配及补偿贸易)为主要特征的外向型经济，与香港形成了“前店后厂”的格局，通过大量引进外资来加快农村工业化进程。

上述模式各有特点，但都适合当地情况，别的地区盲目照抄照搬难以取得理想效果。对于地方政府财政而言，找准自己的比较优势，用自己的比较优势与其他地区的比较劣势竞争，经济发展道路会越走越宽，最终达到经济发展水平提高、民众生活质量改善、政府财源充裕的理想效果。国家整体财源建设战略也是如此。在这方面，我国有失败的教训也有成功的经验。中华人民共和国成立初期，我国不仅选择了政府主导型财源建设模式，而且在国家发展战略选择方面也没有遵循比较优势原理。当时我国是典型的农业国，劳动力资源充裕而资本严重短缺。相对西方发达国家劳动力资源短缺而资本相对充裕的现实，适合我国的财源建设战略应是积极发展劳动密集型产业，由此可在国际分工体系中发挥自身的比较优势，应在通过劳动密集型产业的发展完成资本积累后，进而发展自己的资本密集型产业，但是当时我国急于建立自己完备的工业体系，并受生产资料生产优先增长理论的影响，于是着力发展资本有机构成高、投资量大、建设周期长的重工业，用自己的比较劣势与西方国家的比较优势竞争，结果与西方国家的经济发展差距不仅没有缩小，反而日趋拉大。这是我国在经济发展及财源建设战略选择方面出现的重大失误，整个国家为此付出了沉重代价。改革开放后，我国以经济建设为中心，逐步鼓励发展非公有制经济成分，其发展受市场调节，投资人为了自身利益最大化必然考虑发挥比较优势。于是，劳动密集型产业得到发展，并以成本低的优势迅速在国际竞争中胜出，完成了资本积累，进而为促进资本密集型和技术密集型产业的发展创造了条件，取得了举世瞩目的经济建设成就。由此看来，财源建设战略及模式的选择并非主观随意，而是需要遵循规律。规律是客观的，违背规律必然遭受惩罚，而遵循规律、顺应规律的要求，则有助于预期目标实现。

第二节　筹资形式比较

一、主要筹资形式的优缺点比较

（一）税收的优缺点

税收作为最主要的财政收入形式其优点非常明显：税收收入筹集的依据是国家的政治权力，收入筹集功能强大。[①] 从理论上讲，其可以集中私人的全部收入，从而可保证政府职能实现有充分的收入来源；税收可以根据纳税人支付能力征收而不考虑其从公共产品和服务消费中得到的效用满足程度，从而可以有效降低筹资成本[②]；税收不仅是最为重要的财政收入形式，也是调节经济的重要杠杆，通过相机调节税收收入的总量和结构，税收可以有效调节经济的总量和结构。其缺点体现在：一是缺少客观标准对政府收税的权力予以限制，从而不利于合理确定宏观税负水平。通常一个国家的宪法会明确规定政府征税的权力和公民纳税的义务，但是对政府征税的权力和公民纳税的义务应履行到什么程度则通常不会予以明确。至少从理论上讲，政府存在大幅度提高宏观税负水平从而把大部分资源配置权掌控在自己手中的可能，这会导致资源在两大部门之间难以实现合理配置。二是不考虑受益程度，单纯依靠支付能力分配税收负担，不能体现税收价格属性，从而不利于真正做到税收公平。税收本质上是私人为了消费公共产品而向政府支付的特殊“价格”，其体现交换关系。从这个意义上讲，税收负担的分配必须考虑纳税人消费公共产品和服务的受益程度，但是为了降低筹资成本，实践中只能以支付能力作为征税的主要依据。这虽然有效降低了筹资成本，但事实上会导致纳税人承受的税收负担与其从公共产品和服务消费中得到的效用满足程度脱节，从而难以真正体现公平原则。三是税收作为经济杠杆在功能方面存在一定局限。税收无论是通过总量变动还是结构调整来调节经济的总量和结构，通常要涉及税

---

① 自 19 世纪末至今，在主要的经济发达国家（如英国、美国、法国），其税收收入一直占公共收入的 90%以上（20 世纪 80 年代这三国税收收入占公共收入的比率分别是 95.2%、93.4%和 99.5%）。参见高培勇，崔军．公共部门经济学[M]．北京：中国人民大学出版社，2001：160.

② 一般来说，要准确量化纳税人从政府提供的公共产品和服务中得到的效用和满足程度难度很大。因为效用满足本身作为一种主观心理感受确实难以量化，纳税人自己也难以准确知道自己到底从公共产品和服务消费中得到了多大的效用和满足。另外，其即便知道也不会如实表达，因为这意味着其要承受相应的税收负担。因此，依据受益原则筹集税收收入会带来较高的筹资成本。而依据支付能力筹集税收收入则相对简单，通过所得、消费、财产量化支付能力相对容易操作，可以有效降低筹资成本。

制调整，这需要经过权力机关审查批准，存在较长时滞，由此影响税收作为经济调节手段所本应具有的灵活性和时效性。

（二）收费的优缺点

政府提供的能够排他的混合产品可以通过收费筹集收入，其优点是：收费充分体现了受益原则，多受益多缴费，少受益少缴费，不受益不缴费，较为公平①；通过收费为公共产品和服务筹资，相对于免费提供，可以节约使用公共产品和服务②；结合差别定价可以更好地体现效率和公平原则。③ 但其缺点也很明显：收费的领域受到严格限制，不能排他的公共产品和服务难以收费；收入调节功能较差，收费体现交换原则，对收入分配格局影响力度较小，不利于缩小收入分配差距；合理确定收费标准比较困难，政府确定收费标准存在抬高标准损害公共利益的可能，而低收费则可能导致资源配置效率低下且加重财政负担。④

（三）规费的优缺点

规费不同于收费，收费是公共经济部门的企业、事业单位因提供混合产品而收取的费用，可分为企业性收费和事业性收费；规费是公共经济部门的行政司法机构提供公共产品而收取的费用，可分为行政规费和司法规费。规费优点是：收取规费可以促使私人节约使用公共产品和服务，避免对公共产品和服务的滥用。⑤ 其缺点是：相对收费，其更依赖政府的政治权力，强制性更明显，超标乱收的可能性较大。

（四）国有资产收益的优缺点

国家凭借资产、资源所有权获取的利润、承包费、租金、股息和红利、资源出让收入等统称为国有资产收益。其优点是：体现国家的所有者权益；凭借经济权力获取收入，

① 从分配的依据考察，政府收费与私人经济部门通过产品定价获取收入没有本质区别，都体现一种交换关系。只不过对私人产品来说，交换一般是等价交换，确定的价格通常可以弥补生产者的成本，还会有正常利润。对公共产品来说，政府收费通常是不等价交换，政府确定的收费标准一般较低，事业性收费的标准一般低于成本，差额由政府财政予以补助；企业性收费的标准一般要求等于成本，但通常并不要求获取利润。

② 对于消费者来说，免费提供的产品和服务价格为零，作为理性的经济人，其对该产品和服务的消费要达到边际效用为零才能实现效用满足程度最大化，但这样的消费量从资源配置角度考察，边际成本会远大于边际收益进而导致效率损失。而确定合理的收费水平，做到资源配置的边际收益等于边际成本，则可以实现资源配置的净收益达到最大值。

③ 基本的生活必需品如水、电等可以实行差别定价，每月用水、用电量在规定数额之内，可以实行低价，价格低于成本部分由财政补助；超过规定数额，则实行高价。这一方面可公平收入分配，另一方面也节约水电使用，实现绿色发展。

④ 通常情况下，一些自然垄断行业收费标准的确定，企业会利用信息优势诱使政府制订较高收费标准，其对超额利润的攫取会损害公共利益。政府与企业之间存在的信息不对称，使政府通常难以准确判定企业的平均成本，通过召开价格听证会的办法确定收费标准，可以在一定程度上缓解信息不对称的困扰，但仍然难以从根本上解决问题。

⑤ 一般来说，行政司法机构提供的行政司法服务属于纯公共产品，其费用开支原则上需要通过税收来抵补。从这个意义上讲，行政司法机构收取规费的主要目的并不是为了抵补成本，而是为了发挥调节作用，促使社会成员节约使用公共服务，避免对公共服务的滥用。

从收入分配依据考察，与私人凭借所有权获取收入并无区别，政府与私人作为获取收入的主体在经济地位上平等，因此政府通过这种收入形式筹集收入对私人经济权力影响较小；国有资产收益体现作为资产所有者的政府与资产经营使用者之间的利益分配关系，具体的筹资形式及筹资比率选择都比较灵活。缺点是：收益多少受资产、资源经营管理绩效水平高低的影响，收入不稳定，年度间波动幅度较大；涉及政府资产、资源的管理，受公有产权自身性质的制约，管理难度较大，政府一方面难以对资产占有使用者的行为进行有效监督，另一方面在确定收益分配比例时会存在讨价还价，容易导致国有资产收益流失；政府为获取国有资产收益，若赋予资产、资源占有主体以垄断地位，会干扰市场机制运作而导致效率损失。

（五）公债收入的优缺点

公债是国家凭借信用原则以偿还为条件获取的收入。其优点体现在：作为临时收入，能克服经常性收入对政府收入筹集的限制，满足支出需求，而其他的收入形式，特别是经常性收入形式，弹性很小，政府难以根据支出需求对收入数量灵活增减，而依据信用原则筹集的公债收入，则规模通常可大可小，弹性较大，可以较为灵活地满足支出需求；在调节供求总量和结构方面有独到作用①；作为凭借信用原则筹集的收入，既满足政府支出需求、保证政府职能顺利实现，又为私人闲置资本提供投资机会。缺点是：加大以后财政年度的支出压力；在政府届别机会主义行为严重的情况下，会导致债务风险累积而形成债务危机。②

（六）罚没收入的优缺点

罚没收入是国家凭借政治权力为纠正违法、违规行为而强制收取的收入。其优点

---

① 公债收入调节经济总量无论在扩张需求还是紧缩需求方面都有比较优势。紧缩需求若运用税收手段需要增税，这需要调整税法从而存在明显时滞，同时也容易遭受纳税人抵制；压缩支出则受支出刚性的影响而难以有大的回旋余地。而采用公债以有偿方式把私人收入集中到政府手中并形成财政盈余，就可以紧缩需求，操作起来难度较小。公债在扩张需求方面的比较优势更为明显。在 *LM* 曲线的水平区域，“流动性偏好陷阱”的存在使得货币政策失效，在私人有钱而不愿意投资和消费的情况下，减税事实上难以刺激需求。此时通过发行公债把私人手中沉淀的货币转化为现实流通的货币，可以在不抬高利率的条件下，刺激需求，实现产出增加，从而收到理想效果。公债在调节经济结构方面也有比较优势，比如在投资不足、消费过旺时向家庭发债用于政府投资；在投资过旺、消费不足时向企业发债用于政府消费，这都是比较容易操作的。虽然从理论上讲，也可以通过调节税收结构来调节供求结构，但操作起来难度要大得多，至于其他收入形式（如收费、规费、国有资产收益、罚没收入等）基本没有结构调节功能。在调节经济发展的产业结构、地区结构方面也是如此。

② 政府都有任期限制，很多情况下，政府举借债务的期限会超过政府任期，此时就会出现一届政府负责举债，负责使用债务收入，但却不负责债务偿还的情况，此时就容易出现政府的届别机会主义行为，即通过扩大举债规模，减轻本届政府支出压力，展示本届政府政绩，而把债务包袱甩给下届或下几届政府。一般来说，政府届别机会主义动机是否会产生届别机会主义行为以及行为的严重程度取决于政府行为所受到的监督制约程度，对政府行为监督制约比较到位，政府届别机会主义行为就可能仅仅体现为动机而不是现实的行为，或者虽然有机会主义行为但并不严重；否则，严重的届别机会主义行为所累积的债务风险就可能导致债务危机而威胁政府职能的顺利实现。

是:通过减少违法、违规者的物质利益增大其违法、违规成本,有效减少违法、违规行为;执法机关收取罚没收入,并不需要加大征管成本。缺点是:凭借政治权力强制收取,在监管不到位的条件下极易导致乱罚款现象[①],出现罚没收入目的异化:本来罚没收入的收取是为了减少违法、违规行为,维护正常秩序,一旦罚没收入收取的目的是为了追求收入最大化,罚没收入本身就成为扰乱正常秩序的负面因素。

(七)通货膨胀税收入的优缺点

国家掌握货币发行权可通过增发货币获取收入。其优点是:政府不用付出多少直接成本和代价就可以获取收入,在所有筹资形式中,通货膨胀税的直接筹资成本是最低的;在特定条件下可以增加流通中货币量、扩张需求、拉动经济增长[②]。缺点是:容易导致物价大幅上涨,影响预期[③],扰乱正常的生产流通秩序,威胁社会稳定和经济发展;损害政府形象,导致收入分配不公,并可能引发政治危机。

二、筹资形式的纵向比较

(一)不同筹资形式的地位及相互关系在变化发展

有的收入形式随着形势变化而产生,比如公债收入、通货膨胀税收入等。一般认为,公债是在封建社会末期出现的财政收入形式,而通货膨胀一般在现代纸币制度条件下才为政府财政提供收入来源。有的收入形式会随着形势变化而消亡,如掠夺收入。清朝末年,清政府签订《马关条约》赔偿日本白银二亿两;签订《辛丑条约》赔偿八国联军白银四亿五千万两。对侵略中国的列强来说,这成为财政收入的重要来源,但在当代,掠夺收入几乎已销声匿迹。在自然经济条件下,凭借所有权取得的公产收入长期在财政收入中占有重要地位,但在商品货币经济发展起来后,税收收入的地位日趋重要,成为占绝对主导地位的财政收入形式。有的收入形式会被其他收入形式替代,比如"税改费"和"费改税"。税收和收费作为两种收入形式各有其存在的必要性、合理性,无所谓孰优孰劣。政府筹资到底应采用收税还是收费的形式,关键取决于政府提供的产品和服务的具体性质及分配依据。若提供的产品和服务不能排他,原则上

---

① 罚没收入的收取依据是政治权力,其是一种无偿收入。从这个意义上讲,政府有关部门及从业人员存在乱罚款以实现罚没收入最大化的动机。但这种动机是否会产生现实的行为则取决于制度安排。如果政府各个部门的罚没收入与其部门预算支出完全脱钩,即罚没收入的多少与部门预算支出规模没有必然联系,则乱罚款出现的可能性就极小。如果二者挂钩,那么罚没收入就会从手段转化为目的,作为一种财政收入形式,本来调节功能是其主要功能,此时会被分配功能所取代,即出现"为罚款而罚款"的现象。

② 在通货紧缩的条件下,通过发行货币获取收入一方面可以满足政府筹资需求,另一方面也增加流通中货币量,从而可以刺激需求、拉动经济增长。在需求不足成为经济运行常态的背景下,政府通过货币发行获取收入有较大的回旋余地。

③ 一般认为,比通货膨胀危害更严重的是通货膨胀预期,其会使通货膨胀的危害远大于货币超发本身所产生的危害。

得采用税收形式，若勉强采用收费的形式，会出现名实不符，这种名义上的“费”需要改为实质性的“税”，需要推进“费改税”改革；若提供的产品和服务可以排他，原则上得采用收费形式，这更有利于体现效率和公平原则，从这个意义上讲，“税改费”也有其存在的必要性、合理性。

（二）同一筹资形式也处于变化发展的过程中

税收作为重要财政收入形式，在自然经济条件下，其表现为简单的、古老的、原始的直接税，主要收人头税和土地税；在商品货币经济发展起来后，简单的、原始的、古老的直接税为间接税所取代。随着经济发展水平和人均收入的进一步提高，税收就以现代的直接税为表现形式，主要收个人所得税、公司所得税和社会保险税。这体现为税收制度所经历的“之”字形发展路径。再如国有资产收益，在传统计划体制下主要表现为利润上缴形式，因为国有企业基本采用国有国营的经营方式，随着转向市场体制，国有企业经营方式开始多元化，承包制、租赁制等多种经营方式出现，有的国有企业还进行了股份制改造，于是国有资产收益开始采用承包费、租金、股息和红利等多种表现形式。随着住房私有化和房地产市场的发展，国家出让国有土地使用权还可以获取土地出让金收入等新的国有资产收益形式。

三、筹资形式的横向比较

（一）不同经济体制国家筹资形式的区别

市场体制国家主要依靠税收筹资。选择了市场体制，也就选择了市场主导型财源培植模式。政府鼓励、支持非国有企业发展，国有企业作为弥补纠正市场失效的手段发挥拾遗补阙的作用。在 GDP 总量中占大头的是非国有企业创造的 GDP，而对非国有企业，政府不掌握所有权，只能依靠政治权力获取税收收入，因此，市场体制国家几乎无一例外地都体现为“税收国家”。

计划体制国家主要依靠利润上缴筹资。选择了计划体制，也就选择了政府主导型财源培植模式。在这种财源培植模式下，企业主要是政府投资建立的国有企业。在 GDP 总量中，占大头的是国有企业创造的 GDP，对国有企业来说，所有者是政府，其可以凭借财产权利获取利润上缴收入。相对税收形式，利润上缴收入还可以较为灵活地处理政府与国有企业的分配关系。因此，计划体制国家几乎无一例外地都体现为“利润国家”。

（二）不同经济发展水平国家筹资形式的区别

经济发展水平低的国家依靠间接税。这是由经济发展水平低这一客观条件所决定的。在经济发展水平低、经济效益差的条件下，依靠间接税可以保证政府能筹集到足够收入，因为间接税计入成本，只要企业生产经营活动能正常进行，有销售收入就可以取得税收收入，这在很大程度上可以摆脱企业经营绩效对政府收入的制约；间接税征管相对简单，这与低经济发展水平国家相对低的收入征管水平相适应；另外，经济发展水平低，效率是矛盾的主要方面，收入筹集主要依靠较能体现效率原则的间接税也符合这些国家的实际情况。另外，经济发展水平低的国家主要依靠间接税筹资还与这种筹资方式能使税收负担较为隐蔽有关。在经济发展水平低、收入量少的条件下，政府收税形成的税负冲击对有关主体所造成的负面影响是比较大的，很容易招致有关主体的反对。在这样的条件下，如果能实现隐蔽征税当然是一种理想选择。政府收取间接税可以采用价内税的实现方式，把税款包含在价格中，由此就可以尽可能淡化收税所造成的负面影响。政府征税后，有关主体的直观感受是商品价格昂贵而不是税负沉重，这有助于经济发展水平低的国家获取尽可能多的收入。而且，经济发展水平低、人均收入少的国家，政府绩效水平一般较低，纳税人缴纳的税款并不能高效转化为相应的公共产品和服务，若采用直接税，不能实现隐蔽征税，纳税人把所失与所得加以对照，很容易对政府绩效水平做出判断，进而会使政府承受政治压力。因此，这些国家的政府出于减轻自己所承受的政治压力考虑，也不会选择以直接税为主的筹资形式。

经济发展水平高的国家主要依靠直接税筹资。这是由其经济发展水平高这一客观条件所决定的。经济发展水平高，经济效益好，收入水平高，依靠直接税筹资能保证政府筹集到足够收入；虽然直接税征管相对复杂，但经济发展水平高的国家一般税收征管能力较强，收入筹集主要依靠直接税也不至于出现严重的收入“跑、冒、滴、漏”。经济发展水平高的国家，效率问题一般得到解决，公平是矛盾的主要方面，收入筹集主要依靠较能体现公平原则的直接税也符合这些国家的实际情况。另外，经济发展水平高、人均收入多的国家，民众对政府收税所形成的税负冲击的容忍度较高，政府隐藏税收负担的要求不如经济发展水平低、人均收入少的国家那么迫切。而且一般而言，经济发展水平高、人均收入多的国家，政府效率水平一般较高。在政府能够把纳税人缴纳的税收较为有效地转化为公共产品和服务的情况下，政府以直接税筹资，不隐藏税收负担，并不会使政府承受多大政治压力，甚至还能得到民众的赞誉和拥护。

（三）民主制度健全程度不同国家的筹资形式

民主国家一般不会过于依赖通货膨胀税。民主国家民众对政府监督制约作用较强，而且民主国家一般经济较为发达，中高收入者占比高，这些人政治话语权较强，通货膨胀相当于对拥有的货币征税，中高收入者的利益所受到的负面影响较大，其会利用政治话语权和对政府较强的监督制约作用来抵制政府滥发货币的行为。

民主制度不健全的国家对通货膨胀税依赖程度往往较高。这些国家的民众对政府监督作用较弱，而且这些国家一般经济发展水平低，中高收入者占比低，低收入者、贫困者占比高，通货膨胀对低收入者、贫困者造成的负面影响相对要小，如果政府借助货币发行再面向低收入者安排一定数量的转移支付，则政府滥发货币在政治上遇到的阻力及社会压力就会更小。①

（四）资源禀赋不同国家的筹资形式

特殊资源禀赋可以使有些国家依靠丰富的资源获取资源出让收入，比较典型的是中东的阿拉伯国家，其依靠丰富的石油资源可获取大量的石油美元。

没有特殊资源禀赋的国家只能依靠产业发展获取收入，比较典型的是日本，其作为岛国，国土面积狭小、资源贫乏，但依靠高水平的产业发展仍然能够获取可观收入。

四、筹资形式比较的启示与借鉴

（一）不同财政收入形式各有得失，因此不同的财政收入形式应相互协调、相互配合、取长补短，形成完整的财政收入体系

不同的财政收入形式在具有财政收入形式共性功能的同时，也都具有个性特征。所有的财政收入形式都具有收入筹集功能，同时也可以调节经济，但有的收入形式主要的功能是筹集收入，有的收入形式主要的功能则是调节经济。在特定的时间、地点，特定的财政收入形式可以呈现其他财政收入形式所不具备的比较优势。从整体看，财政收入表现为不同财政收入形式所构成的完整体系。特定的财政收入形式都在整体中居于特定地位、发挥特定作用。

（二）在不同国家、不同地区，财政收入形式的地位、作用存在明显差别

这可体现为占主导地位的财政收入形式不同，也可以体现为财政收入形式之间相互关系的变化和调整。一个国家或地区应该根据所面临的具体约束条件确定占主导地位的财政收入形式，并协调处理与其他财政收入形式的关系。不同国家和地区制约财政收入形式选择的因素不同，因此占主导地位的财政收入形式及不同财政收入形式之间的关系并不存在固定模式。一个国家或地区在财政收入形式选择和确定方面不能照抄照搬其他国家和地区的做法，而应根据当地实际，分析影响财政收入形式选择的因素，合理确定占主导地位的财政收入形式并协调不同收入形式的相互关系。

（三）财政收入形式在不同历史发展阶段，其地位和作用处于动态变化发展过程中

对于趋于消亡的财政收入形式不可勉强维持其在财政收入体系中的地位；对于适应形势发展要求而出现的财政收入形式应赋予合适地位、发挥适当作用，不可夸大也不可贬低。随着时间推移、条件变化，财政收入形式在收入体系中所处的地位和作用应及时进行调整，次要的收入形式会变成主要收入形式；主要收入形式也可以变成次

① 比较典型的是非洲的津巴布韦，穆加贝总统的执政制造了天文数字的通货膨胀，但能维持长达几十年的统治，说明政府政策推行使占人口多数的低收入者在物价飞涨的过程中所遭受的利益损失相对要小。

要收入形式。不同收入形式之间的替代也会出现。比如，在我国预算外资金规模膨胀、财政收入分配秩序混乱时期，提供公共产品和服务的部门、单位依赖收费来维持其运转，收费在财政收入体系中的地位、作用被夸大。随着国家对收入分配秩序的整顿，"费改税"工作的推进，有些名义上是"费"而实际上是"税"的收费逐渐被税收形式取代。而随着技术进步，原来不可排他的产品和服务的提供变得可以排他，那么实行"税改费"也不是完全不可行的选择。

第三节　筹资规模比较

一、筹资规模比较的意义

筹资规模的比较归根结底是为了揭示确定筹资规模所应遵循的规律，实现理想的筹资规模。其意义体现在三个方面：

第一，优化资源配置的需要。首先，政府财政的筹资规模影响资源在两大部门之间的宏观配置比例。政府筹资规模大致反映了政府公共经济部门配置资源的总量，从资源配置的结果看大致与公共产品的供给总量对应。而公共产品的供给总量是否合适应以其是否能满足社会成员对公共产品的需求为判定标准。由于特定国家、特定地区在特定时期社会成员对公共产品的需求总量是一定的，这意味着资源在两个部门之间客观上存在一合适的配置比例。在该比例下，公共产品和私人产品在总量上保持合理的搭配组合。达不到这一比例，无论财政筹资规模太大(与之相对应公共产品供给总量太多)，还是筹资规模太小(与之相对应公共产品供给总量太少)，都会降低社会福利水平，难以优化资源宏观配置。其次，政府筹资规模还影响政府公共经济部门和私人经济部门内部的资源配置。对政府公共经济部门来说，如果筹资规模过小，政府支出安排会面临较大压力，为了实现财政收支平衡，就需要压缩支出，而不同类别、不同性质的支出刚性程度不同，一般来说，消费性支出刚性明显，不容易压缩，能压缩的往往是政府投资性支出，这容易导致基础性项目投资不足，基础设施投资、基础产业发展滞后，也可能影响公益性项目投资，影响政府职能实现和各项事业发展；如果筹资规模过大，政府支出安排就有较大回旋余地，但是过于充裕的资金供给通常不利于提高资金使用效益。对私人经济部门来说，如果筹资规模过小，会直接影响政府供给的公共产品和服务的种类、数量和质量，虽然私人可以因税收负担较轻而有足够财力用于投资和消费，但仍然难以取得理想的效果，因为在政府提供的公共产品和服务的种类、数量和质量难以满足需求的条件下，无论是私人的投资还是消费都会因缺少基础条件而受到负面影响；如果筹资规模过大，则会使资源配置过于向政府倾斜，从而直接影响企业的投资和个人的消费。

第二，公平收入分配的需要。市场经济条件下的收入分配遵循要素分配原则，按照每个社会成员向社会提供的生产要素的种类、数量、质量来确定收入份额。这可以充分体现要素边际贡献率的大小，因而符合效率原则。但是由于生产要素在社会成员之间的分布本身就是不均衡的，由此必然导致收入分配差距拉大而难以体现公平原则。因此，在市场经济条件下，政府一般要对市场机制作用下所形成的收入分配格局进行必要的调整。调整的力度需要根据公平与效率二者的具体对比关系及收入分配的具体状况相机确定。一般来说，政府筹资规模越大，说明对市场机制作用下所形成的收入分配格局的改变力度越大，反之，则越小。如果政府筹资主要依靠直接税且税率累进，就能起到缩小收入分配差距的效果，在公平是矛盾主要方面，客观上需要缩小收入分配差距时，应加大政府筹资规模；在效率是矛盾主要方面，客观上需要适当拉大收入分配差距时，则应缩小政府筹资规模。如果政府筹资主要依靠间接税，由于间接税税收负担的分配具有累退性，因此政府筹资会起到扩大收入分配差距的效果，在公平是矛盾主要方面，客观上需要缩小收入分配差距时，应缩小政府筹资规模；在效率是矛盾主要方面，客观上需要适当拉大收入分配差距时，则应扩大政府筹资规模。

第三，稳定经济增长的需要。一般来说，市场机制的自发调节可以实现经济增长，但其难以稳定。[①] 要稳定经济增长，就需要政府来调节社会总供求关系。在需求不足时，扩张总需求；在需求过旺时，紧缩总需求。在调节社会总供求关系的手段中，财政收支总量对比关系的确定就是不可或缺的重要手段。在财政支出规模一定的条件下，财政收入规模的扩张可以紧缩需求；财政收入规模缩小可以扩张需求。财政收入规模的确定何时需要扩张、何时需要紧缩，就需要考虑社会总供求对比关系。因此，财政收入规模的确定对经济能否实现稳定增长可发挥重要调节作用。

二、筹资规模确定方法的比较

确定财政收入规模有两种基本方法：基数法和零基预算法。两种方法各有得失，因此实践中一般是两种方法综合运用。

运用基数法确定财政收入规模是以上年度财政收入规模为基础，结合当年的社会

---

① 一般认为，市场机制的自发调节可以实现经济增长根源于人的需求的无限性。低层次的需求被满足后通常会产生高层次的需求。为了满足自己无穷无尽的需求，在市场经济条件下就必须追求收入最大化。这就要求社会成员必须向社会多提供生产要素，提供种类稀缺的、高质量的生产要素，这就为经济的增长提供了基础条件。至于经济在市场机制自发调节下不能实现稳定增长，则有多种理论可以解释，如凯恩斯提出的边际消费倾向递减规律、资本边际收益递减规律可以解释消费和投资不足，而投资乘数和加速系数可以解释经济为何有时会过热。

经济发展情况及财政支出需求来确定收入规模。这种方法的优点是简单容易操作，同时强调了财政分配活动的连续性，对于保证财政分配活动的稳定具有重要意义，但其缺点也很明显，容易把以前年份影响财政收入规模的不合理因素保留下来。

运用零基预算法确定财政收入规模要求不考虑上年度财政收入规模的影响，而是直接分析影响财政收入规模的因素，需要把所有影响财政收入规模的因素量化加总求和。这种方法的优点是可以克服基数法的局限，把以往年份影响收入规模不合理的因素舍象掉，但缺点是工作量大、所需时间长，难以满足确定财政收入规模的时效性要求。

三、筹资规模的横向和纵向比较

（一）从横向比较，不同国家财政收入相对规模差别较大

发达国家财政收入占 GDP 的比重一般保持在 30%～60%，在表 10－3 几个主要发达国家的数据中，只有美国 2009—2013 年的平均值低于 30%，但也达到了 29.2%；发展国家中国家财政收入占 GDP 比重一般低于 25%。整体看，发达国家财政收入相对规模明显大于发展中国家。世界银行给出的宏观税负参照标准是：低收入国家的人均 GDP 低于 785 美元，宏观税负保持在 13.07%的平均水平；中下等收入国家的人均 GDP 在 783～3 125 美元，宏观税负保持在 18.59%的平均水平；中上等收入国家的人均 GDP 在 3 126～9 655 美元，宏观税负保持在 21.59%的平均水平；高收入国家的人均 GDP 大于 9 656 美元，宏观税负平均水平为 28.9%。①

表 10－3　　部分发达国家和发展中国家财政收入占 GDP 比重　　单位：%

	2009 年	2010 年	2011 年	2012 年	2013 年	平　均
美国	28.4	28.8	29.0	29.0	30.7	29.18
加拿大	42.7	42.4	42.1	41.5	41.5	42.04
澳大利亚	33.4	32.0	32.2	33.1	33.6	32.86
新西兰	35.5	34.9	34.9	34.8	35.1	35.04
英国	35.6	36.2	36.9	36.8	37.7	36.64
法国	49.2	49.5	50.6	51.8	52.9	50.80
德国	45.1	43.6	44.3	44.8	44.7	44.50
丹麦	55.2	54.8	55.5	55.3	57.3	55.62
日本	29.6	29.6	30.8	31.2	31.7	30.58

① 曹彬．中国财政收入占 GDP 最优比重的研究[D]．浙江工业大学硕士论文，2014.

续表

	2009 年	2010 年	2011 年	2012 年	2013 年	平　均
墨西哥	20.4	22.4	22.9	23.5	23.3	22.50
智利	24.8	23.5	24.7	24.4	23.0	24.08
埃及	24.8	25.1	22.0	22.1	23.0	23.40
菲律宾	17.8	16.8	17.6	18.2	18.6	17.80
印度	19.1	18.8	18.7	19.5	20.0	19.22
马来西亚	22.7	23.1	24.7	25.9	25.0	24.28

数据来源：根据 IMF 网站有关国家统计数据整理。

发达国家财政收入相对规模明显高于发展中国家，原因可从可能性和必要性两个方面分析。

从可能性分析：一是经济发展水平高所提供的可能性。财政分配的对象主要是纯收入，纯收入占总收入的比重基本上决定了财政收入相对规模所能达到的最高限。发达国家经济发展水平高，经济效益好，纯收入占总收入比重高，这为财政收入相对规模扩张提供了经济条件；发展中国家经济发展水平低，经济效益差，纯收入占总收入比重低，其扩张财政收入相对规模不具有经济基础。二是收入征管能力强所提供的可能性。发达国家税制健全，收入征管制度完善，税收征管队伍素质较高、征管模式合理、征管手段先进，由此可保证政府财政有较强的财政汲取能力；发展中国家税制不健全、收入征管制度不完善，税收征管队伍素质有待提高、征管模式不合理、手段落后，政府财政汲取能力较弱，从而制约财政收入相对规模扩张。

从必要性分析：一是公共需要在总需要中所处地位及所占份额不同。经济发展水平越高，分工越精细，生产的社会化程度越高，人的社会性表现得越明显和充分，社会公共需要在总需要中所占比例和份额提高，客观上要求有更多的资源配置到公共经济部门，生产提供公共产品，满足公共需要。二是公平与效率的对比关系不同。私人经济部门发挥基础性作用的是市场机制，其更强调效率；公共经济部门发挥基础性作用的是财政机制，其更强调公平。在公平和效率这一对矛盾中，对发达国家来说，公平是矛盾的主要方面，其更强调公平，客观上需要加大公共经济部门配置资源的比例，由此需要扩张财政收入规模；对发展中国家来说，效率是矛盾的主要方面，其更强调效率，客观上需要加大私人经济部门配置资源的比例，由此需要缩小财政收入规模。

（二）从纵向比较，财政收入相对规模短期保持稳定，长期则呈扩张趋势

一个国家短期来看，其经济发展水平、公共需要占总需要的比例、公平与效率对比关系、收入征管水平等制约财政收入相对规模的因素基本是稳定的，因此其财政收入相对规模短期考察会保持相对稳定。但从一个较长的时间跨度，如几十年、上百年的

时间考察，其经济发展水平通常会有明显提高；公共需要所占比例会加大；公平与效率对比关系也会发生变化，公平相对效率越来越呈现为矛盾的主要方面；税收征管水平也会相应提高，其财政收入的相对规模也会呈扩张趋势。

四、筹资规模比较的启示与借鉴

第一，财政收入规模确定极其重要。适度的财政收入规模较之财政收入规模偏大或偏小，对资源配置、收入分配和经济增长的影响会呈现完全不同的结果。规模适度有助于优化资源配置、公平收入分配和稳定经济增长，而规模无论偏大还是偏小都会产生负面影响。这表明合理确定财政收入规模的重要性。

第二，财政收入规模的制约因素复杂且变化发展。发达国家财政收入相对规模高于发展中国家，是可能性因素和必要性因素综合作用的结果。长期考察，财政收入相对规模呈扩张趋势表明制约财政收入规模的因素随着时间推移处于变化发展过程中。实现理想的财政收入规模，既要认识到特定国家、特定地区在特定发展阶段，财政收入规模达到特定水平的必要性，也要认识到所谓的可能性，并且应随着制约因素的变化及时对财政收入规模予以优化调整。

第四节　筹资结构比较

一、筹资结构比较的意义

（一）影响资源配置

不同所有制类型、不同地区、不同产业行业提供的收入占总量的比重形成筹资的所有制结构、地区结构和产业行业结构。不同所有制、不同地区、不同产业行业承受的收入负担体现其财政贡献率大小，在其能享受到均等化公共服务的前提下，把不同所有制、不同地区、不同产业行业贡献的收入占总收入的比重与其创造的 GDP 占总 GDP 的比重加以对照，可以看出政府为调整资源配置的所有制结构、地区结构和产业行业结构通过政策倾斜所施加的影响。

（二）影响收入分配

不同的筹资结构对应不同的收入分配格局，其对收入分配格局的影响方式和力度不同。从筹资的形式结构来说，由于税收收入一般比非税收入能在更大程度上改变收入分配格局，因此更多地依靠税收筹资相对更多地依靠非税收入筹资对收入分配格局的改变力度要大；同样是依靠税收筹资，通过直接税筹资比通过间接税筹资一般来说更能缩小收入分配差距，体现公平原则。从筹资的地区结构、所有制结构、产业行业结构来说，为促进特定地区、所有制、产业行业的发展，政府通过政策制定使收入分配向特定对象倾斜，会改变不同地区、不同所有制、不同产业行业的收入分配格局。

（三）影响经济增长

筹资结构对经济增长的影响主要是通过对经济结构的调节来实现。筹资更多依靠企业负担会抑制投资；筹资更多依靠家庭负担会抑制消费。政府可以依据供求结构的具体情况在企业和家庭之间合理确定收入负担比例。对体制转轨国家来说，筹资更多地依靠国有企业，可鼓励非公有制经济成分发展，有利于调整资源配置的所有制结构，有利于发挥公有产权和非公有产权的比较优势，从而有利于经济的长期稳定增长；对地区经济发展差距大的国家，筹资更多地依靠经济发达地区，可促进欠发达地区经济发展，有利于调整资源配置的地区结构，缩小地区经济发展差距，有利于维护国家统一稳定的政治局面，从而有利于经济的长期稳定增长；筹资更多地依靠传统产业，可鼓励新兴产业、高新技术产业的发展，有利于调整资产配置的产业结构，可增强经济发展的后劲，从而也有利于经济的长期稳定增长。

二、筹资的形式结构比较

（一）筹资形式结构的应然分析

就税收收入和非税收入所占比重看，税收收入应占大头，分配功能是税收的主要功能，调节功能是非税收入的主要功能。就税收收入中直接税和间接税所占比重看，经济发展水平高、收入征管能力强、公平是矛盾主要方面的国家及历史发展阶段，应以直接税为主体；经济发展水平低、收入征管能力弱、效率是矛盾主要方面的国家及历史发展阶段，应以间接税为主体。就非税收入结构看，不同国家国情不同，不同形式的非税收入所占比重应有明显区别。

（二）筹资形式结构的实然分析

1. 税收与非税收入筹资结构

(1)结论

发达国家非税收入占政府财政总收入的比重整体上要低于发展中国家。国际货币基金组织和世界银行的统计数据显示：美国、加拿大、澳大利亚、英国等发达国家的这一比重一般都不超过10%（澳大利亚稍高，为10.01%）；而发展中国家非税收入占政府财政收入的比重则要高得多，韩国、印度、泰国和我国约在15%，俄罗斯、印尼、缅甸则在30%以上（见表10－4）。考察非税收入的政府级次结构，各国中央政府非税收入规模占经常性收入比重存在较大差异（见表10－5）。多数发达国家的非税收入占中央政府经常收入的比重不超过10%，美国比重最低，只有3.19%；转型国家比重基本上为10%，俄罗斯2006年只有1.3%；亚洲和拉美等发展中国家，如印度、韩国、墨西哥等国家，非税收入占中央财政经常收入的比重一般要超过10%。一般各国地方政府非税收入的占比要比中央非税收入的占比高，无论是联邦制还是中央集权制国家都存在此特点。例如，美国等联邦制国家，地方政府非税收入在整个20世纪90年代大约占到本级财政收入的30%；韩国实行的是集权型分税制，税收收入分配中央约占79%，地方仅占21%。因此，韩国地方政府拥有大量的非税收入，非税收入约占其财政总收入的50%。日本实行类似韩国的预算管理制度，在地方政府的一般预算收入中非税收入占28%，特别会计预算全部来自非税收入，总体上非税收入约占地方政府收入的70%。①

表10-4　部分国家税收收入、非税收入规模及占财政收入比重

国家	年度	货币单位	财政收入(1)	税收收入(2)	非税收入(3)	(2)/(1)(%)	(3)/(1)(%)
俄罗斯	2009	亿卢布	141 518	50 280	64 765	35.53	45.76
缅甸	2005	亿缅元	8 195	4 769	3 423	58.19	41.77
印尼	2004	亿卢比	4 219 181	2 830 930	1 269 356	67.10	30.09
马来西亚	2003	亿林吉特	936	695	241	74.25	25.75
韩国	2008	亿韩元	2 466 085	1 673 060	402 235	67.84	16.31
印度	2008	亿卢比	72 902	68 772	10 933	94.33	15.00
泰国	2009	亿泰铢	16 867	13 710	2 307	81.28	13.68
中国	2011	亿元	103 874	89 738	14 236	86.39	13.61
澳大利亚	2009	亿澳元	3 097	2 780	310	89.76	10.01
荷兰	2009	亿欧元	2 345	2 113	232	90.11	9.89
加拿大	2009	亿加元	2 663	2 447	216	91.89	8.11
英国	2009	亿英镑	5 073	4 837	236	94.35	4.65
美国	2010	亿美元	23 882	22 881	1001	95.81	4.19
意大利	2009	亿欧元	5 940	5 709	231	96.11	3.89
德国	2009	亿欧元	7 091	6 841	250	96.47	3.52

注：荷兰、加拿大、英国、美国、意大利、德国的非税收入数据修正为财政收入减去非税收入数据，并据此计算非税收入占比。

资料来源：根据IMF、World Bank、中国国家统计局数据整理，转引自：朱尔茜．政府非税收入管理的国际比较与借鉴[J]．求索，2013(4)．

① 王乔，席卫群．基于国际比较的中国非税收入的现状与评价[J]．经济评论，2009(3)．

表 10-5 部分市场经济国家中央政府非税收入规模及占其经常收入比重

国家	年份	货币单位	中央政府非税收入总额(1)	中央政府经常收入总额(2)	(1)/(2)(%)
美国	2006	亿美元	715	22 384	3.19
加拿大	2005	亿加元	157	2 703	5.81
德国	2006	亿欧元	296	6 579	4.50
英国	2005	亿英镑	202	5 003	4.04
法国	2006	亿欧元	443	7 781	5.69
意大利	2006	亿欧元	221	5 504	4.02
荷兰	2006	亿欧元	194	2 231	8.70
印度	2004	亿卢比	7 506	39 414	19.04
韩国	2005	亿韩元	306 380	1 885 710	16.25
澳大利亚	2006	亿澳元	246	2 698	9.12
南非	2006	亿兰特	383	5 506	6.96
墨西哥	2000	亿比索	849	8 106	10.47
阿根廷	2004	亿比索	43	814	5.28
俄罗斯	2005	亿卢布	868	67 098	1.30
波兰	2006	亿兹罗提	334	3 460	9.65
罗马尼亚	1999	亿列伊	195 010	1 651 850	11.81

资料来源:《国际经济统计年鉴(2009)》,转引自:王乔,席卫群.基于国际比较的中国非税收入的现状与评价[J].经济评论,2009(3).

(2)原因分析

一般来说,发达国家的收入分配秩序优于发展中国家,税收作为财政收入形式其管理的规范化、法制化程度高于非税收入;高层政府提供大受益范围公共产品,非排他、非竞争性较为明显,客观上需要借助税收形式筹资;地方政府特别是基层政府提供小受益范围公共产品,其中有些可以排他,更有可能借助非税收入形式筹资,同时也受地方政府在非税收入管理上所具有的比较优势的影响。

2. 我国税收收入的筹资结构

(1)我国税收收入筹资结构与发达国家相比存在明显区别

我国 1994 年进行的税制改革,虽然建立了以流转税和所得税为主体税类,以增值税和企业所得税为主体税种的复合税制体系,但间接税和直接税在税制体系中的地位却并不对等,间接税一直在我国税制体系中占据主导地位。多年来,我国税收收入中直接税所占比重平均为 30%左右,间接税所占比重平均为 70%左右,间接税占比远超发达国家。根据 OECD 统计数据，在 2014 年发达国家税收收入中，仅有 33%左右来源于间接税(货物与劳务税)，来源于直接税(企业所得税及个人所得税)的收入约占 60%，来源于财产税的收入比重约占 5.5%，[①]如把财产税算为直接税，则直接税占比就达到 65%。从直接税和间接税所占比重看，我国的税制结构与西方国家相比有明显差异。

(2)制约我国税收收入筹资结构转变的因素

从历史上看，受当时经济发展水平、收入征管水平以及迫切提高效率的目标要求的制约，我国建立以间接税为主体的税制有其必然性、合理性。从现实分析，随着我国人均收入水平、收入征管水平的大幅度提高以及公平与效率对比关系的改变，我国需要转向以直接税为主体的税制，但这受一系列因素的制约：

一是政府效率水平的制约。以间接税为主体的税制，特别是采用价内税的形式把税款隐藏在价格之中的征税办法，可使税收负担具有很强的隐蔽性，广大民众极易产生财政幻觉：自己所消费的公共产品和服务是由政府免费提供的。通常，人们对免费获取的东西不会提出过高的质量要求。因此，在政府效率水平比较低的情况下，采用间接税筹资有助于减轻政府承受的压力。如果转向以直接税为主体的税制，民众会清楚感知自己所承受的税收负担，政府所提供的公共产品和服务不再是免费的，而是需要自己付出代价。其很容易把自己的所失与所得加以比较，进而对政府供给公共产品和服务的绩效水平进行主观评估。如果感觉自己所失大于所得，对政府就不再是感恩戴德而是代之以各种批评和不满，政府会因此而承受政治压力。从这个意义上讲，政府效率水平的确是制约我国税制结构转变的一个重要因素。

二是民众纳税意识的制约。政府征收间接税，纳税人一般是从事生产、批发、零售业务的企业，民众作为负税人并不需要办理纳税申报业务。因此，长期推行的间接税制使广大民众纳税意识薄弱。在这样的条件下，税制结构由间接税转向直接税容易导致税收收入的“跑、冒、滴、漏”，难以保证税收收入及时足额入库。

三是收入分配秩序的制约。间接税实际是对消费征税，只要消费商品，就要承受税收负担。在收入分配秩序还不够规范，存在大量黑色收入、灰色收入的条件下，以间接税为主体的税制有利于保证政府筹集到足够收入。如果征收直接税，黑色收入、灰色收入是通过非正常渠道获取，透明度低，难以纳入直接税的征税范围，从而可能导致税收收入减少。

四是既得利益阶层的制约。由于消费具有累退性，所以间接税虽然多是按比例税率征税，但在税收负担分配上却具有明显的累退性。一个高收入者承受的间接税税收

① 樊丽明，李昕凝．世界各国税制结构变化趋向及思考[J]．税务研究，2015(1)．

负担要远轻于一个低收入者所承受的税收负担。因此,税制结构以间接税为主体,高收入者、财产多者就形成了既得利益阶层。其人数可能并不多,通常是社会成员的少数,但政治话语权大,会对侵犯其既得利益的税制结构调整进行抵制,从而增加间接税为主体的税制向直接税为主体的税制转化的难度。

五是税收征管水平的制约。间接税通常以销售收入乘以税率作为基本征税方法,不需计算成本,较为简单。在税收征管水平较低的条件下,建立间接税为主体的税制有助于减少税收收入流失;直接税的征收涉及应纳税所得额的计算,需要从收入总额中减去不征税收入、免税收入及各项费用扣除,涉及成本核算,较为复杂,对税收征管水平要求较高。在税收征管水平还有待提高的条件下,建立以直接税为主体的税制会加大税收征管难度,不利于保证税收收入及时足额入库。

(3)我国税收筹资结构调整的出路

首先,逐步加大直接税所占比重。制订合适的税收收入增长率指标,税收收入增长率和 GDP 增长率持平,避免税收收入超速增长,保持宏观税负水平稳定。在这样的前提下,逐步减少间接税收入在税收收入总量中所占比重,同时积极完善个人所得税制,在房产持有环节开征房产税,开征遗产税、赠予税等直接税税种,以提高直接税收入在收入总量中所占比重。

其次,做好基础性工作。一是积极推进政治体制改革、转变政府治理模式、提高政府效率。经过四十余年的改革开放,我国经济体制改革取得了巨大成就,社会主义市场经济体制框架已构建、完善起来,但是政治体制改革相对滞后,与市场经济相适应的政府治理模式还亟待构建、完善。这是进一步深化改革需要完成的重要任务。只有通过推进政治体制改革、转变政府治理模式、提高政府效率,才能克服实现税制结构调整来自政府层面的改革阻力。二是积极培养民众纳税意识,淡化对传统税收三性(无偿性、强制性、固定性)的宣传,吸取借鉴税收价格观理论的精髓。长期以来,税收被视作分配范畴,无偿性、强制性、固定性被过分强调和夸大,这不利于培养民众的纳税意识。税收价格观认为,税收是私人为消费公共产品而向政府支付的特殊价格。从这个意义上讲,其属于交换范畴,体现政府公共经济部门与私人经济部门之间的交换关系。政府作为征税人与作为纳税人的企业、个人都是权利义务的统一体。政府有收税的权利,但需要履行提供保质保量公共产品和服务的义务;纳税人有纳税的义务,但同时拥有要求、监督政府提供保质保量公共产品和服务的权利。税收形式上的无偿与实质上的有偿、形式上的强制与实质上的自愿、形式上的固定与实质上的灵活是统一在一起的。吸取借鉴税收价格观的精髓,充分揭示和体现税收交换范畴的本质特征,有助于培养民众的自主申报纳税意识,可为直接税为主体税制的构建创造基础条件。三是采取措施摆脱既得利益阶层的制约。改革进行到一定程度即进入深水区,按照"帕累托增进标准”推进改革的余地已经很小。深化改革往往要触动既得利益。为了减轻改革阻力，可行的摆脱既得利益阶层制约的方法还是应该遵循渐进式改革思路，把解决问题的时间跨度拉长，使单位时间解决问题的难度减小，从目前的状态通过量的积累逐渐逼近理想状态并最终完成质变。比如房产税的开征就应如此。开征房产税初始税率要尽可能低，同时规定较高数额的免征额，这可以减轻开征阻力，先解决从无到有的问题。房产税开征后再逐步地、渐进地提高税率，降低免征额，经过比较长的过渡阶段，最终实现房地产税制的规范化。四是积极整顿分配秩序。体制转轨阶段，收入分配秩序混乱难以完全避免，但政府可以加大惩治腐败力度，提高收入分配的规范化、法制化程度，尽可能减少黑色收入、灰色收入，提高收入透明度有助于防止税制结构转变对税收收入筹集的不利影响。五是提高税收征管水平。通过简化税制、调整结构、降低税率、拓宽税基优化税制；强化税收征管队伍，提高征管人员政治思想业务素质；合理设置税务机关；采用合适的征管模式和先进的征管手段，提高税收征管水平可适应税制结构转变对税收征管水平的要求。

三、筹资的所有制结构比较

从理论上讲，不同的所有制类型各有其比较优势和比较劣势，不同的所有制类型应相互协调、相互配合，共同完成社会总的资源配置任务。推行单一的所有制结构，无论是用公有制无限制地取代私有制还是用私有制无限制地取代公有制，都是在发挥一种所有制类型比较优势的同时，也用其比较劣势替代了另一种所有制类型的比较优势，都不是理性做法。政府对待不同所有制类型的正确态度应是鼓励平等竞争、优胜劣汰，充分发挥市场机制的调节作用，政府政策的制订不应因所有制类型不同而区别对待，而应强调提供“一视同仁”服务。

从实践角度分析，所有的体制转轨国家包括我国都经历了筹资所有制结构的巨大调整：由依靠国有经济转向依靠非国有经济提供收入。我国在传统体制下形成“一大二公”的所有制结构，政府筹资自然主要依靠公有制经济成分。但是这种“一大二公”的所有制结构并不是市场自发竞争的结果，而是政府有意识地对所有制结构进行调整的产物。几十年计划体制下的经济实践表明，这样的所有制结构并不完全适应生产力发展水平的要求。因此，从 1978 年开始，党和政府英明决策，鼓励非公有制经济成分发展，努力实现所有制成分多元化，尽可能发挥不同所有制类型的比较优势。在这个过程中，非公有制经济成分在经济总量中所占比重不断提高，与之相对应，非公有制经济成分提供的财政收入占财政收入总量比重也相应提高，但前者提高的速度明显快于后者提高的速度。换言之，在这个过程中，虽然公有制经济成分在经济总量中所占比重下降，但其承受的收入负担并没有同比下降，公有制经济事实上承受了更多的改革成本。国有经济为财政提供收入占比仅从 1985 年的 77.7%下降为 1995 年的 71.1%,下降不到 7 个百分点(见图 10－6),但同时期国有经济工业总产值所占比重却从 64.9%下降为 33.9%,足足下降了 31 个百分点(见图 10－7)。这表明国有经济以占经济总量比较低的比重提供了大部分财政收入,事实上承担了大部分改革成本,为顺利实现体制转轨做出了巨大贡献。随着我国所有制成分多元化格局的形成,政府面对各种所有制类型的企业应强调“一视同仁”,一方面提供均等化的公共服务,另一方面形成合理的收入分担比例。

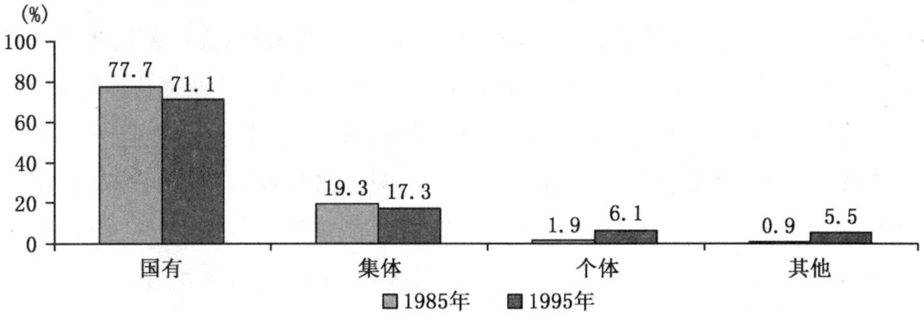

资料来源:中国财政年鉴。

图 10－6　1985 年和 1995 年财政收入所有制构成比较

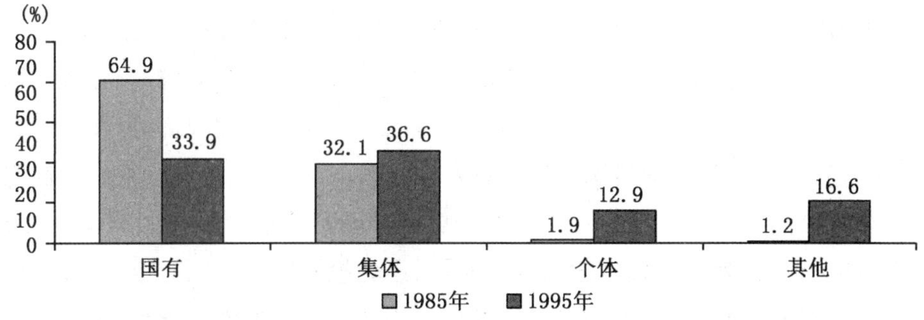

注:其他类型企业包括了股份制经济和外商及港澳台商投资企业。

资料来源:《中国统计年鉴》。

图 10－7　1985 年和 1995 年工业总产值所有制构成比较

四、筹资的产业部门结构比较

从理论上讲,市场机制的自然调节会形成特定的资源配置的产业部门结构,做到不同产业部门资源配置的边际收益率大致均等。马克思所提出的“等量资本获取等量利润”的平均利润率规律就是对市场机制自发调节资源配置的产业部门结构作用机理的深刻阐释。从这个角度讲，对于资源配置的产业部门结构政府并没有必要进行大规模的人为干预，不同产业部门的财政贡献率应与其在经济总量中所占比重大致吻合。但是，不少国家都推行产业政策对资源配置的产业部门结构进行调整，有的取得了理想效果，有的效果很差。之所以出现如此大的差别，关键在于国家制定、推行的产业政策是否符合产业自身发展演化规律的要求。一般认为，一个国家产业结构的发展演进有内在规律，并不能由政府按照自己的意愿、要求主观随意调整。通常，农业的基础产业地位必须加强，世界上发达国家几乎无一例外的都是农业发达国家。农业的发展需要轻工业加工农产品从而带动轻工业的发展。轻工业的发展需要重工业提供装备从而带动重工业的发展。农业、轻工业、重工业的发展需要第三产业提供服务，从而带动第三产业的发展。一个国家产业结构的发展演进应按照农业→轻工业→重工业→第三产业的逻辑顺序有续展开，由此也就决定一个国家财政收入筹资的产业行业结构也要随之相应变动、调整。一个国家制定的产业政策若能顺应规律要求，在其确定筹资的产业、行业结构时向新兴产业、行业予以适当倾斜，可以取得理想效果，否则，只能适得其反。

从实践角度分析，随着经济体制的转轨，我国财政筹资的产业行业结构经历了一个从违背规律到顺应规律的发展历程。中华人民共和国成立初期，我国是典型的农业国，工业基础薄弱，经济发展水平低，人均收入少，劳动力资源丰富而资本严重短缺。在这样的资源禀赋约束下，合理的经济发展战略应是发展劳动密集型产业，一方面吸纳劳动力就业，增加劳动者收入，另一方面通过加工农产品增加对农产品的需求，从而也推动农业发展，巩固农业的基础地位，这就可以发挥我国的比较优势，在国际竞争中处于有利位置。但当时国家所选择的经济发展战略却是按照“生产资料生产优先增长理论”优先发展重工业。重工业资本有机构成高，建设周期长、资金投入量大、吸纳劳动者就业能力弱，这就严重违背比较优势原理，由此投资建立的国有企业会缺乏“自生能力”，需要政府扭曲市场价格信号提供支持。为此国家压低农产品价格，压低工人工资，压低企业折旧，压低利率，压低外汇价格，同时提高工业品价格，以此来促进缺乏“自生能力”的国有企业得以正常运营发展。从筹资结构角度考察，在农业作为主导产业的条件下发展工业，需要农业提供资金积累。一方面，国家以农业税的形式从农业集中收入(明的形式，表10－6有所反映)，另一方面，还通过工农产品“剪刀差”(暗的形式，统计数据没有反映)从农业集中剩余，由此所形成的财政收入的产业结构使农业承受了偏重的收入负担，由此导致我国农业发展长期滞后，缺乏“自生能力”的国有企业也活力不足，整个经济发展的绩效水平难以达到理想状态，迫于压力政府被迫推行市场取向的分权改革，鼓励非公有制经济成分发展，劳动密集型产业得到发展，这就发挥了我国的比较优势，劳动密集型产品的出口推动了外向型经济发展，同时也带动了农业的发展和技术进步。农业和加工制造业的发展又带动了第三产业的发展，国家的产业结构发生了明显变化，与之对应，政府财政筹资的产业结构也发生了明显改变，来自第三产业收入所占比重不断提高(表10－6中第三产业收入所占比重由“三五”时期的21.3%提高到“八五”时期的48.54%)，这是我国产业结构升级演进的必然结果，也是优化财政筹资的产业结构、促进各个产业协调发展的重要手段。

表10－6　　我国“三五”到“八五”时期财政收入产业部门构成

时期	财政收入(1)(亿元)	工业收入(2)(亿元)	(2)/(1)(%)	农业收入(3)(亿元)	(3)/(1)(%)	第三产业收入(4)(亿元)	(4)/(1)(%)
“三五”时期	2 528.98	1 813.42	71.71	176.83	6.99	538.73	21.30
“四五”时期	3 919.71	2 907.95	74.19	151.63	3.87	860.13	21.94
“五五”时期	5 089.61	3 885.52	76.34	154.23	3.03	1 049.86	20.63
“六五”时期	7 402.75	5 274.87	71.26	304.1	4.11	1 823.78	24.64
“七五”时期	12 280.6	6 474.9	52.72	559.75	4.56	5 245.95	42.72
“八五”时期	22 442.1	10 364.63	46.18	1 183.91	5.28	10 893.56	48.54

注：表中数字不含国内外债务收入。

资料来源：《中国统计年鉴(1996)》。

五、筹资的地区结构的比较

从理论上讲，市场对财政筹资的地区结构发挥基础性作用，政府应发挥拾遗补阙的作用。当一个国家各个地区在自然、历史、文化、社会、政治、经济等各项因素存在差异的条件下，资源在地区之间的配置不可能均等化，资源配置主体为实现自身利益最大化会尽可能把资源配置到条件最为有利、能得到更高的资源配置净收益的地区。这种资源配置的地区结构符合效率原则，但的确会在一定程度上导致地区经济发展差距拉大。需要指出，这种地区经济发展差距在市场机制作用下会被控制在一定限度之内，并不会无限制拉大。根据资本边际效率递减规律，随着条件优越地区资源配置量的增加，资本边际效率递减，在投资达到市场容量上限的时候，这种投资边际收益递减的趋势会表现得更为明显。当一定数量投资在条件优越地区所取得的预期收益率还不如在条件相对差的地区所取得的预期收益率高时，投资者为了实现自身利益最大化，会对投资的地域结构进行调整，直到不同地区投资的边际收益率相等，由此可缩小地区经济发展差距。但是，在地区间投资边际收益率相等的条件下，不同地区的投资规模和投资收益仍然存在巨大差别，由此导致不同地区筹集的财政收入占总收入比重高低不同。显然，这种差距从效率角度讲是合适的。如果其是在不同地区投资边际收益率不等的条件下出现，则政府应通过政策引导增加投资边际收益率高的地区的投资，随着该地区投资额的增加，投资边际收益率下降，当不同地区投资边际收益率相等时，投资在不同地区之间的配置就达到最优。显然，从效率原则考量，在地区间投资边际收益率不等的时候调整投资地区结构，并不一定意味着一定要加大对经济欠发达地区的投资，因为在经济发达地区投资的边际收益率高于经济欠发达地区时，应该增加投资的就是发达地区而不应是欠发达地区。所有的经济活动都要追求效率和公平两大目标，需要在二者之间权衡。出于公平原则考虑，政府往往要缩小地区经济发展差距，为此就要付出一定的效率代价。到底为缩小地区经济发展差距付出多大的效率代价是可以容忍和接受的，不同国家不同历史发展阶段会有不同的选择。但需要强调的是，为缩小地区经济发展差距，完全不考虑为之而付出的效率代价，显然并不是理性做法。

从实践角度分析，把改革开放之初我国财政收入的地区结构与体制转轨后地方财政收入的地区结构加以对照可以发现，1978 年的地区收入差距比改革开放 10 年后的 1988 年还要大(见表 10－7)。按照通常的理解，随着体制转轨，在市场体制的自发调节下，会出现“穷的越来越穷、富的越来越富”的“马太效应”，1988 年的地区收入差距应比 1978 年更大才对，但事实并非如此。这是因为在传统体制下，我国资源配置的地区结构更多地体现了政府的意图和要求，市场机制的作用被否定，特别是在 20 世纪 60 年代开始推行的“三线”建设[①]，大量资源被配置到中西部地区，这种资源配置几乎不受市场价格信号引导，完全服务于国防战备需要，多数项目并不能取得盈利，并不能为地方财政带来多少收入，甚至还会形成支出压力和负担。由此可见，政府对资源配置的地区结构随意调整不仅不利于缩小甚至还会拉大地区经济发展差距。这种地区经济发展差距的拉大更多地体现为政府失灵而不是市场失灵。1988—1998 年，地区经济发展差距又稍呈拉大趋势，这是因为随着经济体制转轨，非公有制经济成分的发展，地区间的资源配置越来越受市场价格信号的引导。东部地区良好的投资环境吸引了相对更多的投资，由此导致通过财政收入地区结构所反映出来的地区经济发展差距在拉大。但是，这并不意味着政府对地区经济发展差距拉大“放任自流”，国家通过推行“西部大开发战略”，增加对中西部地区的转移支付，大力推行地区间公共服务均等

---

① “三线”建设指的是自 1964 年起我国政府在中西部地区的 13 个省、自治区进行的一场以备战为指导思想的大规模国防、科技、工业和交通基本设施建设。其是中国经济史上一次极大规模的工业迁移过程，发生背景是中苏交恶以及美国在中国东南沿海的攻势。由于三线地区社会经济落后，导致建设起来的企业单位在之后很长一段时期内经营发展都极为困难，但也为中国中西部地区工业化做出了极大贡献。1964—1980 年，国家在属于三线地区的 13 个省和自治区(四川、贵州、云南、陕西、甘肃、宁夏、青海 7 个省区及山西、河北、河南、湖南、湖北、广西等省区的腹地部分)投入了占同期全国基本建设总投资的 40%多的 2 052.68 亿元巨资，以及大量人力资源，建起了 1 100 多个大中型工矿企业、科研单位和大专院校。(资料来源：百度百科——三线建设)

化，可在一定程度上缩小地区经济差距。经过转移支付后，中西部地区收入占地方财政收入比重明显提高（见表 10－7）。

表 10－7 我国财政收入的地区结构

年份	地方总收入（亿元）	东部地区收入占比（%）	中部地区收入占比（%）	西部地区收入占比（%）
1978 年	956.49	62.59	23.85	13.58
1988 年	1 582.48	56.49	26.37	17.69
1998 年转移支付前	4 983.95	58.03	22.98	18.99
1998 年转移支付后	8 269.280 1	52.69	24.53	22.78
2008 年转移支付前	28 649.79	63.13	18.87	18.01
2008 年转移支付后	50 820.285 4	47.27	25.30	27.43
2017 年转移支付前	91 469.41	60.01	20.55	19.45
2017 年转移支付后	157 969.46	45.34	26.00	28.66
2018 年转移支付前	97 904.5	59.96	20.60	19.44

注：按照我国统一划分标准，西部地区包括省级行政区 12 个：四川、重庆、贵州、云南、西藏、陕西、甘肃、青海、宁夏、新疆、广西、内蒙古；中部地区包括省级行政区 8 个：山西、吉林、黑龙江、安徽、江西、河南、湖北、湖南；东部地区包括省级行政区 11 个：辽宁、河北、北京、天津、山东、江苏、上海、浙江、福建、广东、海南。

资料来源：根据国家统计局网站《中国统计年鉴》数据计算。

六、筹集结构比较的启示与借鉴

第一，筹资结构的确定受诸多客观因素的制约，在特定国家特定发展阶段客观上存在最佳的筹资结构。虽然现实中筹资结构的确定在很大程度上受政府政策的影响，很多时候，政府把筹资结构的确定当作重要的经济调节手段，通过改变政府与有关主体和方面的收入分配格局来实现调节经济结构的目标，但政府的行为并不可主观随意，而是受着规律的制约。

第二，制约筹资结构的因素从横向考察存在明显的地区差异，因此确定合适的筹资结构不可照抄照搬，需要考虑制约因素的地区差异相机确定。同样依靠税收形式筹资，我国和多数发展中国家对间接税依赖程度高，这是因为：一是和经济发展水平相适应。发展中国家经济发展水平相对低，企业效益相对差、人均收入相对少，如果以直接税筹资，难以保证取得足够的财政收入，而间接税计入成本，受经济效益水平高低影响不明显，便于财政取得满足政府职能实现所必需的收入。二是和收入征管水平相适应。发展中国家在税收征管主体、征管手段、征管模式、征管依据等方面存在的局限使其税收征管水平不适应以直接税为主体的税收征管要求。而间接税的征管不涉及成本核算,较为简便、易于操作,与发展中国家相对低的税收征管水平相适应。三是和公平与效率对比关系相适应。在公平与效率这对矛盾中,对发展中国家来说,效率是矛盾的主要方面,而间接税税收负担可以转嫁,最终承受税收负担的是消费者,作为纳税人的企业并不需要承受间接税负担,一般认为其较能体现效率原则,所以发展中国家会比较依赖间接税筹资。对发达国家来说,情况正好相反,其较高的经济发展水平、较强的税收征管能力、公平作为公平与效率这对矛盾的主要方面共同决定了其主要依赖直接税筹资。制约筹资结构因素的地区差异决定了选择合适的筹资结构需要具体问题具体分析,根据特定的制约因素确定筹资结构,不可盲目照抄照搬。

第三,制约筹资结构的因素从纵向考察处于变化发展过程中,因此确定合适的筹资结构并非一劳永逸,需要不断根据制约因素的变化动态调整。例如,传统体制下政府筹资对利润上缴依赖程度高,这与传统体制下所有制成分相对单一,以利润上缴筹集收入便于灵活处理政府与国有企业分配关系有关,但随着体制转轨,非公有制经济发展,政府从非公有制经济成分集中收入必须运用税收形式,为了协调政府与国有企业和非国有企业的关系,国家推行了"利改税"改革,税收作为主要筹资形式的地位得以确立,政府筹资的形式结构就发生了重大变化和调整。再如,在 1994 年税制改革的时候,我国建立以流转税为主体的税制体系,考虑到当时的经济发展水平、税收征管水平以及公平和效率这对矛盾的对比关系,这的确是理性选择。但是随着我国经济发展水平、税收征管水平的提高以及在公平与效率这对矛盾中公平日益表现为矛盾的主要方面,客观上需要由以间接税为主体的税制转向以直接税为主体的税制,这体现税收这种最为重要的收入形式的筹资结构的变化。

本章小结

● 政府主导型的财源建设思路,是指政府通过投资建立国有企业,然后以国有企业的利润作为主要财源,以利润上缴作为主要财政收入形式的财源建设思路。市场主导型的财源建设思路是指政府通过引导私人投资建立非国有企业,然后以非国有企业的利润作为主要财源,以税收作为主要财政收入形式的财源建设思路。采用政府主导型财源建设思路,政府需要投资分门别类建立不同性质的国有企业,对政府而言,首要的工作就是筹集大规模的建设资金。结合我国的具体国情和当时经济发展背景看,政府实际是借助政府直接控制国民收入初次分配和再分配,通过实现超常的财政收支规模来解决资金来源问题的。采用市场主导型财源建设思路,对政府而言首要的工作不是筹集投资资金,而是弥补纠正各种各样的市场失效,以此来为私人投资创造条件。采用政府主导型财源建设思路可以实现财政收入超常的相对规模,但经济绩效差从而难以实现财政收入绝对规模的快速增长。这根源于公有产权自身的局限并受信息不充分因素的制约。市场主导型的财源建设思路难以实现财政收入超常的相对规模，但却可以通过提高经济绩效保持财政收入绝对规模的稳定增长。比较两种财源建设思路的可知：市场体制下应选择市场主导型财源建设模式；构建市场主导型财源建设模式应注意财政动态平衡的实现，应注意发挥比较优势。

● 税收、收费、规费、国有资产收益、公债收入、罚没收入、通货膨胀税收入作为财政收入形式各有优缺点。筹资形式的纵向比较可知：不同筹资形式的地位及相互关系在变化发展，同一筹资形式也处于变化发展的过程中。筹资形式的横向比较可知：市场体制国家依靠税收，几乎无一例外地都体现为"税收国家"；计划体制国家依靠利润上缴，几乎无一例外地都体现为"利润国家"。经济发展水平低的国家依靠间接税；经济发展水平高的国家依靠直接税；民主国家一般不会过于依赖通货膨胀税；非民主国家对通货膨胀税的依赖程度相对要高。特殊资源禀赋可以依靠丰富的资源获取资源出让收入；无此条件的国家只能依靠其他形式的财政收入。比较财政筹资形式的启示是：不同财政收入形式各有得失，因此不同的财政收入形式应相互协调、相互配合、取长补短，形成完整的财政收入体系；一个国家或地区应该根据所面临的具体约束条件确定占主导地位的财政收入形式，并协调处理与其他财政收入形式的关系；财政收入形式在不同历史发展阶段，其地位和作用处于动态变化发展过程中。

● 筹资规模的比较归根结底是为了实现理想的筹资规模。其影响资源配置、收入分配和经济增长。确定财政收入规模通常采用的方法是基数法和零基预算法。两种方法各有得失，因此一般是两种方法综合运用。财政收入规模的横向比较表明不同国家财政收入规模差别较大，发达国家财政收入相对规模明显高于发展中国家；纵向比较表明财政收入相对规模短期保持稳定，长期看则呈扩张趋势。比较财政筹资规模可知：财政收入规模确定极其重要；财政收入规模的制约因素复杂且变化发展；发达国家财政收入相对规模高于发展中国家是可能性因素和必要性因素综合作用的结果。

● 筹资结构的比较归根结底是为了实现理想的筹资结构。不同所有制类型、不同地区、不同产业行业提供的收入占总量的比重形成筹资的所有制结构、地区结构和产业行业结构。不同所有制、不同地区、不同产业行业承受的收入负担轻重不同，对应着不同的财政贡献率，进而对资源配置的所有制结构、地区结构和产业行业结构施加影响。就税收收入和非税收入所占比重看，税收收入应占大头。发达国家非税收入占政府财政总收入的比重整体上要低于发展中国家；从不同级次看，越是基层政府，非税收入在本级财政收入中所占比重越高。因为一般来说，发达国家的收入分配秩序优于发展中国家；高层政府提供大受益范围公共产品，客观上需要借助税收形式筹资，基层政府提供小受益范围公共产品，会更依赖非税收入筹资；就税收收入中直接税和间接税所占比重看，经济发展水平高、收入征管能力强、公平是矛盾主要方面的国家及历史发展阶段，以直接税为主体；经济发展水平低、收入征管能力弱、效率是矛盾主要方面的国家及历史发展阶段，以间接税为主体。我国1994年税制改革后，间接税一直在我国税制体系中占据主导地位，与西方国家相比有明显差异。调整我国税制结构，首先需要制订合适的税收收入增长率指标，避免税收收入超速增长，保持宏观税负水平稳定。其次还需要做好基础性工作：一是积极推进政治体制改革、转变政府治理模式、提高政府效率；二是积极培养民众纳税意识，淡化对传统税收"三性"的宣传，吸取借鉴税收价格观理论的精髓；三是采取措施摆脱既得利益阶层的制约；四是积极整顿分配秩序；五是提高税收征管水平。

重要概念

政府主导型财源建设思路　市场主导型财源建设思路　筹资形式　税收　收费　规费　公债　国有资产收益　罚没收入　筹资规模　筹资结构

思考题

1. 政府主导型与市场主导型财源建设思路有何不同？
2. 不同的筹资形式有何优缺点？应该如何选择筹资形式？
3. 比较财政收入规模可以得到什么结论和启示？
4. 比较筹资结构可以得出什么结论？

材料分析

1. 南阳市政府参与的氢能源汽车项目

2019 年 5 月 23 日《南阳日报》头版刊发《水氢发动机在南阳下线，市委书记点赞！》。报道称水氢发动机在该市正式下线，这意味着车载水可以实时制取氢气，车辆只需加水即可行驶。5 月 22 日上午，南阳市委书记张文深到氢能源汽车项目现场办公时，为氢能源汽车项目取得的最新成果点赞。媒体报道和市委书记点赞使得青年汽车集团有限公司(简称青年汽车)深陷舆论旋涡，网友和媒体质疑青年汽车上演的是多年前"水变油"的骗局。青年汽车落户南阳，双方从多年前就有过接触。(2012 年 6 月 18 日，时任南阳市委书记李文慧会见庞青年一行，双方就如何发挥自身优势，谋求合作共赢进行了交流)。为了拓展市场，带动地方产业发展，青年汽车与南阳市人民政府于 2018 年 9 月达成项目合作框架协议。2018 年 11 月 14 日，南阳的邓州市与青年汽车集团签订了双方氢能源汽车项目合作框架协议。2018 年 12 月 29 日，《南阳日报》头版头条报道了发生在前一天的"南阳高新区 · 金华青年汽车氢能源整车项目签约活动"，该项目建成后可实现产值 300 亿元，活动由市委书记致辞，市委副书记、市长霍好胜出席。庞青年在签约仪式上介绍了项目概况：青年汽车于 2014 年开始，全面布局以氢燃料电池和氢发动机为核心、氢能汽车为龙头、工业废气和煤炭地下气化制氢为保障、金属镁合金储氢和车载水解制氢为支撑、立体交通运营为目的"五位一体"的氢能汽车全产业链，尤其是车载水解制氢技术实现了车载水实时制取氢气，车辆只需加水即可行驶。该项目规划产能为单班 10 万台/年、三班 30 万台/年新能源乘用车，预计 2020 年建成投产，利税超百亿，并可增加 1 000 多个就业岗位。和一般的政府招商引资不同的是，青年汽车的南阳项目总投资 83.16 亿元，其中南阳市政府平台出资 40 亿元。工商登记资料显示，浙江金华市青动能源科技有限公司和南阳高新区投资有限公司在 2018 年 11 月 27 日注册了南阳洛特斯新能源汽车有限公司，注册资本 2 亿元，前者认缴金额 1.02 亿元占股 51%，后者认缴金额 9 800 万元占股 49%。

(资料来源：郭琳琳，戴幼卿等．发明水氢发动机这"青年"是大忽悠？[N]．北京青年报，2019-

05-25(A06).)

根据上述材料,谈谈你对地方政府加强财源建设工作应采取什么思路、防范什么问题?

2. 关于现代政府收入体系

政府收入的法治化任务相当繁重。政府收入,无论是税收,还是行政性收费、政府性基金收入等的取得,都要于法有据。中国已经确定在2020年基本实现税收法定。现在需要的是加快税收立法进程。18个税种仅有3个是依据全国人大或全国人大常委会通过的"法"征收,70%以上的税收收入的征收依据是"条例"或"暂行条例"。税收法定意味着这种状况必须改变。"条例"和"暂行条例"升级为"法",要在对原有税制作根本性变革的基础之上进行。在短短的数年时间内,立法任务不可谓不繁重。政府的其他收入目前所依据的都是行政部门所颁布的有关规定或办法。要实现政府其他收入的法治化,立法任务更是繁重。政府收入结构不够合理。从总量上看,政府收入规模大致合理,但政府收入结构不太合理。税收收入中,仅增值税、消费税、营业税和关税四种间接税占税收总收入的比例大约为70%。所有这些税收都可能通过税负转嫁来影响物价。中国所处的亚太地区的增值税税率一般较低,许多国家(地区)适用的基本税率是5%或10%,比中国17%的基本税率要低。此外,中国在普遍征收增值税的基础上对部分商品课征消费税。这样,间接税税负有进一步下调的必要性。以间接税为主的税制结构在一定程度上导致部分消费需求流失,也对树立良好的大国形象不利。整个政府收入体系中,来自政府性基金的收入比例太高,与现代国家政府收入主要来自税收有一定的矛盾。特别是政府性基金中的土地收入占比大,但具有不稳定性,容易对政府可支配财力造成直接冲击。政府收入调节调控作用有限,收入负担不够均匀。直接税的收入分配调节作用有限,在宏观经济稳定中的作用也有限。个人所得税所提供的收入占税收总收入的比例约为6%,这既有税收制度设计的问题,也有大量税源游离于税收征管范围之外的因素。这样的个人所得税收入比例与经济增长不够匹配。从广义宏观税负(全部政府收入负担)的分布来看,部分人群部分商品承担了过重税负,导致这种人群和商品税负畸重,在一定程度上影响了政府调控手段的选择。房地产市场上广义税负重就是突出问题之一。政府收入的调节调控作用与国家其他治理手段的配合与衔接还不够,影响了政策合力的发挥,也影响了调节调控的效果。政府服务有优化空间。降低纳税人的税收遵从成本,优化纳税服务仍有空间。就税务结构设置而言,国地税分设有其历史意义。但是,随着信息化进程的加快,税收收入混库问题容易解决。国地税分设导致纳税人面对两套税务系统,不胜其烦,且税收征管成本易偏离最优轨迹。而且,税务机构的设置应主要立足纳税人主要是企业的国情。未来,对个人和家庭直接征税,要求税务内设机构有对应的转变,以更好地提供纳税服务。政府其他收入的征管同样需要优化。多部门负责政府收入征管,显然不利于征管规模经济效应的发挥,而且对于收入的提供者来说,也增加了遵从成本。

(资料来源:杨志勇. 如何建立现代政府收入体系[N]. 中国财经报,2015-04-28(006).)

根据上述材料,谈谈你对我国构建现代政府收入体系的认识和理解。

本章阅读文献

1. 林毅夫,蔡昉,李周. 中国的奇迹:发展战略与经济改革[M]. 第2版. 北京:三联书店,1999.

2. 王传伦,高培勇．当代西方财政经济理论[M]. 北京:商务印书馆,1995.

3. 刘云龙．民主机制与民主财政——政府间财政分工及分工方式[M]. 北京:中国城市出版社,2001.

4. 李齐云．深化税收制度改革与完善地方税体系研究[M]. 北京:中国财政经济出版社,2019.

5. 李爱鸽．地方政府财源建设问题研究[M]. 北京:中国社会科学出版社,2009.

6. 朱德云,李森．财政学[M]. 北京:经济科学出版社,2008.

第十一章　财政平衡比较

财政平衡作为财政收支大致相等的均衡状态可以体现为虚假平衡、年度平衡、静态平衡和单独平衡，也可以体现为真实平衡、周期平衡、动态平衡和综合平衡。比较这两类平衡的实现机理及利弊得失，有助于加深对财政平衡的理解，有助于根据特定约束条件选择合理的处理财政收支关系的具体对策，以实现财政的真实平衡、周期平衡、动态平衡和综合平衡。

重点问题

- 财政虚假平衡与真实平衡的比较及真实平衡的实现
- 财政静态平衡与动态平衡的比较及动态平衡的实现
- 财政单独平衡与综合平衡的比较及综合平衡的实现
- 财政年度平衡与周期平衡的比较及周期平衡的实现

第一节　财政虚假平衡与真实平衡比较

一、财政虚假平衡与真实平衡实现机制比较

财政虚假平衡是指财政收支在形式上、账面上大致相等，但内容上、实质上却处于收支不平衡的状态，这表现为两种情况：一种是内容上、实质上收入小于支出，即假平衡、真赤字的状态；另一种是内容上、实质上收入大于支出，即假平衡、真盈余的状态。所谓财政的真实平衡，是指不仅财政收支在形式上、账面上大致相等，在内容上、实质上也处于大致相等状态。需要指出，无论是虚假平衡还是真实平衡都是指财政收支大致相等，即财政平衡通常是相对的，而不是绝对的。不要说一个国家的财政收支难以做到绝对相等，就是一个企业、一个家庭、一个社会成员要做到收支绝对相等也是难以想象的。因此，财政收支大致相等，不管收入略大于支出，还是支出略大于收入，都可

视作财政平衡。[①] 另外，财政收支是流量，考察财政收支相等还是不等，必须有一定的时间期限，在一个月内收支不平衡不等于一个季度收支不能平衡，一个季度收支不能平衡不等于一个年度收支不能平衡。通常，考察财政收支平衡还是不平衡的时间期限为一年。

财政虚假平衡的实现机制可分为三种情况：一是财政收入真实但财政支出虚假。这可以体现为在一个财政年度内应该安排的支出没有安排，如拖欠的工资、拖欠的工程款采用支出挂账的方式计入应付账款，从而做小支出，这种虚假平衡所对应的真实状态是赤字；也可以体现为在一个财政年度内没有安排的支出，通过虚列支出把支出做大，这种虚假平衡所对应的真实状态是盈余。二是财政支出真实但财政收入虚假。这可以体现为在一个财政年度通过“寅吃卯粮”把财政收入做大，这种虚假平衡所对应的真实状态是赤字；也可以通过“藏富于企业”“藏富于民”把财政收入做小，这种虚假平衡所对应的真实状态是盈余。三是财政收入和财政支出都虚假。这又区分为四种情况：一是财政收入和财政支出都做小，通过这种方式实现的财政虚假平衡所对应的真实状态可能是平衡（此时财政收入和财政支出都同比做小）、赤字（财政收入做小的幅度小于支出做小的幅度）或盈余（财政收入做小的幅度大于支出做小的幅度）三种状态；二是财政收入和财政支出都做大，通过这种方式实现的财政虚假平衡所对应的真实状态也可能是平衡（此时财政收入和财政支出都同比做大）、赤字（财政收入做大的幅度大于支出做大的幅度）或盈余（财政收入做大的幅度小于支出做大的幅度）；三是财政收入做大、财政支出做小，通过这种实现的财政虚假平衡所对应的真实状态是赤字；四是财政收入做小、财政支出做大，通过这种方式实现的财政虚假平衡所对应的真实状态是盈余。财政虚假平衡所对应的财政收支真实状态见表11－1。

表11－1　　财政虚假平衡所对应的财政收支真实状态

财政收入状态	财政支出状态	财政收支名义状态	财政收支真实状态
财政收入真实	财政支出做大	名义收支平衡	盈余
财政收入真实	财政支出做小	名义收支平衡	赤字
财政收入做大	财政支出真实	名义收支平衡	赤字
财政收入做小	财政支出真实	名义收支平衡	盈余

① “一般来说，纯粹的预算平衡很难实现，预算基本上不是盈余就是赤字。”（杨之刚．公共财政学：理论与实践[M]．上海：上海人民出版社，1999：444．）“在实际生活中，略有结余应属基本平衡，略有赤字也应视为基本平衡，两者都是财政平衡的表现形式，因而财政平衡追求的目标是基本平衡或大体平衡。”（陈共．财政学[M]．第9版．北京：中国人民大学出版社，2017：242－243．）

续表

财政收入状态	财政支出状态	财政收支名义状态	财政收支真实状态
财政收入做大	财政支出做大	名义收支平衡	平衡(收入和支出同比做大)
财政收入做大	财政支出做大	名义收支平衡	盈余(收入做大幅度小于支出做大幅度)
财政收入做大	财政支出做大	名义收支平衡	赤字(收入做大幅度大于支出做大幅度)
财政收入做大	财政支出做小	名义收支平衡	赤字
财政收入做小	财政支出做大	名义收支平衡	盈余
财政收入做小	财政支出做小	名义收支平衡	平衡(收入和支出同比做小)
财政收入做小	财政支出做小	名义收支平衡	盈余(收入做小幅度大于支出做小幅度)
财政收入做小	财政支出做小	名义收支平衡	赤字(收入做小幅度小于支出做小幅度)

财政真实平衡的实现体现为无论财政收入还是财政支出都是该年度真实的收入和支出,既没有虚增,也没有虚减,在这样的情况下,收支大体相等。

二、我国财政虚假平衡的三种表现形式

(一)传统体制下财政的虚假平衡

传统体制下,企业没有经营自主权,企业生产什么、生产多少、如何生产、生产出来的产品如何销售都纳入计划管理轨道。通常情况下,企业产品生产出来即由商业部门负责收购,生产多少就收购多少。对企业来说,产品顺利实现销售,产品价值得以实现,企业获取销售收入,进而企业就向财政部门上缴税利,财政收入得以实现。但对商业部门来说,其从生产企业收购产品只是意味着库存增加,如果产品不能最终销售出去而是挤压在商业部门的仓库,则意味着生产企业为政府财政提供的收入缺少物资保证。如果这部分缺少物资保证的收入在财政总收入中所占比例很小,其影响可以忽略不计。但是如果所占比例较大,就会产生明显的负面影响:市场供求关系紧张,物价上涨。这就是传统体制下所出现的“工业报喜、商业报忧、财政虚收”。此时的财政收支即便是平衡的,也是形式上的表面平衡,是虚假平衡,实际则是处于赤字状态。

随着向市场体制转轨,这种财政收支的虚假平衡逐渐淡出。因为企业开始具有经营自主权,生产什么、生产多少、如何生产、如何销售,主要接受市场调节。企业生产出来的产品不再由国家商业部门敞开收购,而是要面向市场,接受市场检验。若能顺利销售,则产品价值得以实现,与之对应的财政收入就不会缺少物资保证。如果销售困难,使用价值难以转化为价值,企业销售收入实现不了,自然也就不能为政府财政提供收入,也就谈不上财政虚收和财政收支的虚假平衡问题。

(二)财政包干体制下财政的虚假平衡

1980—1993年,为了克服传统“一灶吃饭”体制的弊端,调动地方发展经济、广开

财源、增加收入的积极性，中央对地方实现了“分灶吃饭”的“包干体制”。按照通常包干办法，应该形成中央与地方互利共赢的局面，即地方经济发展、收入增加也意味着中央分成收入随之增加。但在收入主要依靠地方政府筹集的现实约束条件下，地方政府利用收入征管权采用“藏富于企业”“藏富于民”的办法挖挤中央收入，实际是人为做小了财政收入，由此从形式上看，地方财政实现了收支平衡，但这种平衡显然是虚假平衡，如果把隐藏的收入纳入财政收入范围，则地方财政应是收大于支的状态，即在包干体制下，地方财政实际处于“假平衡、真盈余”的状态。这种状态以地方政府人为做小收入为具体实现方式。

（三）分税制改革后财政的虚假平衡

1994 年推行的分税制改革，国家分设了两套税务征管系统，中央税和共享税由国家税务局征收。地方政府难以再利用收入征管权挖挤中央收入。按照《预算法》的要求，地方政府必须保持财政收支平衡，且面临自上而下的收入增长率考核，上级政府和组织要求下级政府财政收入增长率所需达到的指标往往远超经济增长率。在这样的条件下，有的地方政府不得不“寅吃卯粮”，通过“空转”做大财政收入。虽然从形式上看其财政收支是平衡的，但由于人为做大了收入，所以实际是赤字状态。

三、我国三种财政虚假平衡的比较

第一，虚假起因不同。传统体制下出现的财政虚假平衡根源在于计划体制，是计划体制下信息不充分导致产供销脱节的必然结果。包干体制下的财政虚假平衡起因于不合理的财政体制。中央对地方搞承包，在收入主要依靠地方征管的条件下，信息的不对称势必导致地方政府利用信息优势产生机会主义行为。分税制下的财政虚假平衡起因于分税制的不健全、不完善，根源在于政府治理模式。虽然 1994 年的分税制改革使我国初步模仿西方市场体制国家构建了分税制的基本框架，但直到目前还没构建起真正的分级分税预算管理体制，政府治理模式仍然以集权为特征，上级政府和组织在政府绩效评价中居于主导地位。财政收入增长率作为自上而下考核的重要指标促使地方政府人为做大财政收入规模。

第二，主观动机不同。传统体制下出现的财政虚假平衡并非财政主体有意为之，更多是由客观因素导致，从这个意义上讲，传统体制下的虚假平衡实际是被动的。而包干体制和分税制体制下出现的财政虚假平衡则是地方政府有意为之，主动性体现得较为明显。包干体制下，地方政府为了实现自身利益最大化而采取机会主义行为，利己动机通过地方政府的“挖挤”行为充分体现出来，攫取的是地方政府的整体利益。对地方政府决策者而言，并不存在明显追逐个人私利去损害公共利益的现象。分税制下，地方政府通过“空转”做大收入规模，更多地体现为政府和财政部门的决策者为了完成考核指标、实现个人仕途晋升而采取的机会主义行为，在攫取个人私利的同时，损害了公共利益，对个人私利的追求和对公共利益的损害表现为一个问题的两个方面。

第三，出现频率不同。传统体制下出现财政虚收引起供求关系紧张、物价上涨后，会引起政府足够重视，其会通过调整计划、加强购销管理促使状况好转，财政虚收能在很大程度上被抑制，从而保持财政收支达到平稳状态。在包干体制下，地方政府通过"藏富于企业""藏富于民"做小财政收入则长期存在，由此导致"两个比重"持续下降，并最终迫使中央推行分税制改革。在分税制条件下，"自上而下"的政府绩效考核，处于完成上级政府或本级政府财政收入增长考核指标的要求，做大财政收入指标保持财政收支虚假平衡的状态会长期存在。

第四，效果影响不同。在传统体制下，财政虚收导致物价上涨，所造成的负面影响实际由整个社会承担。包干体制下，地方政府人为做小财政收入，一方面扰乱了收入分配秩序，相当部分财政收支游离于预算外，使财政收支被分解为预算内收支、预算外收支和制度外收支，导致财政分配出现"短路"，弱化财政功能；另一方面，地方"挖挤"中央收入，导致中央财政收入占财政总收入比重持续下降，最终迫使中央进行分税制改革。就其产生的负面影响看，既有全局性的负面影响，也有结构性的负面影响。分税制下地方政府通过"空转"做大了财政收支规模，夸大了财政资金供给能力，遮掩了地方财政困难程度，由此导致的财政压力主要由地方政府承担，并间接导致地方政府通过各种或明或暗的渠道举借债务，累积政府债务风险。

四、财政真实平衡的实现

财政虚假平衡可区分为两种情况：一是财政收入和财政支出规模都同比人为增加或减少，这种财政虚假平衡实际并没有改变收支对比关系，但因为财政收入和财政支出虚假，因此也视作虚假平衡的表现[①]；二是财政收入和财政支出规模人为增加或减少并不同步，从而把不平衡的收支转变为平衡的收支。这两种情况的虚假平衡都会产生一定的负面影响。

一是财政收支规模虚增或虚减，不利于协调政府公共经济部门与私人经济部门的资源配置关系。财政收支规模虚增，政府公共经济部门配置资源的名义规模大于实际规模，容易导致公共经济部门实际配置资源规模偏小，公共产品供给总量偏少；财政收支规模虚减，政府公共经济部门配置资源的名义规模小于实际规模，容易导致公共经济部门实际配置资源规模偏大，公共产品供给总量偏多，这都会降低社会福利水平。其次，若是地方性财政收支规模虚增或虚减，则不利于优化财政资源在中央与地方政

---

① 也可以理解为财政平衡是真实的，虚假的是财政收支规模。

府之间的配置比例，不利于协调中央与地方财政分配关系。地方性财政收支规模虚增，地方财政配置资源的实际规模小于名义规模，容易导致政府间财力分配过于向中央政府倾斜，从而加大全国性公共产品所占比重；地方性财政收支规模虚减，地方财政配置资源的实际规模大于名义规模，容易导致政府间财力分配过于向地方政府倾斜，从而加大地方性公共产品所占比重。这都不利于提高公共产品供给效率。

二是虚假的财政平衡遮掩了真实的财政收支对比关系，使财政赤字或盈余状态呈现为平衡状态。财政赤字和盈余本是财政运行经常出现的两种状态，运用得当不仅不影响财政的正常运行，而且可以发挥调节经济的作用。但是若通过虚假的平衡遮掩了财政的赤字或盈余状态，这一方面不利于防范、化解财政赤字或盈余所可能产生的负面影响，另一方面也不利于发挥二者的经济调节作用。通过虚假的平衡遮掩盈余，要么隐藏收入，要么虚增支出，要么双管齐下，这可能会扰乱正常分配秩序，也可能会导致通货紧缩，流通中货币量不足；通过虚假平衡遮掩赤字，要么虚增收入，要么支出挂账虚减支出，要么双管齐下，这会掩盖财政困难程度，虽然没有增加政府显性债务，但会增加隐性债务，加大政府债务管理难度，可能丧失“防患于未然”的机会。

实现财政的真实平衡，首先需要保证财政收支数据的真实性。计划体制下被动的财政虚假平衡在市场体制下已不可能出现。市场体制下出现的财政虚假平衡多是人为操作的结果。不管采用什么样的具体手法，最终都要导致名义上的、账面上的财政收支与实际的、真实的财政收支偏离。而之所以这样做显然不是为了实现公共利益最大化，而往往是为了追逐或夹杂个人私利。因此，实现财政真实平衡，需要加强财政法制和财政监督，使在财政收支方面弄虚作假的机构、单位、个人受到应有处罚，以此可为实现财政收支真实平衡奠定基础。其次，应对《预算法》等法律、法规予以调整、完善。《预算法》应该要求地方财政收支必须具有真实性，而不应要求其必须保持平衡。财政平衡可规定为工作的目标，但现实中由于种种因素制约目标可能实现不了，在这种情况下，无论财政盈余还是财政赤字都是可以接受的状态。若通过法律规定财政收支必须保持平衡，会迫使政府财政部门不得不通过各种方式实现财政收支的虚假平衡。通过虚假的平衡来遮掩真实的财政赤字或盈余弊大于利。我国2015年1月1日实行的《新预算法》已针对旧预算法存在的局限进行了修订，要求各级政府财政建立跨年度预算平衡机制。再次，需要对政府治理模式进行必要调整。集权的政府治理模式与集权的计划体制相适应。与分权的市场体制相适应的是分权的政府治理模式。在市场体制下若实行集权的政府治理模式，政府绩效考核和监督自然是自上而下“一对多”的考核和监督，考核监督主体并不直接消费考核监督对象所提供的产品和服务，这种信息不对称会为地方政府采取机会主义行为实现财政虚假平衡创造条件。转变政府治理模式，实化横向委托代理链条，强化辖区民众及权力机关对政府的监督制约作用,弱化考核监督主体与考核监督对象之间的信息不对称,有助于降低财政收入增长率指标在政府绩效考核评价指标体系中所占权重,抑制乃至消除利用财政收支表面上、形式上的调整来遮掩财政收支的实质性内容的动机和做法。最后,应对财政体制予以完善。财政体制对政府间财权和收入划分、事权和支出责任划分以及政府间转移制度设计做出规定,构成财政运作的体制基础。从规范意义上讲,合理的财政体制有助于各级政府财政实现收支平衡。这样的体制需要用法律形式确定下来,成为各级政府都应该遵循的行为规则。但我国分税制推行已经 20 多年,迄今仍未实现政府间财政管理权限的合理划分,财权上收、事权下划、转移支付扭曲成为长期以来对我国财政体制问题的惯用表述。财政体制设计使地方财政处于被挤压位置,其要实现真实的财政平衡是有难度的。从这个意义上讲,保证财政收支真实仅仅是实现财政收支真实平衡的必要条件。在财政收支真实的基础上实现收支平衡,需要优化体制设计,合理划分财政管理权限,为各级政府财政运作提供坚实的体制基础。

第二节 财政静态平衡与动态平衡比较

一、财政静态平衡与动态平衡实现机制的比较

财政静态平衡与动态平衡的区分带有定义性质。因为财政收支是流量,财政平衡都可视作是在动态中实现的。通常,把财政收支作为促进经济增长手段而实现的财政平衡称作动态平衡。实现财政收支动态平衡一般要求在经济发展早期,政府财政要为经济增长创造基础条件,需要政府投资基础设施和基础产业,①但这一时期财政收入量受经济发展规模和效益的制约较为有限,而支出压力较大,由此形成赤字。在经济发展进入中期和成熟期后,随着经济规模扩张和效益提高,财政收入增加,由此可以抵补早期为了促进经济增长而形成的财政赤字,这就实现了财政收支的动态平衡。显然,经济发展阶段论构成实现财政动态平衡的基本理论依据。除此之外,贫穷的恶性循环理论也表明实现财政动态平衡具有必要性。在收入水平很低的情况下,收入满足消费需要后没多少剩余,由此导致储蓄不足,进而导致投资无法获取足够资金来源而

① 关于经济发展方面的文献表明,在发展的早期阶段,公共资本形成尤其重要。为了开发国家并使自然资源与市场相联结,就必须提供交通设施,需要作为私人部门生产性资本形成之先决条件的公路、铁道和港口设施;改良的农业技术需要灌溉;机械的使用需要最起码的技术技能等。所有这些类型的投资,其受益基本上是外在的,因而必须由公共部门即地方或中央政府来提供。参见马斯格雷夫．比较财政分析[M]．上海:上海三联书店,1996:72.

难以到位。不能进行有效投资意味着生产资料和劳动力难以有效结合,进而导致劳动生产率低下,收入难以增长。有限的收入满足消费需要后又没有多少剩余,由此陷入贫穷的恶性循环。为了打破这种贫穷的恶性循环,就需要政府提供"第一推动力",但在经济发展水平低、收入较为有限的条件下,政府也难以获取足够的收入。政府要增加投资只能举借债务来弥补赤字,所形成的债务负担要依靠经济规模扩张、效益提高以后增加的收入来偿还。

财政静态平衡是指不把财政当作促进经济增长的手段条件下实现的财政平衡。按照经济自由主义的观点,经济增长主要依靠市场机制的自发调节。私人对自身利益的追逐可为经济增长提供持续的推动力。在整个过程中,财政收支保持平衡即可。

二、财政动态平衡不同实现形式的比较

(一)传统体制阶段与体制转轨阶段的比较

计划体制构建初期,国家面临着农业国实现工业化的任务。国家需要奠定工业化的基础并尽可能建立完备的工业体系。这需要巨大的资金投入。为了尽可能多地筹集工业化资金,国家控制国民收入初次分配和再分配,在收入分配中居于主导的、决定的地位。其具体实现机理是:在农村压低农产品价格,以工农产品剪刀差的形式集中农业剩余。在城市严格控制工资水平,降低企业成本,并通过财政与企业"统收统支"来尽可能多地筹集收入。尽管如此,相对工业化的资金需求,收入仍然不足以抵补支出需要。但当时条件下,发行内债的余地已经很小,因为政府已经在收入分配中居于主导、决定地位,收入分配已明显向政府倾斜。企业、家庭都没有多少闲置资金。在这种情况下,向企业发债会影响企业的简单再生产,向家庭发展会影响基本生活需要的满足。由于内债没有发行条件,正常收入不能抵补支出需求只能发行外债。考虑当时特殊的国际环境,外债不可能向西方国家举借,苏联作为友好国家,在"一五"时期,提供贷款帮助我国完成了156项重点工程建设,初步建立了工业体系。20世纪60年代中苏关系破裂,中国在经济非常困难的情况下,紧缩开支,偿还了苏联的外债。从形式上看实现了财政收支的动态平衡,但这种动态平衡严格说并不是完全依靠经济增长带来的财政盈余来偿还早期推动经济增长而形成的债务,在很大程度上依靠提高国民收入分配集中程度,借助压缩正常支出来筹集偿债资金,与之对应的是民众生活水平、质量下降和严重的经济困难。

在体制转轨时期,政府鼓励非公有制经济成分发展,需要为私人资本包括外资创造投资条件,同时政府按照"帕累托增进标准"进行改革,承担改革的成本,支出压力加大的同时,收入分配向私人倾斜,由此导致财政赤字规模不断扩大。与传统体制下赤字难以通过发行内债弥补不同,体制转轨阶段随着收入分配向私人倾斜,企业、个人随

着留利、收入水平的提高，都有一定的认购能力，内债成为弥补财政赤字的重要来源。同时随着国际环境的改善，外债发行的条件也比传统体制下宽松很多，国家通过发行外债筹措了大量投资资金。改革开放四十年来，中国基础设施和基础产业的迅猛发展与中国经济的高速增长过程同步，同时也与政府债务包括内债和外债规模的不断扩张相伴随。与传统体制下政府累积的债务最终得以彻底清偿不同，体制转轨阶段的债务包括内债和外债余额总体看还处于规模不断扩张的过程，如何实现财政收支的动态平衡仍然是当前我国财政亟待完成的重要任务。

（二）老牌国家与后起国家的比较

老牌国家（如英国），其经济工业化、市场化的过程基本处于资本主义的上升时期，处于自由资本主义发展阶段。政府对经济“自由放任”，财政收支关系的处理强调“量入为出”，财政还没有被视作促进经济增长的手段而加以运用。基础设施和基础产业投资更多的是依靠市场机制引导私人资本投资来完成。一般表现为：随着一般产业投资规模的扩张，对基础性产品和服务的需求加大，其价格上升，由此吸引私人资本加大对基础设施、基础产业投资力度，走的是市场主导型发展路径。与之相对应，财政收支关系的处理强调“量入为出”，实现的是财政静态平衡。

后起的国家如日本、韩国，其经济工业化、市场化的过程实际上已处于垄断资本主义发展阶段，政府对经济的干预范围、力度都在加大，财政收支关系的处理开始强调“量出为入”，财政已成为政府调节经济运行的重要手段。为了缩小与老牌国家的经济发展差距，后起国家加大了政府对基础设施、基础产业投资的规模，在正常收入不足以抵补开支的情况下，政府通过财政投融资举借债务。随着基础设施、基础产业投资规模扩张，基础性产品和服务供给增加，其价格呈下降趋势，从而可为一般产业投资创造有利条件，走的是政府主导型发展路径。与之相对应，财政收支关系处理强调“量出为入”，实现的是动态平衡。

三、财政动态平衡的实现

第一，实现财政的动态平衡需要财政发挥推动经济增长的作用，但并不要求财政“越俎代庖”。值得借鉴的经验是政府财政可以投资于基础设施、基础产业，这属于市场部分失效领域的投资。如果政府投资于一般竞争性产业，即是在市场有效作用领域进行投资，这就不是在为私人资本投资创造条件，而是在用公有产权的比较劣势与私有产权的比较优势竞争，如果二者平等竞争，占据优势地位的是效率相对高的私有产权。随着时间推移，公有产权所占比重会趋于下降。要保持公有产权所占比重，则需限制非公有制经济成分的竞争，赋予公有产权垄断地位，这就会导致经济效率低下，进而难以做到借助经济规模扩张、效益提高后增加的收入来偿还为了促进经济增长而累积的债务。因此，实现财政动态平衡，处理好市场与政府的关系，仍然是基本的立足点和出发点。毕竟，经济规模扩张、效益提高带来的财政收入增加是实现财政动态平衡的基础和保证。

第二，财政动态平衡的实现需要协调财政收支关系形成盈余来偿还早期的债务。公共需要与一般意义上人们的生活需要一样是无止境的，相对于财政支出需求，财政收入总会捉襟见肘。在经济规模扩张、效益提高后，财政收入的确可以增加，但相对支出需求，通常难以形成足够盈余来偿还早期债务。这多少与政府存在届别机会主义行为有关。通常，我国地方政府总是要完成上级政府和组织的考核指标，从而面临较大的支出压力。用辛苦筹集的收入偿还前届或前几届政府债务，对完成考核指标、展示政绩并无多大作用。因此，伴随着经济规模扩张和经济效益提高，与收入增加相对应的往往是支出增加甚至是支出超速增加，由此导致收支关系仍然较为紧张，财政盈余很少或没有，这意味着不仅短期的财政静态平衡实现不了，长期的动态平常也难以实现。因此，要实现财政动态平衡，需要对财政新增收入中到底能拿出多大比例用于偿债做出明确规定。没有明确规定，政府决策者会处于完成考核指标和展示政绩的要求将新增收入用于公共产品和服务供给而不是用于清偿债务。

第三节 财政单独平衡与综合平衡比较

一、财政单独平衡与综合平衡的实现机制比较

财政单独平衡是指“就财政论财政”，仅仅财政自身实现收支平衡。财政综合平衡是指将财政置于整个社会经济运行的大背景下，视财政收支为社会总收支的一个组成部分，以社会总收支平衡作为判定标准所实现的财政平衡。也就是说，财政收支是否平衡，不能“就财政论财政”，只要社会总收支平衡，财政即便收支不平衡也视作财政实现了综合平衡；只要社会总收支不平衡，财政即便收支平衡了也视作财政没有实现综合平衡。

之所以强调财政综合平衡的重要性，归根结底是因为社会总收支或说社会总供求平衡是目的，而财政收支平衡则是手段。一般来说，经济在充分就业条件下实现了社会总供求平衡是理想状态。如果社会总收支不平衡，总收入大于总支出(总供给大于总需求)，则物价下跌、通货紧缩、经济衰退；总收入小于总支出(总供给小于总需求)，则物价上涨、通货膨胀、经济过热。

实现财政综合平衡首先可以把社会总收支分为私人收支和政府财政收支两大部

分，即收入分为私人收入和政府财政收入，支出分为私人支出和政府财政支出。社会总收支平衡表现为：

私人收入＋政府财政收入＝私人支出＋政府财政支出 （式 1）

此式相等则社会总收支相等、社会总供求平衡。若左边大于右边，则总收入大于总支出，需求不足；左边小于右边，则总收入小于总支出，需求过旺。由于财政收支区别于私人收支的最集中的表现是财政收支以政府为主体，而政府作为管理社会公共事务的组织，其负有熨平经济波动、实现社会总供求平衡的职责。因此，其需要通过调整财政收支来实现社会总收支相等。将式(1)移项可得：

私人收入－私人支出＝政府财政支出－政府财政收入 （式 2）

由式(2)可知，为了实现社会总收支相等，财政收支关系的处理必须先考虑私人收支的对比关系。若私人收入与私人支出相等，则政府财政支出也需要等于政府财政收入，由此才能实现财政综合平衡。若私人收入大于私人支出，则政府财政支出也需要大于政府财政收入，且差额与前者差额相等。这意味着若私人部门存在沉淀的货币，政府财政需要通过支出大于收入，形成赤字，然后通过筹集债务收入，把私人部门沉淀的货币转化为现实流通的货币，以此保证社会总供求均衡的实现。若私人收入小于私人支出，则政府财政支出需要小于政府财政收入，且差额与前两者差额相等。这意味着若私人部门存在信用膨胀，支出大于收入，则财政部门需要收入大于支出，形成盈余，以此来抵补私人收支出现的赤字，以防止流通中货币量过多而出现通货膨胀。

实现财政综合平衡也可以从财政收支与银行信贷收支综合平衡的视角进行分析。二者的综合平衡关系可以表示为：

银行信贷收入＋财政收入＝银行信贷支出＋财政支出 （式 3）

将式(3)移项可得：

银行信贷收入－银行信贷支出＝财政支出－财政收入 （式 4）

由式(4)可以看出，如果银行信贷收支平衡，则财政收支也必须保持平衡，此时才能实现财政与银行信贷综合平衡。如果银行信贷收入大于银行信贷支出，则财政支出必须大于财政收入，且差额与前者差额相等，这意味着银行系统总体存款大于贷款，出现信贷资金沉淀，需要通过财政支出大于收入，形成赤字，来把银行信贷系统沉淀的货币，转化为现实流通的货币，由此才能实现财政信贷综合平衡。否则，财政收支保持平衡经济会出现通货紧缩；如果银行信贷收入小于银行信贷支出，则财政支出必须小于财政收入，且差额与前者差额相等，这意味着银行系统总体存款小于贷款，出现信贷规模膨胀，需要通过财政支出小于收入，形成盈余，以弥补银行信贷赤字，由此才能实现财政信贷综合平衡，否则，此时财政收支保持平衡经济会出现通货膨胀。

实现财政综合平衡还可以从经济总量平衡公式考察：

$$C+S+T+M=C+I+G+X \quad (式5)$$

式(5)左边表示社会总收入或称总供给,由消费 C、储蓄 S、税收(政府收入)T 和进口 M 组成;右边表示社会总支出或称总需求,由消费 C、投资 I、政府支出 G 和出口 X 组成。此式相等,则社会总收支平衡,经济实现综合平衡;此式不等,经济不能实现综合平衡:左边大于右边,需求不足、通货紧缩;左边小于右边,需求过旺,通货膨胀。

将式(5)移项可得:

$$(S-I)+(M-X)=G-T \quad (式6)$$

借助式(6)可分析财政综合平衡的实现机制如下:在 $S-I=0$ 且 $M-X=0$ 时,$G-T=0$,由此才能实现财政综合平衡,此时意味着私人部门收入安排消费支出后,储蓄正好转化为投资,进口与出口相等,即私人经济部门收支平衡,此时财政收支也需要保持平衡,实际是私人部门与政府公共经济部门通过各自实现收支平衡来保证了综合平衡的实现。在 $S-I<0$ 且 $M-X<0$ 时,$G-T<0$ 且差额等于前两者差额之和,此时意味着私人经济部门储蓄小于投资,存在信用膨胀,进口小于出口,对国内商品服务供给存在超额需求,因此财政支出必须小于财政收入,通过财政盈余抵补私人部门收入小于支出而形成的超额需求。在 $S-I>0$ 且 $M-X>0$ 时,$G-T>0$ 且差额等于前两者差额之和,此时意味着私人经济部门储蓄大于投资,存在信用紧缩,进口大于出口,对国内市场存在商品服务超额供给,因此财政支出必须大于财政收入,通过财政赤字扩张需求来消化私人部门收入大于支出而形成的超额供给。在 $S-I<0$ 且 $M-X>0$ 或在 $S-I>0$ 且 $M-X<0$ 时,此时就可以相互抵消:如果抵消后为0,则意味着私人经济部门虽然储蓄与投资不等,但储蓄小于投资存在的超额需求通过进口大于出口增加了国内供给予以满足,或者储蓄大于投资存在的超额供给通过出口大于进口输出到国外予以消化,从而在私人经济部门整体上可以实现收支平衡时,政府财政收支保持平衡即可实现经济总量平衡;如果相互抵消后小于0,则表明私人经济部门储蓄与投资的不平衡,通过进出口的调节,仍然支出大于收入,需求大于供给,则财政支出必须小于收入,且差额等于前两者差额之和,由此才能通过财政盈余来抵补私人部门支出大于收入而形成的赤字,从而实现综合平衡;如果相互抵消后大于0,则私人经济部门储蓄与投资的不平衡,通过进出口的调节,仍然支出小于收入,需求小于供给,则财政支出必须大于收入,且差额等于前两者差额之和,由此才能通过财政赤字来消化私人部门支出小于收入而形成的超额供给,从而实现综合平衡。

二、我国体制转轨前后财政综合平衡的比较

我国在传统体制下通过长期实践认识到实现财政综合平衡的重要性,形成了系统

的财政信贷综合平衡思想和理论。[①] 但由于经济体制差异，我国传统体制下的财政综合平衡与体制转轨阶段的财政综合平衡存在明显差异：

第一，实现综合平衡过程中财政平衡的地位不同。在传统体制下，财政收支在国民收入分配中居于主导、决定地位，财政收支占 GDP 比重很高。企业、家庭收入都有固定用途，且收支基本保持平衡。银行信贷系统对财政依赖程度高，呈明显“大财政、小银行”格局，财政性存款是银行信贷资金的重要来源。在这样的背景下，财政收支平衡就成为实现综合平衡的关键。只要财政收支保持平衡，综合平衡基本就可以实现。反过来说，如果财政收支失衡，基本也就意味着综合平衡实现不了，这是由财政在国民收入分配中所处的主导地位决定的。但向市场体制转轨后，财政在国民收入分配中的主导、决定地位发生明显变化，收入分配开始向私人部门倾斜，企业、家庭可支配收入增加，银行信贷规模扩张，财政性存款在银行信贷资金来源中所占比重大幅下降，财政收支在 GDP 中所占比重降低，虽然财政收支对综合平衡实现仍然有着深刻影响，但财政收支平衡已不再是实现综合平衡的决定因素。在很多时候，财政收支保持平衡，综合平衡仍然难以实现。

第二，实现综合平衡的具体方式、手段不同。传统体制下通过计划配置资源，在实现财政综合平衡时，更多的是通过“平衡”来实现平衡，特别强调财政收支、信贷收支和外汇收支各自保持平衡的重要性，在财政、信贷、外汇各自收支平衡受种种因素制约而难以单独实现时，才以综合平衡作为最后实现平衡的手段，表现为是“不得已而为之”的权宜之计，或者称为是在财政、信贷、外汇各自平衡难以实现条件下的一个补救措施。而在体制转轨后，随着财政在国民收入分配中所处地位的变化，财政收支平衡并不足以保证综合平衡的实现。因此，财政平衡是实现综合平衡的关键的局面不复存在。即体制转轨后，在非财政收支不能实现平衡时，更多地要依靠财政收支失衡来实现综合平衡的目标：若非政府部门收入大于支出，则财政要支出大于收入；若非政府部门收入小于支出，则财政要收入大于支出。“总量平衡不再是政府、企业和居民个人三者独自平衡的产物，而是政府、企业和居民个人三者收支的真正的综合平衡，只要居民个人有盈余，财政就可以有赤字。总量平衡不一定要求财政必须平衡，财政赤字也不一定是总量失衡的判断标志。”[②]

第三，实现综合平衡时外汇收支的影响程度不同。传统体制下，经济外向型程度低。这一方面受制于政治因素，西方国家曾长期对我国采取敌视政策，从经济上进行封锁；另一方面，和我国采取优先发展重工业的“经济赶超战略”有直接关系。在该战

---

① 中国人民大学黄达教授的《财政信贷综合平衡导论》对财政信贷综合理论做了最系统、最全面、最深入的阐述。

② 平新乔．财政原理与比较财政制度[M]．北京：三联书店，1997：571．

略下，投资量大、建设周期长、吸纳劳动力就业能力弱的重工业的发展违背比较优势原理，由此导致企业"自生能力"不足，高昂的成本使得出口贸易受到严重抑制，因此难以参与国际分工体系。外汇收支占GDP比重很低，由此决定外汇收支并不是影响综合平衡的重要因素。但体制转轨后，我国放松了对经济的管制，鼓励非公有制经济成分发展，改革开放以后发展起来的非国有企业，能够遵循比较优势原理，发展劳动密集型产业，我国丰富的劳动力资源和低廉的劳动力价格，使得劳动密集型产品具有极强的竞争优势，从而极大促进出口，外汇收支在GDP中所占比重即经济外向型程度不断提高，外汇收支越来越成为影响综合平衡的一个重要因素。

第四，实现综合平衡时财政的回旋余地不同。在传统体制下，由于财政在国民收入分配中居于主导、决定地位，收入分配已高度向政府倾斜，因此如果财政收支失衡，收小于支，出现赤字，政府面向企业、家庭发行内债的余地非常小，因为企业、家庭收入基本都有固定用途，其收支是平衡的，如果强制发债，迫使企业、家庭收大于支来弥补财政赤字，则会影响企业简单再生产和家庭基本生活需要的满足，由此会产生严重的负面影响。如果财政收大于支，则往往体现为社会总收入大于总支出，解决的办法主要是追加预算，消除财政盈余，而难以通过私人部门支大于收来实现综合平衡。因此，在传统体制下，只要财政收支不平衡，往往意味着综合平衡难以实现，而解决的办法则是想方设法实现财政平衡。因此，财政收支平衡是传统体制下财政收支的常态，其几乎没有多大回旋余地。而体制转轨后，若非政府部门收大于支，财政可以通过发行公债集中收入再用于政府支出；若非政府部门收小于支，财政可压缩支出形成盈余来抵补非政府部门支大于收所形成的缺口，回旋余地相对较大，不像传统体制下，财政收支必须严守平衡，一旦收支失衡，特别是出现收不抵支即陷入无法收拾的尴尬境地。

三、我国财政综合平衡与西方财政综合平衡的比较

随着我国经济体制的转轨、市场经济体制框架的基本构建，我国财政综合平衡与西方国家相比已没有本质区别，但是我国毕竟还处于市场体制转轨阶段，整个经济包括财政综合平衡的实现都难免带有体制转轨的痕迹。具体体现在：

第一，市场体制在综合平衡实现过程中的基础性调节作用没有充分发挥。在市场体制健全国家，市场价格信号对综合平衡的实现发挥着基础性调节作用。比如，市场利率调节消费和储蓄、储蓄和投资之间的对比关系。储蓄大于投资，利率下降，而利率下降一方面刺激消费、减少储蓄，另一方面刺激投资，从而促使储蓄与投资趋于平衡；储蓄小于投资，利率提高，而利率提高一方面抑制消费、增加储蓄，另一方面减少投资，从而促使储蓄与投资趋于平衡。这就可以减轻通过调节财政收支实现综合平衡的压

力。市场汇率调节进口和出口的对比关系，进口大于出口，出现逆差，则本币汇率贬值，从而刺激出口、抑制进口；出口大于进口，出现顺差，则本币汇率升值，从而刺激进口、抑制出口，进而有助于实现外汇收支平衡。市场体制的这种自发调节，可大大减轻通过财政收支调整实现财政综合平衡的压力。而我国在转轨阶段，投资需求旺盛，经济增长过于依靠投资拉动，导致结构扭曲。按说市场机制自发调节应促使利率提高，由此抑制投资，增加储蓄。但长期偏低的利率水平，不能有效抑制投资，导致银行系统存在贷差（贷款大于存款），一方面加大财政实现综合平衡的压力，另一方面迫使中央银行要通过增发货币填补存贷缺口，由此导致流通中货币量增加。近年来，外贸长期出口大于进口，积累了规模庞大的外汇储备，但汇率市场化程度不够，难以通过汇率自由升降来自发调节进出口关系，这都需要通过财政收支的调整来实现财政的综合平衡。

第二，储蓄率偏高、消费不足成为制约财政综合平衡实现的重要因素。与西方国家相比，我国储蓄率明显偏高，居全球之冠。高的储蓄率在市场机制自发作用下会促使利率下调，而利率下调会刺激投资，抑制储蓄。问题是我国利率水平已经维持在很低的水平，在这样的背景下仍然出现消费不足、储蓄率偏高的情况，说明利率已不是影响消费和储蓄的主要因素。导致消费不足的因素主要包括：一是收入约束。改革开放以来，收入差距拉大，基尼系数居高不下，有些低收入者受可支配收入的制约，想消费而没有支付能力；二是边际消费倾向递减规律作用的结果，一些高收入者处于消费饱和状态，已无法再增加消费；三是灰色收入、黑色收入者收入来源不明不敢消费；四是相当一部分社会成员由于社会保障制度不健全，对未来预期不乐观而不愿消费。显然，上述原因导致的消费不足，通过市场机制自发调节难以解决，这意味着财政要实现综合平衡，客观上存在加大支出规模的压力。事实上，我国改革开放以来四十余年的时间，财政几乎连年赤字，且赤字额越来越大，这不能不说和我国消费需求不能有效启动有直接关系。而西方国家特别是美国储蓄率很低，民众消费意愿强烈，消费需求旺盛，财政并不面临沉重的通过扩张支出来弥补消费不足的压力。这主要与其影响消费的主要因素与我国相反有一定关系：一是收入分配差距相对小、基尼系数低，边际消费倾向递减规律作用不如我国明显；二是收入分配透明度比较高，灰色收入、黑色收入制约消费的情形不太明显；三是社会保障制度较为健全，民众没有后顾之忧而愿意消费。

第三，进口偏少、出口偏多成为制约财政综合平衡的重要因素。汇率的自由浮动可以促使进出口大致平衡。西方市场体制健全国家，虽然在一定时期也会出现一定规模的顺差和逆差，但长期看外汇收支大致平衡。而我国持续多年的顺差，意味着长期出口大于进口，对国内商品存在超额需求。从这个角度讲，实现我国财政综合平衡,需要财政紧缩,收大于支,形成盈余来抵补出口过多所带来的供给缺口。事实上我国财政几乎连年赤字,明显在“火上浇油”,但我国宏观经济运行并没有出现严重问题,这说明我国偏高的储蓄率在很大程度上抵消了出口过多对综合平衡所造成的负面影响。

四、财政综合平衡的实现

第一,从思路上,一方面,需要继承我国传统体制下实现财政综合平衡的成功经验。虽然传统体制下的做法带有明显的时代烙印,总体上不太适合市场体制下实现财政综合平衡的要求,但是一些能够体现实现财政综合平衡共性规律的做法仍然值得继承;另一方面,需要借鉴西方市场体制国家实现财政综合平衡的成功经验,虽然我国的市场体制植根于公有制的制度基础,在这点上与西方国家存在质的区别,但反映市场体制下实现财政综合平衡共性规律的经验仍然有可能为我们所吸取、借鉴。

第二,在具体对策上:一是重视社会总收支各个组成部分实现各自平衡的重要性。财政综合平衡实际是社会总收支各个组成部分由于种种原因难以实现各自平衡的条件下的一个补救手段,实际是保证宏观经济稳定的最后一道防线。银行信贷收支、外汇收支、财政收支的理想状态是保持各自收支平衡,由此自然也就实现了财政综合平衡。对财政来说,此时不调节就是最好的调节。二是重视发挥市场机制在实现财政综合平衡过程中的基础性作用。政府不应扭曲市场价格信号,而应充分发挥市场价格信号的自发调节作用。利率的自由升降可以调节银行信贷收支,促使储蓄与投资保持平衡关系;汇率的自由升降可以调节外汇收支关系,促使进口、出口保持平衡关系,由此可以大大减轻通过调节财政收支实现综合平衡的压力。

第三,应重视通过调节财政收支实现综合平衡手段运用的短期性。财政手段和货币手段的一个根本区别在于,财政调节从本质上讲是一种结构调节,其是通过结构调节来影响总量,而货币手段由于可以直接影响货币供给量,因此其本质上是一种总量调节,一般来说,货币手段难以有结构调节能力。[①] 通过财政收支失衡在一定程度上、在一定时期的确可以实现经济总量平衡,但往往需要付出一定的财政代价,比如财政支出长期大于收入,会累积巨额债务,由此加大财政债务负担和债务风险,严重时可能引发财政危机进而影响社会政治经济稳定。

---

① 一般认为,如果货币手段能调节结构,是因为有财政政策手段的支持,如国家开发银行、农业发展银行和进出口银行作为政策性银行所进行的结构调节。

第四节　财政年度平衡与周期平衡比较

一、财政年度平衡与周期平衡实现机制的比较

财政年度平衡是指财政收支在一个年度内大致相等。其曾长期是我国处理财政收支关系所追求的目标。但从财政调节宏观经济运行的角度讲，实现财政年度平衡却弊大于利。这主要是因为在一个经济周期中，经济繁荣或衰退持续的时间往往超过一年。如果要实现年度平衡，通常要加大经济波动幅度，起到“火上浇油”或“雪上加霜”的效果。比如在经济繁荣时期，经济高速增长，企业、民众收入都相应增加，在经济自动稳定器作用下，收入分配自然向政府倾斜，政府收入自然增加，而同时政府对私人转移支付自然减少，财政收支会出现盈余。而按照年度财政平衡原则，出现财政盈余是不可接受的，这就需要通过在财政年度内减收增支消除盈余来实现收支平衡。显然，在经济繁荣的时候，财政减收增支，对总需求进行扩张，这会导致已经过热的经济更加过热，此之谓“火上浇油”；而在经济衰退时，经济自动稳定器发挥作用，收入分配自然向私人倾斜，政府在收入减少的同时，对私人转移支付自然增加，财政收支会出现赤字。而按照年度财政平衡原则，出现财政赤字是不可接受的，这就需要通过在财政年度内增收减支消除赤字来实现收支平衡，显然，在经济衰退的时候，财政增收减支，对总需求进行紧缩，这会导致已经衰退的经济更加衰退，此之谓“雪上加霜”。①

实现财政周期平衡要求用经济繁荣时的财政盈余抵补经济衰退时的财政赤字，这有助于熨平经济波动。在经济繁荣时期，收入增加，累进的所得税制度会导致适用税率档次爬升，原来按较低档次税率纳税的，现在就要按照较高档次税率纳税，收入分配自然向政府倾斜；同时由于经济繁荣，失业人数减少，低于最低收入保障线的人数减少，政府面向私人安排的转移支付自然减少，财政收支会出现盈余。而在经济衰退时期，收入减少，累进的所得税制度会导致适用税率档次自动下滑，原来按较高档次税率纳税的，现在会按较低档次税率纳税，收入分配自然向私人倾斜，政府财政收入减少；同时由于经济衰退，失业人数增加，低于最低收入保障线的人数增加，政府面向私人安排的转移支付自然增加，财政收支会出现赤字。由于经济繁荣和衰退的交替周期一般超过一年，所以在一个财政年度内，财政往往表现为盈余或赤字状态，即从一个财政年

---

① 关于年度平衡加大经济波动幅度的解释，参见高培勇，崔军．公共部门经济学[M]．北京：中国人民大学出版社，2001：331．

度看，财政收支是不平衡的，但从一个经济周期看，繁荣时的盈余可以抵补衰退时的赤字，这就实现了财政的周期平衡。显然，实现财政周期平衡是“经济自动稳定器”发挥作用的结果。当然，相机抉择的财政政策的推行也要求实现财政的周期平衡。在经济衰退时，财政需要减收增支形成赤字拉动需求；在经济繁荣时，财政需要增收减支形成盈余紧缩需求。虽然在一个财政年度内，财政收支可能表现为盈余或赤字而不能实现平衡，但在一个周期内可用繁荣时的盈余抵补衰退时的赤字，从而实现财政的周期平衡。[①]

二、西方国家不同发展阶段财政年度平衡与周期平衡的比较

第一，年度平衡、量入为出、自由放任阶段。西方国家自市场经济形成、现代财政制度确立以来，曾长期坚持财政年度平衡，收支关系的处理遵循“量入为出”原则，强调政府对经济“自由放任”，认为调节最少的政府就是最好的政府。这主要是因为当时西方国家还处于资本主义经济的上升时期，经济运行所包含的内在矛盾还没有充分展示出来，“看不见的手”作用原理还为人们所信奉。

第二，周期平衡、量出为入、政府干预阶段。1929—1933 年大危机之后，需求不足问题才真正引起西方国家的足够重视，凯恩斯的三条主观心理规律表明政府对经济的干预是必要的，在需求不足的时候，政府需要减收增支扩张需求，由此产生赤字。在需求过旺的时候，政府需要增收减支紧缩需求，由此产生盈余。从理论上讲，经济衰退时的赤字可以和经济繁荣时的盈余抵消，从而在一个经济周期实现财政平衡。很明显，财政周期平衡的实现要求经济衰退时的赤字与经济繁荣时的盈余大致相等。这要求经济繁荣与经济衰退在程度上和持续时间上大致对称，但西方国家的财政实践表明事实并非如此。

第三，放弃平衡、功能财政、夸大调节阶段。西方国家经济周期的实际情况是：经济衰退与经济繁荣相比较，经济衰退的时间较长、程度较深，这意味着政府为了治理经济衰退而形成的赤字规模会大于经济繁荣时所形成的盈余，即从一个经济周期来看，财政收支也未能实现平衡。对西方国家政府而言，就面临两种选择：一是坚持财政周期平衡，控制财政赤字规模，即在经济衰退通过减收增支扩张需求时，需要对财政扩张力度及扩张时间适当控制，保证所形成的赤字能与经济繁荣时的盈余大致匹配，这就意味着在经济还没有实现充分就业的条件下，财政对经济的扩张就需要停止或减小政策执行力度。二是放弃财政周期平衡，在经济衰退时，财政扩张的力度和持续时间不

---

① 埃克斯坦认为：“现代财政理论要求预算在一些时期内可以有结余，在另一些时期内可以有赤字。仅在偶然的情况下，准确的平衡才是一项十分正确的预算政策”；萨缪尔森也指出：“税收开支和赤字的总的平衡应该以控制经济周期的需要为准绳”，转引自：杨之刚．公共财政学：理论与实践[M]．上海：上海人民出版社，1999：447.

受经济繁荣时所形成的财政盈余的限制，只要没有实现充分就业，财政就可以扩张，由此导致的结果就是即便从一个经济周期来看，财政也是处于赤字而非平衡状态。西方国家经济形势的发展表明：周期预算平衡理论已无法适应和解释财政的客观实际，由此形成了强调充分发挥财政调节作用的功能财政论。[①] 如果说年度财政平衡论过于保守，没有认识到财政的经济调节功能，限制了财政经济调节作用的发挥，那么功能财政论则过于冒进，夸大了财政调节经济的功能，没有认识到财政的经济调节作用所客观存在的局限。

第四，重回周期平衡阶段。20 世纪 70 年代西方国家出现的"滞涨"表明按照功能财政论处理财政收支关系存在明显局限，新自由主义学派的兴起促使西方国家重新认识和评价财政的经济调节作用，[②]实现周期财政平衡重新成为政府所追求的目标。

三、我国经济体制转轨前后财政周期平衡与年度平衡的比较

第一，处理收支关系的对策不同。在传统体制下，我国一直强调财政要收支平衡、略有结余。因为计划配置资源需要通过财政收支安排来实现，在国民收入分配格局高度集中的条件下，财政收支保持平衡是计划顺利推行的必要条件。经济体制转轨后，虽然名义上政府仍然在强调财政保持年度平衡的重要性，但是在实践中开始逐渐重视财政对经济总量的调节作用，比较典型的标志是 1997 年亚洲金融危机后，政府明确提出推行积极财政政策，这表明政府在实践中已开始放弃年度平衡目标，开始注重在需求不足时通过赤字拉动需求、推动经济增长。但 1997 年后我国宏观经济的运行并没有为财政提供充分的实现周期平衡的机会。财政实际运行的情况是不仅年度财政平衡基本没有实现，而且周期平衡也没有做到，基本格局是财政连年赤字而且赤字规模逐年扩大，事实上带有较为明显的功能财政论的政策取向，由此累积了规模庞大的政府债务，蕴含了一定的财政风险。为了防范和化解风险，2015 年 1 月 1 日实施的《新预算法》明确规定：各级政府应当建立跨年度预算平衡机制。这相当于从法律角度，明确了实现财政周期平衡的地位。

---

① 功能财政的预算准则由美国经济学家 A. P. 勒纳在 20 世纪 40 年代发表的两篇文章——《经济舵轮》(The economic steering wheel)和《功能财政与联邦债务》(Functional finance and the federal debt)中提出，认为政府财政的基本功能是稳定经济；政府预算的首要目的不是预算平衡而是经济平衡；为达到经济稳定的目的，即便财政长期处于赤字或盈余状态也不应有任何犹豫。参见高培勇，崔军．公共部门经济学[M]．北京：中国人民大学出版社，2001：333.

② "滞涨"的出现使财政政策推行进退两难、处境尴尬，治疗一种疾病的药方成为加重另一种疾病的手段。对付经济停滞，需要扩张，这会使已经存在的通货膨胀更加严重；对付通货膨胀，需要紧缩，这会使已经衰退的经济更加衰退。凯恩斯的赤字理论无法解释。新自由主义经济学派如货币学派、供给学派、理性预期学派、产权学派等，对"滞涨"成因解释各有特点，但有一个共识："滞涨"与长期推行赤字政策、过于强调政府干预有关，应该重视市场机制自发调节的作用。

第二，赤字和经济波动的关系不同。传统体制下，是财政赤字导致经济波动。由于市场机制在资源配置中的作用被限制，因此传统体制下并不存在市场机制自发调节经济运行所存在的高涨→危机→萧条→复苏四个阶段的经济周期，但是这并不意味着传统体制下不存在经济波动。事实上，传统体制下，经济波动的幅度还相当大。这是因为传统体制下，计划的制定往往存在急躁冒进、急于求成的心理，在安排财政支出时摊子铺得太大、战线过长、积累率过高、投资规模过大，最终导致严重的结构问题，经济效益下滑。为了解决问题，财政被迫压缩支出、降低积累率、严格控制投资规模，由此导致经济的大起大落。从这个意义上讲，在传统体制下是财政赤字导致了经济波动，而不是经济波动导致了财政赤字。一般来说，由财政赤字所导致的经济波动，其波动幅度一般会比较大。因为与市场自发调节有所不同的是，政府计划失误所导致的问题并不能自动纠错，必须得等到问题严重到一定程度，政府认识到位以后才能通过政策调整来解决问题（这会存在认识时滞、决策时滞、执行时滞、效果时滞）。通过考察我国经济增长率数据，不难发现我国体制转轨前的经济波动幅度明显大于体制转轨后（见图 11－1），这体现了政府计划调节与市场调节在作用方式和效果方面所存在的区别。经济体制转轨后，情况就发生了明显改变：不是财政赤字导致经济波动，而是经济波动导致财政赤字。随着市场在资源配置中逐渐发挥基础性作用，市场机制自发调节所存在的经济波动开始出现，在经济增长率下滑，需求不足的时候，政府推行相机抉择财政政策减收增支拉动需求，出现赤字。显然，经济波动与财政赤字的关系体现为是经济波动导致了财政赤字出现，而不是财政赤字的出现导致了经济波动。

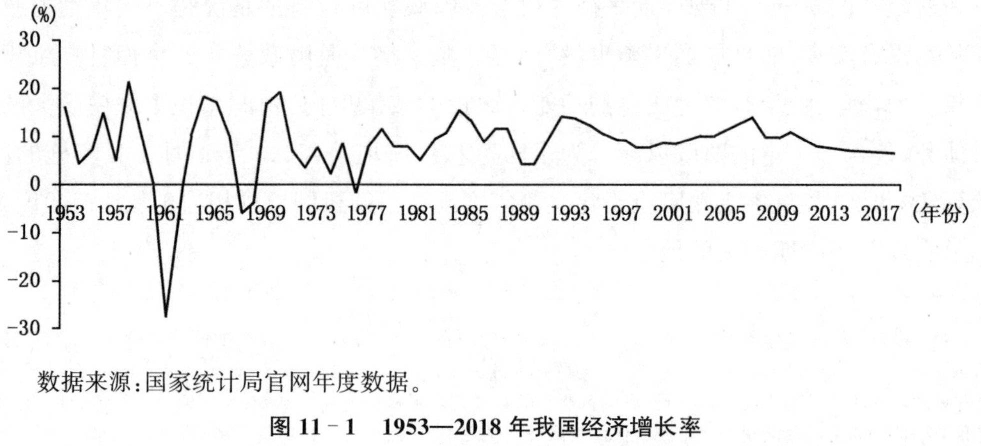

数据来源：国家统计局官网年度数据。

图 11－1　1953—2018 年我国经济增长率

第三，赤字性质不同。传统体制下，财政赤字的出现往往是被动的，是计划失误或其他原因导致收入减少、支出增加所致，财政活动主体主观上并不想出现赤字，其深知在收入分配格局已经高度集中的条件下出现赤字，弥补将是很困难的事情。体制转轨后，财政赤字的出现往往是主动的，是财政活动主体为了熨平经济波动或推动经济增长而有意识地安排赤字。

第四，赤字弥补方式不同。传统体制下，财政已在国民收入分配中居于主导、决定地位，财政收支占 GDP 比重很高，企业、家庭可支配收入极为有限。财政赤字通过发债弥补的余地很小，因此财政赤字的弥补基本靠货币发行。体制转轨后，随着国民收入分配格局的调整，收入分配向企业、家庭倾斜，其可支配收入明显增加，为政府通过发债弥补赤字提供了有利条件。这从传统体制下我国相当长时期既无内债又无外债和体制转轨后我国债务规模不断累积扩张的实际情况不难看出。

第五，赤字后果不同。传统体制下，赤字一般靠货币发行弥补，由此带来通货膨胀，产生的主要是负面影响；体制转轨后，赤字一般靠发行公债弥补，实现的是沉淀资金向现实流通资金的转化，发挥的是稳定社会总供求关系、促进经济增长的作用，产生的主要是正面影响，但也在一定程度上带来了债务规模膨胀、债务风险加大的负面效果。

四、我国与西方国家财政年度平衡与周期平衡的比较

第一，体制背景不同。西方国家一直处于市场体制下，经历了比较完整的年度财政平衡→周期财政平衡→功能财政→周期财政平衡的发展历程，从财政不调节→周期调节→夸大调节→回归周期调节。我国则经历了体制转轨过程，从传统体制下强调财政平衡，到体制转轨后名义上强调财政平衡但实际不平衡（名不符实阶段），再到要求实现跨年度平衡阶段。

第二，周期平衡独立程度不同。西方国家财政的周期平衡相对独立，财政调节经济的作用主要体现为熨平经济波动，其所处的经济发展阶段决定其不必为推动经济增长而形成大规模赤字。而我国体制转轨后财政的周期平衡并不独立，其与财政的动态平衡相交织。我国所处的经济发展阶段决定财政在履行熨平经济波动职能的同时，还需履行推动经济增长的重要职能。这也是我国财政在体制转轨后连年出现赤字的重要原因。

第三，赤字性质不同。西方国家累进的所得税制度和社会保障制度较为健全，“经济自动稳定器”发挥作用，在经济衰退时会出现赤字，这种赤字可以视作被动赤字。西方在“经济自动稳定器”调节的基础上，还通过相机抉择的财政政策进行调节，在经济衰退时，财政减收增支拉动需求，推动经济增长，由此形成的赤字是主动赤字。因此，从总体上看，西方国家在实现周期平衡的过程中，其赤字实际是被动赤字和主动赤字的混合。我国在传统体制下，强调年度财政平衡，出现赤字往往是计划、工作失误或其他客观原因所致，因此基本上体现为被动赤字。体制转轨后，我国累进的所得税制度和社会保障制度长期不健全，对经济自动稳定作用不大，由此所形成的被动赤字所占

比重不大。所谓的主动赤字主要体现为政府调整分配结构、承担改革成本、推动经济增长以及政府在体制转轨后越来越重视通过财政收支熨平经济波动，推行积极财政政策所形成的赤字，主动赤字所占比重不断提高。从这个意义上讲，我国体制转轨前的赤字主要为被动赤字，体制转轨后的赤字主要为主动赤字，这和西方国家的混合赤字有所不同。

五、财政周期平衡的实现

第一，应认识到实现财政周期平衡的重要性。在市场体制下，强调财政年度平衡，放弃财政对社会总需求的调节，财政对经济自由放任会加大经济波动幅度，不利于实现经济持续稳定协调发展目标。而实现财政周期平衡，发挥财政对社会总供求的调节作用，需求不足减收增支，形成赤字；需求过旺增收减支，形成盈余，则有利于实现经济稳定增长目标。这是总结西方国家成功经验和失败教训而得出的理性判断，经得起实践检验。

第二，应对财政的经济调节功能有正确认识和评价。财政是调节经济的重要手段，但作为调节手段，其与其他经济调节手段一样有其比较优势，但也存在比较劣势。比如，和货币手段相比，其强于结构调节而弱于总量调节。因此，在实践中，片面夸大财政的总量调节功能并不可取。西方国家的财政实践表明，在经济没有实现充分就业的条件下，财政可以无休止地减收增支的做法并不合适，这种不考虑财政自身承受能力的做法，盲目累积政府债务规模，会加大政府财政风险。政府通过调整财政收支影响社会总需求，需要量力而行、适可而止，并非财政政策一定要推行到边际效用为零的程度。因为财政政策的推行边际成本也是递增的，边际收益是递减的，理性的选择是把财政政策推行到边际成本等于边际收益的程度。在财政政策推行到边际收益为零的程度时，其边际成本已远大于边际收益，由此会导致巨大的效率损失。

第三，实现财政的周期平衡应对财政赤字的功能作用有正确的认识和评价。首先，应对财政赤字辩证看待。其并非“洪水猛兽”，有百害而无一利；也并非“灵丹妙药”，有百利而无一害。财政赤字是利弊得失兼具，操作得当，可以发挥积极作用，产生正面影响；操作不当，会发挥消极作用，产生负面影响。其次，应正确认识财政赤字对总需求的影响。通常所讲的财政减收增支形成赤字扩张总需求的说法是比较笼统的。严格说来，财政赤字本身作为财政收支的一种对比状态本身并不能扩张总需求，其若能扩张总需求，一定涉及赤字的特定弥补方式导致了货币投放增加。一般来说，如果财政赤字并没有引起货币供给增加，其所能影响的只是需求结构。为清楚说明这种影响，可把总需求予以分类。按照主体不同，其可分为政府需求和非政府需求；按是否和现实流通的货币对应，可分为现实需求和潜在需求。如果在 *LM* 曲线的水平区域，即所谓的“凯恩斯区域”，存在“流动性偏好陷阱”，此时私人有钱而不愿意投资和消费，资金处于沉淀状态，此时政府通过发债弥补赤字，实现的是潜在需求向现实需求的转化，总需求并没有扩张，但可以因现实需求的扩张而拉动经济增长；在 *LM* 曲线的陡峭区域，即所谓的古典区域，此时私人并无多少资金沉淀，此时政府通过发债弥补赤字，实现的是非政府需求向政府需求的转化，是总需求结构的调整，不仅总需求没有扩张，现实需求也没有扩张，因此不能拉动经济增长。再次，应正确认识财政赤字的挤出效应。一般来说，政府发债弥补财政赤字会导致货币需求增加，在货币供给一定的条件下，会导致利率提高，而利率提高会抑制企业投资和个人消费，由此会产生所谓的挤出效应。对财政赤字挤出效应的评价不能一概而论，必须具体问题具体分析。在总需求大于总供给的时候，财政赤字的挤出效应可避免恶化总供求关系，产生的是积极的正面影响；在总需求小于总供给的时候，政府通过财政赤字要扩张总需求，如果此时出现挤出效应，则影响政策目标实现，产生的当然是负面影响。另外，评价赤字效应需要考虑资源配置结构，在政府公共经济部门配置资源量偏少、私人经济部门配置资源量偏多，资源宏观配置比例并不合适的时候，财政赤字出现排挤效应有利于资源宏观配置比例优化，产生的是积极的正面影响；反过来，政府公共经济部门配置资源量已经偏多、私人经济部门配置资源量偏少，此时财政赤字再出现排挤效应，排挤私人的投资和消费，会进一步恶化资源宏观配置比例，产生的当然是负面影响。评价财政赤字效应还需要考虑供求结构，在投资不足、消费过旺时，财政赤字若排挤消费、增加投资自然是正面影响；若排挤投资、增加消费自然是负面影响。反之，则反是。最后，应正确认识财政赤字增发货币所产生的影响。财政赤字是否导致货币发行增加取决于财政赤字弥补方式，不管财政方式以何种方式弥补，只有在导致中央银行吐出基础货币时才引起货币发行增加。货币发行增加并不一定是坏事，在社会总需求不足且这种需求不足就是因为货币供给量偏少、存在通货紧缩所致时，通过财政赤字增加货币发行无疑是非常有效的解决方法；另外，需考虑经济增长对货币需求的增加量来确定财政赤字引起货币供给增加到底会产生什么样的影响。这两种影响都可能对应三种结果：货币供给增加后仍然存在通货紧缩；货币供给增加后正好做到供求平衡，既无通货紧缩也无通货膨胀；货币供给增加量太多，填补通货紧缩缺口后还有剩余，则会把原来的通货紧缩调节成通货膨胀。

本章小结

● 财政虚假平衡是指财政收支在形式上、账面上大致相等，但内容上、实质上却处于收支不平衡的状态。所谓财政的真实平衡，是指不仅财政收支在形式上、账面上大致相等，在内容上、实质上也处于大致相等状态。传统体制下、财政包干体制下和分税制改革后财政虚假平衡的起因不同、主观动机不同、出现频率不同、效果影响不同。财政虚假平衡所产生的负面影响体现在两个方面:一是不利于协调政府公共经济部门与私人经济部门的资源配置关系;二是遮掩了真实的财政收支对比关系。实现财政的真实平衡,首先需要保证财政收支数据的真实性;其次应对预算法等法律、法规予以调整、完善;再次需要对政府治理模式进行必要调整;最后应针对财政体制存在的问题采取相应对策。

● 财政静态平衡与动态平衡的区分带有定义性质。通常,把财政收支作为促进经济增长手段而实现的财政平衡称作动态平衡。财政静态平衡是指不把财政当作促进经济增长的手段而实现的财政平衡。传统体制阶段与体制转轨阶段、老牌国家与后期国家比较,财政动态平衡有不同的实现方式。财政动态平衡的实现一是需要财政发挥推动经济增长的作用,但并不要求财政“越俎代庖”;二是需要协调财政收支关系形成盈余来偿还早期的债务。

● 财政单独平衡是指就财政论财政、财政自身所实现的收支平衡。财政综合平衡是指将财政置于整个社会经济运行的大背景下,视财政收支为社会总收支的一个组成部分,以社会总收支平衡作为判定标准所理解的财政平衡。之所以强调财政综合平衡的重要性,归根结底是因为社会总收支或说社会总供求平衡是目的,而财政收支则是手段。实现财政综合平衡首先可以把社会总收支分为私人收支和政府财政收支两大部分,社会总收支平衡即表现为私人收入+政府财政收入=私人支出+政府财政支出;实现财政综合平衡也可以从财政收支与银行信贷收支综合平衡的视角进行分析,二者的综合平衡关系可以表示为银行信贷收入+财政收入=银行信贷支出+财政支出;实现财政综合平衡还可以从经济总量平衡公式考察,可表示为:$C+S+T+M=C+I+G+X$。我国传统体制下的财政综合平衡与体制转轨阶段的财政综合平衡存在明显差异:一是实现综合平衡过程中财政平衡的地位不同;二是实现综合平衡的具体方式、手段不同;三是实现综合平衡时外汇收支的影响程度不同;四是实现综合平衡时财政的回旋余地不同。我国体制转轨阶段的财政综合平衡与西方财政综合平衡的比较也存在明显差异,具体体现在:一是市场体制在综合平衡实现过程中的基础性调节作用没有充分发挥。二是储蓄率偏高、消费不足成为制约财政综合平衡实现的重要因素。三是进口偏少、出口偏多成为制约财政综合平衡的重要因素。我国财政综合平衡的实现从思路上讲,既要继承我国传统体制下实现财政综合平衡的成功经验,又要借鉴西方市场体制国家实现财政综合平衡的一般做法;在具体对策方面:一是应重视社会总收支各个组成部分实现各自平衡的重要性;二是应重视发挥市场机制在实现财政综合平衡过程中的基础性作用;三是应重视通过调节财政收支实现综合平衡手段运用的短期性。

● 财政年度平衡是指财政收支在一个年度内大致相等。实现财政周期平衡要求用经济繁荣时的财政盈余抵补经济衰退时的财政赤字,这有助于熨平经济波动。西方国家经历了四个阶段,即年度平衡、量入为出、自由放任阶段;周期平衡、量出为入、政府干预阶段;放弃平衡、功能财政、夸大调节阶段以及重回周期平衡阶段。把我国传统体制与体制转轨后财政周期平衡与年度平衡予以比较,可以发现二者的区别是:处理收支关系的对策不同;赤字和经济波动的关系不同;赤字性质不同;赤字弥补方式不同;赤字后果不同。把我国与西方财政的年度平衡与周期平衡予以比较,可以发现二者的区别是:体制背景不同;周期平衡独立程度不同;赤字性质不同。要实现财政的周期平衡:应认识到实现财政周期平衡的重要性;应对财政的经济调节功能有正确认识和评价;应对财政赤字的功能作用有正确的认识和评价,为此,首先应对财政赤字辩证看待;其次应正确认识财政赤字对总需求的影响；再次应正确认识财政赤字的挤出效应；最后应正确认识财政赤字增发货币所产生的影响。

重要概念

财政真实平衡　财政虚假平衡　财政静态平衡　财政动态平衡　财政年度平衡　财政周期平衡　财政单独平衡　财政综合平衡

思考题

1. 我国财政虚假平衡有哪些表现形式？有何区别？
2. 如何实现财政的真实平衡？
3. 我国传统体制和体制转轨阶段财政动态平衡的实现有何区别？
4. 老牌国家与后起国家财政动态平衡的实现有何区别？
5. 为什么要实现财政周期平衡？
6. 如何实现财政周期平衡？
7. 为什么要实现财政综合平衡？
8. 如何实现财政综合平衡？

材料分析

1. 减税增支协同加力“放水养鱼”

减税增支力度渐增是积极财政政策的突出特征。2019年，国家接连推出增值税改革、降低企业养老保险缴费率等长期制度性安排，使年度减税降费规模迈上2万亿元新台阶。与此同时，2019年全国财政一般公共预算赤字再创新高，升至2.78万亿元，占当年财政支出总额比重高达11.8%，接近2009年赤字额的3倍。通观发达经济体第二次世界大战后财政史，没有任何一个国家的减税增支可以如此同步高强度。美国在力推减税时，政策取向往往是要尽力压缩支出（如里根时代）。由此可见，我国积极的财政政策力度超强。同步高强度减税增支的政策目标是稳增长，形象地说就是要“放水养鱼”。所谓“放水”，是指通过减税向市场主体和个人转移资金；所谓“养鱼”，是指通过增支扩大当期有效消费需求和有效投资。显然，减税和增支具有内在联系，前者形成潜在需求增量，后者形成现实购买力增量，两者互动最终反推供给总量增长和结构调整，协同加力构成经济增长的强劲助推力。财政部近日发布的2019年上半年财政收支数据显示，上半年全国一般公共预算收入增长3.4%，其中税收增长0.9%，增幅比2018年同期回落了13.5个百分点；一般公共预算支出同比增长10.7%，增幅比2018年同期提高2.9个百分点。这些数据充分说明，高强度减税增支政策已落到实处。2019年上半年我国经济增长率为6.3%，正常情况下税收增长率应在6%左右，但实际数据与之相差超过5个百分点。同时，支出增长率超出经济增长率4个百分点。结合2019年上半年宏观经济数据看，高强度减税增支的政策目标已经实现。具体表现在三方面：一是增值税改革重在促进实体经济特别是制造业健康发展；二是推进结构调整是减税增支着力点；三是减税增支扩大就业、拉动消费。总体看，高强度减税增支虽然强化了财政收支紧张状态，但也托稳了经济增长。反过来，经济增长又支撑了财政运行，突出表现是，尽管上半年减税额近 7 000 亿元，但税收总额仍保持正增长，从而保证了支出预算的执行。进一步说，只有从宏观经济全局角度认识财政收支形势，才能把握好财政收支运行方向。当前，中国经济发展仍处于重要战略机遇期。中国的人均 GDP 与发达经济体平均水平相差 1 倍多，中国的人口规模超过发达经济体人口总和，中国有门类齐全的国民经济体系且产能全球第一。这些因素表明，中国经济增长内生性潜能巨大。中国经济继续保持中速增长的关键因素在于潜能释放，此间的政策助力至为重要。2019 年上半年减税增支与宏观经济运行良性互动充分证明了政策助力的重要性，也表明中国的宏观经济调控经济模式既理性又有效率。有必要指出的是，减税增支并不仅是向市场注入资金，更为重要的是增强信心稳预期。因为减税增支几万亿占全社会总需求比重不足 5%，但税制改革改善了营商环境、增支优化了投资环境并发挥出引领鼓励各类主体参与市场的作用，这向人们释放了政府积极支持可持续发展的信号，从而也就坚定了人们的投资和消费信心。

（材料来源：白景明．减税增支协同加力“放水养鱼”[N]．中国财经报，2019-07-20(001)．）

根据上述材料，谈谈市场经济条件下财政平衡的实现。

2. 2015 年《预算法》与 1995 年《预算法》关于财政平衡若干规定的比较

1995 年《预算法》第三条规定：各级预算应当做到收支平衡；第二十八条规定：地方各级预算按照量入为出、收支平衡的原则编制，不列赤字，除法律和国务院另有规定外，地方政府不得发行地方政府债券。

2015 年《预算法》第十二条规定：各级预算应当遵循统筹兼顾、勤俭节约、量力而行、讲求绩效和收支平衡的原则。各级政府应当建立跨年度预算平衡机制；第六十六条规定：各级一般公共预算年度执行中有超收收入的，只能用于冲减赤字或者补充预算稳定调节基金。各级一般公共预算的结余资金，应当补充预算稳定调节基金。省、自治区、直辖市一般公共预算年度执行中出现短收，通过调入预算稳定调节基金、减少支出等方式仍不能实现收支平衡的，省、自治区、直辖市政府报本级人民代表大会或者其常务委员会批准，可以增列赤字，报国务院财政部门备案，并应当在下一年度预算中予以弥补。

对比 2015 年《预算法》和 1995 年《预算法》在如何实现财政平衡方面有关规定的变化并解释原因。

本章阅读文献

1. 陈共．财政学[M]．第 9 版．北京：中国人民大学出版社，2017.
2. 杨之刚．公共财政学：理论与实践[M]．上海：上海人民出版社，1999.
3. 埃克斯坦：公共财政学[M]．北京：中国财政经济出版社，1983.
4. 萨缪尔森：经济学[M]．北京：中国展望出版社，1992.
5. 平新乔：财政原理与比较财政制度[M]．北京：三联书店，1997.

第十二章　财政体制及财政分权理论比较

财政体制作为在中央政府与地方政府以及地方各级政府之间划分财政管理权限的制度安排，涉及不同级次政府间财政分配关系的处理、协调。为简单起见，可以把多级政府简化为高层政府和基层政府两个级次。明确二者的比较优势就成为划分政府间财政管理权限的基础和前提。在此基础上，对划分财政管理权限的两个基本思路进行比较，便于选择合理的财政分权思路。对我国财政体制发展变迁的几个历史阶段进行比较，便于总结我国选择、构建财政体制的经验教训，而对第一代和第二代财政联邦制理论进行比较，则有助于归结财政联邦主义对我国深化财政体制改革的启示。这些比较都有助于我国在实践中协调政府间财政关系、完善财政体制。

重点问题

- 高层政府与基层政府的比较优势
- 我国财政体制发展演变三个历史阶段的比较及启示
- 西方财政联邦制理论发展两个阶段的区别及启示

第一节　高层政府与基层政府的比较优势[①]

一、高层政府的比较优势

高层政府一般来说辖区范围相对要大，通常是若干基层政府辖区面积的总和。如果把政府视作私人为了解决自己解决不了或解决不好问题而创设的手段和制度安排，政府的职能归结为一点就是生产提供公共产品，满足公共需要，实现公共利益。基于

---

① 法国著名政治学家托克维尔对大国和小国的长处和短处的精彩论述对理解高层政府和基层政府的比较优势很有帮助，参见：托克维尔．论美国的民主(上卷)[M]．北京：商务印书馆，1988：178－183.

这种理解，高层政府的比较优势可概括为提供大受益范围的公共产品，最理想的结果就是高层政府负责提供的公共产品的受益范围正好与其辖区范围完全重合。[①] 这既符合效率原则，又符合公平原则。

首先，从效率原则讲，由于该公共产品的受益范围与高层政府辖区范围重合，那么对高层政府下属的任何一个基层政府来说，该公共产品的受益范围都远超其辖区范围。也就是说，如果由该高层政府下属的任何一个基层政府提供该公共产品，那么必然存在严重的效益外溢。根据外部性理论，其作为理性经济人，不考虑外溢效益，那么配置资源量会不足，提供的该公共产品的数量会偏少，由此导致资源配置的边际收益大于边际成本，产生效率损失（见图 12－1）。如果由该高层政府下属的基层政府协商提供，则基层政府之间的交易谈判就要付出交易成本。交易成本的高低与参与交易谈判的基层政府数量多少、距离远近、偏好差异程度等直接相关。如果成本高到一定程度，通过基层政府之间交易谈判协商解决该公共产品的提供问题就不具有经济上的可行性。如果由高层政府提供，因为受益范围与其辖区范围重合，所以不存在效益外溢，由其负责提供便于做到资源配置的边际收益等于边际成本，从而实现资源配置效率。另外由高层政府提供大受益范围的公共产品，便于降低平均成本，从而实现规模收益。一般来说，公共产品的受益范围越大，其越适宜由高层政府负责提供。如果收益范围覆盖全国，成为全国性公共产品，则该公共产品就应由中央政府负责提供。[②]

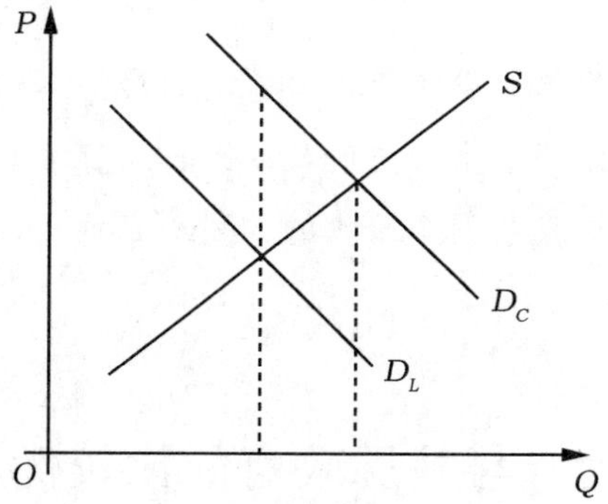

图 12－1 基层政府提供大受益范围公共产品所产生的效率损失

其次，从公平原则讲，大受益范围的公共产品和高层政府辖区范围重合，由高层政府在辖区范围内分担该公共产品的生产成本，也符合利益获取与成本分担对称的公平

① 美国著名财政学家奥茨把公共产品受益范围与政府辖区范围的吻合表述为："对于总人口中每一个被确定的消费特定公共产品的子集来说，存在着一个相应层级的政府"，他称之为"完美对应"；布雷顿称之为"完美映射"；奥尔森则称之为"财政对等原则"。参见：奥茨．财政联邦主义[M]．南京：译林出版社，2012：34.

② 中央政府供给全国性公共产品的理论依据，可参见：刘怡．财政学[M]．第 3 版．北京：北京大学出版社，2016：263—264.

原则。若由高层政府下属的某一基层政府负责提供，由其在辖区范围内分担成本，由于该公共产品的受益范围远超其辖区，对该基层政府的辖区民众来说，该公共产品效益严重外溢，但却要负担该公共产品生产的全部成本，这不符合利益获取与成本分担对称的公平原则。

二、基层政府的比较优势

基层政府相对高层政府辖区范围要小，一般来说，隶属同一高层政府的不同基层政府辖区面积的总和才是高层政府的辖区面积。在公共产品的生产提供方面，基层政府的比较优势集中体现为生产提供小受益范围的公共产品。如果某种公共产品的受益范围与基层政府辖区范围正好重合，那么该公共产品由基层政府提供就既符合效率原则，又符合公平原则。

首先，从效率原则讲，由于该公共产品的受益范围与基层政府辖区范围重合，基层政府提供这种公共产品就具有信息优势，其相对高层政府会更了解辖区民众的偏好，掌握辖区民众到底需要消费哪种公共产品、需要消费多少、需要以什么方式提供的有关信息①，因此由基层政府负责提供有助于实现该公共产品供求均衡。如果由高层政府提供，则受信息不充分的制约而难以做出合理决策。一般来说，高层政府下属的基层政府总会存在一定的地区差别，不同基层政府辖区民众对公共产品的需求偏好不可能完全一致。通常高层政府难以充分掌握下属基层政府辖区民众对公共产品需求信息客观上所存在的差异，其做出的决策往往带有“一刀切”性质，从而容易导致这种小受益范围公共产品的供求脱节，产生效率损失。一般来说，公共产品的受益范围越小，越适合由基层政府来负责提供。受益范围小到一定程度就应由最基层的政府负责提供。如果公共产品受益范围小到由最基层的政府负责提供仍然没有信息优势，则需要由管辖范围更小的社区或由有关民众借助平等协商谈判的方式提供。另外，根据蒂博特“用脚投票”理论②，基层政府提供小受益范围的公共产品，基层政府辖区民众可以根据在不同地方政府辖区所失与所得的比较而自由迁移，由此可迫使基层政府处于竞争状态，进而提高效率。

其次，从公平原则讲，由于该公共产品的受益范围与基层政府辖区范围重合，由基层政府提供这种小受益范围的公共产品，也符合利益获取与成本分担对称的公平原则。虽然这种对称更多的是从整体意义上体现出来，但相对由高层政府在辖区范围分

---

① 参见：Stigler G. J.. The tenable Range of Functions of Local Government，in Federal Expenditure Policy for Economic Growth and Stability，Washington D. C.：U. S. Government Printing Office，1957.

② 参见：Tiebout C.. A Pure Theory of Local Expenditure[J]. *Journal of Political Economy*，64：pp. 416－424.

担成本，无疑更能体现利益获取与成本分担对称的公平原则。高层政府若在其辖区范围内平均分担成本，会使并没有从公共产品消费中得到效用和满足的其他基层政府辖区民众分担部分成本。高层政府如果仅在该基层政府辖区内分担成本，显然，相对该基层政府，其没有信息优势。这项工作由该基层政府来做更为有利。

第二节　两种划分财政管理权限思路的比较

一、两种财政分权思路概念的比较

（一）“自上而下”分权的思路

按照该思路，财政权力首先假定属于高层政府，高层政府认为有必要，才把一部分权力下放基层政府，以什么方式下放，权力下放到什么程度，下放的权力什么时候收回，取决于高层政府的意图和安排。至于高层政府为什么要分权，显然是为了提高效率。高层政府和基层政府在提高公共产品供给效率方面各有比较优势是客观事实。一般认为，高层政府在提供大受益范围公共产品方面具有比较优势，而基层政府在提供小受益范围公共产品方面具有比较优势。那么，为了提高效率，高层政府通过自上而下分权把小受益范围公共产品的提供交予基层政府办理，让基层政府成为其代理人，而自己作为委托人，建立“自上而下”分权的委托代理链条，在委托代理成本不是太高的情况下，应有利于效率水平提高。

（二）“自下而上”授权思路

按照该思路，权力首先假定属于民众，民众为了解决自己解决不了或解决不好的问题，会把权力授予基层政府。基层政府为了解决自己解决不了或解决不好的问题，会把一部分权力授予高层政府。权力以什么方式授予，权力授予到什么程度，授予的权力什么时候收回，取决于基层政府并最终取决于民众的意图和安排。至于基层政府为什么要授权，显然也是为了提高效率。由于高层政府在提供大受益范围公共产品方面具有比较优势，而基层政府在提供小受益范围公共产品方面具有比较优势。因此，为了提高效率，基层政府通过授权把大受益范围的公共产品的提供授予高层政府办理，让高层政府成为其代理人，而自己作为委托人，只要委托代理成本不是太高，建立这种“自下而上”授权的委托代理链条显然有利于提高效率水平。

二、两种财政分权思路效率的比较

在政府利他假设条件下，两种不同分权思路可以实现相同的均衡，在效率上并无差别。在图 12－2 中，横轴从左到右表示集权的程度越来越高，从集权程度为 0(即完全的分权)到集权程度达到 100%(即完全的集权)，可以画出集权的边际收益曲线，集权的边际收益递减，这可以理解为高层政府掌握的财政权力从 0 到 100%的变化过程；从右到左表示分权的程度越来越高，从分权程度为 0(即完全的集权)到分权程度为 100%(即完全的分权)，可以画出分权的边际收益曲线，分权的边际收益递减，这也可以理解为基层政府掌握的财政权力从 0 到 100%的变化过程。两条曲线的交点 E 即为集权与分权的均衡点，二者的边际收益相等。假定高层政府提供的公共产品受益范围由大到小是连续的，由于高层政府的比较优势是提供大受益范围的公共产品，因此可以认为高层政府最初掌握的财政权力适合于提供大受益范围的公共产品。随着高层政府掌握的财政权力的增多，其提供的公共产品受益范围逐渐变小，当超过 E 点时，集权的边际收益就小于分权的边际收益，公共产品的受益范围已小到不能发挥高层政府比较优势的程度。换言之，基层政府提供该受益范围的公共产品已具有比较优势。高层政府为了提高公共产品供给效率、增进社会福利，会把集权的程度保持在 E 点，也就是会把 E 点右边的权力下放给基层政府。假定基层政府提供的公共产品受益范围由小到大是连续的，由于基层政府的比较优势是提供小受益范围的公共产品，因此可以认为基层政府最初掌握的财政权力适合于提供小受益范围的公共产品。随着基层政府掌握的财政权力增多，其提供的公共产品受益范围逐渐变大，当超过 E 点时，分权的边际收益就小于集权的边际收益，公共产品的受益范围已大到不能发挥基层政府比较优势的程度。换言之，高层政府提供该受益范围的公共产品已具有比较优势。基层政府为了提高公共产品供给效率、增进社会福利，会把分权的程度保持在 E 点，也就是会把 E 点左边的权力授予高层政府。显然，只要高层政府和基层政府都是利他的，追求公共利益最大化，无论是“自上而下”分权还是“自下而上”授权，都可以在 E 点实现稳定的均衡。

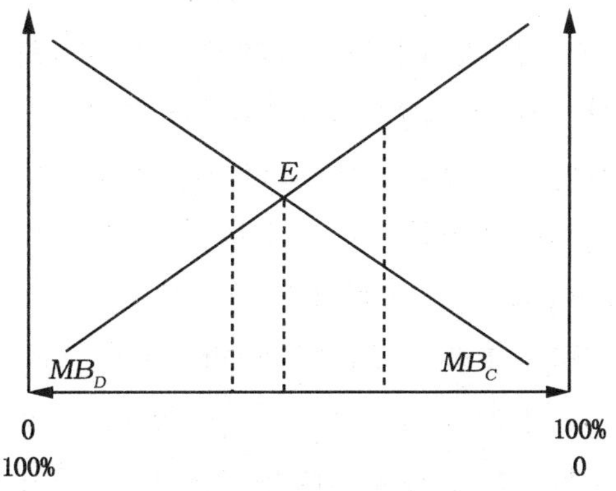

图 12－2　自上而下分权与自下而上授权导致效率损失的比较

在政府自利假设条件下，两种分权思路在效率上就有差别，“自下而上”授权思路优于“自上而下”分权思路。如果政府是自利的，则无论高层政府还是基层政府都会倾向于把更多的财政权力掌握在自己手中。在“自上而下”分权思路下，财政权力下放将是不充分的，高层政府会把相对更多的权力掌握在自己手中，政府间权力的划分就会偏离最佳均衡点 E，此时集权的边际收益小于分权的边际收益。从公共产品提供的角度讲，高层政府提供的公共产品中有的受益范围已超出能发挥其比较优势的限度，这部分公共产品的提供基层政府事实上有比较优势。从提高效率和增进社会福利角度分析，这部分公共产品应由基层政府提供，所对应的财政权力应划归基层政府，但高层政府出于自利把本应属于基层政府的权力控制在自己手中，从而使政府间财政权力划分偏于集权。同样的道理和逻辑，在“自下而上”授权思路下，权力上授将是不充分的。基层政府会倾向于把相对更多的权力掌握在自己手中，政府间权力的划分也会偏离最佳均衡点 E，只不过偏离的方向相反，此时分权的边际收益小于集权的边际收益。从公共产品提供的角度讲，基层政府提供的公共产品中有的受益范围已超出能发挥其比较优势的限度，这部分公共产品的提供高层政府有比较优势。从提高效率和增进社会福利角度分析，这部分公共产品应由高层政府负责提供，所对应的财政权力应划归高层政府，但基层政府处于自利把本应属于高层政府的权力控制在自己手中，从而使政府间财政权力划分偏于分权。无论财政权力划分偏于集权还是偏于分权，都不能做到集权边际收益等于分权边际收益，都会导致效率损失。从这个意义上讲，在政府自利假设前提下，“自上而下”分权与“自下而上”授权是没有差别的，但本着“两害相权取其轻”原则，不难发现“自下而上”授权带来的效率损失相对小，因而就成为相对较为理想的选择。这是因为：政府是代理人，民众是委托人，代理人能在多大程度上按照委托人利益最大化原则行事取决于其行为所受到的监督制约程度。众所周知，政府间财政权力的划分在集权与分权之间实现稳定均衡符合广大民众的利益、愿望和要求，政府处于自利希望把更多权力掌握在自己手中导致政府间财政权力划分偏离最佳均衡点。这本身是损害民众利益的。民众为实现自身利益最大化会对作为代理人的政府的行为进行监督。但是在两种不同思路下，这种监督的效果明显不同。按照“自下而上”授权思路，基层政府由于天然接近民众，民众监督基层政府的力度相对要大，效果相对要好。虽然基层政府处于自利，其也希望将更多权力掌握在自己手中，但民众相对有效的监督制约迫使其不得不把相对更多的本应由高层政府掌握的权力授予高层政府。也就是说，在“自下而上”授权思路下，虽然政府间权力划分会偏于分权，但距离最佳均衡点的位置较近，导致的效率损失相对要小。而按照“自上而下”分权思路，高层政府与民众距离较远，民众监督高层政府的力度相对要小，效果相对要差。高层政府出于自利可以相对较为容易和轻松地把更多的权力掌握在自己手中，从而使政府间权力划分偏离最佳均衡点的位置较远，导致的效率损失相对要大。

第三节　我国三个阶段财政体制的比较

一、中华人民共和国成立后我国财政体制发展演化的三个阶段

(一)1949—1979 年的“以支定收、一年一变”的集权体制

中华人民共和国成立初期，我国财政收支关系高度紧张。为了应对严重的财政困难，1949—1952 年我国采用了“统收统支”体制，即地方筹集的收入逐级上解，地方需要安排的支出再逐级下拨。这又称为“收支两条线、全国一盘棋”体制，该体制以高度集权为特征。地方政府不掌握支出决策权，实际是作为中央政府财政的派出机构而存在。虽然在当时特定历史条件下，该体制对中央集中财力、加强财政管理发挥了积极作用，但过于集权的做法导致大量在途资金，影响财政分配效率。1953—1979 年，中央不再采用统收统支体制，先后采用了名称不同的多种具体体制实现形式，但其实质都可概括为“以支定收、一年一变”体制，基本思路和做法是相同的，即先核定地方支出指标，然后和收入指标对照，求得收入在中央与地方之间的分配比例，比例每年确定一次。这实际可视作“统收统支”体制的简化版。

(二)1980—1993 年的“以收定支、一定几年不变”的分权体制

从 1980 年开始，中央对地方推行财政包干体制，具体经过了三个阶段。[①] 虽然三个阶段的体制名称有所变化，但基本思路和做法是一致的：中央先核定地方的收入和支出指标，确定具体包干办法，实际上也就是根据核定的地方支出指标确定地方筹集的收入中归地方支配使用的比例和份额，收不抵支的地方政府中央核定补助额度，收入分配比例和份额以及补助额度一旦确定，一般五年保持不变。这对地方政府来说，从体制推行的第二年，其能安排多少支出，不再取决于中央核定的支出指标，而是取决于自己所能筹集的收入，因此被称为“以收定支、一定几年不变”的体制。

(三)1994 年开始推行的分税制财政体制

中央政府借鉴西方国家经验于 1994 年推行分税制财政体制。1994 年的分税制对政府间事权和支出责任划分基本沿袭了传统体制做法，对收入划分则做了大的调整，把最主要的财政收入形式税收按税种划分为中央税、地方税和中央地方共享税，分

---

① 即 1980—1984 年的“划分收支、分级包干、一定五年不变”体制；1985—1987 年的“划分税种、核定收支、分级包干”体制和 1988 年开始推行的财政“大包干”体制。

设了国家税务局和地方税务局两套税务征管系统，并设计了政府间转移支付制度，初步构建了与市场经济发展要求相适应的财政管理体制。

二、三个阶段财政体制的不同点

（一）经济体制背景不同

我国经济体制的沿革大致经历了三个阶段，即1949—1979年集权的计划体制时期；1980—1993年经济体制的初步转轨时期和1994年以来的经济体制转轨初步完成及不断完善时期。我国财政体制的沿革大体也可以相应分为三个阶段，分别是传统集权计划体制下的“以支定收、一年一变”体制时期、财政包干体制时期和分税制时期。这不是巧合，而是充分反映了经济体制对财政体制的基本制约作用。毕竟财政体制是经济管理体制的重要组成部分，其可以看作是经济体制在财政管理领域的集中体现。我国1979年以前的体制以计划体制为背景。1980—1993年的体制以经济体制初步转轨为背景。1994年以后的分税制则以经济体制转轨初步完成并不断完善为背景。

（二）具体收支划分方法不同

1980年以前推行的传统体制在收入划分方面主要是采用总额分成和分类分成的办法，地方的收支中央每年核定一次，“以支定收、一年一变”；在经济体制初步转轨阶段，收入划分实行“包干”办法，包括多种包干办法。以1988年推行的财政“大包干”为例：当时全国共分为总额分成（天津、山西等三个地方）、总额分成加增长分成（大连、青岛等三个地方）、定额上解（上海、山东等三个地方）、定额补助（吉林、内蒙古、新疆、青海等16个省、区）、收入递增包干（北京等10个地方）、上解额递增包干（广东、湖南两省）六种包干办法。虽然收入划分办法多样，但收支划分的共性集中体现为“以收定支、一定几年不变”；1994年分税制以后则采取按税种划分收入的办法，把税种划分为中央税、地方税和中央与地方共享税，彻底否定了过去实行多年的收入包干办法。支出主要按行政隶属关系进行划分，基本沿袭了包干体制的做法。

（三）基本特征不同

1949—1979年的“以支定收、一年一变”体制以集权为基本特征。在该体制下，地方政府的支出必须经过中央政府核定，中央认可的支出计划、项目、方案可以纳入预算，否则就得取消，地方政府并不掌握支出决策权。地方政府收支严格说并不挂钩。地方政府能够安排多少支出并不取决于地方政府筹集了多少收入，而是取决于中央政府给地方政府核定了多少支出指标。地方政府多收不见得多支、少收不见得少支。地方政府并不掌握根据自己筹集收入的多少来确定支出的权力。1980—1993年的“以收定支、一定几年不变”体制以分权为基本特征。在该体制下，地方政府掌握了一定的支出决策权，根据既定的包干办法，地方政府掌握根据自己筹集收入多少来相机确定支出的权力。虽然在体制推行的第一年，地方政府收支关系的处理仍然“以支定收”，但从体制推行的第二年开始，地方政府能够安排多少支出就不再取决于中央核定的支出指标，而是取决于地方政府能筹集到多少收入。地方政府多收可以多支，少收则要少支，地方政府收支紧密挂钩，在自己掌控的收入范围内，地方政府掌握支出决策权。1994 年以后的分税制又以集权为基本特征。虽然 1994 年的分税制对政府间事权和支出责任划分没有进行大的调整，但对政府间财权和收入划分却实现了根本性变革。在划分中央税、地方税和共享税时，税源集中、收入量大、征管难度小的税种要么划为中央税，要么划为共享税，在共享税的分配比例上向中央政府倾斜。地方政府掌握的地方税往往是税源分散、征管难度大、收入量少的小税。而且在体制推行过程中，中央还不断对体制朝对自身有利的方向调整，整体看呈现“财权上收、事权下划”的集权格局。

（四）与企业关系不同

在计划体制“一大二公”的所有制结构下，政府财政收入主要来自公有制经济，且在国民收入分配中向政府倾斜，财政对企业实行统收统支（企业利润大部分上缴财政，与之相对应企业发展所需流动资金和基本建设投资资金则由财政拨付）。就收入形式来看，在传统体制下，利润上缴地位的重要性要高于税收。在处理政府与国有企业分配关系时特别强调利润上缴收入的重要性，带有明显的“以利代税”[①]特征。在经济体制初步转轨时期，国家对所有制结构进行了调整，非公有制经济成分所占比重不断提高，财政收入的所有制构成发生了明显变化，来自非公有制经济成分的收入所占比重不断加大。收入分配向企业倾斜，政府在处理与国有企业分权关系时先是推行了两步“利改税”改革，后又对国有企业实行了承包制。国有企业基本建设投资开始实行“拨改贷”。在处理和国有企业分配关系时出现了“以税代利”[②]倾向。1994 年以后，所有制结构进一步调整，来自非公有制经济成分收入所占比重进一步提高，政府开始对国有企业推行“税利分流”，由此理顺了政府与国有企业的分配关系，避免了以前“以利代税”和“以税代利”的局限，强调国家相对国有企业具有双重身份、拥有双重权力、要履行双重职能、实现双重目标，自然应该取得双重收入，即税收和利润。

（五）地方政府的行为方式不同

传统体制下地方政府收支不挂钩，多收不能多支，少收不见得少支。因此，其当家

---

① 主张“以利代税”的观点认为，国有企业所有者是国家，国家可以凭借所有权收取利润，但不能向国有企业收税，因为这无异于国家自己向自己收税，从理论上讲不通。

② 主张“以税代利”的观点认为，国有企业本质上也是企业，作为企业，其与国家的关系与非国有企业和国家的关系一样，都是社会管理者与企业的关系。国家既然可以凭借政治权力向非国有企业收税，也可以凭借政治权力向国有企业收税。

理财的积极性被严重抑制，发展经济、广开财源的积极性不高。同时，其自身所具有的信息优势，促使其夸大支出需求，要求中央增加支出指标。在地方政府都要求增加支出指标的条件下，中央政府平衡收支的压力自然要加大。为避免出现大规模赤字，其必然要压缩地方的支出指标，而信息的不充分和不对称使中央难以对地方支出指标的真实性做出准确判断，"一刀切"的做法会导致所谓"逆向选择"，越是如实申报支出指标的地方政府越吃亏，这会促使地方政府变本加厉夸大支出指标，从而影响财政的正常运行。经济体制初步转轨阶段"包干"体制的推行使地方收支挂钩，从而充分调动了地方政府发展经济、增加收入的积极性，但受外部环境条件的制约，当时市场价格体系还没理顺，市场体制还很不健全，由此导致地方政府行为扭曲：比如大搞地方保护主义，低价原材料不让输出到地方政府辖区范围之外，设置重重关卡，妨碍统一市场的形成，导致所谓"诸侯经济"；由于价高利大产品的客观存在，地方政府为增加收入自然热衷投资这些产业，由此导致地区间产业结构趋同，难以发挥不同地区的比较优势。另外，尤其让中央政府难以容忍的是，地方政府利用自己在收入征管方面的优势地位通过"藏富于企业、藏富于民"挖挤中央收入，导致"两个比重"大幅下降。这也是包干体制推行所产生的弊端中后果最为严重的，也是最难以让中央政府接受的。1994 年分税制推行后，中央与地方之间的分配关系相对稳定（中央有时也会对体制朝对自身有利的方向进行调整），地方在财力上虽然处于被挤压位置，但税务机构分设使地方政府难以挖挤中央收入，地方政府只能通过行为异化来实现自身利益：比如其会通过各种方式来调整收入结构。既然按照分税制的制度设计，税收收入大头掌握在中央手中，地方政府在税收收入分配方面事实上处于不利位置，而非税收入的分配则明显向地方政府倾斜，这促使地方政府为了实现自身利益最大化，想方设法加大非税收入规模，大肆获取土地出让收入和债务收入，等等。

（六）中央承受的压力及面临的风险不同

传统体制下，中央在全国范围内统筹分配财力，由于地方财政收支不挂钩，地方积极性难以调动，整体经济增长率和财政收入增长率都上不去，因此中央政府首先面临整体上财政收不抵支的压力；其次，由于要确定每个省级政府的支出指标，而省级政府在论证支出项目和指标方面又拥有信息优势，因此其又面临与各个省级政府讨价还价的压力①；第三，由于整体经济增长率低、人民生活水平提高缓慢，中央政府还面临统治的义理性基础动摇的压力，"无论是在哪一种统治类型下，治国者如欲赢得公民的义理性都必须使公民普遍相信，在其治理之下，公民将获得最大的收益或预期收益。"②

---

① 一度也推行过大区制度，在该制度下，中央实际面临和大区政府讨价还价的压力。

② 张宇燕，何帆．由财政压力引起的制度变迁，天则论丛 1998——从计划经济到市场经济[M]．北京：中国财政经济出版社，1998.

在体制转轨阶段，中央通过分权调动了地方政府的积极性，经济增长速度加快，民众生活水平明显提高，中央政府存在的义理性基础得以巩固，但中央面临的财政压力并没有缓解，不过此时的财政压力已经不是传统体制下整体上财政收不抵支的压力，而是明显的财政结构性压力，即中央财政出现了严重的财政困难，面临丧失中央财政主导地位的风险，地方财政收支关系则相对缓和。

推行分税制以后，财权上收、事权下划的格局使中央面临的财政压力大大缓解，但地方财政收支压力加大，一度出现严重的基层财政困难，同时中央政府面临地方政府机会主义行为所导致的财政风险。地方政府面对中央政府在税收收入分配上的挤压和绩效考核只能想方设法增加非税收入。虽然中央政府不允许地方政府发行公债，但地方政府事实上通过成立投融资平台绕过监管间接举债，由此形成了地方政府大量隐性债务、或有债务，从而加大财政风险。另外，近年来，地方政府还通过出让土地使用权获取了大量土地出让金收入。但是，受地方政府任期年限和土地出让年限高度不对称因素制约，地方政府的土地出让金收入明显不具有可持续性。这意味着目前地方政府的财政困难在一定程度上还是被巨额的土地出让金遮掩后的困难，地方政府机会主义行为所蕴含的财政风险尚未充分体现出来。

（七）体制绩效不同

传统体制高度集权，其优势是可以保证中央财政在财力紧张的条件下协调财政收支关系，防止出现大规模的财政赤字；便于中央集中财力搞好重点建设，保证国民经济有计划、按比例发展。其劣势是严重束缚地方政府的手脚，地方财政成为中央财政的派出机构，收支不挂钩，难以调动地方政府的积极性、主动性。总体来看，传统体制的经济绩效、财政绩效都不甚理想。

体制转轨阶段，实行包干办法，地方收支挂钩、多收多支、少收少支，当家理财的积极性被充分调动，地方政府通过积极加大投资规模促进了经济增长；但包干体制的弊端也是非常明显的，理论界比较一致的看法是：包干体制不统一、不规范、不公平；包死了中央收入；强化了政企隶属关系；导致地方政府投资规模膨胀、经济过热；地区之间市场分割、形成“诸侯经济”；地方政府重复建设、产业结构趋同、不能发挥地区比较优势；地区之间经济发展差距拉大，等等。这也可以视作市场经济国家不选择包干体制作为处理政府间财政关系的制度安排的理由。总体来看，包干体制下经济绩效相对较好而财政绩效相对较差，这集中体现为中央出现了严重的财政困难。

分税制后，中央与地方之间的收支划分相对更为清晰，虽然中央利用体制制定权在财力上挤压地方财政，但在规则既定且统一的格局下，地方政府发展经济的积极性还是得到了有效保证，经济依然保持高速增长。整体看，经济绩效好，但财政绩效也不甚理想，这体现为中央政府财力相对充裕，而地方财政特别是基层财政出现了相对财政困难。

三、三个阶段财政体制的相同点

（一）三个阶段的体制都带有鲜明的经济体制烙印

财政体制是经济体制的重要组成部分。经济体制的性质决定财政体制的性质。传统集权的计划体制要求集权的财政体制与之相适应。1949—1979年"以支定收、一年一变"体制带有明显的计划体制烙印；1980—1993年的包干体制带有明显的过渡探索性质，作为处理政府间财政关系的一种并不规范的做法，其虽然存在一定局限，但在促进经济体制转轨方面所起作用不应低估，其与经济体制的初步转轨阶段相适应，带有比较明显的体制转轨痕迹；1994年推行的分税制采用的是市场经济国家所通行的处理政府间财政关系的规范做法，与我国经济体制转轨的初步完成与不断完善相适应，带有明显的市场体制烙印。

（二）体制设计一直由中央政府主导

我国三个阶段的财政体制都是中央政府审时度势、综合权衡、慎重选择的结果。结合当时特定的背景考察，三个阶段的体制都有存在的必要性、合理性，而且都在特定历史发展阶段发挥过积极作用。随着时间推移，在体制弊端表现出来、产生的负面影响超出中央政府忍耐限度的条件下，中央政府会对体制进行调整，这种调整可能是保持体制基本稳定条件下的修补完善，也可能是对体制实行实质性变革。

（三）地方政府虽然被动接受中央政府设计的体制，但地方政府可以做出能动反应

纵观我国三个阶段体制的发展，不难发现，地方政府基本是在接受中央政府选择、设计的体制，对体制的制定基本不发挥作用。但是地方政府在自己辖区内掌握管理公共事务的权力并具有信息优势，其可以对中央政府选择、设计的体制做出能动反应，这集中体现为其会利用自己的信息优势，采取对自身有利的机会主义行为。在"以支定收、一年一变"体制下，地方政府收支不挂钩，能够安排多少支出取决于中央核定的支出指标，因此其积极性就不会体现在发展经济、增加收入方面，其有积极性要求中央政府增加支出指标；在"以收定支、一定五年不变"的包干体制下，地方会利用自己的收入征管权，通过"藏富于企业、藏富于民"挖挤中央收入；在分税制财政体制使税收收入分配向地方政府倾斜的条件下，地方政府会尽可能实现非税收入包括各种形态的债务收入、土地出让金收入最大化。

（四）三个阶段的体制都没能在集权与分权之间实现恰当的均衡

理想的体制应该在集权与分权之间实现稳定的均衡。但纵观我国三个阶段的体制发展，我国财政体制的选择一直未能在集权与分权之间实现稳定均衡，而是在集权与分权之间不停震荡。1949—1979年的体制偏于集权；1980—1993年的包干体制偏

于分权;1994 年以来推行的分税制又偏于集权。整个体制变迁路径体现为:初始环节选择的体制偏于集权,但偏于集权的体制由于违背规律,会产生严重的负面影响,当这种负面影响严重到一定程度,超出中央政府承受能力时,中央政府会不得不对体制进行分权调整。分权在纠正集权负面影响,从而减轻中央政府承受压力的同时,偏于分权的体制本身也会产生负面影响,这又会促使中央政府重新把体制推向集权。因此,总体来看,我国的体制变迁过程体现为在集权与分权之间的震荡而没有实现稳定均衡。

四、比较我国三个阶段财政体制的启示

(一)“自上而下”分权体制设计思路容易导致体制在集权与分权之间震荡

体制设计的理想状态是在集权与分权之间实现稳定均衡,但采用“自上而下”分权的体制设计思路却难以实现这一理想状态。在政府自利的假设条件下,“自上而下”分权的思路所对应的状态一般会是集权。在集权体制推行带来的消极负面影响达到一定程度,超出高层政府承受能力时,体制会从集权走向分权。分权的体制可以在一定程度上消除集权体制的弊端,从而能够缓解压力,但偏于分权的体制本身也存在一定局限,为了消除偏于分权体制的弊端,加之主观上高层政府有倾向于集权的偏好,体制会从分权再走向集权。因此,采用“自上而下”分权的体制设计思路,难以在集权与分权之间实现稳定均衡。

(二)高层政府监管基层政府行为难以取得理想效果

基层政府面向辖区民众提供公共产品和服务,基层政府是公共产品的生产者、供给者,辖区民众是公共产品的消费者、需求者。对基层政府提供的公共产品和服务是否能很好地满足辖区民众的公共需要、实现公共利益,其提供的公共产品的种类是否合适、数量及供给方式是否合理,辖区民众及其选出的代表所组成的权力机关具有信息优势因而最有发言权。相对基层政府辖区民众及其代表组成的权力机关,高层政府并不直接消费基层政府提供的产品和服务,其不具有信息优势,因而其要对基层政府行为进行监管并评判其有效程度,往往难以取得理想效果。信息不对称、不充分条件下的监管和评判往往导致逆向选择和道德风险。

(三)体制设计要做到公平与效率兼顾

对政府间财政关系而言,选择、设计体制不仅要处理不同级次政府间财政关系,还要处理同一级次不同地方政府财政间的关系,公平体现为要做到“同等情况、同等对待;不同情况、不同对待”;效率体现为财政支出与财政收入的对应关系。按照这种理解,我国财政体制发展的第一阶段,公平体现得相对较好,但效率被忽视,地方财政收支不挂钩,地方政府发展经济、增加收入的积极性没能调动起来;在包干体制阶段,包

干形式多样，情况相近、相似的地方政府采用了不同的包干办法，不能做到“同等情况、同等对待”，公平没有很好体现，但地方财政收支挂钩、多收多支、少收少支，效率体现较好；分税制体制下，全国统一实行分税制，较好地体现了“同等情况、同等对待”，但在完善政府间转移支付制度、增加经济欠发达地区可支配财力、缩小地区经济发展差距、实现公共服务均等化方面还有很大改进余地，以体现“不同情况、不同对待”；在效率方面中央税、地方税以及共享税划分清楚，地方收支关系对应紧密，但财力分配偏于集权导致地方政府存在财政机会主义行为，这在一定程度上影响效率提高。总体看，我国财政体制的发展演进朝着公平与效率兼顾目标演进。

(四)体制设计要做到财权(财力)与事权相结合

我国1949—1979年的“以支定收、一年一变”体制，其弊端集中体现为体制过于集权，但在财权财力与事权相结合方面做得相对要好。虽然“收支两条线”、地方财政并不掌握支出决策权，但支出所需资金自上而下拨付，因此地方政府并不存在明显的财权财力与事权的脱节。为克服集权体制的弊端，1980—1993年推行“以收定支、一定五年不变”的包干体制，虽然在一定程度上克服了体制过于集权的弊端，但在财权财力与事权相结合方面出现了问题：地方挖挤中央收入导致中央政府承担的事权和支出责任大于财权、财力，地方的财权、财力大于地方承担的事权和支出责任，导致政府间财权财力划分与事权支出责任划分出现结构性不匹配；1994年推行的分税制要克服包干体制弊端，中央通过政府间收入划分办法的改革，有意提高了财政集中度，但也没有处理好财权财力与事权支出责任的匹配关系，所呈现的结构性问题与包干体制下正好相反，中央政府承担的事权支出责任小于财权财力，地方政府承担的事权支出责任大于财权财力。由此所产生的问题已引起高层政府足够重视，并不断采取措施予以修补完善。

(五)体制设计要做到规范性与灵活性相结合

传统体制下的“以支定收、一年一变”的体制虽然集权，但相对规范。[①] 不过在灵活性方面表现较差，体制僵化、束缚地方政府手脚，产生的弊端长期未得到纠正。1980—1993年的包干体制较为灵活，对不同地方政府采取不同包干办法且能进行必要调整，能够调动地方政府的积极性，但是并不规范，政府间财政信息不对称导致严重的财政机会主义行为。1993年的分税制采取了市场经济国家的通行做法，较为规范，同时也保持了一定的灵活性，具体体现在：在和国际惯例接轨的同时，保持了一定的本国特色；在条件不具备的情况下，没有通过法律的形式把政府间财政分配关系硬性规

① 体制集权和分权程度并不是判断体制规范程度的依据。不能说集权的体制不规范，分权体制就规范。规范的体制需要符合三项要求：体制要和惯例接轨，不能不伦不类；体制保持相对稳定，不能朝令夕改；体制有统一的制度表现形式，得到严格遵循。

定下来；在保持体制相对稳定的同时，对体制存在的局限和不足进行了修补、完善。当然，我国的分税制还需要完善，在规范性与灵活性相结合方面还有一定改进余地。

（六）体制设计应做到集权与分权相结合

70 年的体制变迁，一直未能在集权与分权之间达到稳定均衡，大体经历集权——分权——集权三个大的发展阶段。在每一个发展阶段，无论体制偏于集权还是偏于分权，都存在一定的局限和不足。为了弥补这种局限和不足，无论是用偏于分权的体制取代偏于集权的体制，还是用偏于集权的体制取代偏于分权的体制，都会在弥补和纠正原有局限和不足的同时，出现新的局限和不足。这表明合理划分政府间财政管理权限，协调不同级次政府财政关系，做到集权与分权相结合，在二者之间实现恰当均衡不仅非常重要，而且做起来并非轻而易举。[①] “综观各主要发达国家，无论国家结构上采取的是联邦制还是非联邦制，都普遍实行了联邦主义财政，即以分权基础上的制衡为最高指导原则”“国家的财政权力和相关权力不仅应该分散由各级政府共同行使，而且应该尽可能多地交由较低层级的政府来行使，即‘从低’原则”“在多层次政府结构中，没有哪个国家可以不要集权，也没有哪个国家可以不要分权，过度集权和过度分权都会造成许多问题。关键的问题在于什么样的权力宜集中，什么样的权力宜分散，以及在多大程度上实行集权或分权，从而寻求集权与分权的最佳结合点。”[②]应该说，对政府间财政管理权限如何划分做出这样的概括和判断，相当准确、到位。

第四节　西方财政联邦制理论的比较

一、西方财政联邦制理论经历的两个发展阶段

20 世纪 80 年代以前的财政联邦制理论通常被称为第一代财政联邦制理论，该理论依据公共产品性质、类型划分及不同级次政府自身性质的差别，基于效率和公平两大原则，对政府间如何划分财政管理权限得出了一系列规范性的分析结论。由于蒂博特、奥茨、马斯格雷夫三人做出的贡献最为突出，所以第一代财政联邦制理论也称为“TOM 模型”。

20 世纪 80 年代以后，钱颖一、温格斯特等人运用信息经济学、委托代理理论和机

① 毛泽东曾指出：“我们的国家这样大，人口这样多，情况这样复杂，有中央和地方两个积极性，比只有一个积极性好得多。我们不能像苏联那样，把什么都集中到中央，把地方卡得死死的，一点机动权都没有”，参见毛泽东．论十大关系[A]//毛泽东文集[M]．第 7 卷．北京：人民出版社，1999.

② 楼继伟．中国政府间财政关系再思考[M]．北京：中国财政经济出版社，2013：265－267.

制设计理论来对政府间财政管理权限的划分进行了分析，使财政联邦制理论对现实的解释力增强，由此形成所谓的第二代财政联邦制理论或“市场维护型财政联邦制理论”，

二、西方财政联邦制理论两个发展阶段的区别

（一）是否认识到政府的经济人性质

虽然经济人假设是整个经济学理论体系进行逻辑推导的基本前提，但人们有意或无意地把经济人等同于私人经济部门的经济主体，强调私人经济部门的企业、家庭即生产者、消费者是利己的经济人，其会在特定约束条件下追求自身利益最大化。至于政府公共经济部门的从业人员，上到政治家，下到一般政府公务人员则被视作利他的政治人。这样的假设不利于解释政府公共经济部门的诸多现象。而把政府公共经济部门的从业人员视作利己的经济人，很多现象都可以得到清楚解释。西方公共选择理论对此做出了积极贡献，把经济人假设用于分析政府部门从业人员的行为，用经济学的假设前提和分析方法来研究政府公共决策过程。但在运用经济人假设分析政府部门从业人员行为的时候，对作为整体的政府则长期采用利他假设，认为其是追求公共利益的。第一代财政联邦制理论有一潜在假设，认为政府是公共利益的守护者，其会尽可能通过恰当的政策手段来纠正由于各种原因所导致的市场失灵以实现社会福利最大化。在第一代财政联邦制理论看来，政府是非人格化的，其没有自己独立的经济利益，追求的是公共利益，政府是社会公众解决公共产品提供和公共需要满足问题的一种手段和方式，从理论上假定了一个仁慈而高效的专制政府的存在，给定辖区内特定公共产品或服务的最优提供量，仁慈的专制者就能够自动实现供求均衡。① 如果说新古典经济学视企业为生产函数，只要投入各种要素，企业自然会生产出特定产品，那么第一代财政联邦制理论实际也是把政府视作生产函数，只不过不是私人产品生产函数，而是公共产品生产函数，其会根据社会需求生产提供出各种各样的公共产品和服务。

自20世纪80年代发展起来的第二代联邦制理论一个最大的变化就是把公共选择学派的观点用于分析政府间的财政关系，把政府看作是利己的“经济人”，认为其有独立的经济利益，要追求预算规模最大化，而不是社会福利最大化。政府不再是一种非人格化的解决公共产品提供和公共需要满足的一种手段和方式，而有着很强的能动性，如果没有适当的措施来对政府行为予以规范和制约，它会不断榨取社会资源、扩张

---

①　马珺．财政分权：分析框架与文献述评[A]//杨之刚等．财政分权理论与基层公共财政改革[M]．北京：经济科学出版社，2006：41.

自己的规模并最终损害社会利益。多层次的政府体系不再是利益一致的整体，民选的议会代表、中央政府、地方政府、各级政府官员构成委托代理关系，因此，第二代联邦制理论越来越多地运用委托代理模型来研究政府间财政关系，强调激励机制的建立对协调政府间财政关系和实现社会利益最大化的作用。

(二)是否认识到信息问题对政府行为的影响

第一代财政联邦制理论很早就认识到信息问题对财政分权的影响，斯蒂格勒早在50年代就提出中央政府不如地方政府更了解辖区居民的偏好，所以地方政府供给公共产品更为有效的观点。特里西、奥茨等也从地方政府作为公共产品供给者所具有的信息优势角度说明了地方政府的比较优势，进而说明了分权的必要性，但在第一代联邦制理论看来，信息只是影响了公共产品供给主体的选择，各级政府作为利益一致的整体，彼此之间只是根据所具有的信息优势进行分工。

第二代财政联邦主义则分析了政府间信息不对称所导致的机会主义行为，进而说明了通过构造合适的政府治理结构以建立有效的激励机制，使中央和地方能够各司其职、各负其责、相互拥有权利和义务的必要性及实现方式。显然，第二代财政联邦主义的分析具有更强的实用性、针对性，其不满足于从理论上说明政府间分权的必要性及应该如何分权，而重在说明现实中如何通过机制设计去实现合理分权。

(三)是否认识到政府间分权不仅仅是技术性问题

第一代财政联邦主义侧重研究政府间分权的方式、方法等技术性问题，忽视了这些技术手段得以正确运用所需具备的制度条件，或者说其是在假定政府间实现合理分权的制度条件已经完全具备的条件下，对政府间如何分权提出了具体的对策建议，但没考虑到现实中，很多国家特别是经济落后的发展中国家恰恰不具备实现政府间合理分权的起码制度条件。

第二代财政联邦主义更多地侧重于制度研究，分析既定制度所导致的后果以及如何通过制度的改进来增进效率，提出了联邦制需要解决的难题：一是什么可以阻止中央政府忽略较低级政府而破坏联邦制？二是什么可阻止组成单位通过搭便车和其他不合作行为而破坏联邦制？认为此难题导致联邦制不稳定，这意味着需要权衡抉择，因为制度设计往往在减轻第一个问题时会加重第二个问题。[①] 第二代财政联邦主义强调联邦制作为一种制度必须能够自我实施，官员必须有激励遵守联邦制的规则。因此，财政分权不再仅仅是技术性问题，作为一个持续不断的利益再分配过程，其需要通过合适的制度来约束、规范有关主体的行为才能实现协调运作。

---

① 参见：钱颖一，温格斯特．中国特色的维护市场的经济联邦制[A].//现代经济学与中国经济改革[M].北京：中国人民大学出版社，2003：197－220.

(四)是否认识到经验实证分析对处理政府间财政关系的重要性

第一代财政联邦制理论依据公共产品受益范围的层次性及不同级次政府所固有的属性设计出了政府间合理分权的目标模式及方式方法，以理论实证分析见长。蒂博特(Tiebout)提出了著名的“用脚投票原理”①，指出地方政府提供地方性公共产品会由于社会成员在不同辖区之间的自由迁移而使不同的地方政府处于竞争状态从而有助于提高效率；奥茨(Oates)提出了著名的“财政分权定理”②，指出由地方财政分散提供公共产品较之由中央政府集中提供，更能提高资源配置效率；马斯格雷夫(Musgrave)依据新古典经济学的方法说明配置职能主要应由中央政府承担，而分配和稳定职能主要应由地方政府承担，并结合职能分配对政府间财权及收入范围主要是税收收入的划分提出了建议。③ 他们的分析在进行理论实证的基础上还带有明显的规范分析色彩，主要是依据效率和公平原则论证了政府间处理财政分配关系应该采用什么样的模式是合理的，但对现实中如何实现这样的理想模式并没有进行深入研究。

第二代财政联邦制理论着重研究现实中的政府间财政关系，以实证分析为主，针对理想模式实现过程中遇到的障碍，指出了维护市场的联邦主义所应具备的条件：一是存在政府内的层级体系；二是在中央政府与地方政府之间存在一种权力划分，任何一级政府都不拥有绝对的制定政策法规的垄断权，同时又在自己的权力范围内享有充分的自主权；三是制度化的地方自主权对中央政府的任意权力造成强有力的制约，使得中央与地方的权力分配具有可信的持久性；四是地方政府在其地域范围内对地方经济负有主要责任，同时一个统一的国内市场使得商品和要素可以跨地区自由流动；五是各级政府都面对硬预算约束。④

三、两代财政联邦制理论的比较对我国财政体制问题研究的启示

(一)需要明确基本的假设前提

我国财政理论界研究体制问题长期以来没有对政府的性质予以明确界定，由此在实践和理论两个方面都产生了严重的负面影响。首先，从实践角度考察，由于没有充分认识到政府的经济人性质导致现实中体制问题层出不穷。1949—1979 年的集权体制之所以体制的财政绩效和经济绩效都很低，根源在于地方政府作为理性经济人，在收支不挂钩、多收不能多支、少收不见得少支的制度约束下，其发展经济、广开财源、增

---

① Tiebout C.. A Pure Theory of Local Expenditure[J]. *Journal of Political Economy*, 64: pp. 416－424.

② Oates W. E.. Fiscal Federalism[M]. New York: Harcourt Brace Jovanovich, 1972.

③ Musgrave R. A.. The Theory of Public Finance: A Study in Public Economy[M]. NewYork: McGraw-Hill, 1959.

④ 钱颖一，温格斯特. 中国特色的维护市场的经济联邦制[A]. //现代经济学与中国经济改革[M]. 北京：中国人民大学出版社，2003：197－220.

加收入的所失大于所得，其想方设法争取中央核定的支出指标最大化才有助于实现自身利益最大化。如果地方政府是利他的政治人，即便收支不挂钩，其也应该为中央政府排忧解难，为减轻中央财政支出压力而发展经济、增加收入，但这样的假设禁不住实践检验，倒是经济人假设能够对集权体制下的财政实践做出合理解释；在包干体制下，地方政府若是利他的政治人，多数包干办法应能保证中央与地方互利共赢，但实际情况却是“两个比重”持续下降。这只能通过把地方政府视作利己的经济人才能给出合理解释。地方政府利用收入征管权，采用各种形式“藏富于企业”“藏富于民”挖挤中央收入，这体现了经济人利用信息优势所采取的机会主义行为；在分税制财政体制下，中央政府不断对体制朝对自身有利的方向调整，在转移支付中专项转移支付所占比重居高不下，在把中央视作利己经济人的假设前提下就很容易得到解释。在地方财政收入中，非税收入包括债务收入、土地出让金收入规模的扩张，则是作为理性经济人的地方政府，面对既定的体制约束为实现自身利益最大化进行理性选择的必然结果。[①] 其次，从理论角度分析，由于没有强调政府的经济人属性，我们对财政体制问题的症结不能给出彻底的理论解释。1994 年分税制改革实施后，不少文献就指出我国的分税制在事权支出责任划分、财权收入划分及转移支付制度设计方面不合理，如今二十多年过去了，当年的问题一直没有得到解决，甚至有的问题还日趋严重。如果说短时间搞不清楚政府间划分事权支出责任、财权收入及设计转移支付制度的合适方法是可以理解的，但如果在长达二十多年的时间当中不仅问题没有解决而且日趋严重，则不能不考虑决策主体的主观偏好。如果决策主体在解决问题后，自身的利益并没有得到增进，甚至地位和利益还受到了负面影响，那么决策主体解决问题的积极性不高就是完全可以理解的。结合我国具体情况，把决策主体视作利己经济人，结合其所面临的约束条件进行分析，有助于揭示问题的症结所在。

（二）需要重视信息因素对体制运作所产生的影响

信息不充分加大经济主体决策难度，信息不对称则容易产生机会主义行为。财政体制的设计、运作必然受到信息因素的影响。不重视信息因素，设计选择的体制在实际运作中就会产生诸多问题。1949—1979 年的集权体制之所以被包干体制取代，一个重要原因就是地方政府利用信息优势加大支出指标，导致中央政府平衡收支时承受过大压力。在地方政府能够安排多少支出并不取决于其所能筹集到的收入，而是取决于中央政府核定的支出指标时，地方政府利用信息优势，夸大支出指标，就不失为理性选择。中央政府因为没有信息优势，无法准确判断地方政府呈报的支出指标到底包含

---

① 当税收收入不足以满足地方政府支出需要时，地方政府就有动力将自己所掌握的存量资产变现。特别是当各种资产资源市场化程度加深，变现可行性也就随之提高。现实中，地方政府正是依托分税制财政体制之外的额外资源，在很大程度上支撑了地方政府职能的实现（杨志勇，2005）。

多少水分，所以为了在全国范围内实现收支平衡，控制赤字规模，只能对地方政府呈报的支出指标进行“一刀切”地压缩，由此导致所谓逆向选择。越是如实呈报支出指标的地方政府越是吃亏，越是夸大支出指标的地方政府越是处于有利地位。这会迫使地方政府尽可能夸大支出指标，从而进一步加大中央政府平衡收支的压力；1980—1993 年的包干体制对信息问题的忽视，最终导致包干体制出现严重弊端而使体制走向终结。按照多数包干办法，地方政府发展经济、增加收入，不仅地方政府可支配财力增加，中央政府可支配收入也会相应增加，因此会出现互利共赢的格局。但是在收入主要依靠地方政府征收，地方政府具有收入征管信息优势的条件下，地方政府会利用信息优势采取机会主义行为，从而损害中央政府利益。这表现为中央财政收入占财政总收入比重的持续下降，严重影响中央财政的统一领导地位，并最终迫使中央政府进行分税制改革[①]。1994 年分税制改革后，由于地方政府在税收收入分配中并不居于有利地位，其会利用信息优势尽可能多地获取非税收入，特别是以各种或明或暗渠道获取的债务收入成为地方收入的重要来源。虽然中央政府 2015 年之前明确规定地方政府不能发行公债，2015 年新预算法实施后，对地方政府举债权也进行了严格限制，规定省级以下地方政府举债需要由省级政府代发，且需经过国务院审查通过。但是地方政府毕竟具有信息优势，其在不能直接举债的条件下，会通过成立各种形式的投融资平台间接举借债务。虽然地方政府对投融资平台举借的债务并不负有直接偿还责任，但在融资平台债务清偿出现问题时，地方政府需要承担兜底责任，由此蕴含严重的或有债务风险。

（三）需要从制度角度研究体制优化问题

财政体制作为在中央与地方以及地方各级政府之间划分财政管理权限的制度安排，其本质或核心是要处理集权与分权的关系，这的确是复杂的技术问题。第一代财政联邦主义对财政管理权限如何在不同级次政府间划分给出了原则性建议，如何把这些原则性建议结合我国的国情具体化是研究我国财政体制问题要完成的重要任务。从这个意义上讲，从技术角度研究财政体制问题不是不重要，但技术性的研究毕竟不能替代制度性研究。离开了一定的制度保证，实现政府间财政管理权限划分的技术方法事实上难以真正得到运用，或者即便得到运用也会在实践中扭曲变形。按照诺斯的观点，制度是社会的博弈规则，是人类设计的制约人们相互行为的约束条件。[②] 作为财政体制的制度设计与选择，主要是协调和处理中央与地方以及地方各级政府之间的

① 国务院前总理朱镕基 1993 年在广东省的一次谈话中指出，“这次实行分税制的目的，是为了解决中央财政的困难。目前中央财政十分困难，已经到了难以为继的地步”。参见朱镕基．朱镕基讲话实录[M]．第一卷．北京：人民出版社，2011：360.

② 转引自：青木昌彦．比较制度分析[M]．上海：上海远东出版社，2001：6.

财政关系，从这个意义上讲，其是各级政府应该遵循的博弈规则。作为单一制国家，中央拥有规则的制定权，但是这并不意味着中央政府可以不受约束地干预地方政府行为。规则的制定是有规律可循的，只有尊重规律的规则，不偏袒任何一方的规则，才能真正调动中央和地方两个积极性。[①] 当前，从制度优化角度完善财政体制，需要细化政府间财政管理权限划分，并保持相对稳定；在保证中央享有决策权的前提下，充分尊重和体现地方政府的意愿和要求；规则在条件成熟时应通过法律形式确定下来，成为各级政府都应遵守的行为准则。

（四）需要确定合理思路来研究体制问题

我国财政体制问题的研究、设计始终采取的是“自上而下”分权的思路，即首先强调权力掌握在中央手中，中央认为有必要才把一部分权力下放地方，采用什么样的方式分权，分权分到什么程度取决于中央政府的愿望和要求。如前所述，如果中央政府是利他的，以实现社会公共利益最大化为行为目标，那么“自上而下”分权能够做到集权的边际收益等于分权的边际收益。但是，如果中央政府考虑到自身经济利益而倾向于把更多的权力掌握在自己手中，那么“自上而下”分权将难以在中央与地方之间形成稳定的权力划分关系。但是采用“自下而上”授权思路构建体制，如前所述，通常权力的上授是不充分的，这会使体制偏于分权。因此，这两种思路意味着体制的选择、构建不可避免地要考虑解决两大难题：什么可以阻止中央政府忽略较低级政府而破坏联邦制？二是什么可阻止组成单位通过搭便车和其他不合作行为而破坏联邦制？虽然借助委托代理理论可以阐明“自下而上”授权较之“自上而下”分权导致的效率损失从理论上讲会小一些，但若实现财政分权思路转变所对应的制度变迁成本过于高昂，则保持原思路也不失为理性选择。毕竟，“历史表明，人们过去做出的选择决定了其现在可能的选择”[②]。

本章小结

● 高层政府的比较优势可概括为生产提供大受益范围的公共产品。基层政府的比较优势集中体现为生产提供小受益范围的公共产品。政府间财政管理权限划分最理想的结果是高层政府和基层政府负责提供的公共产品的受益范围与其辖区范围完全重合。这既符合效率原则，又符合公平原则。“自上而下”分权的思路首先假定权力属于高层政府，高层政府认为有必要，才把一部分权力下放基层政府，以什么方式下放，权力下放到什么程度，下放的权力什么时候收回，取决于高层政府的意图和安排。“自下而上”授权思路首先假定权力属于民众，民众为了解决自己解决不了或解决

① 杨志勇．现代财政制度探索 国家治理视角下的中国财税改革[M]．广州：广东经济出版社，2015：142.

② 诺斯．经济史中结构与变迁[M]．中译本．北京：三联书店，1994：序言．

不好的问题,会把权力授予高层政府。权力以什么方式授予,权力授予到什么程度,授予的权力什么时候收回,取决于基层政府并最终取决于民众的意图和安排。在政府利他假设条件下,两种不同分权思路可以实现相同的均衡,在效率上并无差别;在政府自利假设条件下,"自下而上"授权思路优于"自上而下"分权思路。

● 我国财政管理体制的沿革经历了1949—1979年的"以支定收、一年一变"的集权体制、1980—1993年的"以收定支、一定几年不变"的分权体制和1994年开始推行的分税制财政体制。三个阶段的财政体制在经济体制背景、具体收支划分方法、基本特征、与企业关系、地方政府的行为方式、中央承受的压力及面临的风险、体制绩效等诸多方面存在明显区别。三个阶段财政体制的相同点体现为:都带有鲜明的经济体制烙印;体制设计一直由中央政府主导;地方政府虽然被动接受中央政府设计的体制,但地方政府可以做出能动反应;三个阶段的体制都没能在集权与分权之间实现恰当的均衡。比较我国三个阶段财政体制可知:"自上而下"分权的体制设计思路容易导致体制在集权与分权之间震荡;高层政府监管基层政府行为难以取得理想效果;体制设计要做到公平与效率兼顾;财权(财力)与事权相结合;规范性与灵活性相结合以及集权与分权相结合。

● 20世纪80年代以前的财政联邦制理论通常被称为第一代财政联邦制理论,该理论依据公共产品性质、类型划分及不同级次政府自身性质的差别,基于效率和公平两大原则,对政府间如何划分财政管理权限得出了一系列规范性的分析结论。20世纪80年代以后,钱颖一、温格斯特等人运用信息经济学、委托代理理论和机制设计理论来对政府间财政管理权限的划分进行了分析,使财政联邦制理论对现实的解释力增强,被称为第二代财政联邦制理论或"市场维护型财政联邦制理论"。财政分权理论两个发展阶段的区别体现在:一是是否认识到政府的经济人性质;二是是否认识到信息问题对政府行为的影响;三是是否认识到政府间分权不仅仅是技术性问题;四是是否认识到经验实证分析对处理政府间财政关系的重要性。比较两代财政联邦制理论可得到对我国财政体制问题研究的启示:一是需明确基本的假设前提;二是需重视信息因素对体制运作所产生的影响;三是需从制度角度研究体制优化问题;四是需确定研究体制问题的合理思路。

重要概念

财政体制　集权　分权　自上而下分权　自下而上授权　以支定收、一年一变体制　以收定支、一定几年不变体制　分税制　第一代财政联邦主义　第二代财政联邦主义

思考题

1. 高层政府与基层政府各有什么比较优势和比较劣势?
2. 应如何理解自上而下分权与自下而上授权对效率的影响?
3. 简述我国三个阶段财政体制的相同点和不同点。
4. 第一代财政联邦主义和第二代财政联邦主义有何不同?
5. 比较第一代财政联邦主义和第二代财政联邦主义对研究我国财政体制有何启示?

材料分析

1. 我国1980—2008年财政收入、中央财政收入、地方财政收入绝对数与相对数资料。

表1　　1980—2018年我国财政收入有关指标

年份	GDP（亿元）	财政总收入（亿元）	财政收入/GDP(%)	中央财政收入（亿元）	中央收入/总收入(%)	地方财政收入（亿元）	地方财政收入/总收入(%)
1980	4 587.60	1 159.93	25.28	284.45	24.52	864.72	75.48
1981	4 935.80	1 175.79	23.82	311.07	26.46	865.49	73.54
1982	5 373.40	1 212.33	22.56	346.84	28.61	875.48	71.39
1983	6 020.90	1 366.95	22.70	490.01	35.85	876.94	64.15
1984	7 278.50	1 642.86	22.57	665.47	40.51	977.39	59.49
1985	9 098.90	2 004.82	22.03	736.29	36.73	1 235.19	61.61
1986	10 376.20	2 122.01	20.45	769.63	36.27	1 343.59	63.32
1987	12 174.60	2 199.35	18.07	774.76	35.23	1 463.06	66.52
1988	15 180.40	2 357.24	15.53	778.42	33.02	1 582.48	67.13
1989	17 179.70	2 664.9	15.51	822.52	30.86	1 842.38	69.14
1990	18 872.90	2 937.1	15.56	938.25	31.94	1 944.68	66.21
1991	22 005.60	3 149.48	14.31	957.51	30.40	2 211.23	70.21
1992	27 194.50	3 483.37	12.81	979.51	28.12	2 311.6	71.88
1993	35 673.20	4 348.95	12.19	992.42	22.82	2 503.86	77.98
1994	48 637.50	5 218.1	10.73	2 906.5	55.70	2 985.58	44.30
1995	61 339.90	6 242.2	10.18	3 256.62	52.17	3 391.44	47.83
1996	71 813.60	7 407.99	10.32	3 661.07	49.42	3 746.92	50.58
1997	79 715.00	8 651.14	10.85	4 226.92	48.86	4 424.22	51.14
1998	85 195.50	9 875.95	11.59	4 892	49.53	4 983.95	50.47
1999	90 564.40	11 444.08	12.64	5 849.21	51.11	5 594.87	48.89
2000	100 280.10	13 395.23	13.36	6 989.17	52.18	6 406.06	47.82
2001	110 863.10	16 386.04	14.78	8 582.74	52.38	7 803.3	47.62
2002	121 717.40	18 903.64	15.53	10 388.64	54.96	8 515	45.04
2003	137 422.00	21 715.25	15.80	11 865.27	54.64	9 849.98	45.36
2004	161 840.20	26 396.47	16.31	14 503.1	54.94	11 893.37	45.06
2005	187 318.90	31 649.29	16.90	16 548.53	52.29	15 100.76	47.71
2006	219 438.50	38 760.2	17.66	20 456.62	52.78	18 303.58	47.22
2007	270 092.30	51 321.78	19.00	27 749.16	54.07	23 572.62	45.93
2008	319 244.60	61 330.35	19.21	32 680.56	53.29	28 649.79	46.71

资料来源：国家统计局网站《中国统计年鉴》。

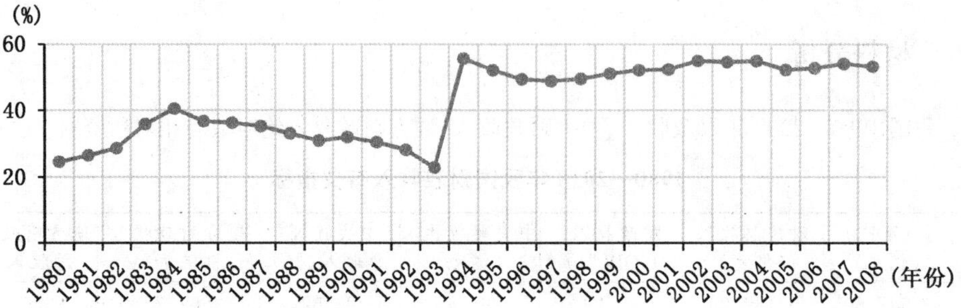

资料来源：国家统计局网站《中国统计年鉴》。

图 1　1980—2000 年我国中央收入占财政总收入比重

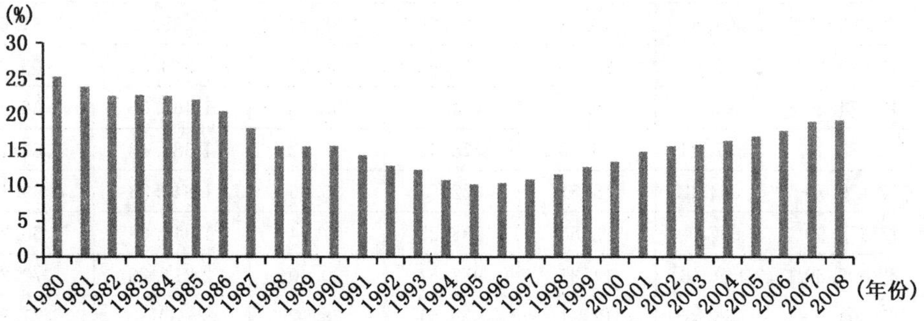

资料来源：国家统计局网站《中国统计年鉴》。

图 2　1980—2000 年我国财政收入占 GDP 比重

根据上述资料，分析我国财政收入占 GDP 比重、中央财政收入占总收入比重变化趋势并解释原因。

2. 关于中央集权与地方分权

地方既已于实在的环境中存在，证明它不仅是必要，而且是构成公共部门不可或缺的部分。推其极端，如地方政府能划分成最大可能数目的小单位，则居民便不乏表露其真正偏好的机会。理想上，如此的地方团体，收入—支出的内容可悉为居民所知，居民乃可依自己的偏好而安居乐业。前述的 Lindahl、Musgrave 的政治过程之参与可发挥到淋漓尽致。就是 Samuelson 的价格机制也差可操作。如是，举凡某些事物，人们的偏好越是分歧的，地方分权就越能满足他们。但是，推及另一极端，举凡某些事物，人们的偏好是一致的，则中央集权就显得更为有效率，如国防建设、国际外交、社会秩序、充分就业、价格稳定和地区间的平衡发展等。两者均有其存在的客观条件。因之，……，不管是哪种政体，绝对的中央集权，或绝对的地方分权，都不可能获得全社会的最适。而兼取两者之优点，依各国的客观环境做出某种组合，则可获取全社会的“至福”。

（资料来源：薛天栋．现代西方财政学[M]. 上海：上海人民出版社，1983：200.）

根据上述材料谈谈你对集权与分权利弊得失及如何在二者之间实现恰当均衡的理解。

本章阅读文献

1. 项怀诚．中国财政体制改革[M]. 北京：中国财政经济出版社，1994.

2. 贾康，阎坤．中国财政：转轨与变革[M]. 上海：上海远东出版社，2000.

3. 高培勇，温来成．市场化进程中的中国财政运行机制[M]. 北京：中国人民大学出版社，2001.

4. 杨志勇．现代财政制度探索 国家治理视角下的中国财税改革[M]. 广州：广东经济出版社，2015.

5. 杨之刚等．财政分权理论与基层公共财政改革[M]. 北京：经济科学出版社，2006.

6. 楼继伟．中国政府间财政关系再思考[M]. 北京：中国财政经济出版社，2013.

7. 奥茨：财政联邦主义[M]. 南京：译林出版社，2012.

8. 托克维尔．论美国的民主(上卷)[M]. 北京：商务印书馆，1988.

参考文献

按书中引用出现顺序排序

1. 王传伦，高培勇. 当代西方财政经济理论[M]. 北京：商务印书馆，1995.

2. 姚先国，罗卫东. 比较经济体制分析[M]. 杭州：浙江大学出版社，1999.

3. 何自力. 比较制度经济学[M]. 北京：高等教育出版社，2007.

4. 杨志勇. 比较财政学[M]. 上海：复旦大学出版社，2005.

5. 蒋洪等. 财政学教程[M]. 上海：上海三联书店，1996.

6. 张馨，杨志勇，郝联峰，袁东. 当代财政与财政学主流[M]. 大连：东北财经大学出版社，2000.

7. 马克思，恩格斯. 马克思恩格斯全集[M]. 中文 1 版. 北京：人民出版社，1972：23.

8. 陈共. 财政学[M]. 第 9 版 . 北京：中国人民大学出版社，2017.

9. 樊纲. 现代三大经济理论体系的比较与综合[M]. 北京：三联书店，1994.

10. 平新乔. 财政原理与比较财政制度[M]. 北京：三联书店，1997.

11. 布坎南，马斯格雷夫. 公共财政与公共选择：两种截然不同的国家观[M]. 类承曜译. 北京：中国财政经济出版社，2000.

12. 吕炜，靳继东. 始终服从和服务于社会主义现代化强国建设——新中国财政 70 年发展的历史逻辑、实践逻辑与理论逻辑[J]. 管理世界，2019(9).

13. 林毅夫. 论经济学方法[M]. 北京：北京大学出版社，2005.

14. 张馨. 比较财政学教程[M]. 第 2 版 . 北京：中国人民大学出版社，2004.

15. 编写组. 社会主义财政学[M]. 第 3 版 . 北京：中国财政经济出版社，1987.

16. 哈维 · S. 罗森，特德 · 盖亚. 财政学[M]. 中译本第 10 版. 北京：中国人民大学出版社，2015.

17. 邓子基. 财政学原理[M]. 北京：经济科学出版社，1989.

18. 李森. 现代财政制度视阈下财政理论的比较与综合[M]. 北京：经济科学出版社，2017.

19. 杨灿明. 产权特性与产业定位——关于国有企业的另一个分析框架[J]. 经济研究，2001(9).

20. 刘云龙. 民主机制与民主财政——政府间财政分工及分工方式[M]. 北京：中国城市出版社，2001.

21. 李森. 试论财政支出效率的三个层次[D]. 西安财经学院学报，2005(3). 人大报刊复印资料. 财政与税务，2005(11).

22. 马斯格雷夫，皮考克. [A]//财政理论史上的经典文献[M]. 刘守刚，王晓丹译. 上海：上海财经大学出版社，2015.

23. 敖涛，付志宇. 民国时期财政类出版物与财政理论体系构建[J]. 东北财经大学学报，2019(4).

24. 吉雅琴科. 财政理论问题[M]. 第 1 版. 北京：北京财政出版社，1958.

25. 许廷星. 关于财政学的对象问题[M]. 重庆：重庆大学出版社，1957.

26. 王绍飞. 财政学新论[M]. 北京：中国财政经济出版社，1984.

27. 何振一. 理论财政学[M]. 北京：中国财政经济出版社，1987.

28. 侯梦蟾. 必须把社会主义财政放到再生产中来研究[A]//财政部科研所. 第三次全国财政理论讨论会文选[M]. 北京：中国财政经济出版社，1980.

29. 张馨. 公共财政论纲[M]. 北京：经济科学出版社，1999.

30. 高培勇，崔军. 公共部门经济学[M]. 北京：中国人民大学出版社，2001.

31. 布坎南. 公共财政[M]. 赵锡军等译. 北京：中国财政经济出版社，1991.

32. 速水佑次郎. 发展经济学——从贫困到富裕[M]. 北京：社会科学文献出版社，2003.

33. 杨志勇. 财政理论发展纲要：比较视角研究[M]. 北京：中国财政经济出版社，2005.

34. 王传伦. 西方财政金融思想发展[M]. 成都：西南财经大学出版社，1991.

35. 熊彼特. 经济分析史[M]. 第三卷. 北京：商务印书馆，1996.

36. 钱颖一. 克鲁格模型与寻租理论[J]. 经济社会体制比较，1988(5).

37. 奥茨. 财政联邦主义[M]. 南京：译林出版社，2012.

38. 陈富良. 放松规制与强化规制[M]. 上海：上海三联书店，2001.

39. 薛天栋. 现代西方财政学[M]. 上海：上海人民出版社，1983.

40. 毛程连. 西方财政思想史[M]. 北京：经济科学出版社，2003.

41. 亚当·斯密. 国民财富的性质和原因的研究[M]. 北京：商务印书馆，1974.

42. 凯恩斯. 就业、利息和货币通论[M]. 第 2 版 . 北京：商务印书馆，1983.

43. 华民. 西方混合经济体制研究[M]. 上海：复旦大学出版社，1995.

44. 胡家勇. 政府干预理论研究[M]. 大连：东北财经大学出版社，1996.

45. 斯蒂格利茨. 政府为什么干预经济[M]. 北京：中国物资出版社，1998.

46. 高培勇. 新时代中国财税体制改革的理论逻辑[J]. 财政研究，2018(11).

47. 高培勇. 论国家治理现代化框架下的财政基础理论建设[J]. 中国社会科学，2014(12).

48. 韦森. 重读哈耶克[M]. 北京：中信出版社，2014.

49. 叶振鹏，张馨. 双元结构财政——中国财政模式研究[M]. 第 2 版 . 北京：经济科学出版社，1999.

50. 刘尚希，傅志华等. 中国改革开放的财政逻辑(1978－2018)[M]. 北京：人民出版社，2018.

51. 李森. 从二元财政到一元财政——国有资本财政向公共财政的转变[J]. 经济经纬，2003(6).

52. 马克思. 资本论[M]. 北京：人民出版社，1975.

53. 蒋洪. 财政学[M]. 上海：上海财经大学出版社，2000.

54. 大卫·N. 海曼. 财政学——理论、政策与实践[M]. 英文版 . 北京：北京大学出版社，2014.

55. 朱柏铭. 公共经济学理论与应用[M]. 第 2 版 . 北京：高等教育出版社，2013.

56. 郭庆旺，赵志耘. 财政学[M]. 北京：中国人民大学出版社，2002.

57. Samuelson Paul. A. Theory of Public Expenditure[J]. *The Review of Economics and Statistics*, Vol. 36, No. 4 (Nov., 1954): 387－389.

58. Musgrave R. A., The theory of Public Finance. New york: McGraw-Hill, 1959.

59. 丹尼尔·W. 布罗姆利. 经济利益与经济制度——公共政策的理论基础[M]. 新 1 版．上海:上海三联书店,2006(3).

60. 黄少安. 产权经济学导论[M]. 济南:山东人民出版社,1995.

61. 陶大镛. 社会发展史[M]. 北京:人民出版社,1982.

62. 韦森. 经济学与哲学——制度分析的哲学基础[M]. 上海:上海人民出版社,2005.

63. 德姆塞茨. 关于产权的理论[A]//罗卫东. 经济学基础文献选读[M]. 杭州:浙江大学出版社,2007.

64. Buchanan James M. An Economic Theory of Clubs[J]. *Economica*, Vol. 32(125), 1965, pp. 1—14.

65. 埃莉诺·奥斯特洛姆. 公共事物的治理之道[M]. 上海:上海三联书店,2000.

66. Buchanan J. M.. The Demand and Supply of Public Goods [M]. Chicago: Rand McNally & Company, 1968, pp. 3.

67. 马珺. 公共物品问题——文献述评[J]. 中华女子学院学报,2012.

68. 诺斯. 国家经济角色的昨天、今天和明天[A]//斯蒂格利茨. 政府为什么干预经济[M]. 北京:中国物资出版社,1998.

69. 弗里德利希·冯·哈耶克. 自由秩序原理(上、下)[M]. 北京:三联书店,1997.

70. 道格拉斯·C. 诺斯. 经济史中的结构与变迁[M]. 新 1 版．北京:三联书店,1994.

71. 巴泽尔. 产权的经济分析[M]. 新 1 版．北京:三联书店,1997.

72. 詹姆斯·A. 道,史迪夫·H. 汉科,阿兰·A. 瓦尔特斯. 发展经济学的革命[M]. 新 1 版．北京:三联书店,2000.

73. 盛洪. 现代新制度经济学(上、下)[M]. 北京:北京大学出版社,2003.

74. 埃莉诺·奥斯特罗姆,拉里·施罗德,苏珊·温. 制度激励与可持续发展[M]. 北京:三联书店,2000.

75. 樊丽明. 中国公共品市场与自愿供给分析[M]. 上海:上海人民出版社,2005.

76. 乔·B. 史蒂文斯. 集体选择经济学[M]. 北京:三联书店,1999:141.

77. Hochman Harold M., James D. Rogers. Pareto Optimal Redistribution [J]. *American Economic Review*, 1969, 59(September): 542—557.

78. 奥尔森. 集体行动的逻辑[M]. 新 1 版．上海:上海三联书店,1995.

79. 奥尔森. 国家的兴衰[M]. 上海:上海人民出版社,2007.

80. 卢洪友. 公共商品供给制度研究[M]. 北京:中国财政经济出版社,2003.

81. 青木昌彦. 比较制度分析[M]. 上海:上海远东出版社,2001.

82. 刘宇飞. 当代西方财政学[M]. 北京:北京大学出版社,2000.

83. 朱德云,李森. 财政学[M]. 北京:经济科学出版社,2008.

84. 布坎南. 民主财政论[M]. 新 1 版．北京:商务印书馆,1993.

85. 马斯格雷夫. 比较财政分析[M]. 上海:上海三联书店,1996.

86. 李森. 行政事业资产绩效评价的特殊性及层次性探索[J]. 行政事业资产与财务,2012(8).

87. 熊彼特. 资本主义、社会主义与民主[M]. 新 1 版．北京:商务印书馆,1999.

88. 陈少强. 国家出资企业利润分配 60 年回顾[J]. 财务与会计,2009(10).

89. 曹彬. 中国财政收入占 GDP 最优比重的研究[D]. 浙江工业大学硕士论文,2014.

90. 王乔,席卫群. 基于国际比较的中国非税收入的现状与评价[J]. 经济评论,2009(3).

91. 樊丽明,李昕凝. 世界各国税制结构变化趋向及思考[J]. 税务研究,2015(1).

92. 林毅夫,蔡昉,李周. 中国的奇迹——发展战略与经济改革[M]. 第 2 版 . 北京:三联书店,1999.

93. 李齐云. 深化税收制度改革与完善地方税体系研究[M]. 北京:中国财政经济出版社,2019.

94. 李爱鸽. 地方政府财源建设问题研究[M]. 北京:中国社会科学出版社,2009.

95. 杨之刚. 公共财政学——理论与实践[M]. 上海:上海人民出版社,1999.

96. 埃克斯坦. 公共财政学[M]. 北京:中国财政经济出版社,1983.

97. 萨缪尔森. 经济学[M]. 北京:中国展望出版社,1992.

98. 托克维尔. 论美国的民主(上卷)[M]. 北京:商务印书馆,1988.

99. 奥茨. 财政联邦主义[M]. 南京:译林出版社,2012.

100. 刘怡. 财政学[M]. 第 3 版 . 北京:北京大学出版社,2016.

101. Stigler G. J. ,The tenable Range of Functions of Local Government,in Federal Expenditure Policy for Economic Growth and Stability, Washington D. C. : U. S. Government Printing Office,1957.

102. Tiebout C. ,A Pure Theory of Local Expenditure[J]. *Journal of Political Economy*,64, pp. 416－424.

103. 张宇燕,何帆. 由财政压力引起的制度变迁,天则论丛 1998——从计划经济到市场经济[M]. 北京:中国财政经济出版社,1998.

104. 毛泽东. 论十大关系[A]//毛泽东文集[M]. 第 7 卷. 北京:人民出版社,1999.

105. 楼继伟. 中国政府间财政关系再思考[M]. 北京:中国财政经济出版社,2013.

106. 杨之刚等. 财政分权理论与基层公共财政改革[M]. 北京:经济科学出版社,2006:41.

107. 钱颖一,温格斯特. 中国特色的维护市场的经济联邦制,现代经济学与中国经济改革[M]. 北京:中国人民大学出版社,2003.

108. Oates W. E. Fiscal Federalism[M]. New York:Harcourt Brace Jovanovich,1972.

109. 朱镕基. 朱镕基讲话实录[M]. 第一卷. 北京:人民出版社,2011.

110. 杨志勇. 现代财政制度探索——国家治理视角下的中国财税改革[M]. 广州:广东经济出版社,2015.

111. 项怀诚. 中国财政体制改革[M]. 北京:中国财政经济出版社,1994.

112. 贾康,阎坤. 中国财政——转轨与变革[M]. 上海:上海远东出版社,2000.

113. 高培勇,温来成. 市场化进程中的中国财政运行机制[M]. 北京:中国人民大学出版社,2001.